LE GUIDE DU VIN

VIN

PHANEUF

LES GRAPPES D'OR

2015

Design graphique : Josée Amyotte
Mise en page et infographie : Johanne Lemay
Soutien technique : Mario Paquin

DISTRIBUTEUR EXCLUSIF :

- Pour le Canada
  et les États-Unis :
  MESSAGERIES ADP*
  2315, rue de la Province
  Longueuil, Québec J4G 1G4
  Téléphone : 450-640-1237
  Télécopieur : 450-674-6237
  Internet : www.messageries-adp.com
- * filiale du Groupe Sogides inc.,
  filiale de Québecor Média inc.

Suivez-nous sur le Web
Consultez nos sites Internet et inscrivez-vous à l'infolettre pour rester informé en tout temps de nos publications et de nos concours en ligne. Et croisez aussi vos auteurs préférés et notre équipe sur nos blogues !

EDITIONS-HOMME.COM
EDITIONS-JOUR.COM
EDITIONS-PETITHOMME.COM
EDITIONS-LAGRIFFE.COM

Gouvernement du Québec – Programme de crédit d'impôt pour l'édition de livres – Gestion SODEC – www.sodec.gouv.qc.ca

L'Éditeur bénéficie du soutien de la Société de développement des entreprises culturelles du Québec pour son programme d'édition.

Conseil des Arts du Canada **Canada Council for the Arts**

Nous remercions le Conseil des Arts du Canada de l'aide accordée à notre programme de publication.

Nous reconnaissons l'aide financière du gouvernement du Canada par l'entremise du Fonds du livre du Canada pour nos activités d'édition.

Imprimé au Canada

11-14

Dépôt légal : 2014
Bibliothèque et Archives nationales du Québec

ISBN 978-2-7619-4001-6

NADIA FOURNIER

LE GUIDE DU VIN

VIN

PHANEUF

LES GRAPPES D'OR

2015

LES EDITIONS DE L'HOMME
Une société de Québecor Média

LE GUIDE D'UNE NOUVELLE GÉNÉRATION

À l'occasion de ses 34 ans, la formule de saison s'impose: «*Le Guide du vin* nouveau» est arrivé! En effet, cet ouvrage de référence annuel, créé en 1981, s'est offert une cure de jouvence. Je me réjouis de cette transformation salutaire, car le passage du flambeau à une jeune dauphine avait précisément pour objectif de donner un second souffle à un guide d'achat de plus en plus tourné vers une nouvelle génération d'amateurs.

Je salue cette métamorphose qui confère au *Guide du vin* une clarté accrue qui le rend plus utile que jamais.

Cette année encore, Nadia Fournier a accompli la tâche colossale de déguster l'ensemble des vins offerts à la SAQ pour ensuite séparer «le bon vin de l'ivraie» et ainsi offrir aux lecteurs un inventaire de la crème de la crème. Non seulement elle invite à renouer avec des classiques, mais elle nous amène à découvrir une pléthore de nouveautés remarquables venues enrichir le catalogue de la SAQ.

Alors que la viticulture mondiale ne cesse de s'étendre et de progresser – jusqu'au Québec où, à force de ténacité et d'audace, des vignerons entreprenants obtiennent désormais des résultats étonnants –, ce nouveau millésime du *Guide du vin* fera les beaux jours des amateurs d'ici en les accompagnant dans une passionnante chasse à la découverte.

MICHEL PHANEUF

DU VIN ET DES HOMMES

« Un terroir est un espace géographique délimité, où une communauté humaine construit au cours de l'histoire un savoir collectif de production, fondé sur un système d'interactions entre un milieu physique et biologique et un ensemble de facteurs humains, dans lequel les itinéraires sociotechniques mis en jeu révèlent une originalité, confèrent une typicité et engendrent une réputation, pour un produit originaire de cet espace géographique. »

Telle est la définition qu'a finalement adoptée l'INAO (Institut national des appellations d'origine) au terme d'un an de travail et de discussions. Un an ! C'est dire combien la notion de terroir est complexe.

Les sols, les limites géographiques et les conditions météorologiques représentent des paramètres relativement concrets et faciles à définir. En revanche, la dimension humaine est en constante évolution et son incidence sur le terroir est énorme.

C'est l'homme qui a façonné le paysage des plus belles régions viticoles du monde, qui a érigé les terrasses vertigineuses du Douro, de la Moselle, de l'Ahr; qui a choisi de cultiver la vigne en forme de panier pour la protéger du vent à Santorin, aux îles Canaries. L'homme qui a fait voyager les espèces européennes jusqu'en Amérique, en Afrique du Sud, en Océanie, qui a fait grimper la vigne jusqu'à 3100 mètres à Salta, en Argentine. L'homme encore qui a joué d'astuces et d'innovations pour protéger la vigne du gel, des ravages de la pourriture, de la maladie.

C'est aussi l'homme qui a créé le système de solera qui donne sa singularité aux vins de Xérès, qui a eu l'idée de muter le vin à l'alcool pour l'aider à mieux supporter le choc des voyages outre-mer et qui a inventé, puis perfectionné, les différents modes d'élaborations de vins effervescents. L'homme qui a compris qu'en laissant macérer la peau des raisins noirs avec le moût, on pouvait produire des vins plus colorés, plus structurés; qui a observé qu'en récoltant plus tard, après quelques gels successifs, on augmentait la concentration du sucre et on obtenait des vins d'une grande complexité aromatique. L'homme encore qui, il y a environ 8000 ans, a eu l'idée de conserver du jus de raisin fermenté dans des jarres de terre cuite scellées et d'y ajouter de la résine comme conservateur. Et qui, 7500 ans plus tard, a constaté que le vin se conservait beaucoup mieux en bouteille qu'en tonneau. Et c'est l'homme qui, de nos jours, plus que jamais captivé pour cette précieuse boisson, consacre plus de 8 millions d'hectares à la vigne, qui se décline en 1400 différents cépages.

Sans homme, point de terroir. Sans homme, point de vin.

Et parce que le monde du vin est en constante mouvance, *Le Guide du vin* se renouvelle, lui aussi, en 2015. Moins de vins listés, mais plus de vins commentés en profondeur. Moins de vins anonymes et interchangeables, plus de vins qui offrent une expression sincère d'un lieu, d'une tradition culturelle. Tout ça dans le but avoué de rendre justice à ces vigneronnes et vignerons qui mettent leur passion en bouteille chaque année. Et dans l'espoir tout aussi avoué, que vous prendrez plaisir à découvrir le fruit de leur travail en mots, autant qu'en saveurs.

À votre santé!

NADIA FOURNIER

Dans la cave à vin de Nadia Fournier.

COMMENT UTILISER CE GUIDE

Les secrets de dégustation de Nadia Fournier.

LA GRAPPE D'OR

Pour la première fois cette année, *Le guide du vin* s'articule autour de ces Grappes d'or. Ainsi, aux côtés de chaque vin décoré de cette mention, vous trouverez une sélection de vins qui proviennent de la même région ou qui présentent des ressemblances stylistiques avec la Grappe d'or.

Ce changement a pour but de faciliter le repérage et de ne présenter que les vins les plus méritoires. Les listes de fin de chapitre où étaient énumérés les vins de qualité moyenne et passable ont aussi été abolies, pour laisser davantage d'espace aux vins qui se distinguent par leur qualité et par leur singularité.

Qu'ils soient chers ou bon marché, grands ou modestes, qu'il s'agisse de classiques ou de créations récentes, certains vins ont le don de vous accrocher un sourire. Une Grappe d'or est accordée à ces vins particulièrement remarquables. C'est donc la liste de mes «bonheurs» de l'année qui feront sûrement le vôtre. Pour éviter des frustrations aux lecteurs, seuls les vins présents en quantités suffisantes en octobre 2014 ont été retenus.

On trouvera la liste complète des Grappes d'or 2015 à la page 15.

LES CODES QR

Le guide du vin entre finalement dans l'ère 2.0 en 2015! Pour faciliter encore davantage le repérage des produits dans vos succursales favorites, la plupart des vins présentés dans le *Guide* seront assortis d'un code QR. Il vous suffit de télécharger l'une des applications gratuites sur votre téléphone intelligent et de scanner le code du produit. Vous serez alors redirigé directement vers la page du produit sur SAQ.com. En prime, vous trouverez aussi, çà et là dans le *Guide*, des vidéos qui présentent les régions viticoles, les coulisses du *Guide du vin* et des rencontres avec des artisans de la restauration québécoise. Vous pourrez les repérer grâce à ce symbole.

LES NOMS DES VINS

Les vins sont répertoriés par ordre alphabétique des marques ou des noms des producteurs. Les noms de château ou de domaine sont considérés comme des marques. Ainsi, le Château Mont-Redon 2009, Châteauneuf-du-Pape apparaît dans les «C» de la section des vins de la vallée du Rhône, et le Côte Rôtie 2012 de Pierre Gaillard est inscrit sous la rubrique Gaillard, Pierre.

LES SYMBOLES ET LA NOTATION DANS LA CATÉGORIE

Dès la première édition du *Guide du vin*, Michel Phaneuf a adopté une simple séquence de zéro à cinq **étoiles** pour noter les vins. En réalité, ces étoiles ne constituent pas un score, mais un moyen abrégé d'indiquer au lecteur si un vin est moyen, excellent ou remarquable dans sa catégorie. Rappelez-vous que ce ne sont pas les étoiles qui décrivent le vin, mais plutôt les mots.

Il est aussi important de retenir que chaque vin est noté **dans sa catégorie** et non pas dans l'absolu. Ce faisant, un simple vin courant aura autant de chances qu'un grand cru du Médoc de récolter une note de quatre étoiles. L'idée derrière cette façon de faire est de permettre au consommateur de pouvoir se repérer facilement et de faire un choix avisé dans chacune des catégories.

Par exemple, vous pourrez trouver dans la section traitant des vins de la Bourgogne un bourgogne générique ayant obtenu la même note (★★★★) qu'un gevrey-chambertin. Cela ne signifie pas que le vin générique soit aussi complexe que le gevrey. Seulement que chacun s'avère un excellent vin dans sa catégorie.

La combinaison ★★★→★ indique que le vin, actuellement très bon, sera encore meilleur dans quelques années. Dans la plupart des cas, la maturité du vin est indiquée par un chiffre allant de ① à ④. Si un vin laisse planer des doutes sur ses possibilités d'évolution en bouteille, j'ai alors recours à la séquence suivante: **★★→?**

LA QUALITÉ

☆	Vin blanc
★	Vin rouge
5 étoiles	Exceptionnel
4 étoiles	Excellent
3 étoiles	Très bon
2 étoiles	Correct
1 étoile	Passable
★★→★	Se bonifiera avec les années
★★→?	Évolution incertaine

L'ÉVOLUTION

① À boire maintenant, il n'y a guère d'intérêt à le conserver.
② Prêt à boire, mais pouvant se conserver.
③ On peut commencer à le boire, mais il continuera de se bonifier.
④ Encore jeune, le laisser mûrir encore quelques années.
♁ Il est indiqué de passer le vin en carafe environ une heure avant de le servir.

L'AUBAINE

♥ Rapport qualité-prix avantageux

OÙ TROUVER LES VINS?

La SAQ change son modèle de distribution depuis une dizaine d'années. L'éventail de produits s'est élargi et les quantités pour chaque vin sont plus limitées. Pour éviter les frustations et les déplacements inutiles, il est toujours conseillé de vérifier qu'un produit est bien disponible à votre succursale avant de vous y rendre. Pour faciliter la consultation du site SAQ.com, vous pouvez utiliser les codes-produits qui accompagnent chaque description de vin.

Ⓢ Vendu exclusivement dans les magasins SAQ Signature.
▼ Stocks en voie d'épuisement, le produit apparaît dans le répertoire de la SAQ. Il peut être encore disponible dans certaines succursales.

DES QUESTIONS À PROPOS DU *GUIDE DU VIN*

Les vins sont-ils tous dégustés par l'auteur?
Oui. Chaque année, je déguste tous les vins répertoriés dans *Le guide du vin*.

L'auteur est-il payé par la Société des alcools ou par des agences de vins?
Non. Indépendance et impartialité constituent la règle d'or. De plus, l'auteur n'a aucun intérêt financier dans un vignoble ni dans une agence de vins.

Les vins vendus à la Société des alcools sont-ils tous répertoriés dans *Le guide du vin*?
Non. La tâche serait impossible, voire inutile, car plusieurs vins sont offerts à raison de quelques bouteilles seulement. Sans compter les produits qui arrivent sur les étagères dès la parution du livre ou après. À ceux qui veulent mettre à jour leur *Guide du vin* tout au long de l'année, je leur suggère de s'abonner au site *Chacun son vin*. En plus d'une foule d'informations, les abonnés peuvent y lire régulièrement mes commentaires sur les nouveaux vins offerts sur le marché.

LES GRAPPES D'OR

FRANCE

BORDEAUX

BOURGOGNE

BEAUJOLAIS

JURA

ALSACE

VAL DE LOIRE

VALLÉE DU RHÔNE

SUD DE LA FRANCE

SUD-OUEST

ITALIE

MASCARELLO, GIUSEPPE E FIGLIO **Barolo Monprivato 2009** (121,50$ - p. 158)
SCAVINO, PAOLO **Barolo 2009** (52,75$ - p. 160)
PRODUTTORI DEL BARBARESCO **Barbaresco 2009** (42,25$ - p. 162)
CA' VIOLA **Barbera d'Alba 2010, Brichet** (28,10$ - p. 164)
SOTTIMANO **Barbera d'Alba 2011, Pairolero** (30,75$ - p. 166)
SANDRONE, LUCIANO **Dolcetto d'Alba 2012** (23,45$ - p. 168)
PIO CESARE **Piodilei 2012, Chardonnay, Langhe** (45$ - p. 170)
FORADORI **Granato 2010, Vigneti delle Dolomiti** (64,50$ - p. 172)
LAGEDER **Haberle Pinot bianco 2012, Alto Adige** (25,10$ - p. 174)
MONTE SANTOCCIO **Amarone della Valpolicella Classico 2009** (61$ - p. 176)
QUINTARELLI GIUSEPPE **Valpolicella Classico Superiore 2005** (93,25$ - p. 178)
MARION **Teroldego 2010, Veronese** (45,50$ - p. 180)
ANSELMI **Capitel Foscarino 2013, Veneto Bianco** (24,45$ - p. 182)
SAN VALENTINO **Terra di Covignano 2010, Sangiovese di Romagna Riserva** (28,70$ - p. 184)
CASTELLO DI AMA **Chianti Classico Riserva 2009** (40$ - p. 186)
VOLPAIA **Chianti Classico 2011** (26,45$ - p. 188)
BARBI **Brunello di Montalcino 2008** (48,50$ - p. 190)
CASANOVA DI NERI **Rosso di Montalcino 2012** (28,05$ - p. 192)
ISOLE E OLENA **Cepparello 2010, Toscana** (82$ - p. 194)
CAPEZZANA **Ghiaie della Furba 2008, Toscana** (41,50$ - p. 196)
ARGENTIERA **Giorgio Bartholomaus 2010, Toscane** (166,50$ - p. 198)
FERTUNA **Pactio 2010, Maremma-Toscana** (27,50$ - p. 200)
MASCIARELLI **Marina Cvetic 2009, Montepulciano d'Abruzzo** (28,05$ - p. 202)
UMANI RONCHI **Casal di Serra 2011, Vieilles vignes, Verdicchio dei Castelli di Jesi Classico Superiore** (29,85$ - p. 204)
MASTROBERARDINO **Lacryma Christi del Vesuvio, Rosso Secco 2012** (23,50$ - p. 206)
OCCHIPINTI, ARIANNA **SP68 2013, Sicilia** (28,45$ - p. 208)
ARGIOLAS **Iselis 2012, Isola dei Nuraghi** (28,40$ - p. 210)

ESPAGNE

COMBIER-FISCHER-GERIN **Aguilera Vinas Viejas Torroja del Priorat 2008** (106$ - p. 214)
TORRES **Salmos 2010, Priorat** (31,25$ - p. 216)
LÓPEZ DE HEREDIA **Viña Tondonia 2002, Reserva** (47,75$ - p. 218)
IJALBA **Graciano 2012, Rioja** (21,55$ - p. 220)
PESQUERA **Ribera del Duero 2009, Reserva** (43,50$ - p. 222)
RONSEL DO SIL **Mencía 2012, Vel' Uveyra, Ribeira Sacra** (21,95$ - p. 224)
LUZON **Organic 2013, Jumilla** (16,50$ - p. 226)
MAS IGNEUS **FA104 2012, Priorat** (32,75$ - p. 228)
RODRIGUEZ, TELMO **Godello 2013, Gaba do Xil, Valdeorras** (18,75$ - p. 230)
SHAYA **Rueda 2013** (21,45$ - p. 232)
PAZO DE SEÑORANS **Albariño 2013, Rias Baixas** (27,30$ - p. 234)

PORTUGAL

QUINTA DO CONVENTO **Douro 2009** (17,85$ - p. 238)
QUINTA DO VALE MEÃO **Meandro 2012, Douro** (23,55$ - p. 240)
CAMPOLARGO **Bairrada 2008, Termeão** (21,80$ - p. 242)
HERDADE DO PESO **Colheita 2011, Alentejo** (20,45$ - p. 244)
QUINTA DA PELLADA **Dão branco 2012** (24,25$ - p. 246)
LAVRADORES DE FEITORIA **Douro 2012** (14,80$ - p. 248)

AUTRES PAYS

HATZIDAKIS **Cuvée 15 2013, Santorin** (31,50$ - p. 252)
GEROVASSILIOU **Malagousia 2013, Vieilles vignes, Epanomi** (24,95$ - p. 254)
THYMIOPOULOS **Jeunes Vignes de Xinomavro 2012, Naoussa** (18,60$ - p. 256)
DÖNNHOFF **Riesling Spätlese 2011, Felsentürmchen, Nahe** (46$ - p. 260)
KÜNSTLER **Riesling Kabinett 2012, Trocken, Hochheimer Hölle, Rheingau** (30,75$ - p. 262)
JURTSCHITSCH **Grüner veltliner 2012, Loiserberg, Reserve, Kamptal** (39$ - p. 264)
HEINRICH **St-Laurent 2011, Burgenland** (28,55$ - p. 266)
DOMAINE DES OULEB THALEB **Syrocco 2010, Zenata, Maroc** (21,15$ - p. 268)
CHÂTEAU KSARA **Cabernet sauvignon 2010, Vallée de la Bekaa** (23,10$ - p. 270)

CANADA

QUÉBEC

LES PERVENCHES **Chardonnay 2013, Les Rosiers** (25$- p. 274)
VIGNOBLE LE CHAT BOTTÉ **Vin Blanc 2013** (18,75$ - p. 276)
DOMAINE DES MÉTÉORES **Cuvée du Minotaure Rouge 2012** (16$ - p. 278)
VIGNOBLE DE L'ORPAILLEUR **Vin de glace 2011** (32,75$ - p. 280)
VIGNOBLE DU MARATHONIEN **Vendanges tardives 2012** (29,80$ - p. 282)

ONTARIO

TAWSE **Cabernet franc 2009, Van Bers, Creek Shores** (33,50$ - p. 284)

COLOMBIE-BRITANNIQUE

TANTALUS **Riesling 2012, Okanagan Valley** (33,50$ - p. 286)

ÉTATS-UNIS

BLUE HALL VINEYARD **Cabernet sauvignon 2009, Camiana, Howell Mountain** (81$ - p. 292)
SHAFER **Chardonnay 2011, Red Shoulder Ranch, Carneros** (65,25$ - p. 294)
SCHUG **Pinot noir 2012, Sonoma Coast** (28,45$ - p. 296)
EASTON **Zinfandel 2009, Rinaldi Vineyard, Amador - Fiddletown** (36,75$ - p. 298)
BETZ **Bésoleil 2011, Columbia Valley** (60,25$ - p. 300)
EVENING LAND **Pinot noir 2012, Willamette Valley** (34,25$ - p. 302)
FALL WINE WINERY **Artz Vineyard 2009, Red Mountain** (38$ - p. 304)
WILLAKENZIE **Pinot gris Estate 2012, Yamhill-Carlton** (25,85$ - p. 306)

CHILI

CLOS DES FOUS **Cabernet sauvignon 2011, Grillos Cantores** (20,25$ – p. 310)
MATETIC **Syrah 2010, Corralillo, San Antonio** (25,30$ – p. 312)
CASA SILVA **Sauvignon blanc 2013, Cool Coast, Valle de Colchagua** (20,20$ – p. 314)

ARGENTINE

CHACRA **Pinot noir 2012, Barda, Patagonia** (25$ – p. 316)
BODEGA NOEMIA **Malbec 2012, A Lisa, Patagonia** (22,95$ – p. 318)
DOMINIO DEL PLATA **Malbec 2012, BenMarco, Mendoza** (20,90$ – p. 320)

AUSTRALIE

M. CHAPOUTIER **Shiraz 2012, Mathilda, Victoria** (22,85$ – p. 324)
D'ARENBERG **Roussanne 2012, The Money Spider, McLaren Vale** (21,65$ – p. 326)

NOUVELLE-ZÉLANDE

SERESIN **Sauvignon blanc 2011, Marlborough** (23,90$ – p. 330)
CHURTON **Pinot noir 2010, Marlborough** (32,75$ – p. 332)

AFRIQUE DU SUD

SIJNN **Swellendam 2009, Western Cape** (32,75$ – p. 336)
NEIL ELLIS **Sauvignon blanc 2012, Groenekloof** (18,55$ – p. 338)
BADENHORST, ADI **Chenin blanc 2013, Secateurs, Swartland** (16,50$ – p. 340)

CHAMPAGNE

EGLY-OURIET **Tradition Grand cru, Brut** (84,75$ – p. 344)
BILLECART-SALMON **Blanc de blancs** (83$ – p. 346)
DOQUET, PASCAL **Rosé Premier cru** (55$ – p. 348)
ROEDERER **Cristal Brut 2006** (285,25$ – p. 350)

VINS MOUSSEUX

BAILLY LAPIERRE **Vive la Joie 2008, Brut, Crémant de Bourgogne** (26,85$ – p. 352)
DOMAINE BERGEVILLE **Blanc 2012, Brut** (30$ – p. 354)
QUARTZ REEF **Brut, Méthode Traditionnelle, Nouvelle-Zélande** (31,75$ – p. 356)
RENARDAT-FÂCHE **Bugey Cerdon** (22,75$ – p. 358)

VINS FORTIFIÉS

FONSECA **Vintage 2000** (130,25$ – p. 364)
MAS AMIEL **Maury 1969** (140$ – p. 366)
LUSTAU **Fino del Puerto, Almacenista José Luis Gonzalez Obregon** (21,95$ – p. 368)
DOMAINE DE MONTBOURGEAU **Macvin du Jura** (40$ – p. 370)

LE VIN À TABLE

– Véronique Rivest

1 Il n'y a pas de règles absolues. Le goût est un sens profondément individuel : ce qui plaît à une personne ne plaira pas à tous. Il est amusant d'explorer et d'expérimenter, mais l'essentiel est de choisir selon votre humeur et vos envies. Faites-vous plaisir !

2 Servez impérativement le vin à la bonne température. C'est la condition *sine qua non* pour en retirer tout le plaisir souhaité.

3 Ouvrez l'appétit de vos convives avec un verre de Champagne : c'est l'apéritif par excellence ! Tout comme les Crémant, les bons mousseux du monde. Les Xérès Fino et Manzanilla sont aussi tout indiqués, ainsi que les vins blancs secs, frais et légers. Évitez de servir des vins moelleux ou liquoreux à l'apéritif et au début du repas. Le sucre sature les papilles.

4 Prenez en considération la couleur du plat. En règle générale, un plat de couleur claire appelle un vin blanc, un plat de couleur foncée s'accommode d'un vin rouge.

5 Tenez compte de la générosité du plat. Des saveurs relevées se marient à un vin jeune, expressif et généreux. Un plat plus sobre mettra en valeur la finesse d'un vieux vin. De façon générale, les vins du Nouveau Monde sont plus mûrs, plus dodus, et parviennent mieux à soutenir des plats aux accents sucrés, épicés.

6 Les poissons, les fruits de mer et les crustacés peuvent amaigrir et durcir les vins rouges tanniques, parfois même leur donner un goût métallique. Les vins blancs secs accompagnent mieux les produits de la mer. Des vins rouges peu tanniques, peuvent bien s'accorder avec un thon ou un saumon, ou avec des poissons cuisinés au vin rouge.

7 Méfiez-vous de l'artichaut, des asperges, de la tomate fraîche, des épinards et des œufs. Ce ne sont pas les aliments avec lesquels mettre en scène de grands vins. Le vinaigre et les marinades ne font pas bon ménage avec le vin. En cas de doute, un bon vin mousseux s'en sort souvent très bien.

8 Servez le meilleur vin rouge avec le plat principal, puisque c'est en définitive le point d'orgue du repas. Rien n'interdit de servir ensuite un vin plus modeste, mais vigoureux – et pourquoi pas du blanc ? – avec les fromages.

9 N'oubliez pas que tous les vins fins ont d'étonnantes facultés gastronomiques et désaltérantes. Au contraire, les vins extrêmes, impressionnants en dégustation, sont difficiles à marier à table.

10 Rassurez-vous, le monde est vaste, et des centaines de vins peuvent accompagner un même plat. La véritable harmonie, c'est de se retrouver à table en bonne compagnie, autour de mets savoureux et de bons vins. Détendez-vous, buvez en paix !

V **Inspirez-vous des accords de Véronique Rivest.**

LA CAVE À VIN

1 Les conditions de conservation sont importantes. Une température fraîche et constante, entre 12 et 14 °C, est idéale. En revanche, il n'y a pas à s'inquiéter si le thermomètre passe de 10 °C l'hiver à 20 °C l'été. Le vin est plus résistant qu'on le dit. Un taux d'humidité de 70 % est souhaitable.

2 Il vaut mieux six bouteilles d'un même vin dont on pourra apprécier l'évolution qu'une collection de spécimens différents.

3 N'attendez pas inutilement pour déboucher vos bouteilles. Mieux vaut boire un vin trop jeune que trop vieux. Consultez les courbes d'évolution des vins et le tableau des millésimes, présentés dans cette édition.

4 Achetez des vins à la réputation solide et de producteurs ayant fait leurs preuves, surtout pour les achats en primeur.

5 Dans la mesure du possible, goûtez à un vin avant d'en acheter plusieurs bouteilles.

6 Buvez vos vins au lieu de spéculer. La revente n'est pas facile, et le marché demeure imprévisible.

7 Rappelez-vous que le prix du vin n'est pas toujours le reflet de sa qualité ou de sa longévité. À l'inverse, des vins à prix abordable et provenant de régions classiques peuvent souvent donner du plaisir pendant de longues années.

8 Certains vins blancs peuvent aussi vivre longtemps. Avec le temps, ils acquièrent des qualités remarquables et procurent un plaisir immense. Les Riesling allemands, par exemple, ont un potentiel de longévité étonnant.

9 La qualité d'une cave n'est pas proportionnelle à la quantité de bouteilles qu'on y trouve. Restez à l'écart du club des collectionneurs débordés qui ne savent plus comment écouler leurs bouteilles.

10 Méfiez-vous des commentaires dithyrambiques sur les nouveaux vins cultes encensés par certains. La culture du vin est infiniment vaste et ne se résume pas aux scores attribués par quelques gourous. Le meilleur vin est, avant tout, celui qui vous procure du plaisir.

FRANCE

La France est un immense jardin où la vigne s'exprime de mille et une façons. Difficile de manquer de choix entre la délicatesse d'un vin de Bourgogne, la franchise tannique des crus bordelais, la vigueur d'un chinon ou d'un vouvray de la Loire, l'originalité des vins du Sud-Ouest, le caractère cristallin des blancs d'Alsace, sans oublier l'exubérance des vins du Midi et l'effervescence sublime du champagne. Peu de pays sont en mesure d'offrir un registre aussi diversifié de saveurs et de styles.

Ce jardin est aussi de plus en plus sain, de plus en plus vert, puisque la superficie du vignoble français cultivée en agriculture biologique a été multipliée par 12 au cours des 16 dernières années.

Seule ombre au tableau : la France ne boit plus. La consommation *per capita* continue de baisser et le pays doit désormais jouer du coude avec le reste du monde sur les marchés d'exportation. Ces enjeux économiques ont enfin poussé quelques retardataires à se remettre en question et à évoluer. Hormis quelques exemples de pastiches de malbec argentin à Cahors et d'autres cas isolés de déroutes œnologiques, les changements ont été heureux. La plupart des vignerons français semblent avoir compris que la solution à ce marasme se résume à un mot : qualité.

Et qualité il y a. Souvent à bon prix, même. Cette année encore, les visites dans les régions viticoles de France et les dégustations faites en préparation du *Guide du vin* me permettent d'arriver à la même conclusion : le vignoble français n'a pas d'égal. Les pages suivantes foisonnent de vins originaux, authentiques et parfaitement adaptés aux plaisirs de la table.

ROYAUME-UNI
PAYS-BAS
BELGIQUE
ALLEMAGNE
CHAMPAGNE
ALSACE
VAL DE LOIRE
BOURGOGNE
SUISSE
JURA
BEAUJOLAIS
ITALIE
SUD-OUEST
BORDEAUX
VALLÉE DU RHÔNE
PROVENCE
LANGUEDOC-
ROUSSILLON
CORSE
ESPAGNE

BORDEAUX

Les cépages bordelais avec François Despagne.

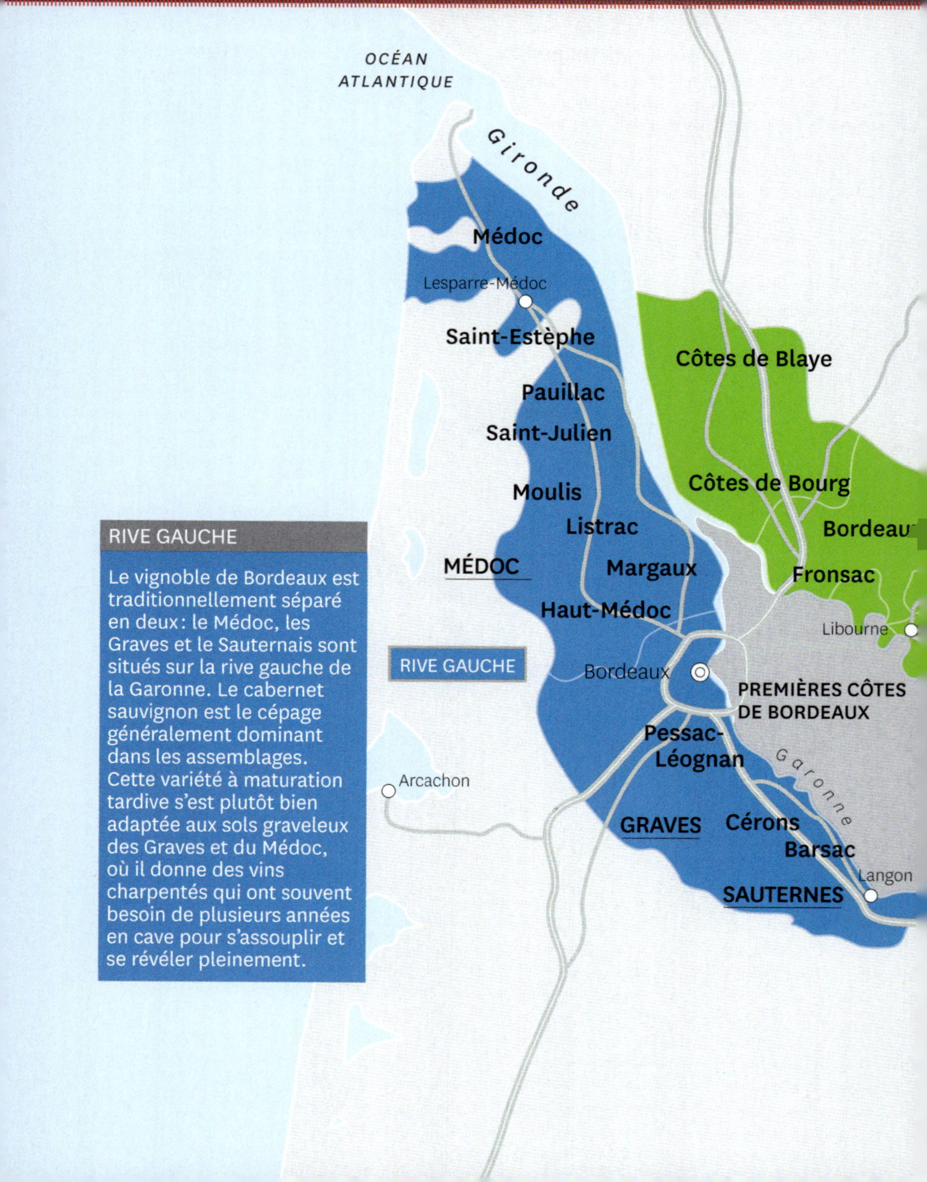

RIVE GAUCHE

Le vignoble de Bordeaux est traditionnellement séparé en deux : le Médoc, les Graves et le Sauternais sont situés sur la rive gauche de la Garonne. Le cabernet sauvignon est le cépage généralement dominant dans les assemblages. Cette variété à maturation tardive s'est plutôt bien adaptée aux sols graveleux des Graves et du Médoc, où il donne des vins charpentés qui ont souvent besoin de plusieurs années en cave pour s'assouplir et se révéler pleinement.

Depuis une dizaine d'années, plusieurs consommateurs, particulièrement ceux de la nouvelle génération, ont tourné le dos à Bordeaux. Moi-même, peut-être en réaction à la flambée des prix des années 2000 ou par désir d'explorer d'autres régions du monde, j'avoue avoir un peu boudé les vins de la Gironde – en tant que consommatrice, s'entend.

Mais depuis un an ou deux, sans trop savoir pourquoi, je me surprends à regarnir ma cave en crus bordelais ou à en commander au verre, dans les rares établissements montréalais qui osent encore en proposer.

J'ai toujours un intérêt très très modéré pour les bordeaux modernes, produits dans le but à peine dissimulé de plaire aux critiques américains, mais je ne me lasserai jamais de savourer un bon vin élaboré sans trop d'artifices et fidèle à ses origines.

Avec leur caractère un peu austère et empreint de fraîcheur, les clarets et autres vins rouges des Graves, de Fronsac, de Pomerol et même d'appellations secondaires semblent conçus pour la table. Les prochaines pages font état d'une foule de bonnes bouteilles, la plupart à des prix on ne peut plus accessibles.

RIVE DROITE

Le Libournais (Saint-Émilion, Pomerol, Fronsac), les Côtes de Blaye, de Bourg et de Castillon sont situés sur la rive droite de la Dordogne. Sauf exceptions, ces vins sont essentiellement constitués de merlot. Qu'il puise sa sève dans les sols calcaires du plateau de Saint-Émilion, dans les molasses de Fronsac ou dans les argiles et les graves de Pomerol, il donne des vins généralement plus suaves et dodus, aptes au vieillissement, mais pouvant être appréciés plus jeunes que ceux du Médoc.

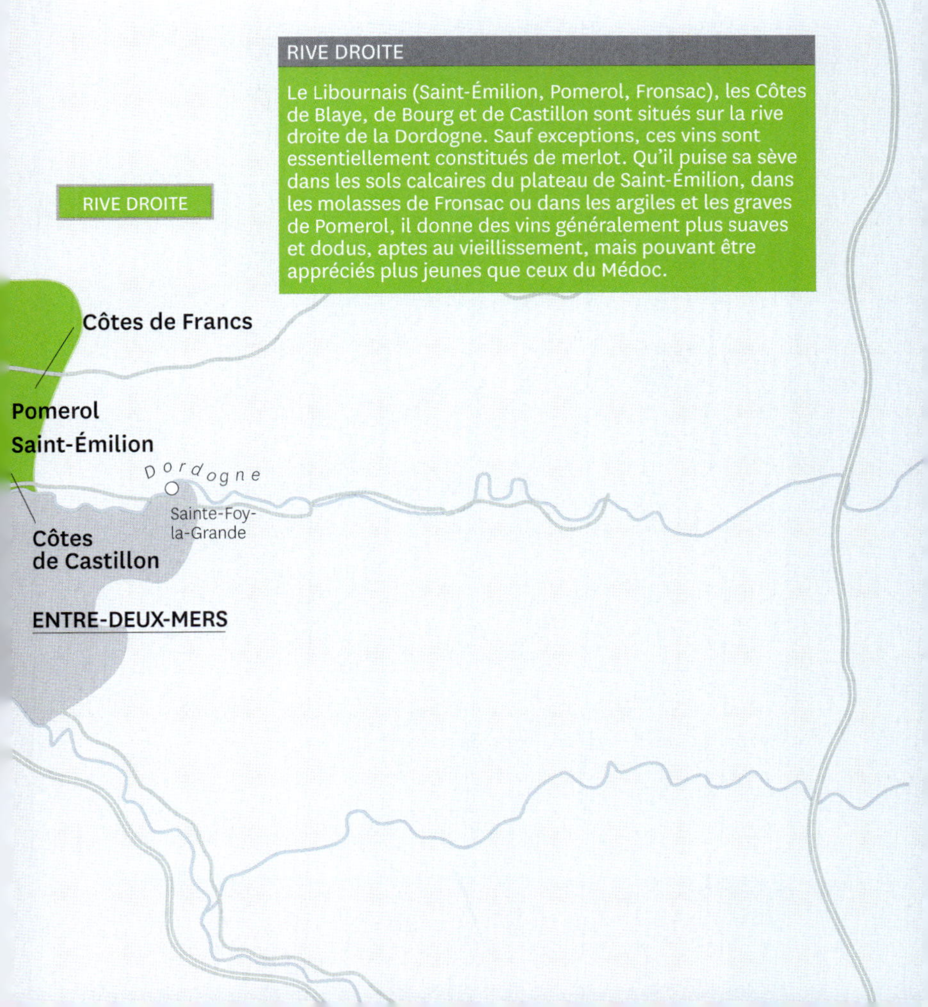

Médoc-Graves

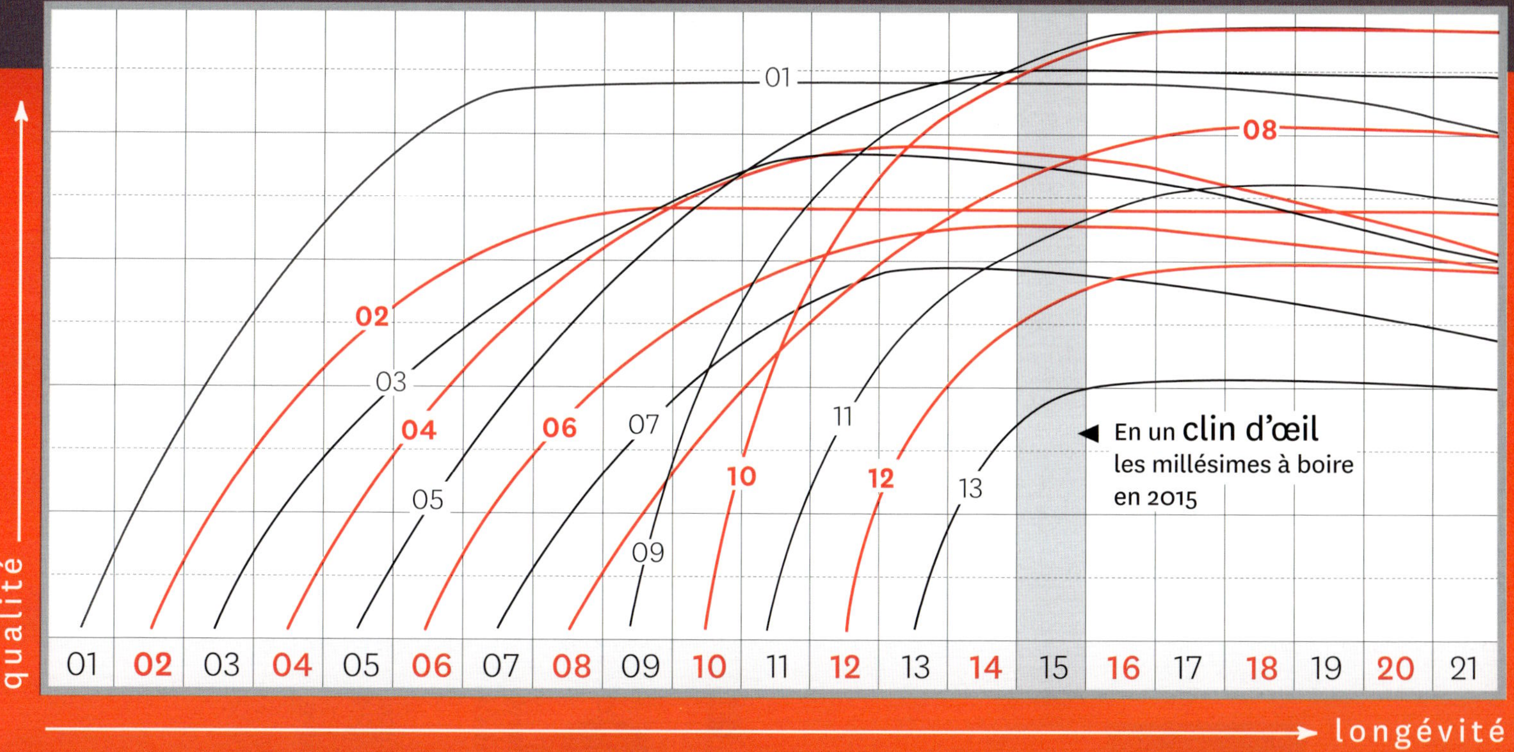

LES DERNIERS MILLÉSIMES

2013

Jamais deux sans trois, dit-on. Le médoc a connu sa pire récolte depuis 1992! Même les crus classés sont à acheter avec prudence. Résultats un peu moins désastreux sur la rive droite; rendements très faibles et qualité moyenne.

2012

Deuxième année difficile dans la Gironde. Le climat a fait des siennes et le cabernet a peiné à mûrir. Le merlot étant un cépage plus précoce, les vignobles de la rive droite ont eu un peu plus de chance, mais il ne faudra pas fonder de grandes espérances quant à leur potentiel de garde. L'Yquem n'a pas été produit, signe éloquent d'une qualité médiocre à Sauternes.

2011

Retour à la réalité après deux millésimes de rêve. Dans le Médoc comme sur la rive droite, un mois de juillet relativement chaud et humide a causé des problèmes de pourriture; épisode de grêle à Saint-Estèphe. Pomerol est l'appellation qui a le mieux tiré son épingle du jeu. De manière générale, les taux d'alcool sont plus faibles, heureusement! Comme dans tout millésime hétérogène, la réputation du producteur est la meilleure garantie.

2010

Après la sensationnelle récolte 2009, dame Nature s'est de nouveau montrée généreuse envers les Bordelais. Un été exceptionnellement sec et une récolte moins abondante que la moyenne – avec des raisins petits et très nourris – ont donné naissance à des vins rouges tanniques, solides et charpentés. Succès généralisé, autant dans le Libournais que sur la rive gauche. Millésime tout aussi prometteur à Sauternes, où les vendanges se sont étalées jusqu'à la fin d'octobre.

2009

De l'avis de plusieurs, probablement le meilleur millésime de la décennie. Après un été idéal, chaud, sec et ensoleillé, les vignes ont profité d'un mois de septembre de rêve pendant lequel les journées chaudes et les nuits fraîches ont alterné. Des conditions idéales pour produire le Bordeaux parfait. Bon millésime en perspective à Sauternes.

2008

La longue saison végétative qui s'est achevée par temps sec et sans excès de chaleur explique le style fin et classique des meilleurs vins du millésime. Mais tous les 2008 ne sont pas nés égaux, et la qualité reste variable. Seuls les meilleurs terroirs exploités avec rigueur et discernement ont donné des vins fins de style très classique.

Saint-Émilion-Pomerol

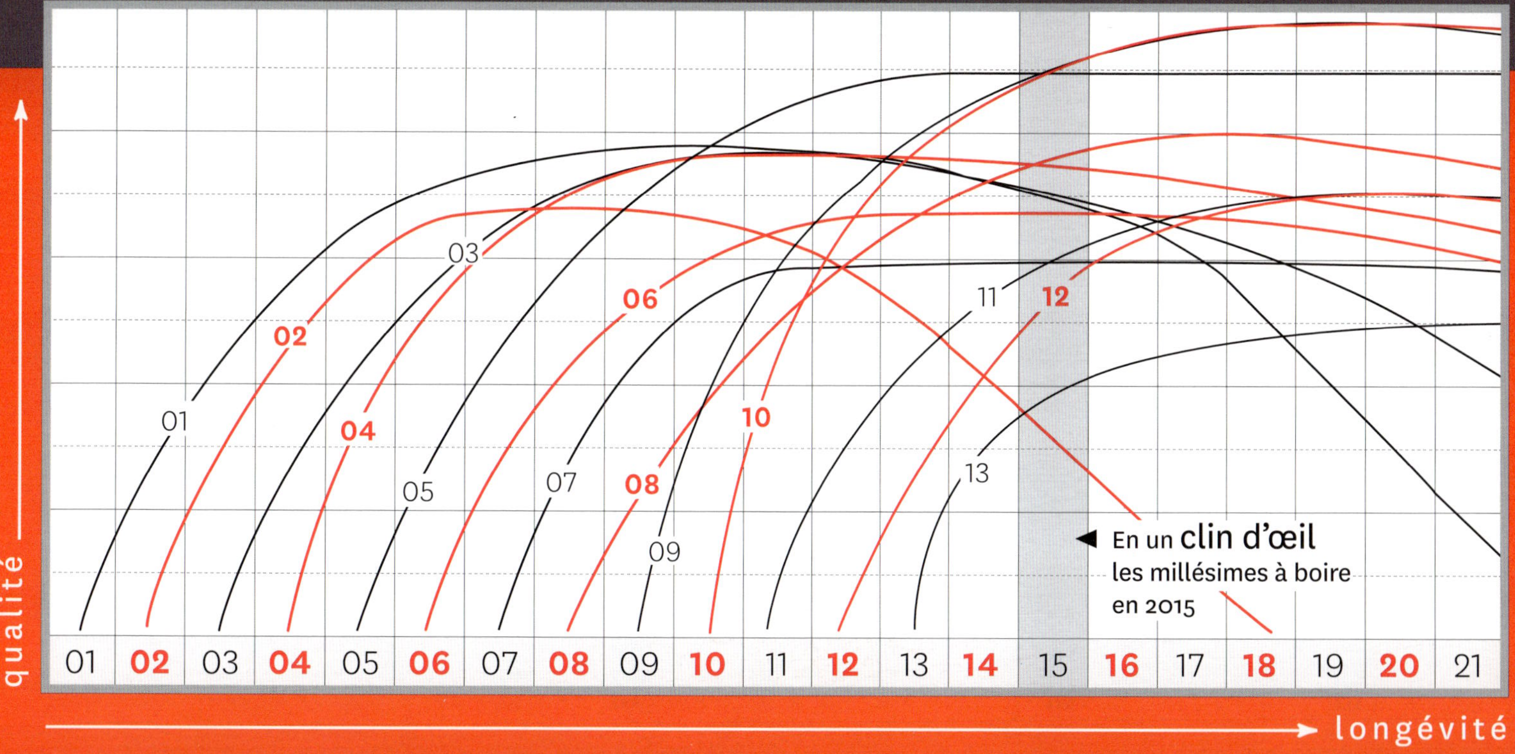

2007

Après un été de misère, le beau temps de septembre a permis d'éviter le pire. La qualité est hétérogène. Les producteurs les plus habiles ont obtenu des vins rouges de bonne facture, fins et équilibrés, mais sans la profondeur des grandes années. De bons vins blancs secs et des Sauternes très réussis.

2006

De la pluie aux vendanges et de fréquents problèmes de pourriture ont causé bien des maux de tête aux viticulteurs, surtout dans le Médoc où le cabernet sauvignon a eu peine à mûrir. Sur la rive droite, le merlot a donné des résultats plus satisfaisants, en particulier à Pomerol. Bon millésime pour les vins blancs secs. Bon nombre de Sauternes riches et plantureux.

2005

Excellent millésime. Sur les deux rives, les vins rouges combinent à la fois une structure solide, la richesse tannique et la fraîcheur. Une belle année pour les vins blancs secs. Grand millésime à Sauternes, où des conditions idéales ont été favorables au développement du botrytis.

2004

Retour à une production plus classique après l'excentrique millésime 2003. Dans l'ensemble, la qualité est hétérogène, avec un léger avantage pour Pomerol et Saint-Émilion où, plus précoces, le merlot et le cabernet franc ont été ramassés avant la période pluvieuse qui a commencé le 10 octobre. Beau millésime de vins blancs secs. Année irrégulière à Sauternes, mais quelques vins sont néanmoins très satisfaisants.

2003

Une canicule exceptionnelle a provoqué la récolte la plus précoce depuis 1893. Dans ces conditions météorologiques extrêmes, la qualité du terroir a fait toute la différence. Dans les meilleurs cas, les vins du Médoc sont riches et généreux, quoique atypiques. Succès plus mitigé à Saint-Émilion et à Pomerol. De bons vins blancs secs exubérants. Grande année pour les liquoreux.

MOUEIX, CHRISTIAN

Merlot 2010, Bordeaux

En plus de veiller sur les propriétés familiales de Trotanoy, La Fleur-Pétrus, Hosanna, Magdelaine et Dominus en Californie, Christian Moueix pense à ceux qui ne peuvent boire ses grands crus tous les jours et leur propose un très bon bordeaux générique à prix attrayant.

À mon avis, la plus belle réussite des derniers millésimes pour le merlot générique de Christian Moueix. L'attaque en bouche est à la fois juteuse et très franche, encadrée de tanins juste assez fermes pour procurer à l'ensemble une fraîcheur qui donne envie d'un second verre. Amateurs de merlot et de bordeaux, vous pouvez acheter les yeux fermés.

369405 16,70$ ★★★ ½ ① ♥

V **Jarret d'agneau confit, lentilles aux carottes et aux lardons; bavette à l'échalote.**

D'autres bordeaux et bordeaux supérieurs

CHÂTEAU BELLE-GARDE

Bordeaux 2010

En 2010, Éric Duffau a produit, sur son vignoble de Génissac, un excellent bordeaux générique qui pourrait faire pâlir bien des vins d'appellations plus prestigieuses. Constitué de merlot à 100%, le vin est charnu et fruité à souhait; pas d'extraction tannique superflue ni de parfums de bois neuf, mais un grain mûr, étonnamment séveux et une finale savoureuse aux accents de noyau de cerise. À moins de 20$, l'amateur de bordeaux franc et sincère devrait en faire provision!

10862982 19,75$ ★★★★ ② ♥

CHÂTEAU D'ARGADENS

Bordeaux Supérieur 2010

Lorsque la famille Sichel a acquis ce domaine en 2002, elle y a effectué d'importants travaux de restauration et lui a donné le nom de ses fondateurs, la famille d'Argadens. Cette année encore, un bel exemple du savoir-faire de la famille Sichel: à la fois droit et portant la rondeur fruitée du merlot. Bien tourné et agréable à boire.

10515876 19,35$ ★★★ ②

CHÂTEAU DE CAMARSAC

Bordeaux supérieur 2010, Thierry Lurton

Cette propriété de l'Entre-deux-Mers est dirigée par Thierry Lurton, fils de Lucien Lurton. Reconnaissable entre tous avec son étiquette hautement colorée, ce bon vin rouge de confection moderne ne manque pas de faire son effet en bouche. Assez corsé pour un vin de cette gamme de prix, judicieusement boisé pour plaire, avec des accents de vanille et de noix de coco et tout le fruit voulu. À boire dès maintenant et jusqu'en 2018.

10521301 17,45$ ★★★ ②

CHÂTEA1U LA MOTHE DU BARRY

Bordeaux Supérieur 2012

Un autre franc succès pour le vin de Joël Duffau. Droit, franc de goût, équilibré, digeste et très plaisant à table. Toujours offert à un prix attrayant. À boire au cours des trois prochaines années.

10865307 15,35$ ★★★ ② ♥

CHÂTEAU TAYET

Cuvée Prestige 2009, Bordeaux Supérieur

Cette propriété secondaire appartient à la famille du Château Haut-Breton Larigaudière (voir page 34). Généralement suave et bien en chair, ce vin a atteint un sommet de générosité en 2009 : tout en rondeur et issu de raisins mûrs. Sa chair fruitée et son grain le placent au-dessus de la moyenne des bordeaux supérieurs.

11106062 20,15$ ★★★ ½ ②

DOMAINE DE COURTEILLAC

Bordeaux Supérieur 2010

Le bordeaux supérieur de Dominique Meneret se distingue régulièrement par son étoffe et par la densité de sa mâche tannique. Des saveurs de fruits noirs, de tabac et d'épices persistent en bouche. Plus cher, mais aussi plus sérieux que la moyenne de l'appellation.

10391893 23,80$ ★★★ ②

DULONG

Bordeaux 2012, Réserve de Michel Rolland, Grands Chais de France

Bon bordeaux générique plus charnu que la moyenne. Certes, un peu facile et confectionné au goût du jour. Finale serrée aux accents de fruits noirs ; bon vin quotidien tout à fait recommandable.

11975188 17,35$ ★★★ ② ♥

CHÂTEAU MONDÉSIR-GAZIN

Blaye 2010

L'appellation Blaye « tout court » regroupe des vins produits dans la même aire d'appellation que les Blaye-Côtes de Bordeaux, mais issus de rendements plus limités, de vignobles à plus haute densité de plantation et d'un élevage plus long.

Travaillant leur vignoble en agriculture biologique, Laurence et Marc Pasquet en tirent un vin rouge particulièrement dense et d'une complexité étonnante pour l'appellation. Le vin réunit la souplesse et le charme fruité du merlot et la vigueur du malbec dans d'heureuses proportions et repose sur une fibre tannique à la fois leste, pulpeuse et tissée serrée. Et cette fin de bouche délicieusement parfumée qui rappelle la complexité aromatique des meilleurs thés oolong et Darjeeling.

12391011 28,90$ ★★★★ ② ♥

V Côte de bœuf au sel ; gigot d'agneau aux herbes.

D'autres vins de côtes

CHÂTEAU BUJAN

Côtes de Bourg 2012

Bon an, mal an, Pascal Méli signe un des très bons côtes de bourg. Tout ce qu'il y a de plus bordelais, avec un fruit juteux et de belles aspérités, sans aucune verdeur ou dureté. Un nez classique et affriolant de cassis et de framboise, de cèdre et de tabac, avec un boisé à peine perceptible, qui apporte quelques notes de cacao et d'épices douces, et plus de profondeur à l'ensemble. Mûr et gouleyant, tout en étant très sec et doté de tanins fins. Du vrai bon bordeaux, sans artifices.

862086 22,65 $ ★★★★ ② ♥

CHÂTEAU DE FRANCS

Francs-Côtes de bordeaux 2010, Les Cerisiers, Bordeaux-Côtes de Francs 2010

Composé surtout de merlot, ce vin est très flatteur et séduisant en 2010, et fait preuve d'une envergure et d'une profondeur certaines. Pas un colosse très boisé, mais un vin étoffé, sphérique et capiteux (15% d'alcool), sans être brûlant. De savoureuses notes de fruits mûrs et de réglisse persistent en finale et sont agrémentées d'une touche boisée élégante. Laissez-le reposer en cave jusqu'en 2017-2018.

12116262 30,25$ ★★★→? ③

CHÂTEAU DE RICAUD

Cadillac-Côtes de Bordeaux 2010

Vin généreux, dont les parfums de réglisse et la bouche volumineuse et juteuse, bâtie sur des tanins souples, rappellent la générosité du millésime. Malgré tout, on a su préserver une certaine fraîcheur, garante d'équilibre. Jolie finale épicée. À boire au cours des trois prochaines années.

11556901 19,95$ ★★★ ②

CHÂTEAU LA GASPARDE

Castillon-Côtes de Bordeaux 2009

Une année de repos semble avoir été bénéfique à ce 2009 puisqu'il se montre sous un jour plus achevé et harmonieux qu'à pareille date l'an dernier. Une matière généreuse, du fruit et une chair mûre. Et surtout des goûts concentrés de prune, de cacao et de réglisse qui persistent en bouche. Très bon bordeaux – rive droite – à savourer au cours des quatre prochaines années.

527572 21,95$ ★★★ ②

CHÂTEAU LE PUY

Francs-Côtes de Bordeaux 2007

Le vignoble de la famille Amoreau est l'un des rares de Gironde à être cultivé en biodynamie. Le vin courant de la propriété est vinifié avec les seules levures naturelles, sans chaptalisation ni filtration et avec un minimum de soufre. Un excellent vin jouant à fond la carte de la fraîcheur et mettant en valeur le naturel fruité du merlot. Peu ou pas de parfum boisé, ce qui permet d'apprécier le goût inaltéré d'un bon claret élégamment fruité, très droit et d'une grande « buvabilité ». Sa légèreté à 12 % d'alcool ne devrait pas vous faire douter de son potentiel de garde.

709469 27,60$ ★★★★ ② ♥

VIEUX CHÂTEAU CHAMPS DE MARS

Castillon-Côtes de Bordeaux 2009

Le Vieux Château Champs de Mars est le porte-étendard de l'entreprise de Régis Moro. Dans cette belle propriété acquise en 1984, l'agriculture biologique est pratiquée depuis déjà longtemps, mais les vins ne sont certifiés bio que depuis 2005. Belle réussite sur le thème de l'équilibre et de l'élégance, le vin séduit avec son relief en bouche et ses tanins mûrs et soyeux qui se resserrent en finale. À boire d'ici 2017.

10264860 23,20$ ★★★ ②

CHÂTEAU HAUT-BRETON LARIGAUDIÈRE

Margaux 2009

Le paysage gustatif du vin de Bordeaux a beaucoup changé depuis 30 ans, soit depuis l'engouement médiatique pour le millésime 1982, diront certains. Heureusement, on trouve encore sur le marché des vins qui offrent une expression inaltérée de leur lieu de naissance.

Comme cet excellent margaux secondaire, provenant d'un vignoble d'une quinzaine d'hectares, majoritairement planté de cabernet sauvignon. Toujours d'une mouture très médocaine, le 2009 est impeccable: de la chair et une attaque en bouche droite et franche, des fruits noirs et de légers accents de poivron rouge. Un bordeaux classique, d'une bonne longueur, assez équilibré pour l'apprécier pleinement dès maintenant.

732065 38$ ★★★ ½ ②

V Brochettes de bœuf, champignons et poivrons; magret de canard au vin rouge.

D'autres vins du Médoc

CHÂTEAU DE LAMARQUE

Haut-Médoc 2009

Dans sa belle forteresse médiévale entre Margaux et Saint-Julien, Pierre-Gilles Gromand-Brunet d'Evry confectionne un bon cru bourgeois. Passablement charnu cette année, des saveurs compactes de fruits noirs, un grain tendre, issu de raisins bien mûrs. Bel usage du bois.

10752767 35,25$ ★★★ ②

CHÂTEAU DE VILLEGEORGE

Haut-Médoc 2010

Ce vin provient d'une parcelle située près de l'appellation Margaux, à laquelle il emprunte la finesse. En 2010, aidée par la nature généreuse du millésime, Marie-Laure Lurton a produit un vin plutôt dense, concentré en fruits noirs et mis en valeur par un boisé distingué. Tout y est, mais rien n'est en trop. Excellent vin en devenir, à prix pleinement mérité.

11571589 24,75$ ★★★→★ ③ ♥

CHÂTEAU DUPLESSIS

Moulis en Médoc 2009

En plus de signer d'excellents vins à Château Villegeorge, Marie-Laure Lurton veille sur ce domaine de Moulis où elle produit un bon vin courant, composé majoritairement de merlot, ce qui est de moins en moins rare dans le Médoc. Plus charnu que sur les derniers millésimes, mais nettement moins concentré que bien des 2009. Un bon vin d'agrément à boire d'ici 2016.

11335711 25,55$ ★★★ ②

CHÂTEAU LARRIVAUX

Haut-Médoc 2010

Ce vignoble appartient à la même famille et est transmis de femme en femme depuis plus de trois siècles. En 2010, Mme Carlsberg, l'actuelle propriétaire, a produit un vin large d'épaules et s'appuyant sur des tanins fermes. Pas très expressif au nez, mais en bouche, on est vite séduit par ses goûts caractéristiques de fruits noirs et de boîte à cigares. Encore jeune et un peu austère, il devrait se révéler à sa pleine mesure d'ici 2017.

12258851 25,45$ ★★★→? ③

CHÂTEAU LE REYSSE

Médoc 2010

Propriété de l'économiste allemand Stefan Paeffgen depuis 2010, ce cru bourgeois, voisin de Rollan de By, est la source d'un vin riche en saveurs de fruits noirs et savamment boisé, assis sur des tanins fermes et compacts. Encore un peu austère, mais agréable à table avec une viande bien saignante.

12116300 31,75$ ★★★ ②

CHÂTEAU SÉNÉJAC

Haut-Médoc 2010

Ce domaine qui appartient à la famille Cordier est cultivé en biodynamie depuis 2009, par l'équipe du Château Pontet-Canet. Généreusement fruité au nez comme en bouche; une attaque mûre, mais empreinte de fraîcheur et laissant une sensation harmonieuse. Du corps et une finale charmante aux accents de fruits rouges et d'épices douces. Rien de complexe, mais un plaisir certain à table.

11622930 26,35$ ★★★★ ② ♥

CHÂTEAU TOUR HAUT CAUSSAN

Médoc 2010

Deuxième succès consécutif pour ce cru bourgeois, situé à une douzaine de kilomètres de Saint-Estèphe. Aussi étoffé et plein en bouche que le 2009, avec un supplément de fraîcheur, ce vin vibrant est certes moins ambitieux que d'autres, mais très digeste, juste assez dense, séveux et typiquement médocain. Finale relevée d'accents de cèdre et d'épices. À boire sans se presser jusqu'en 2020.

11571845 26,50$ ★★★★ ② ♥

CHÂTEAU LAROQUE

Saint-Émilion Grand cru classé 2005

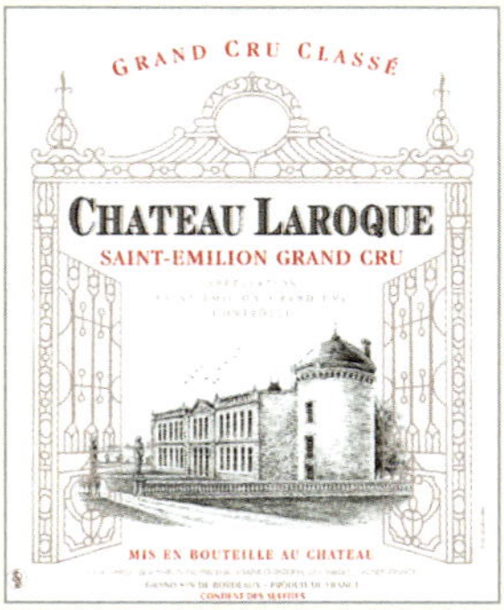

À l'abri des courants de mode qui ont soufflé sur la Gironde depuis une vingtaine d'années, la famille Beaumartin continue de produire un bon vin authentique, dans cette vaste propriété de Saint-Christophe-des-Bardes, à l'est de Saint-Émilion.

Privilégiant toujours l'équilibre et l'expression du terroir plutôt que la puissance, elle a obtenu un 2005 purement délicieux. Maintenant âgé de 9 ans, le vin s'ouvre au nez sur des notes tertiaires qui rappellent les champignons, les odeurs de sous-bois, les feuilles mortes. En bouche, le vin coule comme du velours, souple et soyeux, constitué de tanins tendres, fondus par les années. Voici une très belle occasion de flirter avec les charmes d'un vin à point, sans avoir à se soucier de l'entreposage.

875781 65,75$ ★★★★ ②

V **Côte de veau aux morilles; caille rôtie, poêlée de champignons sauvages.**

D'autres vins de Saint-Émilion et ses satellites

CHÂTEAU DES LAURETS

Puisseguin-Saint-Émilion 2011

Appartenant aussi à la Compagnie Vinicole Baron Edmond de Rothschild, cette propriété de Puisseguin produit régulièrement un très bon vin. Le 2011 est assez solide, reposant sur des tanins fermes; goûts de fruits noirs soulignés par une amertume en fin de bouche. On peut l'apprécier maintenant ou le laisser reposer jusqu'en 2017.

371401 21,45$ ★★★ ②

CHÂTEAU FRANC LA ROSE

Saint-Émilion 2010

Déjà commenté dans la dernière édition du *Guide*, ce vin produit par Jean-Louis Trocard m'a fait encore meilleure impression lorsque goûté de nouveau en septembre 2014. Provenant d'un vignoble situé dans le nord de l'appellation, au lieu-dit La Rose, le 2010 a une charpente solide, enveloppée d'un manteau de tanins parfaitement mûrs. De la mâche, de justes proportions entre le fruit, le bois et la structure. Rien de très complexe ni persistant, mais bien tourné dans un style moderne. À boire entre 2015 et 2019.

10752855 34,75$ ★★★ ②

CHÂTEAU GUIBOT LA FOURVIEILLE

Puisseguin-Saint-Émilion 2009

Le nez très mûr qui rappelle la confiture de prune annonce un vin à maturité, constitué de tanins ronds et dodus qui caressent le palais. Très séduisant et rassasiant avec sa finale nourrie de saveurs de réglisse noire, sur un fond d'épices douces évoquant la cannelle.

11341687 29,10$ ★★★ ②

CHÂTEAU LA FLEUR DU CASSE

Saint-Émilion 2010

Velouté, gorgé de fruit et accentué d'une touche de menthe qui apporte une agréable fraîcheur aromatique. Pas le plus raffiné ni le plus profond, mais assez bien tourné sur un mode flatteur. On peut l'apprécier dès maintenant ou le laisser reposer en cave jusqu'en 2017.

10901321 38,50$ ★★★ ②

CHÂTEAU LE CASTELOT

Saint-Émilion 2010, Janoueix

Dans le style « à l'ancienne » privilégié par la famille Janoueix, ce très bon vin de Saint-Émilion est particulièrement satisfaisant en 2010. Bien qu'il semble issu d'une autre époque, le vin témoigne aussi de la concentration naturelle du millésime, sans excès. Encore trop jeune pour être apprécié dès maintenant. Il a tous les atouts pour se bonifier d'ici 2016.

11071955 44,25$ ★★★→★ ③

CHÂTEAU MONTAIGUILLON

Montagne-Saint-Émilion 2011

Le vin de cette propriété appartenant à la famille Amart rencontre toujours les attentes. D'année en année, un bon bordeaux de facture classique, mettant en valeur la rondeur et le fruit du merlot; du grain et une bonne longueur. À boire au cours des trois prochaines années.

864249 24,60$ ★★★ ½ ②

CHÂTEAU TRIANON

Saint-Émilion 2010, Maison Hébrard

Dans la lignée des derniers millésimes. Le vin porte la richesse de 2010, sans cette vigueur qui faisait pourtant le charme de ce millésime. A-t-on voulu récolter trop tard? Quoi qu'il en soit, le vin a une envergure certaine et une longue finale nuancée. Il sera intéressant de surveiller son évolution d'ici 2018.

10877324 48,50$ ★★★→? ③

CHÂTEAU BEAUREGARD

Pomerol 2010, Le Benjamin de Beauregard

Signe que les temps changent petit à petit, même Bordeaux, dernier bastion français de la résistance à la conversion biologique, commence à s'ouvrir à des modes d'agriculture alternative. Cette propriété située à proximité de La Conseillante a entrepris une conversion en 2009.

Même le second vin du domaine fait preuve d'une étoffe remarquable, peut-être attribuable à une bonne proportion de cabernet franc (30 %). Le 2010 s'appuie sur un grain tannique compact et tapisse la bouche d'une matière fruitée bien mûre aux goûts de fruits noirs, de cacao et d'épices douces, accentués par une amertume fine. Maintenant ouvert et bon au moins jusqu'en 2018.

869016 41,25$ ★★★→★ ③

V Escalope de caribou au cassis, topinambours rôtis ; confit de canard.

D'autres vins de Pomerol et de Fronsac

CHÂTEAU DE LA RIVIÈRE

Fronsac 2006

En décembre 2013, un accident d'hélicoptère a coûté la vie au nouveau et à l'ancien propriétaire du plus vaste vignoble de Fronsac, qui compte aussi un château imposant du XVIIe siècle. Ce vin bien mûr est souple et dodu, sans aucun angle tannique, sphérique en bouche et fort savoureux. Rien dans ce vin n'est agressant, tout coule, rien ne dépasse. À boire dès maintenant, il a atteint son apogée.

11588348 29,95$ ★★★ ½ ①

CHÂTEAU GARRAUD

Lalande-de-Pomerol 2009

Jamais fabuleux, mais souvent satisfaisant, ce « mini pomerol » est à retenir avant tout pour son équilibre et sa rondeur. Un peu plus nourri et plein en bouche cette année, agrémenté de goûts de prune et de chocolat noir. Il demeure tout à fait recommandable. À boire entre 2015 et 2020.

978072 30,50$ ★★★ ②

CHÂTEAU HAUT-CHAIGNEAU

Lalande-de-Pomerol 2011

Haut-Chaigneau est une propriété sérieuse de cette appellation satellite de Pomerol. En 2011, on y a produit un vin étoffé et riche en matière, avec beaucoup de relief en bouche et aucun excès boisé. Une impression étonnamment généreuse pour le millésime et une finale franche et persistante. Déjà bon, il mériterait de s'épanouir encore.

866467 30,25$ ★★★→? ③

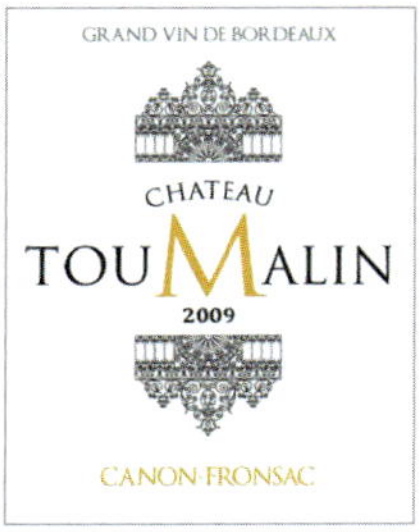

CHÂTEAU TOUMALIN

Canon-Fronsac 2009

Lorsque goûté de nouveau en septembre 2014, ce vin commenté l'année dernière m'a paru étonnamment rond et flatteur, laissant presque une sensation sucrée en bouche tant le fruit est mûr. Est-ce l'effet 2009? Quoi qu'il en soit, l'amateur de vin plein et joufflu ne devrait pas rester insensible à son volume en bouche et à l'opulence de son fruit. D'autant plus que le vin se resserre en fin de bouche et n'accuse aucune mollesse. À condition d'être servi autour de 16°C.

10805224 24,80$ ★★★ ②

MOUEIX, JEAN-PIERRE

Pomerol 2011

Sans être aussi réussi que le 2010 commenté l'année dernière, ce Pomerol ne manque pas de vertus. Certains déploreront peut-être sa carrure tannique et ses notes amères en finale, mais le vin ne manque pas de fruit ni de tonus. Bon pomerol de facture classique à boire entre 2015 et 2019.

739623 33,25$ ★★★ ②

BOURGOGNE

Les climats de Bourgogne.

Longtemps hétérogène, la qualité des vins de la Bourgogne a beaucoup progressé depuis une dizaine d'années. La région peut même être la source de bons vins authentiques, encore vendus à des prix terrestres.

Grâce à l'arrivée de nombreux jeunes producteurs, soucieux de tirer le meilleur de terroirs secondaires, il est désormais possible de boire de très bons vins bourguignons, sans faire les frais des grands crus. Plusieurs grandes maisons de négoce empruntent aussi la voie de la qualité. Les pages suivantes foisonnent de recommandations de bonnes bouteilles pour explorer le charme et la profondeur quasi énigmatique des vins de cette grande région viticole.

Même si elle se résume encore au beaujolais nouveau dans l'esprit de bien des consommateurs, la région du Beaujolais peut produire des vins sérieux. Très sérieux même. Les vins affichent la légèreté et le caractère friand propres au cépage gamay, mais cela n'exclut en rien la profondeur. À redécouvrir, si ce n'est déjà fait.

Plus que le prestige et la qualité présumée de l'appellation, le nom du producteur et le millésime sont les meilleures garanties de qualité.

CHABLIS

De l'avis de plusieurs, le chablis est la quintessence du cépage chardonnay. Grâce à leur acidité naturelle et à leur équilibre, les meilleurs peuvent être conservés plusieurs années.

CÔTE DE NUITS

Le morcellement du vignoble bourguignon a commencé dès la Révolution française et s'est poursuivi au fil des siècles et des successions familiales. Deux siècles plus tard, il n'y a toujours qu'un seul Clos de Vougeot, mais il est partagé entre 70 vignerons qui produisent autant de vins différents selon leur savoir-faire et leur rigueur.

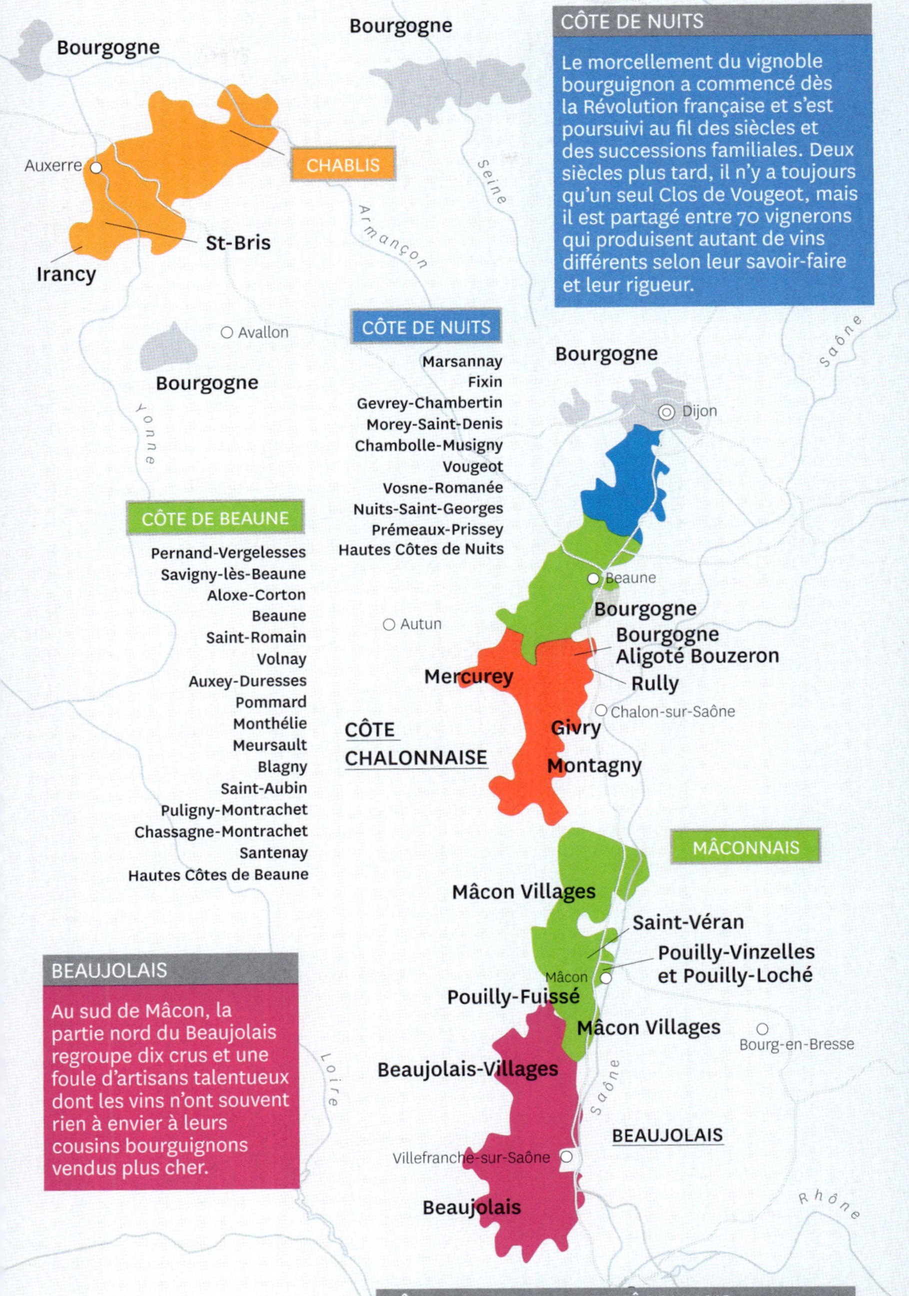

BEAUJOLAIS

Au sud de Mâcon, la partie nord du Beaujolais regroupe dix crus et une foule d'artisans talentueux dont les vins n'ont souvent rien à envier à leurs cousins bourguignons vendus plus cher.

CÔTE CHALONNAISE ET MÂCONNAIS

Choisis avec discernement, les vins blancs et rouges de la Côte Chalonnaise sont souvent des achats avisés. Il y a de plus en plus de bons vins blancs dans le Mâconnais.

Bourgogne rouges Côte d'Or

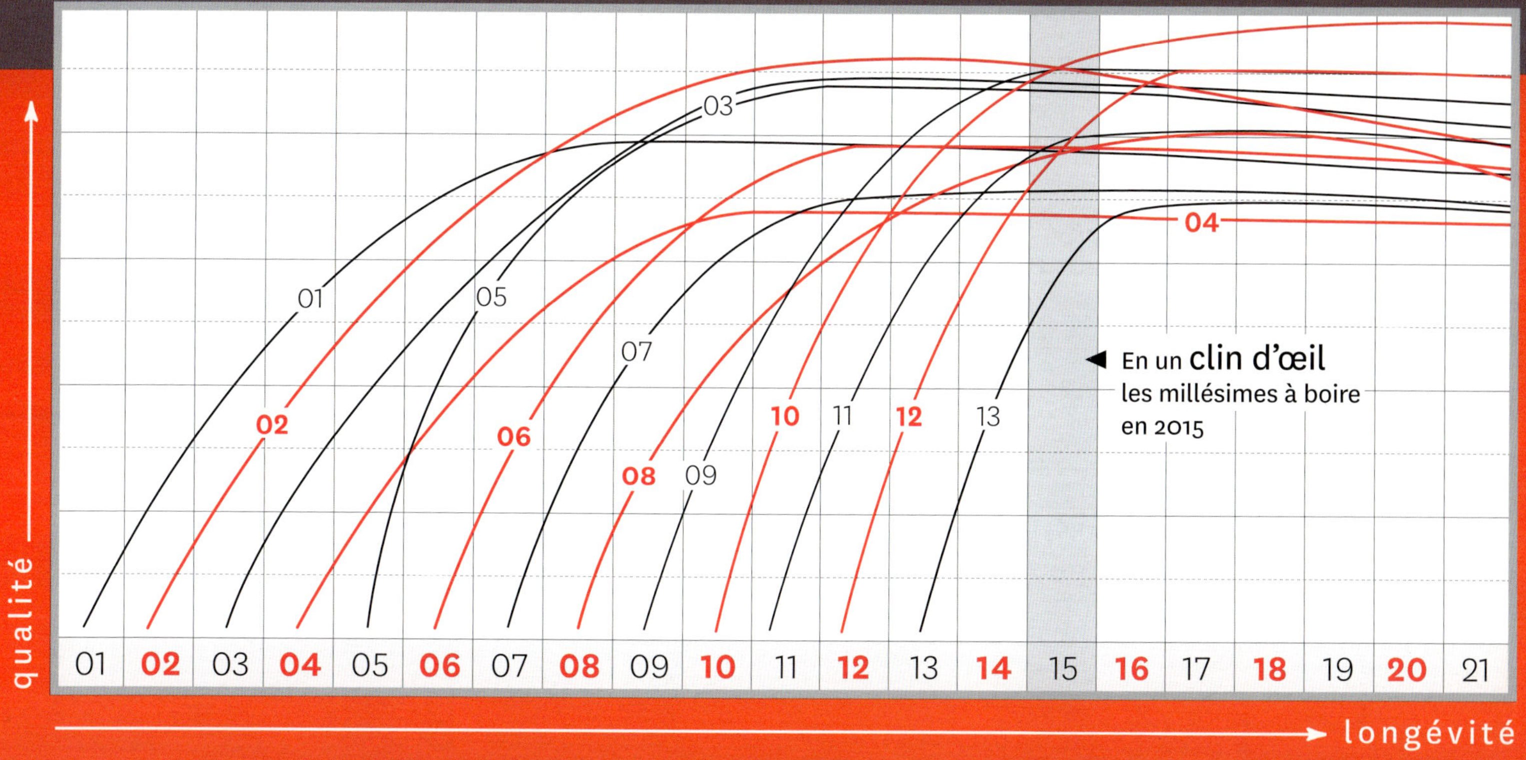

LES DIX DERNIERS MILLÉSIMES

2013
Autre année marquée par la grêle sur la Côte de Beaune ; qualité inférieure à celle de 2012. Pluie abondante au moment des vendanges. La date de la récolte et le tri de la vendange ont été des facteurs qualitatifs déterminants.

2012
Des mauvaises conditions météorologiques au printemps ont nui à la floraison et donné une très petite récolte partout sur la Côte d'Or, mais aussi à Chablis et dans le Beaujolais, où certains vignerons ont été forcés de déposer le bilan. Épisodes répétés de grêle sur la Côte de Beaune. Le peu de vin produit devrait cependant être d'excellente qualité.

2011
Autre année de faibles rendements et de vendange hâtive. La peau des raisins de pinot noir était relativement épaisse, ce qui pourrait donner des vins un peu plus structurés. Récolte plus abondante en blanc. Troisième millésime d'excellente qualité dans le Beaujolais.

2010
Qualité irrégulière, en particulier en Côte de Beaune. Dans les meilleurs domaines, les vins rouges s'annoncent charnus, colorés et riches en tanins. Souvent dotés d'une acidité notable, les vins blancs semblent de qualité variable. Conditions plus favorables à Chablis ainsi que dans le Beaujolais.

2009
Très bon millésime favorisé par un mois d'août chaud, ensoleillé et sec. Des vins rouges de nature assez souple, et destinés à s'ouvrir plus rapidement que les 2005. Nourris et charmeurs, mais parfois faibles en acidité, les vins blancs devraient évoluer rapidement. Excellent millésime dans le Beaujolais; des vins colorés, riches et savoureux.

2008
Quantité réduite de vins blancs apparemment de qualité plus homogène, autant en Côte d'Or qu'à Chablis. Millésime difficile et irrégulier dans le Beaujolais.

2007
Une faible récolte de vins rouges, souples et à boire jeunes.

2006
Un bon millésime, en particulier en Côte de Nuits où les pluies ont été moins pénalisantes. Qualité hétérogène des vins rouges. Des vins blancs généralement plus satisfaisants. Bons vins charmeurs, mais parfois atypiques à Chablis.

2005
Sur toute la Côte d'Or et en Côte Chalonnaise, des vins classiques, à la fois riches et bien équilibrés. Excellent millésime à Chablis, des vins droits et classiques.

Bourgogne blancs Côte d'Or

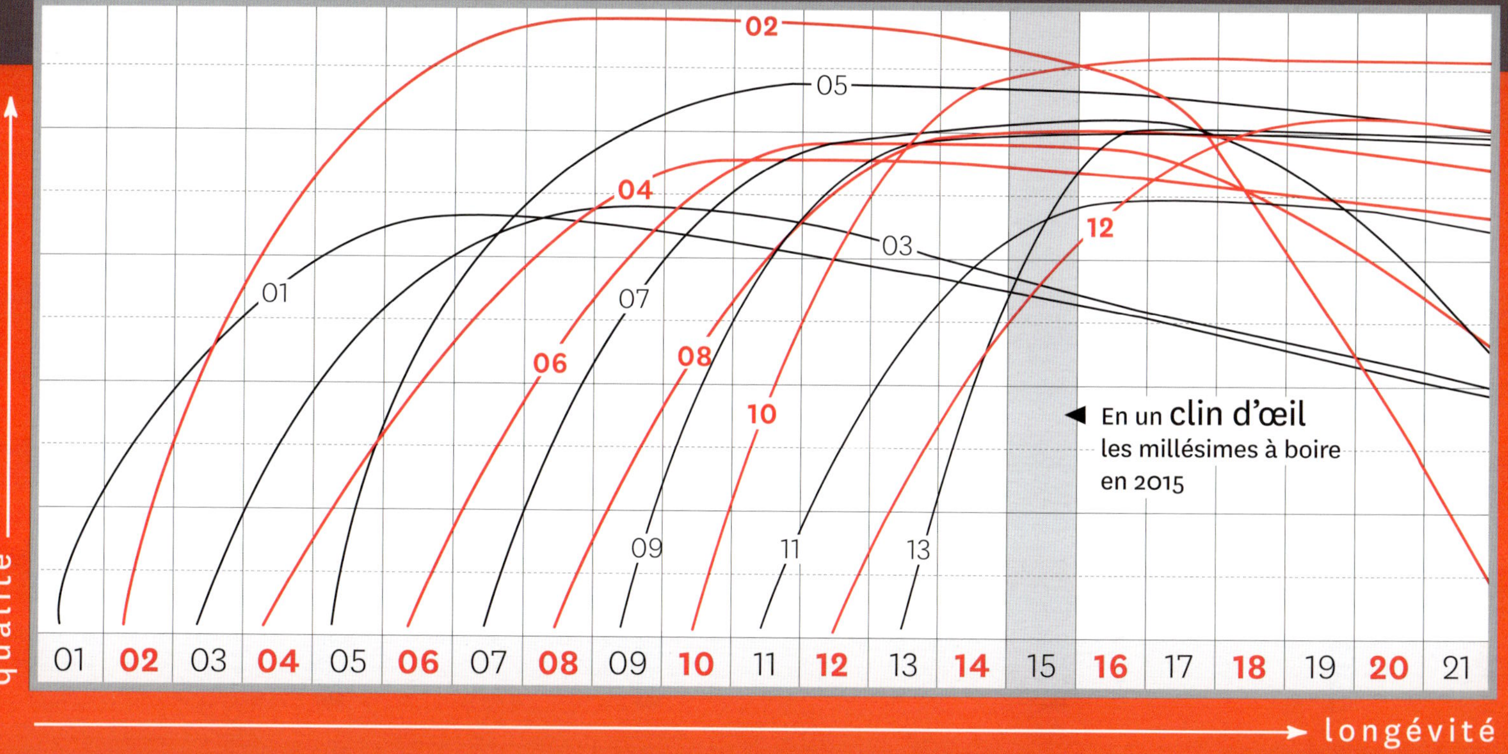

GOISOT, GUILHEM & JEAN-HUGUES

Bourgogne Aligoté 2012

Spécialiste des vins de l'Yonne, le couple Goisot cultive le domaine en biodynamie. Leur fils Guilhem prend la relève et continue de produire des vins axés vers l'expression du terroir et offrant un rapport qualité-prix quasi imbattable.

Particulièrement bon en 2012, cet aligoté est à retenir parmi les meilleurs exemples de l'appellation. Issu de très vieilles vignes (âge moyen de 70 ans) plantées sur des sols du kimméridgien, le vin a du corps, du gras et une personnalité affirmée, mais il se distingue avant tout par la pureté et la netteté de ses saveurs.

10520835 19,40$ ☆☆☆☆ ② ♥

V Gougères ; mousse de poisson ou de crevettes.

D'autres aligotés

DE VILLAINE, A. ET P.

Bouzeron Aligoté 2012

Le domaine familial du copropriétaire du Domaine de la Romanée-Conti est admirablement géré par son neveu, Philippe de Benoist, qui s'applique à mettre en valeur les vins de la région de Bouzeron. Issu d'un assemblage de 17 parcelles, ce vin se situe à des lieues des petits aligotés aigrelets par sa profondeur aromatique. Les fruits blancs se marient à des notes singulières de champignons pleurotes et l'ensemble est mis en relief par une fine amertume qui prolonge les saveurs. Un pur bonheur avec des huîtres.

10218783 36,75$ ☆☆☆☆ ② ♥

DOMAINE NAUDIN-FERRAND

Bourgogne Aligoté 2012

Dans la commune de Magny-lès-Villers, à mi-chemin entre Beaune et Nuits-Saint-Georges, la vigneronne Claire Naudin produit, entre autres, un excellent vin blanc issu du cépage aligoté. Sans prétention, mais fort bien tourné, on l'apprécie avant tout pour sa fraîcheur, sa vigueur et ses accents citronnés, mis en valeur par un léger reste de gaz.

11589703 19,80$ ☆☆☆ ½ ② ♥

DOMAINE DE LA CADETTE

Bourgogne-Vézelay 2012, La Châtelaine

Jean Montanet est un pilier de cette appellation de l'Yonne, au sud de Chablis, où il pratique avec son épouse Catherine une agriculture biologique depuis plus de 10 ans. La qualité est d'une constance exemplaire.

Il élabore trois cuvées de chardonnay, dont celle-ci, provenant d'une parcelle nommée La Châtelaine, sur le versant sud du coteau de Vézelay. Le 2012 déploie une trame aromatique d'une grande élégance, habile mariage de minéralité, de gras et de vivacité. Des saveurs fruitées ciselées et précises et un profil très... aérien. Une autre grande réussite !

11094621 25,40$ ☆☆☆☆ ② ♥

V Morue pochée au vin blanc; ris de veau poêlés.

D'autres vins blancs du nord de la Bourgogne

LA CHABLISIENNE

Chablis 2012, La Sereine

La cave de Chablis représente environ le quart de la production annuelle de l'appellation, avec 2,5 millions de caisses, et se classe parmi les caves coopératives les plus qualitatives de France. Nez un peu vert, avec des accents de menthe et d'herbes fraîches. Très bon chablis d'entrée de gamme, nerveux, avec juste assez de gras et un léger reste de gaz qui ajoute à son tonus. Dans l'ensemble du réseau.

565598 22,95$ ☆☆☆ ②

LA CHABLISIENNE

Chablis 2012, Vieilles vignes, Les Vénérables

Régulièrement très bonne, cette cuvée issue de vignes âgées d'au moins 35 ans (certaines ont presque un siècle) est particulièrement complète en 2012. Mention spéciale pour la vigueur et les accents de pierre à fusil typiques de l'appellation et la tenue du millésime. Bon vin désaltérant; une valeur sûre à ce prix.

11094639 26,80$ ☆☆☆ ½ ②

MOREAU, LOUIS

Chablis 2012

Lorsqu'elle a vendu la maison de négoce J. Moreau à Jean-Claude Boisset en 1985, une partie de la famille Moreau a conservé ses parcelles de vignes. Louis Moreau dirige l'entreprise depuis 1994 ; la plupart de ses cuvées sont vinifiées sans apport boisé. Excellent chablis «tout court» qui se signale par sa vigueur et son tonus en bouche. Vif, très sec, digeste et désaltérant.

11094727 21,90$ ☆☆☆☆ ② ♥

MOREAU, LOUIS

Petit Chablis 2012

De l'aveu même du vigneron, ce vin est naturellement plus friand, souple, fruité et moins minéral qu'un chablis courant. Issu de vignes d'une trentaine d'années, il offre en revanche une expression bien septentrionale du cépage chardonnay. À retenir parmi les meilleurs exemples du genre offerts sur le marché.

11035479 21,60$ ☆☆☆☆ ② ♥

POMMIER, ISABELLE ET DENIS

Chablis 2012

Un chablis tout en pureté et en finesse, aux arômes de pomme et d'agrumes, une pointe de coquille d'huître et de subtiles notes lactées. Frais et tonique en bouche, délicatement salin et minéral, avec une texture suave et des saveurs très fines. Pas le plus complexe, mais élégant et d'une grande droiture. Dans la catégorie des chablis « tout court », il mérite bien quatre étoiles.

11890900 25,45$ ☆☆☆☆ ② ♥

SI VOUS AIMEZ...
Du plus modeste au plus achevé, tous les vins blancs de l'île grecque de Santorin disponibles à la SAQ ont en commun cette franche minéralité, qui laisse une impression presque saline en bouche. Ceux des domaines Sigalas, Argyros et Thalassitis arborent un profil plutôt classique qui devrait séduire l'amateur de chablis.

DOMAINE PATTES LOUP

Chablis Premier cru Beauregard 2012

En plus de veiller au succès de la propriété familiale (Bois d'Yver), Thomas Pico a repris quelques parcelles de vignes qu'il a converties en agriculture biologique et a créé son propre domaine où il produit des vins remarquables.

Celui-ci provient d'un cru situé dans la commune de Courgis. Un vin de texture, dans la lignée des chablis élaborés par ce jeune vigneron hyper talentueux. Élevé en fûts neutres – usagés et qui ne confèrent plus de goûts boisés –, son 2012 fait preuve d'une tenue en bouche exemplaire, au point presque de paraître tannique tant il a de la structure et du panache. Excellent chablis qu'on gagnera à servir frais, plutôt que froid. Prenez note: Thomas Pico est un nom à retenir!

11784998 49$ ☆☆☆→☆ ③

V **Saumon à l'oseille; ravioli au crabe ou au homard, sauce au vin blanc.**

D'autres premiers et grands crus de Chablis

DOMAINE DE BOIS D'YVER

Chablis Premier cru Montmain 2012

Georges Pico et son fils Thomas exploitent leur vignoble en agriculture biologique dans la commune de Courgis. Le Montmain 2012 joue sur un mode aussi vif et tendu que le 2011, mais les éléments semblent mieux intégrés et le vin, plus achevé. Juste dose de gras pour enrober l'acidité. Très satisfaisant.

11635108 34,25$ ☆☆☆ ½ ②

LA CHABLISIENNE

Chablis Grand cru Château Grenouilles 2010

Issu d'une parcelle de vieilles vignes située au cœur du cru Grenouilles, ce terroir de la zone des grands crus peut donner des vins complexes. Issu d'un millésime de grande qualité à Chablis, le 2010 est très tendu, presque tannique tant il a du corps et relevé d'accents fumés délicats. Toujours un peu timide et austère en jeunesse, il ne révélera pas son plein potentiel avant 2020.

En primeur

12449930 98,50$ ☆☆☆→☆ ④

LA CHABLISIENNE

Chablis Grand cru Blanchot 2010

Ce vin provient des Genevrières de Chablis, des sols blancs très pentus qui reflètent la lumière du soleil et favorisent un mûrissement optimal des raisins de chardonnay. Ample et volumineux, témoignant d'un bon usage de la barrique. À la fois gras et tendu; très jeune et un peu austère, il gagnera à reposer en cave jusqu'en 2018.

11439668 70$ ☆☆☆ ½ ③

LA CHABLISIENNE

Chablis Premier cru Fourchaume 2011

Extension de la zone des grands crus sur la rive droite de Serein, Fourchaume donne généralement de très bons vins et celui-ci en est un bon exemple. Très sec, mais pas trop vif; bel équilibre entre le fruit et l'acidité. Sa fraîcheur est accentuée d'un reste de gaz. Très bon!

11094671 38,25$ ☆☆☆ ½ ②

MOREAU, LOUIS

Chablis Premier cru Vaulignot 2011

Après un repos de sept mois en bouteille, ce vin s'ouvre maintenant sur des saveurs de menthe séchée et de fruit bien mûr, portées par une texture suffisamment vineuse. Bel équilibre d'ensemble. Vigoureux, agrémenté de saveurs cristallines et doté d'une franche tension minérale, il a tous les éléments recherchés dans un chablis!

480285 27,35$ ☆☆☆☆ ② ♥

MOREAU, LOUIS

Chablis Premier cru Vaulignot 2012

Tout aussi satisfaisant – sinon plus – le 2012 qui lui succédera au cours des prochains mois fait preuve d'une tenue de bouche exemplaire. Sec, des saveurs citronnées très nettes et des accents de pierre à fusil en finale.

480285 27,35$ ☆☆☆☆ ②

En primeur

AUDOIN, CHARLES

Marsannay 2010, Les Favières

Depuis que Cyril Audoin en a repris les rênes, ce domaine de Marsannay-la-Côte fait de plus en plus parler de lui. À juste titre si on en juge par la précision, l'équilibre et la persistance de ce 2010.

La couleur est soutenue et le nez est encore un peu marqué par l'élevage, mais ne sacrifie en rien l'élégance ou la précision aromatique. Plus ferme et serré que la moyenne, le vin repose néanmoins sur un tissu tannique soyeux, d'une grande finesse et laisse en bouche une délicieuse sensation de plénitude. Un marsannay hors norme et une très belle bouteille que l'on pourra apprécier dès maintenant et jusqu'en 2019.

11359545 37,25$ ★★★★ ②

V Caille rôtie aux airelles; poulet rôti et fricassée de champignons sauvages.

D'autres très bons vins de la Côte de Nuits

BOUVIER, RENÉ

Gevrey-Chambertin 2011, Les Jeunes Rois

Bon gevrey communal, d'envergure moyenne et fort bien tourné. Bien qu'il soit moins concentré que sur d'autres millésimes, on y reconnaît quand même facilement le grain tannique et l'étoffe de l'appellation. Finale élégante agrémentée de fruits noirs et d'accents fumés.

10522478 53,50$ ★★★→? ③

DECELLE-VILLA

Marsannay 2011, Les Longeroies

Olivier Decelle (Mas Amiel, Roussillon) et Pierre-Jean Villa (Rhône septentrional) se sont associés pour fonder cette société de négoce située à Nuits-Saint-Georges. Bon 2011, pas très étoffé, mais bien ficelé dans un style moderne, mettant à contribution la barrique neuve. Une assez belle réussite dans le contexte du millésime.

11969597 33,50$ ★★★→? ③

FOUGERAY DE BEAUCLAIR

Fixin 2011, Clos Marion

Un vin riche et savoureux, au fruit très mûr, avec des notes grillées et vanillées un peu appuyées pour l'instant. Porté par une acidité fraîche et des tanins aussi très mûrs, presque chocolatés, il bénéficiera de quelques années de garde pour intégrer son élevage.

872952 46, 25$ ★★★→? ③

FOUGERAY DE BEAUCLAIR

Marsannay 2011, Les Favières

Un nez parfumé s'ouvre sur des fruits rouges bien mûrs, des notes épicées et de douces odeurs de sous-bois. Savoureux en bouche, avec une texture suave, mais aussi beaucoup de fraîcheur. Longue finale sur des tanins mûrs et enrobés. Un vin sensuel et charmeur.

736314 34,50$ ★★★ ½ ②

FOURNIER, JEAN

Marsannay 2012, Cuvée Saint-Urbain

Depuis 2003, Laurent Fournier est à la barre du domaine familial, qu'il a converti à l'agriculture biologique dès 2004. Cette cuvée est issue, entre autres, de vignes âgées de moins de 50 ans, situées sur les parcelles Longeroies et Clos du Roy. Dégusté à trois reprises au cours de l'été, ce vin m'a paru chaque fois meilleur. Saveurs concentrées de fruits rouges et noirs, évoquant les cerises et les groseilles. Texture soyeuse, dont il émane une sensation de grande élégance. Un excellent vin que l'on boira avec beaucoup de plaisir jusqu'en 2019, au moins.

11853412 35$ ★★★★ ②

FOURNIER, JEAN

Marsannay 2012, Les Longeroies

Les amateurs de bourgogne rouge classique apprécieront la souplesse, la fraîcheur et le franc caractère fruité de ce vin. Déjà passablement ouvert lorsque goûté sur place en mai 2014, le vin reposait sur des tanins suaves, enrobés d'un fruit mûr et généreux. Finale séduisante aux accents de cerises noires et de poivre.

11957431 32,50$ ★★★★ ②

DOMAINE CHANDON DE BRIAILLES

Savigny-lès-Beaune Premier cru Les Lavières 2011

Ce domaine très réputé de Savigny se distingue surtout pour le style singulier de ses vins, à la fois très fins et pourtant très complexes, la plupart issus de vinifications avec les grappes entières, c'est-à-dire sans égrappage.

En Bourgogne, on dit que les millésimes sont une belle occasion de reconnaître les vrais bons terroirs, les vrais bons vignerons. Nul doute, les deux sont ici réunis. Une couleur pâle et un nez invitant, très bourguignon. Mais c'est surtout en bouche que le vin s'impose, par son grain d'une finesse exquise, ses saveurs pénétrantes et persistantes. Déjà si bon, il pourrait se bonifier jusqu'en 2018.

11798505 48,50$ ★★★★ ②

V Magret de canard aux griottes ; saumon grillé et tomates confites.

D'autres vins rouges et blancs de la Côte de Beaune

BACHELDER

Côte de Beaune blanc 2011, La Grande Châtelaine

Avec sa conjointe Mary Delaney, le Montréalais Thomas Bachelder a démarré une entreprise de négoce haut de gamme, spécialisée dans le chardonnay et le pinot noir. Le climat de cette parcelle orientée sud-ouest est trop frais pour y cultiver du pinot noir, mais à l'évidence, on peut y produire de très bons vins blancs. Le 2011 est un assez vineux, savamment boisé, d'une tenue appréciable et aux goûts francs de fruits blancs. Rien de complexe, mais prix pour prix, il est supérieur à nombre de chardonnays produits ailleurs dans le monde.

12144984 34,50$ ☆☆☆ ½ ②

CHANSON

Savigny-lès-Beaune 2011, Premier cru La Dominode

Dans le style habituel de Jean-Pierre Confuron, un bon vin de texture assez fine, bien qu'elle accuse, dans une moindre mesure, la rudesse tannique et les parfums de pyrasine de tant de 2011. Bon savigny à boire entre 2016 et 2019.

11873595 46$ ★★★→? ③

GAY, FRANÇOIS

Chorey-lès-Beaune 2010

Pascal Gay, fils de François, reste attaché à la tradition bourguignonne et privilégie avant tout la pureté et la légèreté dans ses vins. Très pâle et d'un parfum délicat et charmeur, le 2010 est toujours tout en finesse. Au fruit rouge succulent s'ajoutent des notes de terre, d'épices douces et d'anis. La bouche est savoureuse, tout en fraîcheur, avec de délicates notes grillées et de légers tanins très subtils. Un pinot fin et élégant.

917138 31$ ★★★★ ② ♥

JADOT, LOUIS

Pommard Premier cru Clos de la Commaraine 2011

Solide assise tannique, typique de l'appellation ; une texture serrée, mettant le fruit en relief. Milieu de bouche ample et suave et finale serrée, accentuée de saveurs de noyau de cerise. Un peu carré et pas très volubile pour le moment, mais promis à un bel avenir.

12124852 63,50$ ★★★→? ③

JADOT, LOUIS

Santenay blanc 2011, Clos de Malte

Le nez boisé annonce un vin plutôt gras et opulent. Or, la bouche est tendue, très nette, avec une bonne tenue. Ensemble frais et digeste. Un 1999 dégusté sur place en mai 2014 avait conservé une fraîcheur digne de mention.

10293775 39,50$ ☆☆☆ ½ ②

LOICHET, SYLVAIN

Ladoix 2012, Bois de Gréchons

Que de matière dans ce 2012 ! Tout en puissance contenue, la bouche est ample, mais aussi droite, vive et épicée sur un fond de fruit très mûr. Complexe et profond, d'une superbe tenue en bouche, et sans aucune lourdeur. Une minéralité sous-jacente signe la finale. Riche, mais d'une grande finesse, il n'est pas sans rappeler un puligny, et attend encore de se révéler. Passer en carafe ou laisser reposer en cave trois ou quatre ans. Arrivée en novembre 2014.

En primeur

11891021 58$ ☆☆☆☆ ③ ♙

ERKER, DIDIER

Givry Premier cru Les Bois Chevaux 2012

Didier Erker a repris la petite propriété viticole de sa belle-famille en 1996. Depuis, il signe un excellent givry offrant un rapport qualité-prix irréprochable. La Côte Chalonnaise est d'ailleurs un véritable rayon à aubaines au sein de la Bourgogne.

Un superbe nez, complexe et affriolant, aux notes de petits fruits rouges aigrelets, de terre fraîche, d'épices douces, de feuilles de thé et de tabac, et de cuir. La bouche est tout en fruit, gourmande, hyper fraîche, droite et juteuse, d'une très bonne tenue avec des tanins présents, mais fins et gouleyants. Complexe et incroyablement appétissant. À savourer sans se presser jusqu'en 2020.

880492 26,25$ ★★★★ ② ♥

V Poulet rôti, betteraves braisées aux lardons ; magret de canard aux canneberges, poêlée de chanterelles.

D'autres vins rouges et blancs de la Côte Chalonnaise

ALADAME, STÉPHANE

Montagny Premier cru 2012, Sélection Vieilles vignes

Stéphane Aladame n'avait que 18 ans lorsqu'il a créé son domaine, en 1992. Il exploite aujourd'hui un peu plus de 7 hectares, essentiellement en appellation Montagny Premier cru. Nez attrayant, parfums fruités très purs ; accents de poire, de fleurs blanches, attaque en bouche franche et fraîche, avec cette même trame saline qui semble être le point commun de tous les blancs du domaine.

11472556 29,60$ ☆☆☆ ½ ②

CHÂTEAU DE CHAMIREY

Mercurey blanc 2010

Chef de file de l'appellation Mercurey, ce domaine appartient à la famille Devillard (Domaine des Perdrix), qui signe un très bon vin blanc en 2010. De jolies saveurs fruitées et un meilleur équilibre que le 2009, puisqu'il offre tout autant de volume en bouche, avec un supplément de fraîcheur.

179556 30,50$ ☆☆☆ ②

DE VILLAINE, A. ET P.

Bourgogne-Côte Chalonnaise 2012, La Digoine

Domaine familial d'Aubert de Villaine, copropriétaire du Domaine de la Romanée-Conti. L'âge avancé des vignes (65 ans) et une vinification avec les grappes entières (non éraflées) pour les deux tiers expliquent peut-être l'envergure en bouche et la charpente de ce vin rouge. Des tanins très fins – comme tous les vins de la maison – mais tricotés très serrés. Saveurs compactes de fruits noirs et de poivre; équilibre irréprochable et longue finale florale. Élégance et beau potentiel de garde, mais le vin est déjà si savoureux qu'on résiste difficilement à la tentation.

872176 42,75$ ★★★★ ③

DE VILLAINE, A. ET P.

Bourgogne-Côte Chalonnaise 2012, Les Clous

Ce bourgogne blanc est un modèle du genre. Déjà au nez, on note une complexité aromatique peu commune, avec des accents de champignons, de fruits blancs et des odeurs minérales. En bouche, une jolie texture, grasse, crémeuse et pourtant pleine d'élan et de vitalité, le tout couronné d'une saine amertume en finale qui prolonge les saveurs pour notre plus grand plaisir.

872168 35$ ☆☆☆☆ ③

FAIVELEY

Mercurey 2010, La Framboisière

Après plusieurs années dans les limbes, Faiveley semble en voie de rédemption, enfin! Depuis son arrivée en poste en 2008, Julien Bordet a remis les vignobles de Mercurey en ordre et il a arrêté les pompages, afin de mieux respecter le fruit. La famille Faiveley a aussi investi trois millions d'euros pour la rénovation du cuvier. Autant de détails qui se traduisent par une nette progression qualitative. Déjà, ce 2010 a une matière fruitée plus généreuse et dodue que par le passé, avec de bons goûts de cerises. Il faudra suivre de près les prochains millésimes.

10521029 24,95$ ★★★ ②

JUILLOT, LAURENT

Mercurey 2012

Le domaine familial géré par Laurent Juillot est un peu le pilier de cette appellation de la Côte Chalonnaise. En 2012, on y a produit un très bon vin rouge, riche en saveurs de petits fruits et d'épices, porté par une trame tannique tendre et passablement charnue. À mon avis, l'une des belles réussites des dernières années.

573402 29,90$ ★★★ ½ ②

VESSIGAUD, PIERRE

Mâcon-Fuissé 2012, Le Haut de Fuissé

À mi-chemin entre Beaune et Lyon, la commune de Fuissé est avant tout connue pour sa production de pouilly-fuissé, mais elle compte aussi une vingtaine d'hectares d'appellation Mâcon-Villages, qui ont droit à la dénomination très rare de Mâcon-Fuissé.

Pierre Vessigaud y possède quelques parcelles sur lesquelles il favorise une approche biologique du travail des sols et dont il tire un vin blanc très fin et séduisant en 2012. Nez de pierre à fusil, bouche vive et perlante à l'attaque, grasse en milieu de bouche et qui se termine sur une finale joliment fruitée, minérale et tendue. Une bouteille ouverte et dégustée sur deux jours était encore meilleure. N'hésitez pas à le laisser aérer, vous serez récompensé…

11419659 22,35$ ☆☆☆☆ ② ♥

V Filet de sole amandine; pétoncles et endives braisées.

D'autres vins blancs du Mâconnais

BOISSET, JEAN-CLAUDE

Pouilly-Fuissé 2012

Grégory Patriat s'approvisionne chez des producteurs choisis méticuleusement et élabore avec doigté des vins qui mettent en relief les multiples facettes du terroir bourguignon. Jolies saveurs de fruits blancs évoquant la poire, sur un fond de maïs; pas très texturé, mais assez gras pour être recommandable. Trois étoiles pour un bon vin blanc de Bourgogne disponible dans l'ensemble du réseau.

11675708 24,95$ ☆☆☆ ②

BRET BROTHERS

Mâcon-Chardonnay 2012

Lorsqu'ils ont repris le domaine ancestral en 2000, les frères Jean-Philippe et Jean-Guillaume Bret ont cessé d'envoyer leur récolte à la coopérative locale et ont converti le vignoble à l'agriculture biologique. Nez un brin volatil, avec un peu de réduction. Rien de bien vilain comme défauts, surtout que le second s'estompe après une demi-heure en carafe. Pour le reste, un très bon vin blanc au caractère affirmé, mis en valeur par un bel usage de la barrique et un bon équilibre en bouche. Digeste et d'une agréable légèreté à 12,5% d'alcool.

11900098 31,25$ ☆☆☆☆ ②

CHÂTEAU-FUISSÉ

Pouilly-Fuissé 2010, Tête de cru

Propriétaire de l'une des plus belles propriétés de Pouilly-Fuissé, Jean-Jacques Vincent produit quelques-uns des meilleurs crus du Mâconnais. Bien que plus modeste, sa cuvée Tête de cru s'inscrit dans le style des bons vins bourguignons de facture classique, sans excès et modérément boisée. Le 2010 est un autre succès sur le thème de l'équilibre ; milieu de bouche onctueux, charmant.

11330101 28,55 $ ☆☆☆ ②

JADOT, LOUIS

Saint-Véran 2012, Combe aux Jacques

Jadot produit annuellement quelque 30 000 caisses de ce saint-véran. Trois cent soixante mille bouteilles d'une constance exemplaire. Le 2012 est particulièrement savoureux, avec de bons goûts de fruit blanc et de fleurs ; frais, bien servi par la barrique et enrobé d'un beau gras.

597591 22,90 $ ☆☆☆ ②

DEUX INTRUS

BRUN, JEAN-PAUL (TERRES DORÉES)

Chardonnay 2013, Beaujolais

Le beaujolais blanc ne court pas les rues. Essentiellement composé de chardonnay, il se compare aux vins du Mâconnais. Sans surprise, le talentueux Jean-Paul Brun a produit un excellent vin blanc fidèle à ses origines et nettement plus marqué par son terroir que par son cépage. Un vin tout en retenue : aucun boisé superflu ni le moindre excès de bâtonnage. Plutôt un vin pur et vibrant, au fruité délicat, ponctué d'un soupçon de menthe. Excellent !

713495 26,15 $ ☆☆☆☆ ② ♥

JADOT, LOUIS

Beaujolais blanc 2011, Grand Clos de Loyse

Belle réussite en 2011 pour cette cuvée. Les raisins étaient mûrs et ça se goûte : du gras et des saveurs de fruits tropicaux, agrémentées de notes de caramel.

11094399 21,65 $ ☆☆☆☆ ② ♥

BOUVIER, RENÉ

Bourgogne Pinot noir 2012, Le Chapitre Suivant

Ce domaine de Gevrey, jadis connu pour ses vins puissants et tanniques, est maintenant sous la gouverne de Bernard Bouvier, qui privilégie la délicatesse du fruit et la fraîcheur.

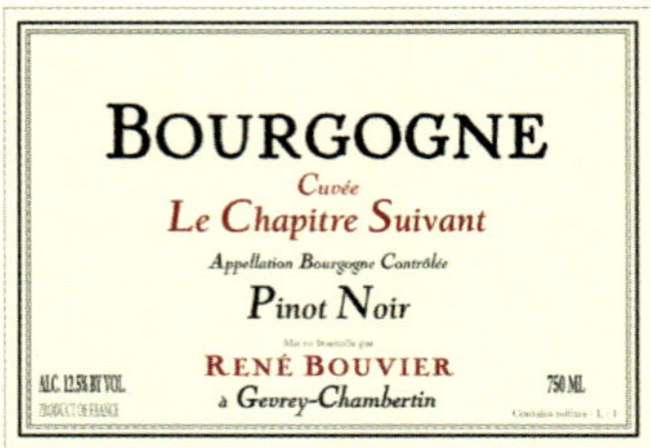

Grand retour en force pour ce bourgogne générique en 2012. Une interprétation friande, sincère et d'une grande pureté du grand cépage rouge bourguignon. Texture souple et coulante ; légèrement alcoolisé, mais loin d'être léger en saveurs, entre fruits noirs, fleurs et épices. Si autant de bourgognes génériques avaient une telle qualité...

11153264 24,55 $ ★★★★ ② ♥

V **Tartare de cerf ou de bison ; poulet rôti, légumes-racines ; saumon grillé.**

D'autres bourgogne génériques rouges et blancs

BOISSET, JEAN-CLAUDE

Bourgogne Pinot noir 2012, Les Ursulines

Sous l'étiquette Jean-Claude Boisset, ce géant bourguignon propose désormais une gamme complète de vins de la Côte d'Or, élaborés par Grégory Patriat. Un peu moins fruité et affriolant que le 2010 vendu l'an dernier, mais satisfaisant dans sa catégorie. Un peu réduit à l'ouverture, il gagne à être aéré pendant une demi-heure.

11008121 24,50 $ ★★★ ②

BOISSET, JEAN-CLAUDE

Chardonnay 2010, Les Ursulines, Bourgogne

Le vin blanc courant de Boisset demeure une valeur sure dans sa catégorie et offre tout le gras, la fraîcheur et le fruit souhaités, même plus. Une étoffe digne de mention pour un bourgogne générique.

11008112 25 $ ☆☆☆☆ ② ♥

JADOT, LOUIS

Bourgogne Chardonnay 2013, Couvent des Jacobins

Jadot produit annuellement jusqu'à 60 000 caisses de ce bourgogne blanc générique. Une autre preuve que quantité et qualité peuvent cohabiter puisque ce vin compte toujours parmi les meilleurs de sa catégorie. Le 2012 a de bons goûts de fruits blancs; sa texture est assez nourrie par l'élevage, mais pas trop.

10264915 24,20$ ☆☆☆ ②

JADOT, LOUIS

Bourgogne Pinot noir 2011, Couvent des Jacobins

Un vin rouge correctement fruité, sur un fond de légères notes végétales, assez typiques du millésime. Équilibré, droit et recommandable.

966804 23,90$ ★★★ ②

JUILLOT, LAURENT

Bourgogne 2012

Bon vin rouge misant à fond sur la souplesse et le fruité affriolant du cépage pinot noir avec, en prime, des accents d'épices. Servir frais autour de 15°C.

10792267 21,50$ ★★★ ② ♥

MOREY, PIERRE

Bourgogne blanc 2011

D'abord métayer du Domaine des Comtes Lafon, puis régisseur du tout aussi célèbre Domaine Leflaive, Pierre Morey veille sur un petit vignoble en propriété et gère en parallèle un commerce de négoce sous l'étiquette Morey-Blanc. Les raisins qui composent ce vin proviennent de terroirs secondaires de la commune de Meursault. Très bon vin blanc ayant plus d'ampleur, de vinosité et de dimension aromatique que la moyenne des bourgognes génériques, ce qui se reflète par un prix considérablement plus élevé, hélas! Pour l'apprécier à sa juste valeur, aérez-le pendant une bonne heure en carafe et évitez de le servir trop froid.

12284768 36,75$ ☆☆☆ ½ ②

CHÂTEAU CAMBON

Beaujolais 2013

Propriété de Marie Lapierre et de Jean-Claude Chanudet (Domaine Chamonard), ce domaine est exploité en agriculture biologique.

Avec seulement 11,5% d'alcool, ce beaujolais fait preuve d'une excellente tenue en bouche et de complexité. Au-delà de la profusion de petits fruits rouges, on trouve des notes de fleurs, d'herbes, de feuilles de thé et de tabac, d'épices. La bouche, suave et charmeuse, est portée par une acidité fraîche et des tanins fins. Savoureux et des plus digestes, une preuve de plus que le degré alcoolique n'a rien à voir avec la qualité d'un vin. Arrivée prévue dans le *Cellier* d'avril 2015.

En primeur

12454991 23,75$ ★★★★ ② ♥

V **Boudin noir grillé et purée de céleri-rave; pâtes au jambon cru et aux tomates séchées.**

D'autres Beaujolais « tout court » d'excellente qualité

BRUN, JEAN-PAUL (TERRES DORÉES)

Beaujolais 2013, L'Ancien

Encore très jeune, vibrant et nerveux lorsque goûté en septembre 2014, le 2013 est une assez belle réussite dans le contexte du millésime. On a probablement attendu le moment optimal pour vendanger, ce qui se traduit par une certaine complexité aromatique. Souple, léger (12% d'alcool) et rafraîchissant. Un peu plus de longueur et c'était quatre étoiles.

10368221 20,40$ ★★★ ½ ②

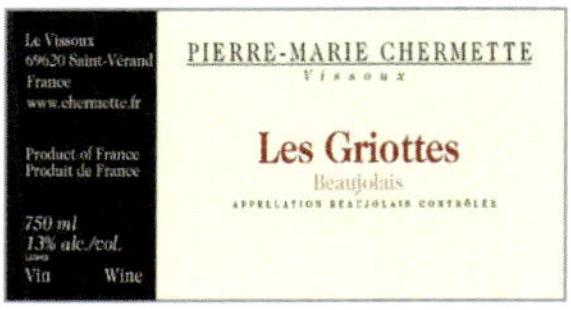

DOMAINE DU VISSOUX

Beaujolais 2013, Les Griottes

Tout au sud du Beaujolais, Martine et Pierre-Marie Chermette élaborent un excellent beaujolais, qui porte particulièrement bien son nom en 2013, alors qu'il regorge de parfums de cerises (griottes), au nez comme en bouche. Le tout repose sur une chair fruitée bien mûre; saveurs persistantes. Du vin plein la bouche. Tout ça à moins de 20$. Bravo!

11259940 19,15$ ★★★★ ② ♥

FOILLARD, JEAN

Beaujolais 2013

Jean Foillard façonne des vins plutôt raffinés, élégants et généralement dotés d'un excellent potentiel de garde. Celui-ci est gourmand et frais, avec des notes de fruits rouges, de pivoine et d'anis, mais aussi passablement épicé. Une acidité vive et des tanins mûrs et gouleyants lui confèrent pas mal de structure et de tenue pour un « simple » beaujolais. Il s'en dégage une grande impression de pureté. Arrivée prévue en mars 2015.

En primeur

12454958 24$ ★★★★ ② ♥

JADOT, LOUIS

Beaujolais-Villages 2012, Combe aux Jacques

Cette grande maison bourguignonne apporte aussi un soin particulier à ses vins du Beaujolais. Autre belle réussite en 2012, moins expressif que le 2011 commenté l'année dernière, mais beaucoup de fruit et toute la chair voulue. Tout à fait recommandable!

365924 18,20$ ★★★ ② ♥

LAPIERRE, MARCEL

Raisins Gaulois 2013

Un vin frais et gourmand, pas très complexe mais très gouleyant. Passablement animal à l'ouverture, il profite grandement d'un passage en carafe et d'une température de service fraîche pour faire ressortir tout son fruit. Simple et léger, mais franc et juteux.

11459976 20,30$ ★★★ ②

L'INTRUS

MALIVOIRE

Gamay 2012, Niagara Peninsula

Moins boisé que par le passé. Aurait-on compris que le gamay n'a pas besoin d'artifice? Souhaitons que ce soit le cas. En attendant, on peut apprécier la richesse fruitée de ce 2012, gorgé de saveurs d'épices douces. À boire au cours des trois prochaines années pour profiter de sa fraîcheur juvénile et à servir à 15°C.

11140498 22,05$ ★★★ ½ ②

MARTRAY, LAURENT

Brouilly 2012, Vieilles vignes, Combiaty

Sur le coteau de Combiaty, adossé au mont Brouilly, Laurent Martray cultive neuf hectares de vignes – dont la moitié est louée au Château de la Chaize.

Loin de s'arrêter à la simple expression fruitée du gamay, son 2012 déploie des parfums de feuilles mortes et de terre humide qui ne sont pas sans rappeler certains pinots noirs bourguignons. Et le plus beau dans tout ça, c'est que le vin ne pèse pas plus de 12,5% d'alcool. Léger, mais savoureux et persistant. Que demander de mieux?

10837373 24,30$ ★★★★ ② ♥

V Pot-au-feu ; ailes de poulet ; poulet rôti, risotto aux betteraves.

D'autres vins de Brouilly

CHÂTEAU DE LA CHAIZE

Brouilly 2012

Suffisamment fruité, à défaut de profondeur, un bon brouilly souple, coulant et facile à boire. À servir frais autour de 15°C.

565663 20,40$ ★★ ½ ②

CHÂTEAU DE PIERREUX

Brouilly 2013

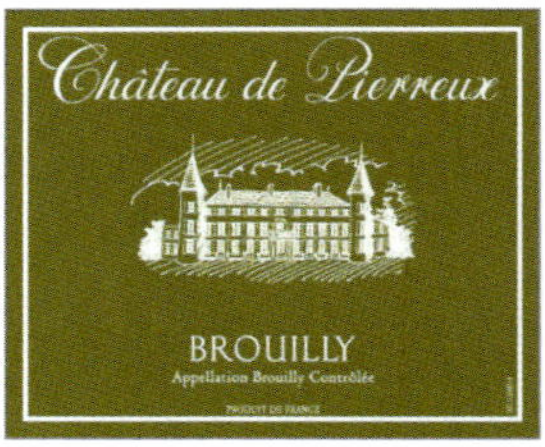

Au pied du mont Brouilly, cette propriété historique – dont certains vestiges remontent au XIIIe siècle – appartient à la maison Mommessin, elle même acquise par le géant Boisset en 1997. D'une constance digne de mention, ce brouilly adopte une allure plus vive en 2013, sans sacrifier le fruit. À boire au cours de la prochaine année, avec un foie de veau poêlé aux oignons confits.

10754421 20,15$ ★★★ ②

CHÂTEAU DE PIERREUX

Brouilly 2011, La Réserve du Château

À la faveur d'un excellent millésime dans la région, cette réserve atteint un sommet de concentration. Des saveurs compactes de fruits mûrs et de confiture de framboises, portées par une mâche fruitée très mûre et des tanins sphériques. Pas vraiment complexe, mais très séduisant.

10368001 28,05$ ★★★ ②

JADOT, LOUIS

Brouilly 2012, Sous les Balloquets

Après avoir racheté le Château des Jacques en 1996, la famille Gagey a fait appel à Guillaume de Castelnau pour assurer la gestion de son antenne beaujolaise. Très bon brouilly, plus modérément fruité que le 2011, mais non pas dépourvu de charme. Frais, coulant et agrémenté d'accents d'épices.

515841 22,80$ ★★★ ②

MARTRAY, LAURENT

Côte de Brouilly 2012, Les Feuillées

Plus mûr et plein que le brouilly commenté précédemment, mais tout aussi digeste, leste et coulant. 12,5% d'alcool et pourtant beaucoup de volume et de présence en bouche. Joli relief de saveurs, mariant les cerises aux épices. Éminemment rassasiant à sa manière.

11153125 23,80$ ★★★★ ② ♥

FOILLARD, JEAN

Morgon 2012

Aussi élève de Jules Chauvet, Jean Foillard est un nom important de l'appellation Morgon. Il façonne des vins plutôt raffinés, élégants et généralement dotés d'un excellent potentiel de garde. Ses beaujolais sont remarquables pour leur tenue à des faibles degrés alcooliques (12 %), du moins selon les standards d'aujourd'hui.

Toute la complexité et la tenue auxquelles on s'attend d'un excellent morgon. Aux arômes de fruits rouges s'ajoutent des notes de fleurs séchées et d'anis, de basse-cour et de cuir. La bouche, gourmande, est aussi solide, avec beaucoup de fraicheur et des tanins fermes. Très bourguignon dans sa facture, il pinote déjà et évolue beaucoup dans le verre. Il vieillira sûrement très bien. Arrivée prévue en novembre 2014.

11964788 27,55$ ★★★★ ② ♥

V **Tartare de bœuf; fricassée de foie de volaille; rôti de porc et chou rouge braisé.**

D'autres vins de Morgon et Moulin-à-Vent

BRUN, JEAN-PAUL (TERRES DORÉES)

Moulin-à-Vent 2013

Jean-Paul Brun s'inspire à la fois des méthodes traditionnelles du Beaujolais et de l'école bourguignonne pour produire des vins blancs et des vins rouges très achevés. En 2013, un millésime un peu moins généreux dans la région, il a eu la sagesse de modérer l'apport du bois et a produit un excellent moulin-à-vent suffisamment corsé et pourtant coulant et digeste, tout en légèreté et agrémenté de goûts très purs de fruits noirs et de poivre. À boire sans se presser jusqu'en 2020.

10837331 26,90$ ★★★→★ ③

FOILLARD, JEAN

Morgon 2012, Cuvée Corcelette

Intensément aromatique, avec des fruits rouges très mûrs et parfumés, ainsi que des notes de basse-cour, d'herbes et d'épices douces. Très frais et gourmand en bouche, mais aussi complexe et structuré, avec des tanins mûrs et gouleyants, et une légère amertume rafraîchissante. Un vin très complet, avec tous les atouts des bons beaujolais et rien de ce qu'on peut leur reprocher.

12201643 35,75$ ★★★★ ½ ② ▼

JADOT, LOUIS

Moulin-à-Vent 2011, Château des Jacques

La totalité des vignobles détenus par Louis Jadot en Beaujolais est en processus de conversion à l'agriculture biodynamique. Moulin-à-vent de facture conventionnelle, vinifié à la bourguignonne plutôt qu'en macération carbonique. Dans un millésime généreux comme l'a été 2011 dans la région, cela donne un vin plein et harmonieux, dont l'étoffe tannique n'est pas sans rappeler certains pinots noirs. Déjà agréable à boire grâce à son équilibre et à son fini tannique élégant, mais il gagnerait à reposer encore un an ou deux en cave.

11451915 29,05$ ★★★→★ ③

LAPIERRE, MARCEL

Morgon 2013

Un vin entièrement sur le fruit, terriblement affriolant : gadelles, framboises, fraises des champs, avec une pointe de terre fraîche, d'herbes et de rhubarbe. Droit, gourmand, frais et fruité, pas le plus complexe ou le plus profond, mais tellement savoureux. Vin de soif, vivant, qui impressionne plus par l'éclat de son fruit et sa pureté que par sa structure ou sa complexité.

11305344 31$ ★★★★ ②

L'INTRUS

BERTHIER, PASCAL

Saint-Amour 2013, Vieilles vignes, Esprit de Séduction

Étonnamment séveux et complet pour un saint-amour, une appellation surtout connue pour ses vins souples et faciles. Est-ce l'effet des vieilles vignes ? Quoi qu'il en soit, ce 2013 se donne des petits airs de morgon avec son fruit et son attaque en bouche, mûre et nerveuse. À boire dès maintenant et jusqu'en 2018.

11391414 24,10$ ★★★★ ②

DUGOIS, DANIEL

Arbois 2011, Trousseau, Grévillère

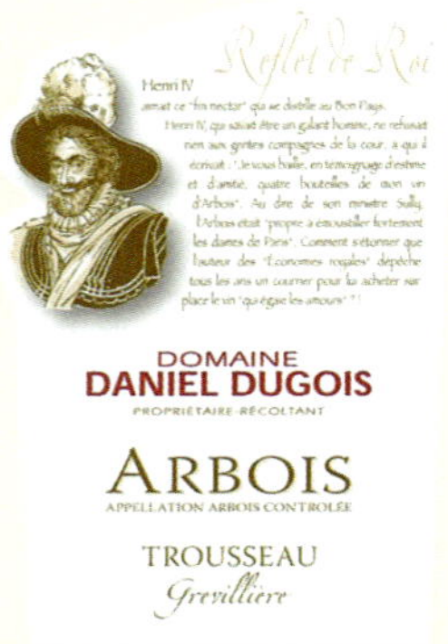

Grâce à sa mosaïque de terroirs et à sa biodiversité, le Jura est la source de vins éminemment variés, dont la palette de saveurs uniques n'a pas d'égal en France ni ailleurs dans le monde. La famille Dugois en est un digne représentant.

D'amblée, pas très attrayant avec son étiquette datant d'une autre époque qui rend hommage à Henri IV, grand amateur des vins d'Arbois. Ne vous fiez pas aux apparences, car sous cette allure un peu vieillotte se cache un vrai petit trésor! Un vin rouge vibrant de pureté et de fraîcheur, auquel le cépage trousseau confère une personnalité du tonnerre. De bons goûts de cerise, sur un fond délicieusement minéral qui donne soif et appelle un second verre. Hyper digeste malgré ses 14 % d'alcool et délicieusement original! Arrivée prévue en novembre 2014.

En primeur

12210419 26,05 ★★★★ ② ♥

V Boudin noir ; grilled-cheese au fromage comté.

Si vous avez aimé, vous aimerez...

DOMAINE DE LA RENARDIÈRE

Arbois 2012, Jurassique

Fils de vigneron coopérateur, Jean-Michel Petit a créé ce domaine en 1990 dans l'appellation Arbois-Pupillin. Peu ou pas de parfums boisés ou d'oxydation, mais de bons goûts de pomme fraîche et d'agrumes, auxquels un léger reste de gaz donne un éclat supplémentaire. À noter que le vin ne s'ouvre vraiment qu'après une heure en carafe. N'hésitez pas à garder quelques verres pour le lendemain.

11472628 24,90 $ ☆☆☆ ½ ②

DOMAINE DE LA RENARDIÈRE

Arbois 2011, Les Vianderies

Très attayant par son nez qui sent bon le beurre frais et la noisette. Plus corpulent que la cuvée Jurassique, il fait aussi preuve d'une certaine retenue et est soutenu par une trame minérale, garante de fraîcheur. Un jeu subtil entre le bois, l'amertume et le fruit. À servir idéalement autour de 12 °C pour en saisir pleinement les subtilités aromatiques.

12108318 29 $ ☆☆☆☆ ②

DOMAINE DE MONTBOURGEAU

L'Étoile 2011

Aussi bon soit-il, il importe de noter que cette curiosité jurassienne est l'antithèse du vin blanc «grand public». Avec son nez de levure et de noix, il n'est d'ailleurs pas sans rappeler certains jérez de type manzanilla. Étonnamment frais et oxydatif à la fois; racé et élégant, le vin se laisse découvrir et évolue à chaque nouvelle gorgée. Une bouteille à déguster autour de 12°C et à savourer lentement, à la fin du repas, avec un fromage comté. Un accord régional exquis!

11557541 24$ ☆☆☆☆ ② ♥

ESSENCIA

Les Compères 2012, Côtes du Jura

Le vigneron de renom Jean-François Ganevat s'est associé à son ami Philippe Bouvret, caviste à Poligny, pour produire ce Côtes du Jura, issu d'achat de raisins. Plus juteux que le 2011, et avec un caractère oxydatif moins prononcé, mais tout aussi complexe. La bouche est friande et savoureuse, et fait preuve d'une intensité hors du commun. Beaucoup de fraîcheur et une impression de tanins en finale ajoutent à sa singularité.

11544003 31,50$ ☆☆☆☆ ②

PETIT, DÉSIRÉ

Trousseau 2011, Arbois-Pupillin

Bon vin rouge tout léger (12,5%), peu coloré et délicat. La bouche est souple, agrémentée de saveurs de fraises compotées. Rien de profond, mais le cépage local trousseau lui confère une certaine originalité.

11794889 23,75$ ★★ ½ ②

TISSOT, ANDRÉ ET MIREILLE

Chardonnay 2011, Les Bruyères, Arbois

Stéphane Tissot est la star du Jura. Lorsqu'il a repris le domaine de ses parents, il a entrepris une conversion à la viticulture biodynamique. En compagnie de sa femme Bénédicte, il signe aujourd'hui une gamme complète de vins, tous vinifiés avec des levures indigènes. L'âge moyen des vignes (entre 40 et 75 ans) explique peut-être en partie la sève de ce très bon chardonnay. Un peu sur la retenue lorsque goûté en septembre 2014, il a l'étoffe, la vinosité et l'équilibre nécessaires pour continuer de se bonifier jusqu'en 2018, au moins.

11542139 37,25 $ ☆☆☆→☆ ②

ALSACE

Le SAVIEZ-VOUS?

Certains producteurs laissent une dose perceptible de sucre résiduel dans leurs vins. Quelques maisons ont commencé à donner des informations relatives aux taux de sucre et d'acidité sur la contre-étiquette, mais cette pratique demeure assez marginale. Pour acheter des vins secs, retenez les noms de Beyer, Hugel, Ostertag et Trimbach.

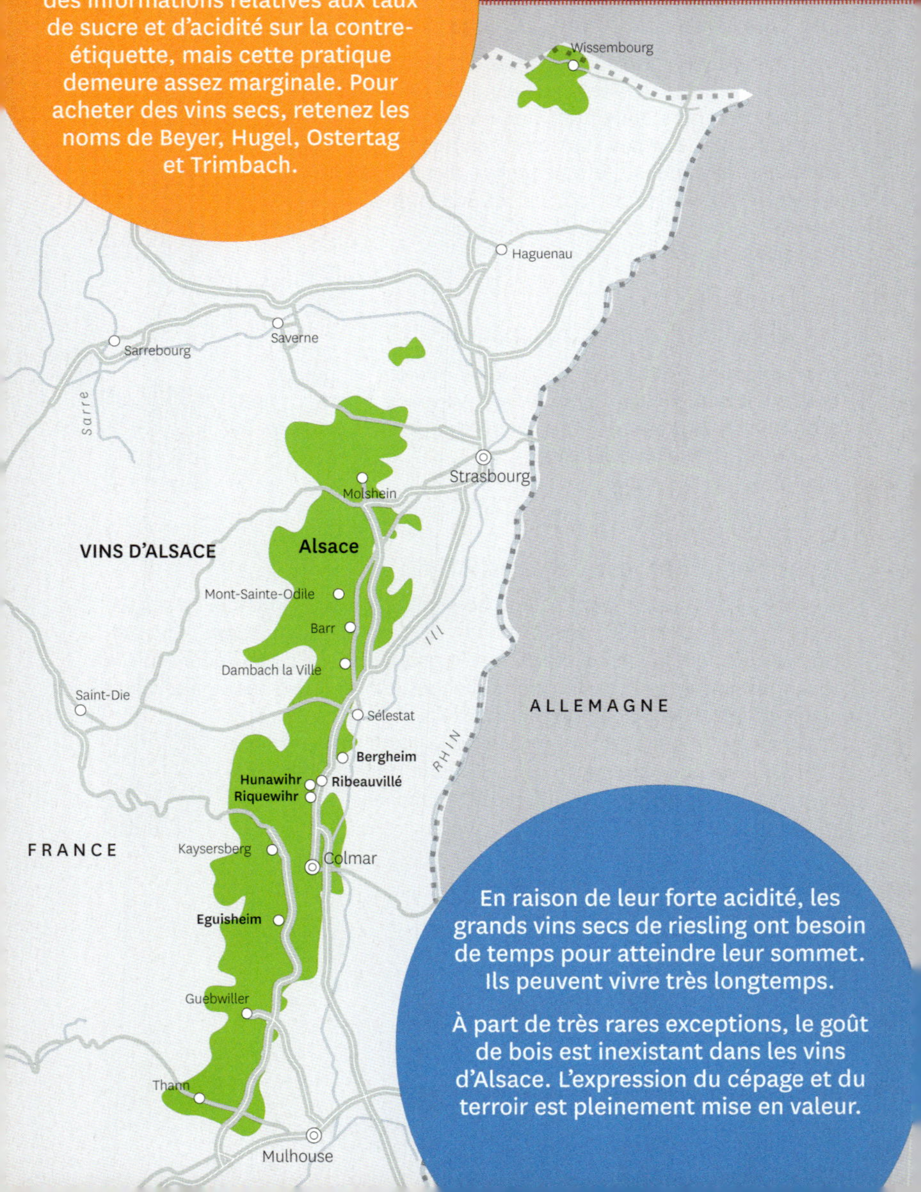

En raison de leur forte acidité, les grands vins secs de riesling ont besoin de temps pour atteindre leur sommet. Ils peuvent vivre très longtemps.

À part de très rares exceptions, le goût de bois est inexistant dans les vins d'Alsace. L'expression du cépage et du terroir est pleinement mise en valeur.

De la ville de Strasbourg jusqu'à Thann, au sud, cette région densément peuplée ne s'étend que sur quelque 50 km de large sur environ 100 km de longueur. Petite certes, mais capable de grandes choses.

Région frontalière longtemps partagée entre l'Allemagne et la France, l'Alsace est un heureux métissage des genres. La culture, le dialecte local et même les vins ont de petits accents germaniques.

Première productrice française de vins blancs d'appellation, l'Alsace mise sur une poignée de cépages et sur une multitude de sols. Chaque sol a son cépage et contribue à exprimer, de manière différente, la complexité du terroir alsacien.

Le système agricole alsacien met de plus en plus l'accent non seulement sur la croissance de meilleurs raisins, mais aussi sur la protection de l'équilibre des sols. Ce n'est donc pas un hasard si les vignerons locaux ont adopté, plus que dans toute autre région de France, la culture biodynamique.

LES DERNIERS MILLÉSIMES

2013
Excellente année pour le riesling. Millésime alsacien classique. De manière générale, des vins blancs très fins, élégants, dotés d'une saine acidité et d'une franche minéralité.

2012
Quelques parallèles à faire avec 2010 en ce qui a trait au style de vins, qui s'annoncent plutôt concentrés. Rendements limités. L'été a tardé à venir, mais de superbes conditions météorologiques en août et en septembre ont permis une récolte de qualité.

2011
Un été chaud, avec des précipitations abondantes en juillet et en août. L'arrière-saison s'est prolongée jusqu'en octobre et a permis une longue maturation des fruits à ceux qui ont eu la patience d'attendre pour vendanger.

2010
Des rendements naturellement limités ont donné des vins assez concentrés, mais très digestes. Les meilleurs vins ont un excellent potentiel de garde.

2009
Bel été chaud et sec. Des vendanges dès la mi-septembre sous une météo favorable ont donné des vins généreux et aromatiques.

2008
Bon millésime de vins fins, nerveux et très classiques. Riesling, pinot gris et gewurztraminer ont bénéficié de conditions favorables.

DOMAINE WEINBACH

Riesling 2012, Clos des Capucins, Alsace

Sous la gouverne de Colette Faller, puis de ses filles, Catherine et Laurence, Weinbach a conquis la planète entière, de New York à Singapour. Vinificatrice respectée de tous et adepte de la biodynamie, Laurence Faller signait quelques-uns des plus grands vins d'Alsace. En mai 2014, elle s'est éteinte, à l'âge de 47 ans.

Même le riesling courant du domaine incarne cette exquise pureté et cette précision qui sont devenus la signature de Weinbach. Minéral, aérien et statuesque, ponctué d'une foule de détails aromatiques, de la menthe aux agrumes en passant par le jasmin. Un vin ciselé, dont l'élégance ne fait aucun doute. Une Grappe d'or pour souligner un excellent vin et pour saluer le départ prématuré d'une femme d'exception.

11639053 32,50$ ☆☆☆☆ ②

V **Pétoncles poêlés aux agrumes, riz au jasmin; coq au riesling.**

D'autres rieslings de l'Alsace

ALBERT MANN

Riesling 2012, Cuvée Albert

Avec ses 12 g/l de sucre résiduel et sa tenue en bouche, ce riesling n'est pas sans rappeler certains vins de la région de Rheingau, en Allemagne. Aucune lourdeur et un très beau registre de saveurs fruitées et florales, avec des accents de gingembre confit. Très bon et apte à vieillir harmonieusement.

11449786 28,95$ ☆☆☆→☆ ②

BARMÈS BUECHER

Riesling 2012, Herrenweg, Alsace

Nez floral, fruits tropicaux. Minéralité sous-jacente, notes salines accentuées par un reste de gaz carbonique. Exubérant et séduisant, mais un peu court en bouche et pas aussi complexe que les derniers millésimes goûtés. Creux de vague? Peut-être bien. Laissons-lui quelques mois de repos.

11153117 27,35$ ☆☆☆→? ③

BEYER, LÉON

Riesling 2012, Réserve

Ultra sec et tranchant, comme toujours, le riesling de Marc Beyer me semble néanmoins un peu plus mûr et nourri en 2012. Loin d'être un défaut, cette vinosité permet d'enrober l'acidité et laisse en bouche une impression plus harmonieuse. Abordable et disponible dans l'ensemble du réseau.

81471 18,95$ ☆☆☆ ½ ②

DOMAINE OSTERTAG

Riesling 2012, Heissenberg, Alsace

Moins puissant et confit que le 2011, mais tout aussi riche et complexe, dans un style moins ample et plus droit. Beaucoup de fruits, pomme, agrumes, pêche, mais aussi de délicates notes florales et d'épices. Vif et gras à la fois en bouche, et très tonique, avec une minéralité qui sous-tend le tout. Beaucoup de texture, un vin très complet, et d'une grande finesse. Longue finale sur de très beaux accents amers. Cette année encore, un grand vin de gastronomie.

739813 42$ ☆☆☆☆ ②

DOMAINE OSTERTAG

Riesling 2012, Muenchberg Grand cru, Alsace

Plus ample que le Heissenberg, mais aussi plus vif, et marqué par une minéralité caillouteuse. Très droit et tonique, mais avec une matière sous-jacente imposante. Encore serré et très tendu, c'est un vin qui nécessitera absolument quelques années avant de s'exprimer pleinement.

739821 57,50$ ☆☆☆→☆ ③

TRIMBACH

Riesling 2011, Alsace

Très sec, tranchant, avec des odeurs typiques d'hydrocarbure. Un bon riesling de facture classique.

11305547 21,65$ ☆☆☆ ②

DOMAINE OSTERTAG

Pinot gris 2012, Fronholz, Alsace

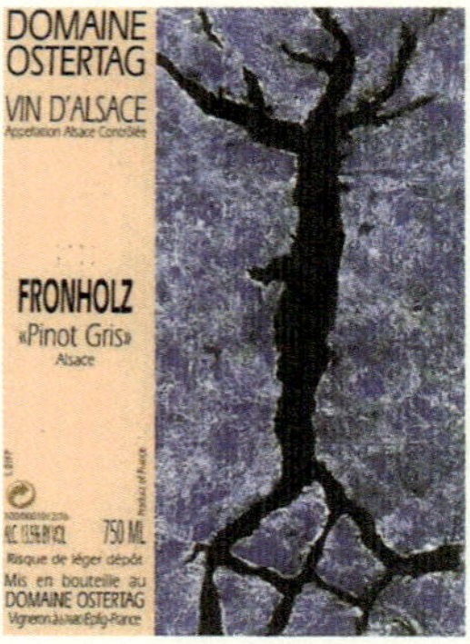

Innovateur et indépendant d'esprit, André Ostertag produit une gamme de vins distingués soigneusement élaborés. Bien plus que des rieslings ou des pinots gris, les vins d'Ostertag racontent le terroir alsacien, avec beaucoup de nuances et d'inspiration.

Sublime pinot gris de cet unique terroir qu'est Fronholz. Toujours ce caractère épicé, avec des notes de poivre blanc et de gingembre, une grande complexité aromatique et un merveilleux équilibre entre une texture grasse, enveloppante, et une fraîcheur minérale. La bouche, ample et corsée, est aussi très tonique et la finale, de plus en plus minérale et dotée d'accents amers qui évoquent l'écorce d'orange confite. Un très grand vin, intense, complexe et profond, qui échappe aux mots.

924977 45$ ☆☆☆☆ ½ ②

V **Ris de veau à la crème ; risotto de champignons sauvages ; poulet au gingembre.**

D'autres pinots gris et gewurztraminer

BARMÈS BUECHER

Gewurztraminer 2011, Rosenberg, Alsace

Bon gewurztraminer plantureux, aromatique comme il se doit, mais surtout doté d'une tenue de bouche notable qui encadre la matière fruitée et qui permet au vin de conserver un équilibre irréprochable. Une fine amertume qui rappelle l'écorce d'orange s'harmonise par ailleurs à merveille avec le sucre. Fruit, marmelade d'orange épicée.

11655774 32,25$ ☆☆☆☆ ②

BEYER, LÉON

Pinot gris 2012, Alsace

Plus concentré cette année, ce pinot gris est à la fois très sec et doté d'une vinosité appréciable. Mûr et savoureux, il fera un accord idéal avec des fromages relevés, comme le munster.

968214 21,20$ ☆☆☆ ②

DOMAINE OSTERTAG

Gewurztraminer 2013, Vignoble d'E, Alsace

Très beau gewurztraminer, ni trop floral, ni trop exotique, ni trop épicé. En fait, un heureux mélange des trois, avec des arômes d'eau de rose et de fleur d'oranger et d'abricots secs, avec une pointe d'épices. Très aromatique, tout en restant délicat et leste. Avec seulement 11 % d'alcool et dans un style plutôt doux que sec, il reste frais et se termine sur de très beaux accents amers.

870493 32 $ ☆☆☆☆ ②

DOMAINE OSTERTAG

Pinot gris 2011, Barriques, Alsace

Une fois de plus, un excellent pinot gris, riche et caressant, mais aussi frais et tonique. Des arômes de poire, de pêche confite, de miel et de champignons, avec une minéralité sous-jacente et une pointe saline sur une longue finale.

866681 34 $ ☆☆☆☆ ②

HUGEL

Gewurztraminer 2012, Alsace

Le caractère explicite du gewurz est bien présent dans ce vin presque sec (5 g/l de sucre résiduel), aux parfums d'eau de rose et d'épices. Aimable et typé.

329235 21 $ ☆☆☆ ②

TRIMBACH

Gewurztraminer 2010, Alsace

Très aromatique et arrondi par un léger reste de sucre (11 g/l), c'est l'exemple même d'un bon gewurztraminer alsacien courant. Les saveurs de fleurs se marient aux notes de fruits exotiques et d'épices. Avec un sauté de légumes bien relevé d'épices indiennes… Miam!

317917 23,70 $ ☆☆☆ ½ ② ♥

L'INTRUS

DEISS, MARCEL

Alsace 2011

Issue de l'agriculture en biodynamie, cette cuvée est unique en son genre en ce qu'elle est le fruit d'un assemblage de 13 cépages alsaciens cultivés, récoltés et vinifiés ensemble. De cette façon de faire peu orthodoxe résulte un vin plus ou moins sec, tonifié par un léger reste de gaz, assez aromatique, mais nullement pommadé. Le bon compagnon des apéros et des cuisines asiatiques relevées.

10516490 23,55 $ ☆☆☆ ½ ②

VAL DE LOIRE

Nadia Fournier rencontre Stelio Perombelon.

ANJOU

Le muscadet est sans doute l'un des vins blancs de France dont la réputation a le plus souffert de la vague de produits industriels commercialisés au cours des dernières décennies. Entre de bonnes mains, le melon de bourgogne – cépage de l'appellation – donne pourtant des vins savoureusement désaltérants qui n'ont rien à envier à d'autres bons vins blancs de France.

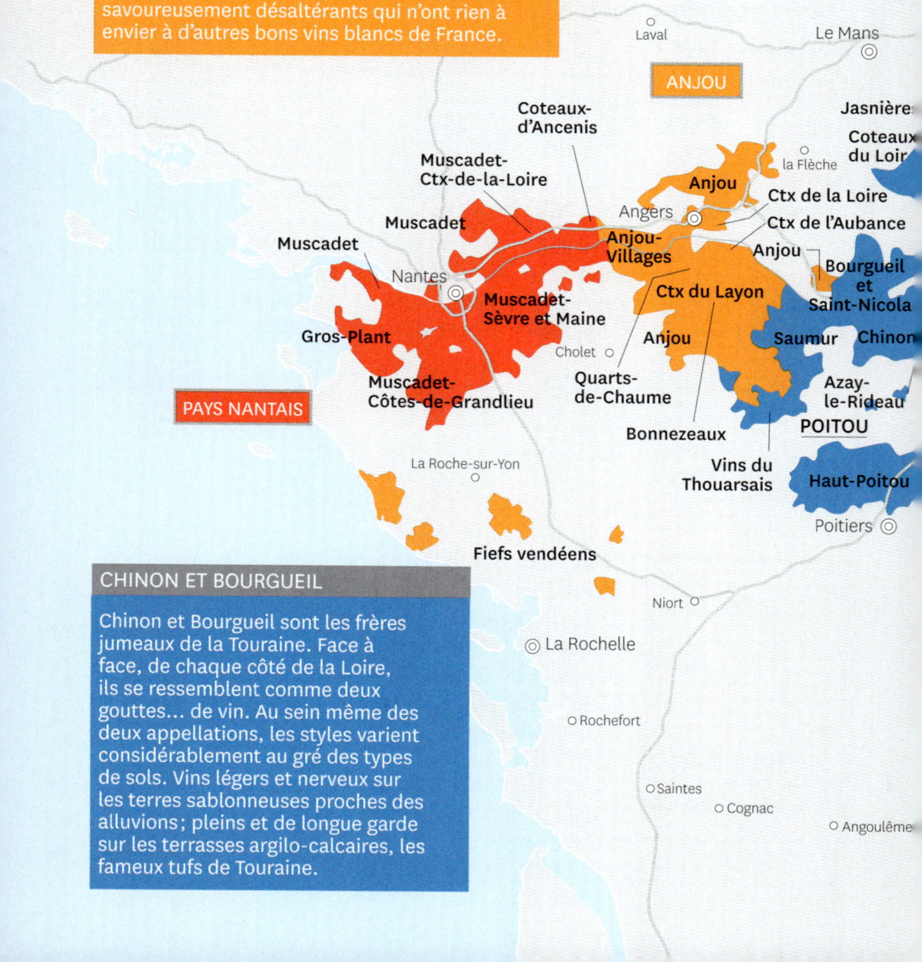

CHINON ET BOURGUEIL

Chinon et Bourgueil sont les frères jumeaux de la Touraine. Face à face, de chaque côté de la Loire, ils se ressemblent comme deux gouttes... de vin. Au sein même des deux appellations, les styles varient considérablement au gré des types de sols. Vins légers et nerveux sur les terres sablonneuses proches des alluvions; pleins et de longue garde sur les terrasses argilo-calcaires, les fameux tufs de Touraine.

Entre le Massif central et l'océan Atlantique, de part et d'autre du long fleuve auquel il doit son nom, le vignoble du val de Loire est le plus diversifié de France. Le vin s'y décline en plusieurs temps: rouge, rosé, blanc, sec, moelleux, liquoreux, tranquille, mousseux. On a souvent dit de ses crus qu'ils étaient les plus français de tout l'Hexagone et que les vouvrays, coteaux du layon, savennières, chinons, bourgueils, sancerres, pouilly-fumé étaient parmi les plus civilisés du pays.

Le caractère hautement digeste des vins rouges et blancs de la Loire explique sans doute leur popularité croissante. La cuisine s'allège et se raffine. Les papilles des consommateurs aussi.

Comment ne pas succomber au charme discret d'un bon cabernet franc? À la légèreté proverbiale d'un muscadet? À l'ampleur et à la sève d'un grand vouvray? La tentation est d'autant plus grande que la SAQ diversifie maintenant ses sources d'approvisionnement et que les rayons foisonnent de vins rouges et blancs somptueux, souvent offerts à prix d'aubaine.

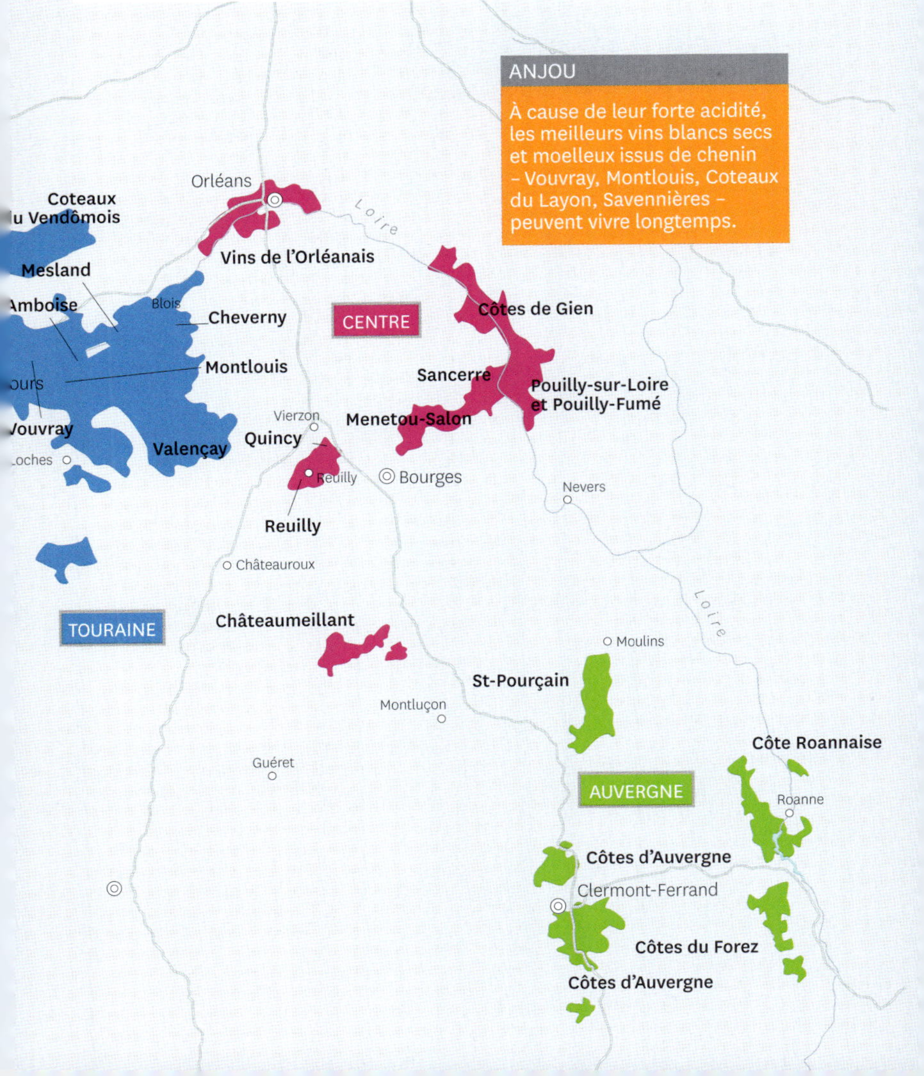

ANJOU

À cause de leur forte acidité, les meilleurs vins blancs secs et moelleux issus de chenin – Vouvray, Montlouis, Coteaux du Layon, Savennières – peuvent vivre longtemps.

LES DERNIERS MILLÉSIMES

2013
Un autre petite récolte et un millésime compliqué qui comportait de nombreux défis pour les vignerons : pourriture, taux de sucre faibles et acidité élevée. Peu de vins de longue garde.

2012
Une année très difficile et une petite récolte. De bons résultats en Muscadet, Sancerre et Menetou-Salon. Les variétés tardives comme le cabernet franc et le chenin blanc ont parfois souffert des pluies de la fin de l'été qui ont engendré de la pourriture.

2011
Une année un peu étrange et un millésime de vigneron. Printemps exceptionnellement chaud et floraison hâtive ; temps frais en juillet et en août, et vagues de chaleur en septembre et en octobre. Le travail à la vigne a été un facteur déterminant, surtout pour les rouges.

2010
Résultats variables selon les régions ; très satisfaisants dans le Muscadet, en Anjou ainsi qu'à Sancerre. De très bons vins rouges de cabernet franc en Touraine. Dans les Coteaux du Layon, à Vouvray et à Montlouis, pluies et pourriture ont compliqué la vie des vignerons.

2009
En dépit d'épisodes de sécheresse en Anjou et en Touraine, la qualité d'ensemble des rouges et des blancs donne satisfaction. Grêle à Sancerre.

2008
Millésime classique avec de très bons vins blancs secs – notamment dans le Muscadet – et des vins rouges charpentés en Anjou et en Touraine. Peu de vins liquoreux, en raison d'un mois de novembre pluvieux. Beaucoup de bons vins aromatiques à Sancerre et à Pouilly-Fumé.

2007
Après un été de misère et des problèmes généralisés de pourriture, les vignerons de Loire – de Nantes à Sancerre – ont pu enfin bénéficier d'un mois de septembre plus favorable. De bons vins blancs secs et liquoreux aux meilleures adresses. Des vins rouges de qualité moyenne destinés à une consommation rapide.

2006
Des conditions précaires et un millésime de qualité moyenne. Pas de botrytis et très peu de vins liquoreux. Des vins rouges d'assez bonne qualité.

CHÂTEAU DE VILLENEUVE

Saumur-Champigny 2010, Le Grand Clos

Ce domaine historique de Saumur-Champigny effectue en ce moment une conversion à l'agriculture biologique. La famille Chevallier semble par ailleurs faire un usage plus raisonné du fût de chêne depuis quelques années, ce qui permet de mieux apprécier les subtilités du terroir.

Provenant des vignes qui entourent le château, cette cuvée n'est produite que dans les meilleurs millésimes. Le 2010 est manifestement issu de raisins à parfaite maturité, comme en font foi ses tanins soyeux et ses goûts de fruits noirs, ponctués d'accents de paprika, sans la moindre verdeur cependant. Robuste et bien en chair, beaucoup de mâche et de matière. À laisser reposer jusqu'en 2017, ou encore aérer en carafe une demi-heure.

11754262 38,50$ ★★★★ ③ ♙

V Rôti de porc et chou rouge braisé ; rôti de bœuf et légumes-racines.

D'autres vins rouges de Saumur et Saumur-Champigny

CHÂTEAU YVONNE

La Folie Saumur Champigny 2012

Un vin de terroir organique, minéral et vivant. Des notes de réduction (odeurs animales) sont bien présentes à l'ouverture et nécessitent une aération en carafe – une à deux heures avant de servir – pour que le vin se révèle. S'expriment alors des arômes complexes. Le fruit mûr en bouche est porté par une acidité vive et des tanins fermes, serrés. Excellent!

11665534 26,50$ ★★★★ ② ♥ ♙

DOMAINE GUIBERTEAU

Saumur 2013

Le vignoble est conduit en agriculture biologique et les vins sont élaborés sans ajout de soufre ni de levures sélectionnées. Tout aussi satisfaisant que le 2011, lauréat d'une Grappe d'or l'année dernière. Un vin pur, assis sur des tanins fins, délicats et tricotés serrés, ce qui laisse en bouche une impression d'élégance, teintée de fermeté. Déjà si agréable à boire, il pourra aussi tenir jusqu'en 2019.

10516465 25,15$ ★★★★ ② ♥

ALLIET, PHILIPPE

Chinon 2011, Coteau de Noiré

On dit des années difficiles, frappées par les intempéries qui nuisent au mûrissement optimal du raisin, qu'elles sont des « millésimes de vigneron ». C'est le cas, entre autres, de 2011 dans la Loire. Vigneron-culte pour les bonnes raisons, Philippe Alliet plane, une fois de plus, au-dessus de la mêlée.

Il suffit de plonger le nez dans le verre pour savoir que l'on a affaire à un chinon d'exception. Des senteurs compactes de poivron rouge grillé, de fruits noirs et de cendre mouillée. La bouche suit, assise sur un grain tannique poli et tout en retenue. Il y a dans ce vin une réserve hautement sophistiquée. Tout y est, mais rien ne dépasse. Quantités limitées à la SAQ, mais surveillez les prochains millésimes et les autres cuvées de ce producteur. Toutes des valeurs sûres.

11689421 51,75$ ★★★★ ½ ②

V **Jarret d'agneau au romarin sur lentilles braisées aux tomates et aux oignons.**

D'autres vins rouges de Chinon, Bourgueil et Saint-Nicolas de Bourgueil

AMIRAULT, YANNICK

Bourgueil 2012, La Coudraye

Dans un autre millésime compliqué – ils se succèdent dans la Loire depuis quelques années –, Yannick Amirault et son fils ont produit un très bon vin, très typé, sans la moindre verdeur ni rusticité. La bouche est nette et franche; les tanins mûrs, polis et élégants. Encore très jeune, mais assez harmonieux pour être apprécié dès maintenant. Issu de l'agriculture biologique.

10522401 21,90$ ★★★ ½ ②

CHÂTEAU DE LA GRILLE

Chinon 2009

Même s'il a changé de propriétaire en 2008, ce domaine de Chinon demeure fidèle au style classique et à la fermeté qui ont fait sa renommée. Toujours plus charnu que la moyenne, coloré, solide et assez strict et affichant la concentration caractéristique du millésime. Tonalités végétales et une amertume marquée en finale; un vin pour amateur initié. À laisser reposer idéalement jusqu'en 2016-2017.

11440175 29,55$ ★★★→? ③

COULY-DUTHEIL

Chinon 2010, Clos de l'Écho

En plus d'une importante activité de négoce, Couly-Dutheil est propriétaire de deux belles parcelles à Chinon, dont le Clos de l'Écho. Le 2010 est façonné dans un style plutôt dodu et pansu, tout en mettant en relief des saveurs poivrées très nettes, caractéristiques du cépage cabernet franc. Bel équilibre, malgré une charge alcoolique à 14%. À boire entre 2014 et 2019.

710418 29,75$ ★★★ ② ▼

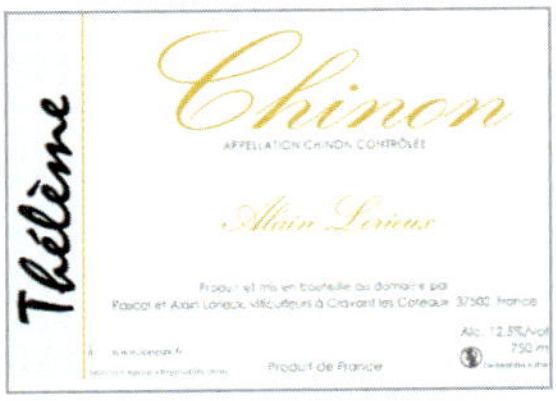

LORIEUX, PASCAL & ALAIN

Chinon 2010, Thélème

Un vin intense, minéral et profond. Très complexe, avec des notes de graphite, de framboises, de gadelle, de cèdre et de violette. La bouche, riche et ample, est encore très ferme avec des tanins serrés. Un vin complet, déjà délicieux mais aussi promis à un très bel avenir.

917096 25,55$ ★★★★ ② ♥

LORIEUX, PASCAL & ALAIN

Chinon 2011, Expression

Un chinon classique aux tonalités de framboises, de cèdre et de mine de crayon, marqué par une minéralité ferreuse. Un millésime qui le porte plus sur des notes végétales que fruitées, mais autrement très franc et droit. Archisec, avec de légers tanins, il demeure d'une grande « buvabilité ».

873257 20,25$ ★★★ ②

LORIEUX, PASCAL & ALAIN

Saint-Nicolas de Bourgueil 2010, Cuvée Agnès Sorel

Quel parfum! Des fruits rouges très mûrs et juteux agrémentés de notes de cèdre, de graphite et de fleurs. La bouche, dominée par la minéralité, exhibe une structure ferme et solide, avec une acidité vive et des tanins fermes. Un vin imposant qui nécessitera quelques années en cave pour s'exprimer pleinement et qui vivra sûrement très longtemps.

11665489 27,35$ ★★★→★ ③ ♥

GILBERT, PHILIPPE

Menetou-Salon 2011

L'histoire de la famille Gilbert est intimement liée à celle de l'appellation Menetou-Salon. Ancien dramaturge, Philippe Gilbert a repris le domaine en 1998 et l'a ensuite converti à la culture biologique, puis biodynamique. Ses vins gagnent chaque millésime en pureté et en élégance.

Quel beau pinot noir! Un nez affriolant de petits fruits rouges aigrelets précède une bouche fraîche et gourmande. Des notes de sous-bois et de betteraves lui apportent encore plus de complexité en bouche, et de légers tanins juste ce qu'il faut d'aspérités en finale. Mûr et gouleyant, droit et tout en fraîcheur. D'une immense « buvabilité » !

11154988 29,30$ ★★★★ ② ♥

V Saumon grillé, salade de betteraves; pizza aux champignons.

D'autres vins rouges de la Loire

CLOS CHÂTEAU GAILLARD

Touraine-Mesland 2011

Vincent Girault (Clos de la Briderie) semble s'être assez bien tiré d'affaire en 2011, un millésime difficile dans la Loire. Est-ce l'effet de la biodynamie ? Toujours est-il que ce vin issu d'un assemblage de côt (malbec), de cabernet franc et de gamay est fort agréable à boire. Moins charnu que le 2009 commenté l'an dernier, mais souple, fruité et vendu à un prix accessible.

10337918 16,90$ ★★★ ② ♥

CLOS DE LA BRIDERIE

Vieilles vignes 2011, Touraine Mesland

Ce domaine exploité en biodynamie par Vincent Girault continue de cumuler les succès. Cet assemblage de côt (malbec), de cabernet franc et de gamay offre un heureux mélange de légèreté (12,3 % d'alcool), de vigueur et de consistance. L'attaque en bouche est franche, correctement fruitée et relevée de parfums de cannelle. Servir autour de 15 °C. On achète les yeux fermés !

977025 16,70$ ★★★ ½ ② ♥

DOMAINE DE LA CHARMOISE

Gamay 2013, Touraine

Une très faible teneur en SO2 – à peine 10 mg par litre – n'est surement pas étrangère à l'éclat et à la pureté du fruit. Un gamay dont on a toujours soif : 12 % d'alcool, coulant, volubile et rassasiant. À boire au cours des deux prochaines années pour profiter de sa fraîcheur juvénile.

329532 16,40 $ ★★★ ½ ② ♥

DOMAINE DE LA CHARMOISE

Gamay 2012, Vinifera, Touraine

2012 n'a vraiment pas été un millésime facile pour les producteurs de Touraine. Ce qui se traduit ici par des relents végétaux marqués par la pyrasine, au détriment du fruit. Aucune rusticité en bouche cependant.

11844591 25,15 $ ★★ ½ ②

DOMAINE DE LA CHARMOISE

Gamay 2012, Première vendange, Touraine

Nettement plus complet que le Vinifera, avec une dose supplémentaire de fruit et une attaque en bouche juteuse et rassasiante. Les accents végétaux sont encore bien présents, mais se marient au fruit et apportent une touche rustique, mais fort originale.

12517875 24,20 $ ★★★ ½ ② ♥

En primeur

LAFOND, CLAUDE

Reuilly rouge 2013, Les Grandes Vignes

Belle expression délicate, coulante et raffinée du pinot noir. Pas la moindre verdeur, un joli fruit, une texture souple et leste. Beaucoup de plaisir pour moins de 20 $ et une occasion abordable de s'initier au charme du pinot noir de la Loire.

11495379 19,60 $ ★★★★ ② ♥

SAUGER, PHILIPPE

Cheverny rouge 2012

À prix attrayant, un bon vin rouge de soif, majoritairement composé de pinot noir. Très léger, comme l'annonce sa couleur pâle, mais non pas dépourvu de saveur. Le gamay apporte fruit et vivacité et le côt, une bonne tenue.

11154081 17,35 $ ★★★ ② ♥

DOMAINE FOUASSIER

Sancerre 2011, Les Grands Groux

Ce domaine connaît une certaine renaissance depuis l'arrivée en poste de Benoit et Paul, représentants de la dixième génération de la famille Fouassier, au début des années 2000. Le vignoble a notamment été converti à l'agriculture biologique, puis biodynamique.

Ce 2011 étonne d'abord par son registre aromatique singulier, puis par son envergure en bouche. Racé, complexe et nuancé, il a toute la vitalité attendue d'un vin de Sancerre, mais pas trop, avec, en prime, une agréable vinosité qui harmonise les éléments et laisse une sensation de plénitude. Des notes d'herbes fraîches apportent pour leur part une fraîcheur aromatique fort plaisante. Un vrai bon vin de table au meilleur sens du terme.

12259423 25,25$ ☆☆☆☆ ② ♥

V **Filet de doré poêlé, jus d'agrumes aux herbes fraîches; saumon grillé, salade fenouil et pomme verte.**

D'autres vins blancs de Sancerre

DELAPORTE, VINCENT

Sancerre 2013

La famille Delaporte est établie depuis le XVIIe siècle dans la commune de Chavignol, au cœur du Sancerrois. Jean-Yves et son fils Matthieu tirent, des sols de silex qui constituent la moitié du vignoble, des vins blancs intenses et de plus en plus précis. S'il est un peu moins concentré et étoffé que le 2012 dégusté plus tôt cette année, ce 2013 traduit assez bien l'esprit des vins de Chavignol: minéral, tendu et aux saveurs distinguées. Un bon sancerre à savourer au cours des cinq prochaines années, avec un fromage de chèvre. L'accord parfait!

11349021 27,35$ ☆☆☆ ½ ②

DOMAINE DES FINES CAILLOTTES

Pouilly-Fumé 2012, Jean Pabiot

Très bon 2012, dans l'esprit des bons vins de Pouilly-Fuissé, c'est-à-dire un peu moins exubérants et expansifs, mais non moins savoureux. Un vin de facture classique, dont le dépouillement et la retenue distillent un charme certain. Saveurs fines de fruits tropicaux, tonus et équilibre. Un peu plus de longueur et c'était quatre étoiles.

963355 25,05$ ☆☆☆ ½ ②

DOMAINE LA MOUSSIÈRE

Sancerre 2013

Nettement moins nourri que le délicieux 2012 goûté plus tôt cette année, ce 2013 déploie la vivacité caractéristique de l'appellation, agrémenté d'accents de miel et de cire d'abeille. Aromatique, acidulé, modérément expressif et de longueur moyenne. À boire jeune, d'ici 2016 idéalement.

33480 27,40$ ☆☆☆ ②

JOLIVET, PASCAL

Sancerre 2013

Encore plus vif et tendu en 2013 et privilégiant, il me semble, un profil aromatique plus subtil depuis quelques millésimes. Misant plus sur la texture et la minéralité que sur les saveurs variétales du sauvignon. Finale assez persistante, dotée d'une saine amertume.

528687 25,45$ ☆☆☆ ②

LOUIS, ÉRIC

Sancerre 2012

Bon sancerre parfumé, relevé de notes d'agrumes, plus complexe en bouche qu'au nez. Doté d'une agréable onctuosité qui enrobe l'acidité du sauvignon; il termine sur une note saline qui appelle la soif. À boire au cours des trois prochaines années.

10689729 23,45$ ☆☆☆ ②

PRIEUR, PAUL ET FILS

Sancerre 2012

Ne vous fiez pas aux apparences. Sous cette étiquette très « vieille France » se cache un sancerre vif et pimpant qui n'a absolument rien de poussiéreux ni de ringard. La famille Prieur cultive la vigne à Verdigny depuis plus de dix générations et en tire un 2012 très pur et de bonne tenue, à la hauteur de son millésime d'origine, qui a généré des sauvignons blancs de grande qualité. Pas spécialement long ni complexe, mais l'offre est tout à fait honnête à ce prix.

11953245 26,20$ ☆☆☆ ½ ②

DOMAINE PELLÉ

Morogues 2013, Menetou-Salon

Pionnière de l'appellation Menetou-Salon, la famille Pellé exploite 42 hectares de vignes, essentiellement dans le secteur prisé de Morogues. Les coteaux escarpés de cette commune, située dans la partie ouest de l'appellation, ont la réputation de donner des vins blancs particulièrement fins et racés.

L'emploi exclusif de levures indigènes explique peut-être la singularité et la constance de ce vin blanc. Des vieilles vignes de sauvignon blanc s'enracinent dans les marnes kimméridgiennes de la commune de Morogues et donnent un très bon 2013 assez aromatique, mais surtout empreint d'une fine minéralité, garante de fraîcheur et de complexité. À ce prix, il vaut bien des sancerres.

852434 23,75$ ☆☆☆☆ ② ♥

Ⓥ Salade de légumes rôtis au chèvre frais; poisson poêlé au pesto.

D'autres sauvignons blancs de la Loire

DOMAINE DE REUILLY

Reuilly 2011, Les Pierres Plates

Très belle réussite dans ce millésime : le vin exhibe un fruit mûr et juteux avec des arômes d'agrumes, de groseilles, de mirabelles et de buis. Un joli gras qui lui donne de l'ampleur en bouche, équilibré par une acidité fraîche aux tonalités d'orange et de pamplemousse. Archisec et tonique, doté d'une minéralité caillouteuse et d'une légère amertume des plus rafraîchissantes. Délicieux, et tout indiqué pour la table.

11463810 24,90$ ☆☆☆☆ ② ♥

DOMAINE PELLÉ

Menetou-Salon 2013, Les Bornés

Des bâtonnages sur lies ont permis d'obtenir un vin passablement nourri, affichant une certaine sucrosité en attaque. Le fruit est discret et les saveurs ne sont pas très persistantes, mais nul doute qu'à 20$, l'amateur de vin blanc sec et vif y trouvera son compte.

10523366 21,50$ ☆☆☆ ②

LA TOUR SAINT-MARTIN

Menetou-Salon 2012, Morogues

Ce producteur réputé situé à Morogues a produit un menetou-salon plus achevé en 2012, sans doute aidé par les conditions favorables du millésime. Très sec et animé d'une acidité tranchante, sans être brutale; suffisamment vineux pour conserver un bon équilibre. À boire au cours des trois ou quatre prochaines années.

11910384 24,25$ ☆☆☆ ½ ②

LAFOND, CLAUDE

Reuilly 2012, Le Clos des Messieurs

La minuscule appellation de Reuilly couvre à peine 185 hectares à l'ouest de Sancerre et de la ville de Bourges. Claude Lafond y élabore un bon vin blanc, de facture classique, vineux et relevé. D'autres sauvignons plus modernes sont plus aromatiques, mais celui-ci a un style distinctif et assez authentique.

11495272 21,90$ ☆☆☆ ½ ②

L'INTRUS

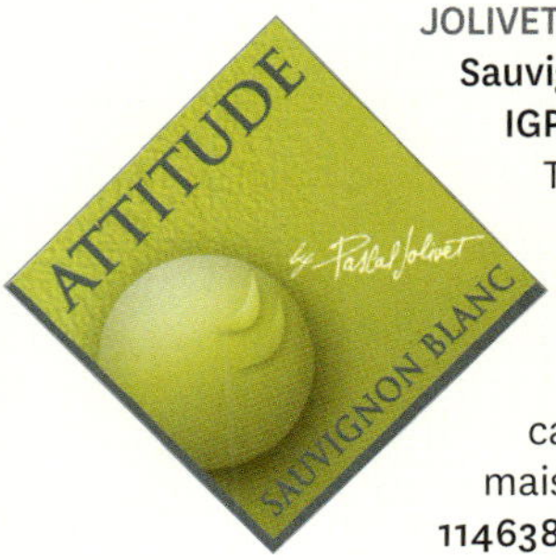

JOLIVET, PASCAL

Sauvignon blanc 2013, Attitude, IGP Val de Loire

Très longues fermentations à froid (trois mois), sans clarification. Cela se traduit ici par un vin fort séduisant par sa vinosité et sa fraîcheur, sans avoir une acidité aussi mordante que bien des vins dans cette catégorie. Pas d'arômes caricaturaux, mais un bon sauvignon bien tourné.

11463828 17,65$ ☆☆☆ ② ♥

DOMAINE DE LA TAILLE AUX LOUPS

Montlouis 2012, Clos de Mosny

Jacky Blot a donné ses lettres de noblesse à cette appellation qui a trop longtemps évolué dans l'ombre de son illustre voisine : Vouvray. Loin d'être un pis-aller, la qualité des vins de Montlouis égale et surpasse parfois celle de Vouvray.

Même s'il était encore un peu dans sa coquille lorsque goûté en septembre 2014, ce 2012 n'en était pas moins exquis. L'exemple même du vin de texture, qui charme par son relief en bouche et par ce jeu d'équilibre entre l'acidité, la structure, la vinosité, la tension et les extraits secs du chenin. Beaucoup de caractère et des saveurs fruitées très pures, mises en valeur par une trame minérale. Agréable dans l'immédiat; son vieillissement est tout aussi prometteur.

12303674 34,25$ ☆☆☆☆ ②

V Blanquette de veau ; flétan rôti à l'orange et au miel.

D'autres vins de chenin blanc

BRETON, CATHERINE ET PIERRE

Vouvray 2012, Épaulé Jeté

Bon vouvray sec, dont la vigueur est très représentative du cépage chenin. Des tonalités aromatiques un peu végétales témoignent des aléas climatiques de 2012, mais le vin a une bonne tenue et s'avère encore plus agréable après une aération d'une heure en carafe.

12103411 22,50$ ☆☆☆→? ③

CARÊME, VINCENT

Vouvray sec 2013

Du vrai chenin à l'état pur, sans artifices, juteux et vif à la fois, avec des arômes de poire, de coing, de miel et de champignons. La bouche, savoureuse, donne l'impression de croquer une pomme bien mûre. De délicates notes minérales, de silex, et de très légères aspérités tanniques en finale lui confèrent encore plus de fraîcheur. Frais, juteux et éminemment digeste.

11633612 27$ ☆☆☆☆ ②

CHÂTEAU YVONNE

Saumur 2012

Superbe chenin blanc d'une grande complexité, avec des arômes de pomme blette, de pâte de coing, de cire d'abeille, de champignons, et un caractère organique, près de la terre. En bouche, le vin est savoureux, riche, profond, vivant, et ne cesse d'évoluer. Une longue finale, encore serrée, avec de légers tanins, laisse présager un très bel avenir.

10689665 25,60$ ☆☆☆☆ ½ ② ♥

CHIDAINE, FRANÇOIS

Vouvray 2012, Les Argiles

Malgré tous les écueils rencontrés en 2012 – vignobles durement touchés par le gel et le mildiou –, François Chidaine a réussi à produire un vouvray d'une qualité irréprochable. De la tenue en bouche, des saveurs franches de fruits blancs et jaunes, juste assez de gras pour enrober l'acidité propre au chenin blanc et une finale cristalline et assez persistante. Chapeau!

11461056 31,25$ ☆☆☆☆ ②

DOMAINE DES BAUMARD

Savennières 2010

Florent Baumard produit un vin blanc de bonne qualité, assez représentatif de l'appellation Savennières par ses senteurs de miel et de fumée, et sa bouche très nourrie, rehaussée par une bonne dose d'acidité. Franc succès à la faveur d'un grand millésime.

12202021 29,95$ ☆☆☆ ②

LAUREAU, DAMIEN

Savennières 2011, Les Genêts

À Savennières et en Anjou, le millésime 2011 a généré des vins blancs secs plus accessibles et de consommation immédiate. Cela explique sans doute le caractère nettement plus leste et friand de ce vin, qui nous a habitués à une forme plus stricte. Joli fruit, du gras et un bon équilibre. Une aération aidera à atténuer ses odeurs de réduction.

10750059 28$ ☆☆☆ ②

LE ROCHER DES VIOLETTES

Montlouis-sur-Loire 2012, La Négrette

Antithèse du vin blanc gras et flatteur, son 2012 claque sur la langue comme un coup de fouet. Un pur chenin blanc d'une absolue netteté. Un bon vin de la Loire classique, sur un mode vif et plaisant à l'apéritif.

11909800 27,40$ ☆☆☆ ½ ②

VALLÉE DU RHÔNE

Découvrir les différentes appellations des vins de la vallée du Rhône.

VALLÉE DU RHÔNE SEPTENTRIONALE

En raison de sa situation géographique, entre Vienne et Valence, le vignoble du Rhône septentrional est plus soumis à l'effet du millésime que son voisin du Sud. Paradis de la syrah qui y donne des vins rouges généralement assez fermes, nécessitant parfois quelques années de mûrissement avant de se révéler pleinement.

VALLÉE DU RHÔNE MÉRIDIONALE

Près de 90 % des vins de la vallée du Rhône sont produits dans cette zone située au sud de Montélimar. Avec son climat chaud et le souffle constant du mistral, la région est un terrain de prédilection pour le grenache noir qui donne des vins joufflus et chaleureux.

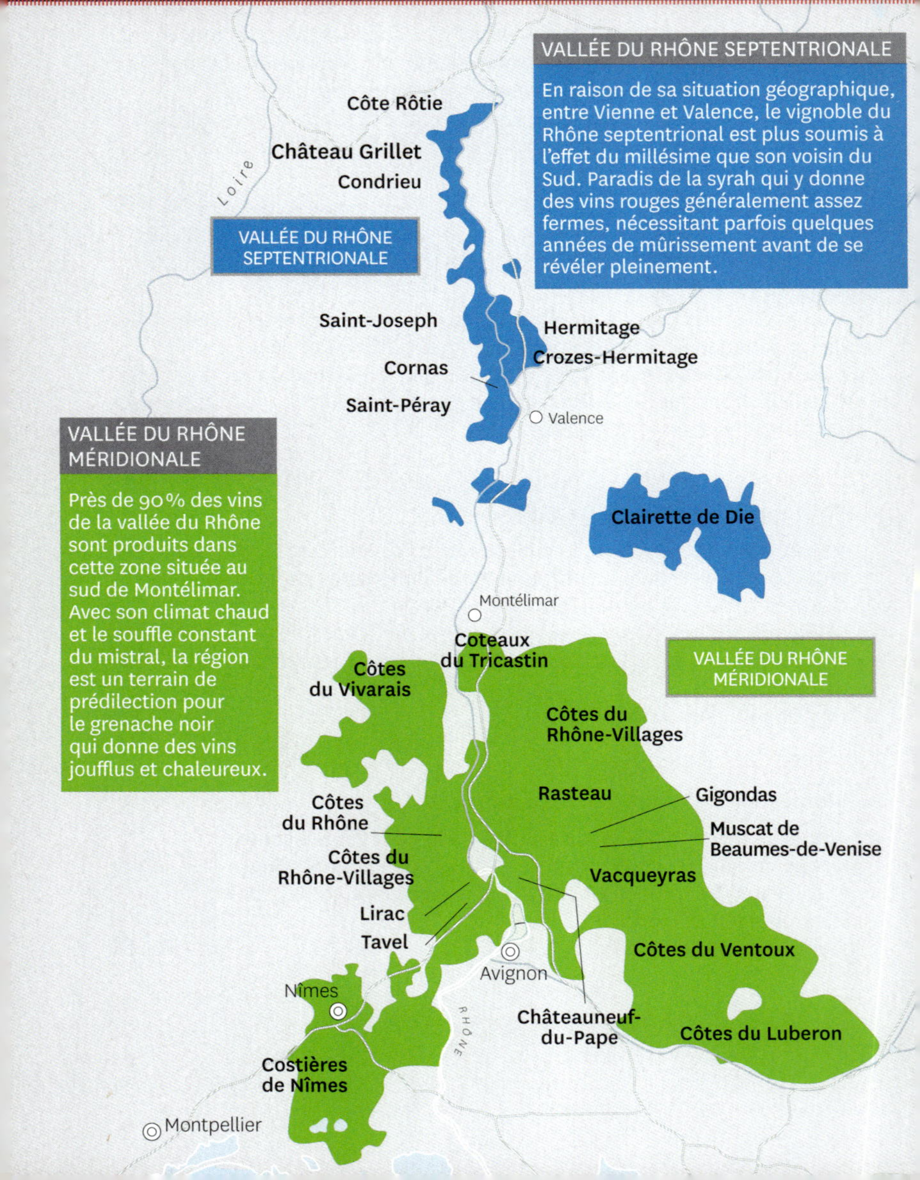

La vallée du Rhône est le plus important vignoble d'appellation contrôlée de France, après Bordeaux.

Le vaste réservoir du Rhône regorge de très bons vins. Côte Rôtie et Hermitage demeurent les grands classiques du Nord, mais l'amateur de syrah en quête d'aubaines voudra aussi explorer des appellations moins connues comme Crozes-Hermitage et Saint-Joseph, dont la qualité semble plus homogène depuis quelques années.

Châteauneuf-du-Pape est encore et toujours le roi de la partie méridionale, mais le travail de viticulteurs doués et dynamiques a fait progresser de façon spectaculaire des appellations moins renommées comme Rasteau, Vacqueyras et Cairanne. Les Côtes du Rhône-Villages Séguret, Sablet et Signargues peuvent réserver de belles surprises aussi.

Les avancées sont aussi notables dans les Costières de Nîmes, Grignan-les-Adhémar (anciennement Coteaux du Tricastin), le Ventoux et le Luberon, qui représentent collectivement le quart de la production des vins du Rhône.

LES DERNIERS MILLÉSIMES

2013
Une année compliquée dans le Nord qui devrait donner des vins rouges assez solides. De belles réussites à Condrieu. Dans le Sud, de très faibles rendements pour le grenache et des degrés d'alcool plus modérés.

2012
Un millésime classique dans le Nord a donné des vins rouges concentrés, très longs et structurés, qui auront besoin de temps avant de se révéler. Millésime tout aussi favorable aux appellations méridionales; les rouges sont généralement plus étoffés que les 2011, avec un supplément de tonus. Les vins blancs des deux régions présentent un équilibre irréprochable.

2011
Au nord comme au sud, un millésime qui ne passera pas à l'histoire. Peu de vins de longue garde dans la partie septentrionale. À retenir pour des rouges souples et fruités et de bons vins blancs empreints de fraîcheur.

2010
Une récolte déficitaire et de très bons vins de Côte Rôtie à Châteauneuf-du-Pape. Dans le Nord, des rendements faibles ont donné des vins rouges concentrés, mais néanmoins harmonieux; condrieus très fins et équilibrés. Plusieurs réussites aussi dans le Sud: vins rouges nourris et charnus.

Rhône septentrional

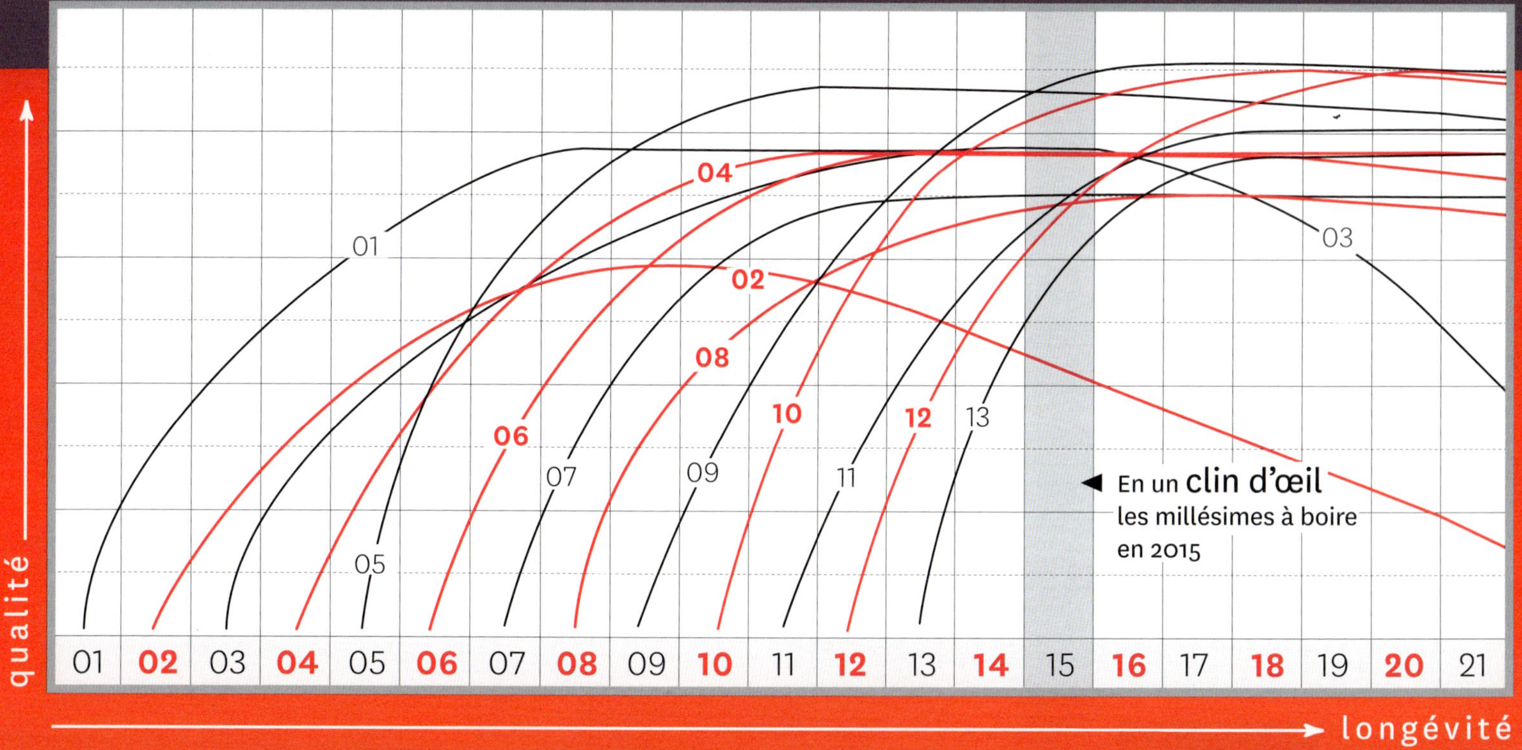

2009
Millésime très satisfaisant, en particulier dans le Nord où la syrah a donné des vins profonds et de longue garde. Été exceptionnellement sec et récolte déficitaire dans la partie méridionale ; plusieurs vins amples et puissants à Châteauneuf-du-Pape.

2008
Des conditions précaires dans toute la vallée. Au mieux, des vins souples et fruités destinés à être consommés dans leur jeune âge. La qualité des vins blancs est plus homogène.

2007
Qualité variable dans le Nord ; au mieux, des vins rouges de qualité satisfaisante et d'évolution rapide. Scénario plus favorable dans le Sud où les mois d'été ont été chauds et ensoleillés, et où grenache et mourvèdre ont bénéficié de conditions idéales ; une récolte abondante de vins rouges sphériques, charnus et généreux.

2006
Quatrième succès consécutif. Un mois d'août très sec et une récolte généreuse de vins rouges riches, solides et généralement d'une saine acidité. À Châteauneuf-du-Pape, les vins rouges sont nourris, puissants et bien équilibrés.

2005
Réussite générale autant dans le Nord que dans le Sud. Des vins rouges pleins, charnus et bien équilibrés. Très bons vins blancs généreux à boire jeunes.

2004
Retour à un millésime plus classique après le caractère extravagant de 2003. Plusieurs châteauneuf-du-pape remarquables, les meilleurs depuis 2001. Dans le Nord, la qualité est plus irrégulière ; dans les meilleurs cas, la finesse et la structure sont au rendez-vous.

Rhône méridional

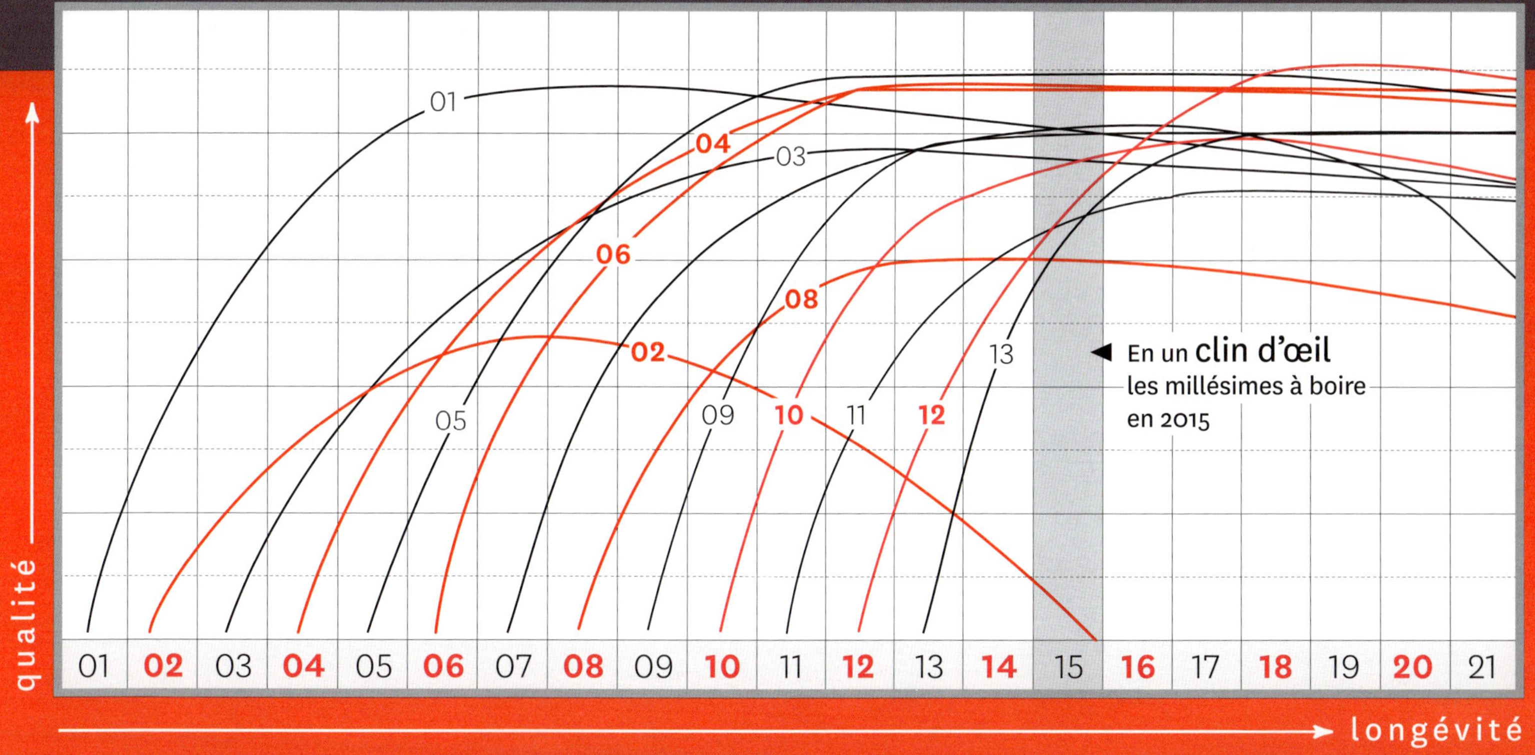

France

SANG DES CAILLOUX

Vacqueyras 2011, Doucinello

Serge Férigoule est arrivé dans cette propriété de Vacqueyras en 1979 pour y travailler comme ouvrier. Propriétaire des lieux depuis 1990, il a progressivement converti le vignoble à l'agriculture biodynamique et confectionne des vins ultraracés qui soutiendraient la comparaison avec des châteauneufs.

Celui-ci est assurément l'un des meilleurs vins de cette appellation que j'ai goûté depuis longtemps. La biodynamie, conjuguée à des rendements limités et à des méthodes peu interventionnistes au chai y sont sans doute pour beaucoup. Caractère affirmé, nez franc et pur de poivre; un vin merveilleusement fruité et charnu que l'on croque autant que l'on boit; vibrant et authentique, chaleureux (14 %), mais dont on ne cesse d'avoir soif. N'est-ce pas le premier signe de la qualité ? À boire entre 2015 et 2022.

12008317 29 $ ★★★★ ½ ② ♥

V Côtelettes d'agneau et ratatouille; osso buco au fenouil et olives noires.

D'autres vacqueyras et gigondas

DOMAINE DE MONTVAC

Vacqueyras 2010, Vincilia

Vin de forme classique, assez représentatif de Vacqueyras, avec son nez franc et net de poivre et sa carrure ; beaucoup de matière et de consistance; des nuances quasi terreuses en bouche et une bonne acidité. Bon vin sincère et fidèle à ses origines.

12268590 28 $ ★★★ ②

GUIGAL

Gigondas 2010

Le 2010 m'a semblé plus vigoureux que le 2009 commenté l'an dernier. Les amateurs de vins du Rhône apprécieront sa générosité et son grain serré; des notes cacaotées, des tanins fermes et une fine amertume lui donnent du corps et de la personnalité. Constance exemplaire. Prêt à boire.

334615 36,50 $ ★★★ ½ ②

LE CLOS DU CAILLOU

Châteauneuf-du-Pape 2011, Les Quartz

Ce clos situé dans la commune de Courthézon ne fait pas partie de l'appellation Châteauneuf-du-Pape puisqu'en 1936, l'ancien propriétaire des lieux avait refusé de faire visiter son domaine aux experts chargés de la délimitation de l'appellation.

En dehors de l'enceinte du Clos toutefois, Sylvie Vacheron possède 9 hectares de vignes dans l'appellation Châteauneuf-du-Pape, dont une parcelle sur un terroir de galets roulés, où elle produit cette cuvée. Le 2011 procure un plaisir immédiat par sa rondeur et son attaque en bouche quasi sucrée tant le fruit est mûr. Déjà accessible malgré son jeune âge, le vin est heureusement encadré de tanins suffisamment fermes pour soutenir le fruit et procurer une agréable tonicité, malgré ses 15% d'alcool. Finale vaporeuse aux parfums de cacao, de kirsch et de violette.

12158420 90$ ★★★★ ②

V Gigot d'agneau au romarin; magret de canard, sauce à l'anis étoilé.

D'autres châteauneuf-du-pape

CHÂTEAU DE LA GARDINE

Châteauneuf-du-Pape 2011

Ce domaine familial conduit par Patrick Brunel est un pilier de Châteauneuf-du-Pape et le vin de la Gardine continue de loger à l'enseigne de l'équilibre. Ce 2011 respire le grenache sous sa forme la plus gourmande. Le chocolat noir et la cerise débordent du verre; la bouche suit, souple, ronde et veloutée. Pas le plus concentré ni le plus long, mais disponible dans l'ensemble du réseau et vendu à un prix relativement accessible.

22889 36,25$ ★★★ ②

CHÂTEAU FORTIA

Cuvée du Baron 2010

Fortia a un style bien à lui. On aime ou on n'aime pas, mais on n'y est pas indifférent. Maintenant ouvert, ce 2010 détonne dans le paysage de l'appellation, avec sa relative légèreté et ses notes animales bien présentes qui lui confèrent une allure un peu rustique, sans que ça ne soit un défaut. Un bon châteauneuf étonnamment digeste malgré ses 14,5% d'alcool. À boire au cours des trois prochaines années.

11873245 42$ ★★★ ②

CHÂTEAU LA NERTHE

Châteauneuf-du-Pape 2009

Haut lieu de la viticulture rhodanienne, cette splendide propriété conduite en agriculture biologique est sous la gouverne de Christian Vœux, jadis au Château Mont-Redon. Spécialement étoffé, à la faveur d'un millésime exceptionnellement mûr et généreux, mais surtout séveux, plein et sans cette présence en bouche brûlante qui afflige certains 2009. Un base de grenache apporte de la rondeur et la syrah procure un tonus appréciable. Lorsque goûté en septembre 2014, il traversait une phase un peu timide. Laissons-le reposer pendant une année.

917732 47,25$ ★★★→? ③

CHÂTEAU MONT-REDON

Châteauneuf-du-Pape 2009

Dégusté à deux reprises pendant l'été 2012, ce 2009 m'avait laissé une excellente impression. Deux ans plus tard : même constat. Le vin est encore étonnamment jeune et vigoureux; son équilibre et son envergure en bouche ne font aucun doute. Heureux compromis entre la générosité typique du millésime et cette « buvabilité » caractéristique des vins de Mont-Redon. De bons goûts de cerises et de cacao. Pas aussi puissant que d'autres vins de Châteauneuf, mais que de plaisir à table!

856666 44,75$ ★★★★ ②

CLOS DU MONT-OLIVET

Châteauneuf-du-Pape 2011

Tout le charme du grenache dans un vin au fruit très mûr, caressant. Puissant mais sans aucune dureté, avec des notes de cuir et de poivre qui ajoutent complexité au fruit juteux. Beaucoup de matière, mais aussi de la structure, avec une acidité fraîche et des tanins fermes qui demandent encore quelques années pour s'assouplir. Longue finale minérale et épicée. Du solide! Il sera à son meilleur dans quatre ou cinq ans.

11726691 42,75$ ★★★→★ ③

CLOS SAINT MICHEL

Châteauneuf-du-Pape 2010

Les frères Frank et Olivier Mousset n'ont pas succombé à la mode du châteauneuf 100 % grenache. Fruit d'un assemblage de grenache à 40 %, de syrah et de mourvèdre, le 2010 s'inscrit dans la lignée des derniers millésimes goûtés et fait preuve d'un sens aigu des proportions. Chaleureux, mais sans lourdeur.

11192247 38,75$ ★★★ ½ ②

CHÂTEAU MONT-REDON

Lirac 2012

Évoluant à contrecourant, le domaine des familles Abeille et Fabre a bâti sa réputation en signant des châteauneufs au style épuré et digeste. Pour les jours de semaine, le tandem Abeille-Fabre produit aussi un très bon vin rouge à Lirac, une appellation voisine de Châteauneuf-du-Pape.

Le « petit frère » de Mont-Redon illustre assez bien les caractéristiques du millésime 2012, qui a donné des vins généralement plus concentrés dans le sud de la vallée du Rhône. Dense, touffu et agrémenté de saveurs compactes tout en conservant les mêmes qualités de retenue et d'équilibre qui sont devenues la marque du domaine. Finale hyper persistante aux goûts de cerises, sur un fond de cacao. Bon à boire dès maintenant et d'ici 2017.

11293970 24,30$ ★★★ ②

V Gibier en sauce; couscous à l'agneau.

D'autres Côtes du Rhône-Villages

CAVE DES VIGNERONS D'ESTÉZARGUES

La Montagnette 2013, Côtes du Rhône-Villages Signargues

Cette petite cave rhodanienne, créée en 1965, regroupe à peine une dizaine de vignerons qui ont à cœur de produire des vins de terroirs. Elle compte aujourd'hui parmi les plus en vue de France. Un brin moins complexe et moins leste que le 2012, le vin garde tout de même ce style qui en a fait un incontournable dans sa catégorie. Tout en fruit, juteux et gourmand, une valeur sûre et une arme de séduction massive.

11095949 17,85$ ★★★★ ② ♥

CHÂTEAU SAINT-ROCH

Lirac 2011

Les vins de cette propriété acquise en 1998 sont vinifiés par Ève Brunel, l'épouse de Patrick Brunel (Château de la Gardine). Typique du millésime 2011 : fruité et plutôt souple, accessible et prêt à boire dès maintenant. À 19 $, il en vaut bien d'autres.

574137 19 $ ★★★ ②

CHÂTEAU SIGNAC

Combe d'Enfer 2010, Côtes du Rhône-Villages Chusclan

Disponible en quantité importante dans le réseau, le vin rouge de Jean-Marc Amez-Droz est de nouveau fort convaincant dans sa version 2010. Dans un mode un peu plus strict et plus frais que le 2009 commenté l'année dernière, le vin déploie ces goûts caractéristiques de cacao, de garrigue, mais aussi une pointe animale, sanguine, peut-être attribuable à la syrah. Déjà fort aimable et assez ouvert pour être apprécié dès aujourd'hui, mais il a assez de coffre pour tenir jusqu'en 2017, au moins. Très bon achat à ce prix.

917823 21,30 $ ★★★★ ② ♥

DOMAINE DE BOISSAN

Cuvée Clémence 2012, Côtes du Rhônes-Villages Sablet

Parfumé et faisant preuve d'une complexité certaine, mais encore un peu d'un bloc, avec une chaleur alcoolique bien présente et des tanins un brin rêches. On sent pourtant une matière intense, portée par une minéralité sous-jacente.

712521 21,70 $ ★★★→? ③

DUPÉRÉ BARRERA

Côtes du Rhône-Villages 2013

Un peu moins concentré que l'année dernière, mais tout aussi savoureux et gorgé de saveurs affriolantes de fruits noirs mûris à souhait par le soleil méditerranéen. Les tanins sont mûrs, coulent comme du velours, puis se resserrent en fin de bouche, créant une sensation délicieusement rassasiante. On se régale pour moins de 20 $. Joie !

10783088 19,50 $ ★★★★ ② ♥

NUSSWITZ, PHILIPPE

Orénia 2012, Duché d'Uzès

Les vignerons d'Uzès ont obtenu l'AOP (appellation d'origine protégée) en juillet 2012, plus de 30 ans après avoir entamé des démarches auprès de l'INAO. Une reconnaissance bien méritée, comme en fait foi cette cuvée élaborée par Philippe Nusswitz.

Couronné meilleur sommelier de France en 1986, Nusswitz se dévoue désormais à la mise en valeur de ce terroir situé au nord-ouest de Nîmes. Vin hyper méditerranéen par son caractère chaleureux et gourmand, de même que par ses saveurs de fruits confits, de menthe séchée et de garrigue. Pas très complexe ni très long, mais un équilibre parfait, et que de plaisir en bouche! Juste pour ces raisons, il mérite bien quatre étoiles dans sa catégorie.

12289796 18,65$ ★★★★ ② ♥

V **Côtelettes d'agneau à la menthe; jarret de veau confit et ratatouille.**

De bons vins rouges des Costières de Nîmes...

CHÂTEAU DE NAGES

Syrah 2011, Les Piliers, Costières de Nîmes

Au répertoire général, ce vin est très représentatif de ce que le cépage syrah peut donner comme rouge aromatique, riche et presque crémeux tant les tanins sont mûrs. Satisfaisant à sa manière.

11253759 16,95$ ★★★ ② ♥

CHÂTEAU DE NAGES

Vieilles vignes 2011, Costières de Nîmes

Nez exubérant, bouche plantureuse, crémeuse et gorgée de saveurs; finale un peu brûlante à 15,5% d'alcool. Beaucoup de vin dans le verre pour le prix. L'amateur du genre y trouvera son compte à peu de frais.

12268231 20$ ★★★ ②

CHÂTEAU DES TOURELLES

La Cour Glycines 2010, Costières de Nîmes

Cette cuvée commercialisée par la famille Durand, aussi partenaire dans l'Orpailleur au Québec, mise sur une dominante de syrah, qui n'est sans doute pas étrangère à son grain tannique serré et à son goût de réglisse noire, ponctué de notes fumées. Son équilibre, son rapport qualité-prix et sa constance au fil des ans méritent une mention spéciale.

919225 18,60$ ★★★ ½ ②

CHÂTEAU LA TOUR DE BÉRAUD

Costières de Nîmes 2012

Un vin aux notes fruitées, florales et animales. La bouche est souple, ronde et dodue, sur une trame de fruits très mûrs, mais sans manquer de fraîcheur. De légers tanins en finale lui apportent juste ce qu'il faut de structure.

12102629 16,30$ ★★★ ② ♥

CHÂTEAU MOURGUES DU GRÈS

Les Capitelles 2010, Costières de Nîmes

En bouche, ce vin a la suavité d'un fruit très mûr, mais aussi beaucoup de fraîcheur, sûrement due en partie au carignan. Capiteux, plus corsé certes, avec des tanins fermes, il fait toutefois preuve d'un très bel équilibre entre puissance et vigueur, et se termine sur une longue finale caillouteuse. Un vin à mettre en cave.

11726763 27,25$ ★★★★ ③

CHÂTEAU MOURGUES DU GRÈS

Les Galets Rouges 2012, Costières de Nîmes

Un vin juste et bon. Pas le plus complexe, mais franc et gouleyant, avec un fruit mûr, des accents de poivre, de viande fumée et une trame tannique très délicate. Il sera à son meilleur servi rafraîchi autour de 14-15°C.

10259753 18,50$ ★★★ ② ♥

CHÂTEAU MOURGUES DU GRÈS

Terre d'Argence rouge, Costières de Nîmes

Costaud en bouche, avec des tanins fermes, ce vin a de la mâche et a besoin d'encore un peu de temps pour se fondre. Dense, chaleureux et serré, des arômes de fruits noirs, d'anis et d'épices et une minéralité sous-jacente. Passer en carafe et servir à table, ou attendre quelques années.

11659927 22,05$ ★★★→? ③ ♨

DOMAINE LES HAUTES CANCES

Côtes du Rhône-Villages Cairanne 2011, Cuvée Tradition

Anciens médecins, Jean-Marie et Anne-Marie Astart ont repris une partie du vignoble de la famille d'Anne-Marie en 1992. Ils en ont depuis doublé la superficie et se sont convertis à l'agriculture biologique dès 1995.

Pour la deuxième année consécutive, la cuvée Tradition remplit toutes les attentes, les dépasse même. Bien que moins concentré et solide que le 2010 commenté dans la dernière édition du *Guide*, ce vin possède un charme fou. Attaque veloutée et présence en bouche suave et caressante, saveurs mûres, gorgées de soleil, et ce grain tannique qui chatouille la langue en finale et donne envie de se resservir un autre verre. Un rapport qualité-prix-plaisir impeccable.

12194711 22,95$ ★★★★ ② ♥

V **Saucisses grillées et ratatouille; côtelettes d'agneau et tian de légumes.**

Si vous avez aimé, vous aimerez...

CHÂTEAU DE LA GARDINE

Rasteau 2011, Benjamin Brunel

Patrick Brunel, propriétaire du Château de la Gardine à Châteauneuf-du-Pape, produit aussi un très bon vin courant sur l'appellation Rasteau. Parfaitement ouvert et à point, il n'est ni très intense ni profond, mais assez satisfaisant dans un style rond, souple et flatteur.

123778 19,95$ ★★★ ②

DOMAINE SOUMADE

Prestige 2010, Rasteau

André Roméro a largement contribué à la reconnaissance de Rasteau au cours des dernières décennies. Sa cuvée Prestige a longtemps été considérée comme l'exemple à suivre dans l'appellation. Concentré, mais sans excès ; charnu et sans détour, marqué de ces senteurs fumées qui rappellent la chauffe de la barrique. Un peu tiré à gros traits pour le moment, mais solide et savoureux. Les amateurs du style apprécieront.

850206 27,50$ ★★★→? ③

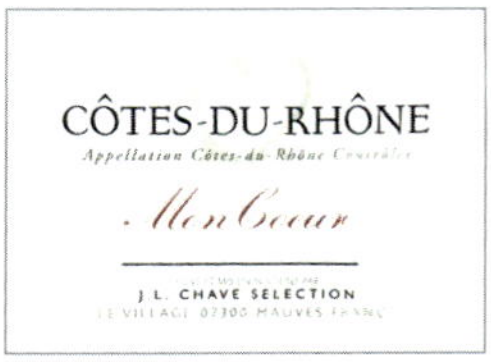

J.-L. CHAVE SELECTION

Mon Cœur 2012, Côtes du Rhône

En plus de produire des vins légendaires sur la colline d'Hermitage, Jean-Louis Chave a mis sur pied une petite affaire de négoce haut de gamme. Les raisins qui entrent dans l'élaboration de ce vin proviennent d'une poignée de vignerons situés dans les communes de Rasteau, Cairanne, Vinsobres et Visan. Même s'il est un peu plus concentré que d'habitude, le 2012 se signale tout de même par son grain tannique très fin, sa fraîcheur et son relief aromatique mariant les fruits noirs, le cuir, les fleurs et les épices. Dans la catégorie des côtes du rhône génériques, il vaut bien quatre étoiles.

10330433 22,70 $ ★★★★ ② ♥

RICHAUD, MARCEL

Cairanne 2010, l'Ebrescade

Marcel Richaud est le vigneron artiste de Cairanne. Son vignoble est en conversion progressive à la biodynamie. Il signe un vin intense, au nez comme en bouche, riche, complexe et profond. La bouche est très suave, sans être racoleuse; corsée, sans être brûlante, souple et dotée d'une fraîcheur minérale. Longue finale sur des tanins fermes et dodus, soutenus par la poigne du mourvèdre qui domine l'assemblage. Encore puissant, il devrait évoluer élégamment. Ce vin sera présenté dans le *Courrier vinicole* de janvier 2014.

12205097 50 $ ★★★★ ③

VINS DE VIENNE

Cairanne 2011, La Perdendaille

Le vin se présente toujours dans un style voluptueux, mais une année de plus de bouteille lui a bien profité: plus de complexité aromatique (fruits noirs, anis, garrigue, lavande et saucisson) et en général plus équilibré (alcool mieux intégré). La bouche est ample et souple, avec des tanins légers et gouleyants. Mûr, riche et tout à fait satisfaisant.

11736929 26,35 $ ★★★ ½ ②

L'INTRUS

DOMAINE DE GRANGENEUVE

La Truffière 2011, Grignan-les-Adhémar

Les vignerons des Coteaux du Tricastin ont choisi de rebaptiser leur appellation Grignan-les-Adhémar. Un vin assez dense, offrant une belle concentration de fruits noirs, sur un fond d'olives noires et de fines herbes, qui lui donnent un accent bien local. Épais en bouche, mais pas sucré, ni boisé outre mesure. Laissez-le reposer en cave une année. Il a l'équilibre et une matière plus que suffisante pour tenir la route.

12268371 25,70 $ ★★★→? ③

DOMAINE DE LA VIEILLE JULIENNE

Lieu-dit Clavin 2012, Côtes du Rhône

Adepte de la biodynamie, Jean-Paul Daumen élabore des châteauneufs très étoffés, dont l'intensité ne passe pas inaperçue. Issu d'une petite parcelle plantée de vieilles vignes de grenache, dont les rendements sont limités, ce vin est toujours à retenir parmi les côtes du rhône génériques les plus complets.

À plus forte raison cette année, puisque le 2012 est une réussite sur toute la ligne. Attaque en bouche gourmande, chaleureuse et croquante; très plein en milieu de bouche, avec des tanins mûrs, sphériques et compacts, et une finale vaporeuse, charnue, rassasiante et délicieuse. Beaucoup de matière et de plaisir pour le prix et comparable à bien des vins d'appellations plus prestigieuses.

10919133 28,75$ ★★★★ ② ♥

V Tajine de poulet aux pruneaux; navarin d'agneau.

D'autres côtes du rhône rouges

COUDOULET DE BEAUCASTEL

Côtes du Rhône 2011

Un 2011 débordant de fruit, sphérique et dodu. Ample et très explicite au nez comme en bouche, marqué de notes florales sur un fond de fruits noirs et de réglisse. Plus cher que la moyenne de l'appellation, mais c'est l'un des bons côtes du rhône génériques à la SAQ.

973222 30,25$ ★★★ ②

DAUMEN, JEAN-PAUL

Côtes du Rhône 2012

Jean-Paul Daumen exploite aussi un petit commerce de négoce, qui lui permet de s'approvisionner chez des viticulteurs locaux. Le nez floral annonce un bon vin expressif, souple et allègre; aromatique, nullement boisé, savoureux et coulant. À boire sans attendre pour profiter de tout son fruit.

11509857 20,80$ ★★★ ②

GUIGAL

Côtes du Rhône 2010

Cette année encore, une valeur sûre au répertoire général. Assez concentré, des saveurs franches de fruits noirs et de poivre et une structure digne de mention. On dit souvent que l'on reconnaît la qualité d'une grande maison à celle de ses vins courants. Celui-ci en dit beaucoup sur le sérieux de la famille Guigal.

259721 20,75$ ★★★ ②

JABOULET, PAUL

Les Traverses 2012, Ventoux

Particulièrement satisfaisant cette année, sans doute l'effet du millésime 2012. Belle concentration fruitée, charnu et plein de vitalité. Bien bon, tout simplement!

543934 15,95$ ★★★ ② ♥

LA VIEILLE FERME

Côtes du Ventoux 2013

Toujours vendu sous la barrière psychologique des 15$, une valeur sûre au rayon du Rhône. Souple, fruité, coulant et facile à boire. Rien que pour sa constance exemplaire, il mérite une bonne note.

263640 14,75$ ★★ ½ ① ♥

PERRIN

Côtes du Rhône 2011, Réserve

Dans l'ensemble du réseau, ce vin générique est suffisamment fruité et charnu. Modeste, mais tout à fait agréable à boire et vendu à un prix attrayant.

363457 16,75$ ★★★ ② ♥

VINS DE VIENNE

Côtes du Rhône 2013, Les Cranilles

Tout ce qu'il y a de plus Rhône et de plus grenache! Bourré de fruits, relevé de notes de garrigue, d'épices et d'une pointe de cuir. La bouche est tout en rondeur; juteuse et gourmande, mûre et ample, mais sans lourdeur. À peine tannique et éminemment sympathique.

722991 20,80$ ★★★ ½ ② ♥

CHÂTEAU LA NERTHE

Châteauneuf-du-Pape blanc 2012

Haut lieu de la viticulture rhodanienne, cette splendide propriété est aujourd'hui sous la gouverne de Christian Vœux. Le vignoble est conduit en agriculture biologique depuis 1998.

Le 2012 illustre bien la philosophie de la maison en matière de blanc. Beaucoup de vin dans le verre, une attaque en bouche vineuse et chaleureuse, mais surtout une foule de détails aromatiques, des couches de saveurs fruitées, florales, épicées et enfin cette minéralité qui apporte toute leur vitalité aux meilleurs vins blancs du Midi. Équilibre irréprochable, longueur et beaucoup de style. Déjà suffisamment ouvert pour être apprécié, mais il pourrait aller loin. Encore meilleur après une journée d'ouverture.

10224471 47,25$ ☆☆☆☆ ③

V **Flétan rôti et couscous aux abricots secs; caille rôtie, purée de courge musquée.**

D'autres vins blancs du Rhône méridional...

CHÂTEAU MONT-REDON

Lirac blanc 2012

Le millésime 2012 a aussi donné de très bons vins blancs dans le sud de la vallée du Rhône. Cet assemblage de clairette, de grenache blanc, de roussanne et de viognier en est un bon exemple. Frais, modérément aromatique, des saveurs de fruits tropicaux et une vinosité appréciable. À savourer à table avec une volaille.

12258973 23,55$ ☆☆☆ ②

CHÂTEAU MOURGUES DU GRÈS

Les Galets Dorés 2013, Costières de Nîmes

Comme tant de vins blancs méridionaux, c'est un vin de texture plus que d'arômes. Il faut donc le servir plutôt frais que froid (autour de 12-14 °C) afin de laisser ses arômes délicats s'exprimer pleinement. Il offre alors un très joli nez de pêche blanche, de citron confit et d'amandes et une bouche tout en fraîcheur. Pas des plus complexes, mais franc et affriolant, fidèle à son terroir.

11095877 16,85$ ☆☆☆ ② ♥

CHÂTEAU MOURGUES DU GRÈS

Terre d'Argence blanc 2012, Costières de Nîmes

Un nez très délicat de poire, de fruits à noyau, d'amandes et d'épices précède une bouche ample et souple. D'une tenue exemplaire, il se développe beaucoup à l'aération. Un vin riche, complexe et évolutif, qui sera également à son meilleur servi autour de 14-15 °C.

11874264 22,05 $ ☆☆☆☆ ② ♥

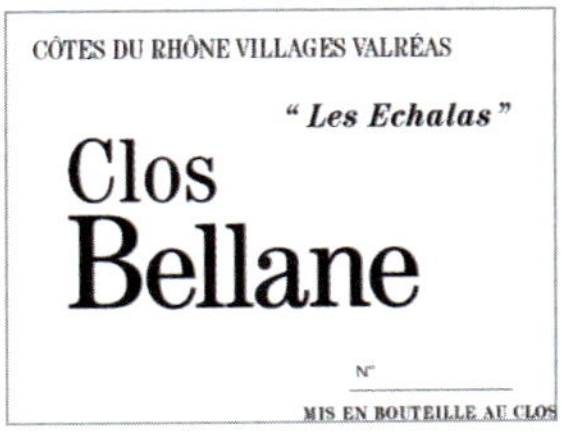

CLOS BELLANE

Les Échalas 2010, Côtes du Rhône-Villages

Stéphane Vedeau a acquis cette propriété située sur le plateau de Vinsobres en 2010. Le vignoble est certifié en agriculture biologique à compter de cette année. L'orientation et l'altitude du vignoble – juché à 400 m et tourné vers l'est – et la composition calcaire des sols expliquent peut-être la grande sensation de fraîcheur qui émane de cette cuvée de marsanne et de roussanne. Il est d'ailleurs assez rare de trouver un vin blanc du Rhône méridional qui soit aussi digeste et équilibré. Racé, gras et élégant ; les couches de saveurs se dessinent en bouche avec une certaine retenue, ce qui le rend d'autant plus séduisant. Bravo !

12235827 29,25 $ ☆☆☆☆ ② ♥

GUIGAL

Côtes du Rhône blanc 2011

Le vin blanc de repas tout indiqué, mariant les vertus des cépages viognier, roussanne, clairette, marsanne et bourboulenc. Du gras, des notes florales fort élégantes et une assez bonne tenue. Pour en profiter pleinement, évitez de le servir trop froid. Une température de 10-11 °C serait idéale.

290296 20,25 $ ☆☆☆ ② ♥

PERRIN

La Vieille Ferme blanc, Côtes du Luberon 2013

La fiabilité de cette gamme de vins courants de la famille Perrin ne connaît aucun fléchissement, en blanc comme en rouge. Typiquement méridional par sa composition de grenache blanc et de bourboulenc et par cette texture juste assez grasse, doublée de bons goûts de fruits tropicaux. Une aubaine à moins de 15 $.

298505 14,50 $ ☆☆☆ ② ♥

DOMAINE BELLE

Hermitage 2010

S'il est vrai que les hermitages sont – au même titre que les côtes rôties – des ténors du nord de la vallée du Rhône, alors on pourrait dire que ce grand terroir adopte, entre les mains de la famille Belle, une interprétation plus nuancée que gutturale.

Très dense, le vin a beaucoup de volume et offre une longue finale relevée, poivrée, fumée. La vendange entière (égrappée à seulement 30 %) n'est sans doute pas étrangère à son tonus en bouche et à sa complexité aromatique. Expression très fine de l'hermitage. Moins prestigieux que d'autres noms mieux connus, mais certainement pas moins bon ! À laisser reposer en cave jusqu'en 2017, au moins.

11154814 69,25 $ ★★★★ ③

V Filet de chevreuil, sauce grand veneur ; gigot d'agneau au romarin.

D'autres hermitages et côtes rôties

GAILLARD, PIERRE

Côte Rôtie 2012

Une syrah complexe, florale et en évolution constante. Des arômes de violette et de pot-pourri, de framboises, de crème de cassis et d'anis. La bouche, fraîche et gourmande, fait preuve d'une très grande finesse, et se termine sur des tanins caressants. Toute la suavité d'un grand côte rôtie, assortie d'une fraîcheur et d'une élégance remarquables.

En primeur

12448179 64,75 $ ★★★★ ②

GUIGAL

Côte Rôtie 2009, Brune et Blonde

Ce vin doit son nom à la couleur des sols tantôt silico-calcaires (blonde), tantôt riches en oxyde de fer (brune) qui composent le terroir de la Côte Rôtie. Il est à l'image de son appellation et de son millésime d'origine, tant par sa texture, à la fois ferme et veloutée, presque crémeuse, que par ses goûts de fruits noirs et de violette. Bel usage du bois, accents de vanille, rien de dominant, mais juste assez pour assouplir les tanins.

11327885 69,25 $ ★★★→? ③

GUIGAL

Hermitage 2005

Le classicisme de Guigal. Évidemment, cela n'a pas l'envergure d'un hermitage de Chave, mais pour une fraction du prix, l'amateur de syrah aura dans son verre un vin de facture très classique, parfaitement à point, racé et élégant. Tanins serrés en finale et saveurs assez persistantes.

10220875 75,50$ ★★★ ½ ②

VINS DE VIENNE

Côte Rôtie 2010, Les Essartailles

Un vin riche et puissant, avec énormément de matière et de mâche, sans excès et dans une harmonie parfaite. Sombre et profond, avec des arômes de liqueur de mûre, d'épices, d'encens, de viande fumée et de cuir. Des tanins à la fois enrobés et fermes lui confèrent une certaine austérité. À aérer en carafe ou à laisser reposer encore de quatre à six ans.

11600781 73$ ★★★★ ③

LES INTRUS

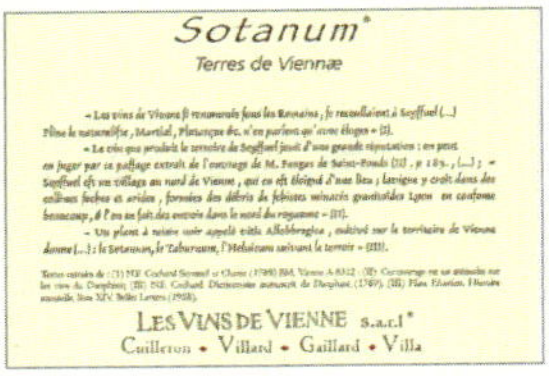

VINS DE VIENNE

Sotanum 2010

Produit à Seyssuel, sur les lieux du vignoble historique ressuscité par les Vins de Vienne. Beaucoup plus harmonieux que lorsque dégusté l'an dernier: une année de bouteille semble lui avoir suffi pour que les éléments se fondent et s'harmonisent. La matière est toujours aussi dense et le vin solide, mais le bois s'est estompé et la fraîcheur s'est installée. Un ensemble équilibré de saveurs complexes et de structure solide, où chaque élément a sa juste place.

894113 57$ ★★★★ ②

VINS DE VIENNE

Héluicum 2010

Deuxième vin du Sotanum. Une superbe réussite dans ce millésime qui s'annonce mémorable pour les vins du Rhône septentrional. Dans un style poli, mais qui laisse plus de place au fruit et au terroir que le 2009. Texture soyeuse constituée de tanins mûrs et fins, finale complexe aux tonalités de fruits noirs et d'épices, sur un fond minéral.

11635896 34,50$ ★★★ ½ ②

GAILLARD, PIERRE

Saint-Joseph 2011, Clos de Cuminaille

Partenaire dans le projet des Vins de Vienne, Pierre Gaillard est aussi propriétaire de parcelles dans le nord de la vallée du Rhône et dans le Languedoc. Ses vins sont fins, distingués et fidèles au caractère de leurs terroirs respectifs.

Superbe syrah issue de ce petit clos de 3 hectares. Vin intense mais encore très serré, déjà complexe avec des arômes de mûres, de framboises, d'épices et de pot-pourri, et quelques notes sanguines. Très marqué par une minéralité granitique, caillouteuse et porté par une grande fraîcheur. Longue finale sur des tanins fermes. Un vin qui se développe beaucoup à l'aération et qui est loin d'avoir encore révélé son plein potentiel.

11231963 37,75$ ★★★★ ②

V **Escalope de caribou aux mûres; magret de canard aux olives noires.**

D'autres vins rouges de Saint-Joseph

DOMAINE COURBIS

Saint-Joseph 2011

L'appellation Saint-Joseph est vaste et donne des résultats très hétérogènes. Une bonne raison pour souligner la qualité de ce 2011. Rien de grandiose, mais à moins de 30$, on apprécie sa tenue en bouche, sa trame tannique serrée, ses saveurs fumées et poivrées. À boire sans se presser au cours des cinq prochaines années.

10919117 26,50$ ★★★ ½ ②

DOMAINE COURBIS

Saint-Joseph 2011, Les Royes

Plus ambitieux et plus substantiel que le saint-Joseph courant, avec un élevage accru en barriques neuves (pour le tiers). Cadre tannique assez solide, tissé serré, et enrobé d'une bonne dose de fruit mûr. Finale plutôt persistante aux accents de poivre, de violette et de fumée. À boire idéalement entre 2016 et 2019.

12157460 37,25$ ★★★ ½ ③

GUIGAL

Saint-Joseph 2010

Franc succès cette année pour ce vin provenant de vignes situées dans la partie sud de l'appellation Saint-Joseph. La couleur est profonde et le vin porte toujours cette texture serrée, typique de la syrah, mais une année de vieillissement a permis aux tanins de se fondre. Fruits noirs et tonalités de poivre. Harmonieux et agréable à boire dès maintenant.

10220867 32,50 $ ★★★ ③

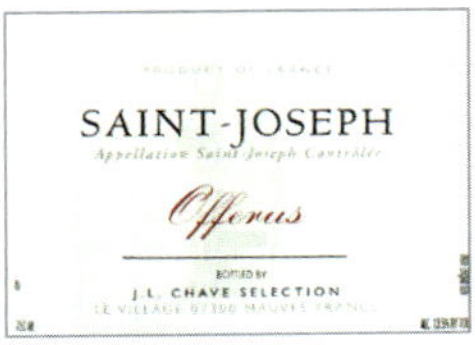

J.-L. CHAVE SELECTION

Saint-Joseph 2011, Offerus

On reconnaît la signature d'élégance et de retenue de Jean-Louis Chave, même dans cette cuvée de négoce. Interprétation assez fine de la syrah, le 2011 offre les parfums caractéristiques de violette, de fruits noirs et de réglisse, sur une texture sphérique, presque crémeuse, avec une bonne constitution tannique. Du grain et un plaisir certain à table.

10230862 34,50 $ ★★★ ½ ③

VINS DE VIENNE

Saint-Joseph 2011

Un saint-joseph bien typé, avec des arômes de mûres et de cassis, de poivre, de violette et de bacon. La bouche, fraîche et savoureuse, est d'un équilibre très juste, et se termine sur des tanins fins et gouleyants.

10783310 28,55 $ ★★★ ½ ②

VINS DE VIENNE

Saint-Joseph 2011, L'Arzelle

Encore un peu fermé, il révèle déjà beaucoup de complexité avec un fruit très mûr, agrémenté de notes d'épices et de saucisson. La bouche, suave et ferme à la fois, fait preuve d'une matière riche, sous-tendue par une minéralité granitique. Un vin profond, qui a de l'âme, et qui se révèle avec le temps.

707265 35 $ ★★★★ ③

L'INTRUS

VINS DE VIENNE

Cornas 2011, Les Barcillants

« Barcillants » : vignerons forts et chaleureux dans le patois local. Tout comme ce vin, puissant et chaleureux, mais agrémenté d'une fraîcheur minérale et de superbes tanins, fermes, au grain très fin. Solide et complexe, avec des arômes de fruits noirs, de garrigue, d'anis, de poivre et de fleurs, ainsi que des notes sanguines, et un élevage savamment dosé qui lui confère quelques notes grillées. Savoureux!

708438 53 $ ★★★★ ③

DOMAINE COMBIER

Crozes-Hermitage 2012

En plus de mener avec beaucoup de succès ce vignoble familial aujourd'hui conduit en agriculture biologique, Laurent Combier se consacre au Trio Infernal, dans le Priorat, aux côtés de Peter Fischer et Jean-Michel Gerin.

Un nez intense, mais tout en finesse et parfumé, avec des notes de violette et de lavande, de framboises, de cerises et d'épices douces. La bouche est fraîche, avec un fruité éclatant, des saveurs justes, et quelques notes viandées qui lui confèrent encore plus de complexité. Des tanins juteux et gouleyants en finale accentuent son caractère bien tonique. Très belle réussite!

11154890 32,50$ ★★★★ ②

V Côtelettes d'agneau à la tapenade; lasagne aux saucisses italiennes.

D'autres crozes-hermitage rouges

DOMAINE BELLE

Crozes-Hermitage 2010, Cuvée Louis Belle

L'une des belles réussites des dernières années pour cette cuvée. Une mâche digne de mention, sans dureté; des tanins de qualité et tissés serrés, qui se marient de façon harmonieuse avec la suavité du fruit. Beau relief aromatique, avec des nuances de poivre, de fleurs, de noyau de cerise qui persistent en bouche pour notre plus grand plaisir. Déjà charmeur, mais il gagnerait à reposer en cave jusqu'en 2016, au moins.

917484 30,25$ ★★★→★ ③ ♥

DOMAINE COMBIER

Crozes-Hermitage 2012, Clos des Grives

Une matière d'une richesse surprenante, compte tenu de son degré alcoolique à 13%. En bouche, le vin a une texture suave et crémeuse, accentuée par les notes grillées et vanillées de l'élevage. Très cacaoté, avec des notes de bacon fumé qui s'ajoutent aux arômes de fruits noirs très mûrs et d'épices. Intense, il demandera encore quelques années avant de se fondre pleinement.

11894741 57$ ★★★→★ ③ Ⓢ

DOMAINE COMBIER

Crozes-Hermitage 2013, Cuvée Laurent

Le même caractère fin, parfumé et fringant que le précédent, encore plus axé sur la fraîcheur florale. La bouche est tout aussi éclatante et fraîche, avec un fruité croquant, et des tanins légèrement fermes qui lui confèrent juste ce qu'il faut d'aspérités. Délicieux.

11895065 28,95$ ★★★★ ②

EQUIS

Crozes-Hermitage 2012, Domaine des Lises

Un peu timide et sur la réserve lorsque goûté en septembre 2014, ce crozes élaboré par Maxime Graillot, le fils d'Alain, n'en était pas moins très agréable à boire. Le vin présente la concentration du millésime 2012, tout en restant fidèle à l'esprit de la maison, axée sur la production de vins avant tout fruités et gouleyants. À servir frais autour de 16 °C et à boire d'ici 2018.

11400827 31,50$ ★★★ ½ ②

JABOULET, PAUL

Crozes-Hermitage 2010, Domaine de Thalabert

À la fois producteur et négociant, la célèbre maison rhodanienne fondée en 1884 a été rachetée en 2005 par la Compagnie financière Frey. Après quelques années dans les limbes, Thalabert a retrouvé son lustre d'antan. Le 2010 est compact et nettement plus charnu que la moyenne de l'appellation, profitant par ailleurs d'un élevage soutenu en fûts de chêne partiellement neufs. Au nez comme en bouche, il a du caractère. Déjà séduisant, mais très solidement bâti. Il pourra reposer en cave aisément jusqu'en 2020.

12167406 43$ ★★★→★ ③

LES INTRUS

GAILLARD, PIERRE

Syrah 2012, La Dernière Vigne, Vin de Pays des Collines Rhodaniennes

Dans le même esprit que le 2011, un vin charmeur, tout en fraicheur, au fruit gouleyant avec de délicates notes de fleurs et de garrigue. Sans être très complexe ou profond, c'est un vin complet et tout simplement délicieux!

10678325 23,65$ ★★★ ½ ② ♥

VILLARD, FRANÇOIS

L'Appel des Sereines 2012

Commercialisé comme simple Vin de France, ce vin est de la trempe de bien des crozes-hermitage. Rien de bien compliqué, mais pour 20$, on a dans son verre une expression très pure de la syrah de climat frais, ponctuée de saveurs fines de poivre et dotée d'un équilibre impeccable. Bon vin de soif et de plaisir.

12292670 21,05$ ★★★ ½ ② ♥

VILLARD, FRANÇOIS

Saint-Péray 2013, Version

François Villard est une référence de Condrieu. Passé maître dans l'art d'élaborer des vins blancs somptueux, éminemment racés et des vins rouges larges d'épaules. Il est également impliqué dans le projet des Vins de Vienne.

À son meilleur, cette appellation peu connue et sous-estimée du nord de la vallée du Rhône peut donner d'excellents vins blancs, la plupart issus de marsanne, ici complétée d'un peu de roussanne. Reflet d'un excellent millésime pour les blancs dans la région, ce 2013 est un pur régal. L'attaque en bouche est nerveuse, mais a vite fait de s'imposer en bouche par sa tenue et par ce mélange de vinosité et de minéralité qui distingue les meilleurs. Une belle occasion de découvrir les charmes insoupçonnés des vins blancs du Rhône.

12129080 32,75$ ☆☆☆☆ ② ♥

V **Flétan rôti en croûte d'amande ; feuilleté aux morilles et aux asperges.**

D'autres vins blancs du Rhône Nord

GAILLARD, PIERRE

Condrieu 2013

Toute la richesse aromatique et le parfum du viognier, mais sans donner dans l'excès : tout est juste et bien dosé. Des arômes de rose et de jasmin, de pêche confite et d'épices douces, d'eau de fleur d'oranger. On se croirait dans une pâtisserie turque ! La bouche exhibe la même richesse, mais tout en élégance, sans aucune lourdeur. Superbe, sur toute la ligne !

861641 50,75$ ☆☆☆☆ ②

GAILLARD, PIERRE

Saint-Joseph blanc 2013

Composé uniquement de roussanne, ce saint-joseph en présente toute la richesse et le caractère épicé. Un vin ample, à la texture moelleuse, aux arômes de fruits à noyau et de massepain, d'épices et de fleurs. Mûr, complexe et d'un équilibre irréprochable.

11219606 39$ ☆☆☆☆ ②

GUIGAL

Crozes-Hermitage blanc 2012

Le nez discret annonce un vin tout en retenue ; bouche franche et élégante, agrémentée de saveurs précises de fruits jaunes et de fleurs. Bon équilibre entre l'alcool et l'acidité.

10520755 26,75$ ☆☆☆ ②

GUIGAL

Saint-Joseph blanc 2012

Particulièrement nourri et complet cette année, ce saint-joseph blanc offre à la fois la vinosité, l'envergure aromatique et la minéralité. Saveurs tropicales affriolantes et persistantes et fin debouche soutenue par une trame saline qui lui donne du panache. À boire sans se presser jusqu'en 2020.

10220883 32,75$ ☆☆☆ ½ ②

VINS DE VIENNE

Crozes-Hermitage blanc 2012

Un superbe nez sur des notes de confiture d'abricots, d'amande et d'eau de fleur d'oranger laisse présager du meilleur. Pas tout à fait aussi profond au nez qu'en bouche. Celle-ci est riche et ronde, puissante et épicée, à défaut de longueur.

12034275 34,25$ ☆☆☆ ②

SUD DE LA FRANCE

HÉRAULT

C'est dans ce département qu'est né le premier grand cru (non officiel) du Languedoc avec le Mas de Daumas Gassac, dans les années 1970. Depuis, d'autres ont émergé, tels le Domaine de la Grange des Pères et le Domaine de Montcalmès. Avec la recherche continue de la qualité, et la passion des nouvelles générations, il y a fort à parier que de nombreux autres sont encore à venir.

LIMOUX

La région produit des vins rouges et des vins mousseux de bonne qualité. Mais ce sont ses vins blancs secs, principalement à base de chardonnay issu de terroirs argilo-calcaires et caillouteux, qui se distinguent et peuvent être d'une qualité exceptionnelle.

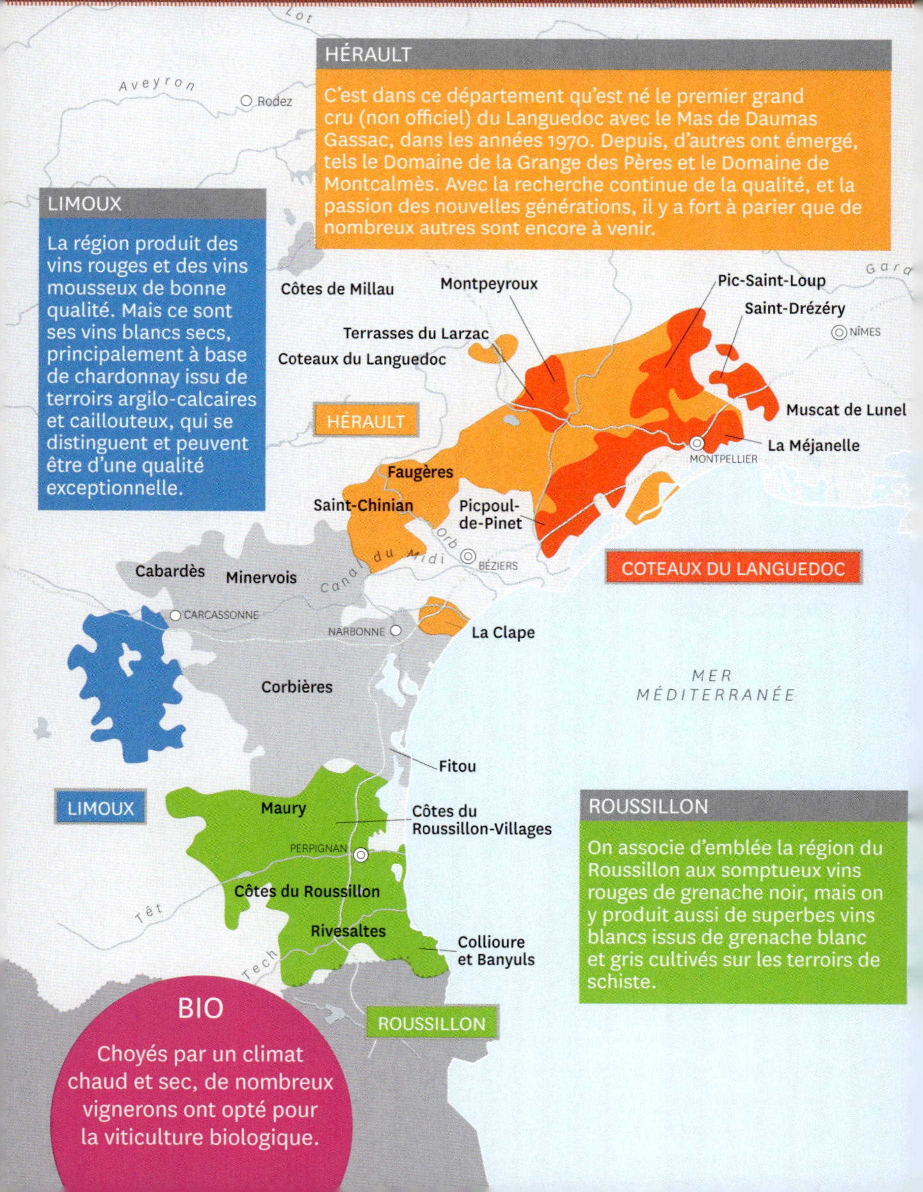

ROUSSILLON

On associe d'emblée la région du Roussillon aux somptueux vins rouges de grenache noir, mais on y produit aussi de superbes vins blancs issus de grenache blanc et gris cultivés sur les terroirs de schiste.

BIO

Choyés par un climat chaud et sec, de nombreux vignerons ont opté pour la viticulture biologique.

Quel chemin parcouru en trente ans! Jadis considéré comme l'usine à vin médiocre du pays, le Languedoc-Roussillon est maintenant résolument orienté vers la qualité. Ce vaste croissant, qui s'étend de la frontière espagnole à la vallée du Rhône, est d'autant plus attrayant qu'il mise désormais à fond sur les multiples facettes de ses terroirs et de ses cépages.

Une foule de jeunes vignerons redécouvre les qualités de cépages autrefois considérés comme roturiers, tels le carignan ou le cinsault, dont les vieilles vignes, plantées sur les bons terroirs et cultivées adéquatement, peuvent donner des vins étonnamment racés, empreints de la signature aromatique de la garrigue...

La plupart des vignerons consciencieux ont cessé de jouer la carte de la puissance et cherchent avant tout à produire des vins authentiques, digestes et originaux. Ajoutons à cela des vins rosés de bonne qualité, des vins mousseux et des vins doux naturels de muscat ou de grenache et l'on pourrait aisément conclure que le Languedoc-Roussillon est l'une des régions les plus riches et les plus diversifiées de France, en plus d'être un rayon à aubaines.

LES DERNIERS MILLÉSIMES

2013
De mauvaises conditions printanières ont nui à la floraison. Cette situation a donné une vendange certes très tardive, mais de raisins sains qui pourraient potentiellement donner des vins rouges et blancs équilibrés.

2012
Petite récolte en raison de mauvaises conditions au moment de la floraison. Un été compliqué avec de la sécheresse et de la grêle. Les vignerons qui ont eu la patience d'attendre pour vendanger ont réussi à produire de bons vins suffisamment concentrés et harmonieux. Quelques belles surprises dans le Roussillon. Qualité hétérogène pour les rouges de Provence.

2011
Récolte abondante dans tout le Midi. Un été relativement frais a permis de produire des vins souples et équilibrés. Un bon millésime dans la moyenne.

2010
D'un bout à l'autre du Languedoc, un été très sec et des rendements réduits ont été garants de succès. Qualité générale très satisfaisante.

2009
Bel été et récolte précoce, mais des rendements de 10 à 40 % inférieurs à la moyenne. Beaucoup de bons vins rouges.

2008
Millésime comparable à 2007. Beaucoup de bons vins charpentés dans le Languedoc. Qualité plus hétérogène en Provence, après des vendanges dans des conditions précaires.

VIGNOBLE DU LOUP BLANC

Minervois 2011, La Mère Grand

Les Montréalais Alain Rochard et Laurent Farre ont acquis une exploitation viticole dans le midi de la France. La gamme s'est diversifiée au fil des millésimes et la qualité d'ensemble est en constante progression. Le vignoble est certifié biologique depuis 2007.

Quoiqu'un peu moins costaud et concentré que le 2010 commenté l'année dernière, ce vin compense largement par sa suavité et ses saveurs franches de fruits et de garrigue, rehaussées par une pointe d'acidité volatile qui lui donne par ailleurs un supplément de personnalité. Sans doute apte à vieillir jusqu'en 2019, mais pourquoi attendre? Ce vin est déjà si agréable par sa bouche vibrante, vaporeuse et malgré tout bien empreinte de son terroir.

10528221 25$ ★★★★ ②

V Courgettes et tomates farcies à la saucisse; hachis parmentier au confit de canard.

D'autres minervois

CHÂTEAU COUPE-ROSES

Minervois 2013, Les Plots

J'aime le caractère toujours franc et gourmand de ce vin, mais qui ne manque pourtant pas de corps ou de structure. Comme un danseur puissant et agile, il donne une impression de légèreté tout en étant profond et complexe. Un fruit mûr et croquant, avec des notes de garrigue et de fleurs, une bouche tonique et juste ce qu'il faut d'aspérités tanniques; il a un équilibre exemplaire.

914275 21,15$ ★★★★ ② ♥

CHÂTEAU COUPE-ROSES

Minervois 2011, Granaxa

Tout le caractère fruité, rond et gourmand du grenache, qui montre ici une facette un peu plus sauvage, avec ses notes animales. Plus souple et gouleyant que Les Plots, moins tannique aussi, avec des arômes de fruits noirs, de viande fumée et de garrigue. Aucune lourdeur ni surmaturité; tout en finesse et d'une immense buvabilité.

862326 23,40$ ★★★★ ② ♥

CHÂTEAU TOUR BOISÉE

Minervois 2012, Cuvée Marielle et Frédérique

Habilement géré par Jean-Louis Poudou, ce domaine de Minervois a une feuille de route exemplaire. Ce vin essentiellement constitué de cinsault et de grenache brille une fois de plus par l'éclat de ses goûts fruités bien mûrs, accompagnés des parfums de la garrigue. Un cran plus concentré en 2012, ce qui ne nuit en rien à l'expression fruitée ni à la fougue de ce délicieux minervois. Hyper digeste et toujours vendu à prix d'aubaine. Une telle constance au fil des années mérite une mention spéciale.

896381 16,70$ ★★★ ½ ② ♥

L'OSTAL CAZES

Minervois 2011, Estibals

Jean-Michel Cazes (Lynch Bages et Les Ormes de Pez, Médoc) a acquis en 2002 ces deux domaines voisins à La Livinière, dans le Minervois. Ce 2011 est le reflet à la fois de son appellation et de l'inspiration bordelaise. Mûr, bien en chair et dodu; les saveurs de cuir de la syrah méridionale sont ponctuées d'une touche boisée habilement dosée, qui ne masque pas le fruit. À boire entre 2014 et 2018.

11096212 18,75$ ★★★ ②

L'INTRUS

SAINT JEAN DE LA GINESTE

Corbières 2012, Carte Blanche

Voisin de Minervois, tout juste de l'autre côté de l'Aude (le fleuve), se trouve le vaste vignoble des Corbières, dont voici un très bon représentant. Franc et gourmand, bien typé et sans aucune rusticité. Arômes de cassis et de mûres, de garrigue, de cuir et d'épices. La bouche est droite et fraîche, avec une pointe animale et de légers tanins, fins et gouleyants. Très passe-partout, il fera un vin de barbecue par excellence.

875252 17,55$ ★★★ ② ♥

DOMAINE DE MOUSCAILLO

Limoux 2010

À une dizaine de kilomètres au sud de Carcassonne, le chardonnay – complété d'une proportion symbolique de chenin et de mauzac – profite à la fois de l'influence climatique des Pyrénées et de l'Atlantique.

Amateurs de chablis, vous en perdrez le nord! Difficile de croire que du chardonnay planté dans le Languedoc puisse atteindre un tel degré de «buvabilité», de minéralité même. Je revisite ce vin blanc plusieurs fois par année et à chaque occasion, je me régale. Un plaisir simple mais hautement satisfaisant, aérien et très désaltérant. Avec des huîtres: un pur régal!

10897851 22,20$ ☆☆☆☆ ② ♥

V Huîtres crues; filet de sole amandine; sashimi de poisson.

D'autres vins blancs du Midi

CHÂTEAU COUPE-ROSES

Minervois blanc 2013

Moins gras et plus vif que le 2012, mais tout aussi délicieux! Les arômes oscillent entre pêche et abricot, pomme et poire, rehaussés de notes d'amandes et d'épices. La bouche est nerveuse, tonique et une légère impression de tanins en finale ajoute caractère et structure. Très heureux mélange de richesse et de fraîcheur, le vin se développe aussi beaucoup dans le verre. Excellent!

894519 22,30$ ☆☆☆☆ ② ♥

CHÂTEAU DE CAZENEUVE

Coteaux du Languedoc blanc 2012

Délicieusement fruité et aromatique, rond en bouche, mais sans mollesse. L'élevage apporte une onctuosité supplémentaire et agrémente les saveurs naturelles des cépages roussanne, viognier, grenache blanc, rolle, sans en éclipser les subtilités. Très bonne qualité et d'autant plus recommandable qu'il est vendu à un prix sensé.

11853439 24,55$ ☆☆☆ ½ ② ♥

DOMAINE DE LA RECTORIE

Collioure 2012, L'Argile

Les frères Parcé conjuguent le grenache gris au plus-que-parfait! Un vin blanc racé qui résume à lui seul l'immense potentiel des cépages blancs méridionaux sur les terrasses escarpées du Roussillon. À l'ouverture, un tempérament plutôt nerveux, en raison d'un reste important de gaz. Une heure de carafe suffit pour qu'il s'ouvre et se révèle dans toute sa splendeur. Très pur, des saveurs fines de fruits blancs, une bouche très nette, vineuse (14 % d'alcool) et éminemment digeste. À boire sans se presser jusqu'à la fin de la décennie.

11860111 33,25$ ☆☆☆☆ ½ ②

DOMAINE DE LA TOUR VIEILLE

Collioure 2013, Les Canadells

Un peu plus linéaire que le 2012, mais tout en restant franc et droit. La bouche est souple, avec des arômes de fruits à noyau et d'amandes, et quelques notes d'agrumes et d'épices. Un peu simple pour l'instant, il nécessite peut-être un peu de temps pour s'exprimer pleinement.

11661111 24,95$ ☆☆☆→? ③

ST-MARTIN DE LA GARRIGUE

Picpoul de Pinet 2011, Coteaux du Languedoc

Le picpoul est une variété généralement connue pour donner des vins vifs et légers. Cultivé et vinifié avec soin, entre Béziers et Montpellier, il donne ici un vin plutôt gras et agrémenté de saveurs originales de fruits tropicaux. Très sec, désaltérant et agréable à boire.

11460045 19,40$ ☆☆☆ ½ ② ♥

L'INTRUS

DUPÉRÉ BARRERA

Côtes de Provence blanc 2011, Nowat

Produit par Emmanuelle Dupéré et Laurent Barrera dans leur domaine de Provence, un excellent vin blanc dont les parfums fruités et floraux sont accentués d'épices et de miel d'acacia. Un goût mûr, mais une structure encore tendue et minérale. Très sec, modérément aromatique, mais il a plus de caractère et est plus complet que la moyenne des vins blancs de la région.

11457313 25,10$ ☆☆☆ ½ ②

DOMAINE COTTEBRUNE

Faugères 2011, Transhumance

Surplombant la ville de Béziers, l'appellation Faugères compte quelques-uns des plus beaux terroirs du Languedoc. Là-bas, la vigne grimpe jusqu'à 700 m d'altitude, s'enracine dans des sols composés presque exclusivement de schistes et peut donner des vins d'une grande complexité.

Des conditions météo plus fraîches semblent avoir été bénéfiques à cette cuvée élaborée par le Rhodanien Pierre Gaillard. Dense et riche comme par le passé, mais d'une élégance notable grâce entre autres à une acidité fraîche. Un vin très équilibré, et difficile à décrire tant il forme un tout cohérent. Le terroir de schistes s'exprime ici pleinement. Aux fruits noirs, rehaussés de notes de goudron et d'épices, s'ajoute une minéralité caillouteuse. Costaud, avec des tanins serrés, mais sans aucune lourdeur.

10507307 26,80 $ ★★★★ ② ♥

V Cassoulet ; côte de bœuf et gratin dauphinois.

D'autres vins rouges de Faugères et appellations voisines

CHÂTEAU DE LA LIQUIÈRE

Faugères 2011, Cistus

Séveux comme peu de faugères goûtés récemment. Une puissance contenue, des tanins dodus et juste assez fermes pour donner du nerf au vin. Le grain est tendre, les goûts de fruits se mêlent à des tonalités minérales, laissant une sensation de salinité en bouche. Beaucoup de relief, de volume et de profondeur dans ce vin. Cher, mais qualité irréprochable.

12245822 29,20 $ ★★★★ ② ♥

DOMAINE DE BÉBIAN

Languedoc 2009, La Chapelle de Bébian

Dans un mode ferme et consistant, le deuxième vin du Prieuré de Saint-Jean de Bébian est issu de grenache, de carignan et de mourvèdre. On reconnaît dans ce 2009 la corpulence qui est devenue la marque de Bébian. Le nez, très expressif, fleure bon la crème de cassis ; en bouche, le fruit repose sur une trame ferme et consistante. Peu bavard pour l'heure, mais suffisamment étoffé pour continuer de s'épanouir jusqu'en 2018.

12212140 25,20 $ ★★★→? ③

DOMAINE DE ROQUEMALE

Languedoc-Grès de Montpellier 2011, Lema

À une dizaine de kilomètres à peine de la mer Méditerranée, ce vignoble certifié biologique est la source d'un bon vin rouge de facture moderne. Gourmand, très mûr et nourri par un élevage en fûts qui lui confère des parfums vanillés et accentue la sensation de sucrosité en milieu de bouche. À mon avis, une bonne introduction aux vins français, pour l'amateur de vin du Nouveau Monde.

12210494 26,80$ ★★★ ②

DOMAINE LA MADURA

Saint-Chinian 2011, Tradition

Un peu plus de retenue dans ce millésime, mais toujours aussi droit et savoureux. Dotée de tanins fins, la bouche, gouleyante et suave à la fois, fait toutefois preuve d'une bonne tenue. Pas le plus complexe des derniers millésimes, mais très juste.

10682615 20,55$ ★★★ ½ ② ♥

HECHT & BANNIER

Saint-Chinian 2011

Gregory Hecht et Francois Bannier ont créé une maison de négoce «haute couture», spécialisée en vins du Languedoc-Roussillon. Tout aussi généreux et rassasiant dans sa version 2011, ce saint-chinian est un vin qu'on croque autant que l'on boit. Des goûts sauvages lui donnent une allure quelque peu rustique, ce qui n'enlève rien à son charme. Loin de là! À apprécier dès maintenant et au cours des cinq prochaines années.

10507323 26,50$ ★★★ ½ ②

ST-MARTIN DE LA GARRIGUE

Coteaux du Languedoc 2011, Bronzinelle

Dégusté à trois reprises au cours de l'été 2014, ce vin ne m'a pas semblé aussi vibrant que par le passé. Le nez déploie des notes fumées, un peu animales aussi; la bouche est souple et tendre et correctement fruitée. Agréable à boire, sans égaler les meilleurs succès des derniers millésimes.

10268588 17,80$ ★★★ ②

CHÂTEAU DE CAZENEUVE

Les Calcaires 2012, Coteaux du Languedoc-Pic Saint-Loup

André Leenhardt travaille depuis plusieurs années à faire reconnaître Pic Saint-Loup comme une AOC à part entière, au même titre que Faugères. Ce terroir situé au pied du massif des Cévennes est l'un des plus septentrionaux du Languedoc. La syrah s'accommode bien de son climat plus frais.

Complétée de grenache, de cinsault, ainsi que de vieilles vignes de carignan, elle donne ici un bon vin encore jeune, fougueux et plein de potentiel. Le grain est mûr et le vin empreint de fraîcheur ; les saveurs fruitées précises et distinguées. Peut-être un peu moins musclé que par le passé, mais il compense par sa précision et son équilibre. Finale compacte, ponctuée de notes vanillées. À attendre idéalement jusqu'en 2017.

881656 22,25$ ★★★→★ ③ ♥

V **Gigot d'agneau au romarin ; bœuf braisé à l'anis étoilé.**

D'autres vins rouges des Coteaux de Languedoc

BERGERIE DE L'HORTUS

Classique 2013, Coteaux du Languedoc-Pic Saint-Loup

Le domaine de Jean Orliac est un nom connu de la viticulture languedocienne. Une teneur en alcool de 13,5 %, une profusion de saveurs fruitées sur un fond d'herbes séchées qui rappellent la garrigue environnante. Équilibre irréprochable et une bouche charnue, juteuse et rassasiante de fraîcheur. Je ne demande pas mieux !

427518 20,15$ ★★★ ½ ② ♥

CHÂTEAU DE LANCYRE

Pic Saint-Loup 2011, Grande Cuvée

Nez attrayant qui déploie des parfums compacts de cacao, de fumée et de confiture de fruits noirs. La bouche est tout aussi intense, une assise tannique très mûre, pas spécialement musclée, mais offrant une profusion de goûts de fruits confits et de réglisse. Finale capiteuse et persistante.

864942 28,15$ ★★★→? ③

DOMAINE CLAVEL

Copa Santa 2012, Coteaux du Languedoc

Un nez charmeur de fruits mûrs et juteux, rehaussé de notes de saucisson, de poivre et de fleurs séchées. La bouche, franche et gourmande, très garrigue et épices, est aussi bien solide, avec des tanins fins mais fermes. Longue finale savoureuse, aux accents d'épices et de cuir. Un vin capiteux, mais qui fait preuve d'un très bel équilibre.

10282857 28,75$ ★★★★ ② ♥

DOMAINE CLAVEL

Les Garrigues 2012, Coteaux du Languedoc-La Méjanelle

Toujours marqué par des arômes de garrigue, sur un fond de fruits noirs bien mûrs, de cuir et d'épices. La bouche, un peu d'un bloc, est riche et capiteuse. Encore cette année, à passer absolument en carafe.

874941 20,70$ ★★★ ②

DOMAINE CLAVEL

Pic Saint-Loup Bonne Pioche 2011

Cette année encore, un vin riche et dense qui regorge de fruits noirs très mûrs, de notes de garrigue et de réglisse. La bouche est suave, à la limite du crémeux, mais reste quand même équilibrée grâce à une fraîcheur minérale. Un brin plus lourdaud cette année, mais toujours plein de caractère.

11925658 24,55$ ★★★ ②

GRANIER, JEAN-BAPTISTE

Les Vignes Oubliées 2012, Coteaux du Languedoc

À Saint-Privat, sur les terrasses du Larzac, Olivier Jullien et Jean-Baptiste Granier ont développé un petit commerce de négoce dont les raisins proviennent de très vieilles parcelles qui étaient condamnées à l'arrachage. Les vignes, plantées entre 300 et 500 m, sont toujours cultivées par leurs propriétaires.

Chaque année depuis son entrée sur le marché québécois, ce vin me donne l'impression de croquer à pleines dents dans la grappe. Non pas qu'il soit spécialement juteux ni facile, mais le fruit s'exprime avec une rare pureté, sur un fond d'herbes séchées qui évoquent la fameuse garrigue. Plein, ample et animé d'un léger reste de gaz, le vin tapisse la langue de tanins assez fins, mais aussi très denses et laissant une sensation rassasiante. Une autre grande réussite!

11460651 25,40$ ★★★★ ② ♥

V Côtelettes d'agneau et tian de légumes; civet de sanglier.

D'autres vins rouges des Coteaux de Languedoc

BERTRAND, GÉRARD

Coteaux du Languedoc-La Clape 2011, Grand Terroir

Un vin joufflu au caractère fruité très rassasiant. Plein, charnu et sphérique, mais soutenu par un cadre tannique solide qui le garde de verser dans la mollesse. Pas très profond, mais bien tourné et agréable à boire.

10920732 20,55$ ★★★ ②

DOMAINE D'AUPILHAC

Lou Maset 2012, Coteaux du Languedoc

Montpeyroux est le cru le plus élevé des Coteaux du Languedoc et l'un des terroirs les plus intéressants de cette vaste région. Sylvain Fadat y pratique l'agriculture biologique. Bien qu'un peu moins fruité et affriolant en 2012, son «petit vin» compense par sa tenue et son tonus. Un bon vin quotidien abordable et accessible.

11096116 16,80$ ★★★ ② ♥

MAS DES CHIMÈRES

Coteaux du Languedoc-Terrasses du Larzac 2011, Nuit grave

Guilhem Dardé a longtemps vendu ses raisins à la coopérative locale, mais il signe ses propres vins depuis 1993. Plus ouvert et abordable que le 2010 commenté l'année dernière, ce vin devra être bu au cours des deux prochaines années pour savourer pleinement son fruit. Pour le reste, l'attaque en bouche est vibrante, les saveurs complexes, mêlant fruits noirs et rouges, fleurs, accents minéraux, noyau de cerise. Beaucoup de détail aromatique et un grain tannique assez dense et caressant. À ce prix, on ne se trompe pas.

863159 22,50$ ★★★★ ② ♥

RENÉ ROSTAING

Puech Noble 2010, Coteaux du Languedoc

En parallèle à ses activités dans le Rhône septentrional, René Rostaing, force majeure de l'appellation Côte Rôtie, a aussi développé un domaine dans les Coteaux du Languedoc, non loin de la ville de Nîmes. Étonnamment frais et digeste, ce 2010 repose sur un tissu tannique très fin, délicat comme de la soie, mais aussi très compact. Faites provision de quelques bouteilles pour les soirées d'automne. Déjà savoureux et rassasiant, il le restera jusqu'en 2018, au moins.

12167756 38,75$ ★★★→★ ③

COTEAUX DU LANGUEDOC
Au fur et à mesure que leur style se précise, certaines appellations comme La Clape, Pic-Saint-Loup et Montpeyroux gagnent en reconnaissance. Si la tendance se maintient, ils pourraient éventuellement être promus au rang de «cru», au même titre que Saint-Chinian et Faugères.

DOMAINE GAUBY

Côtes du Roussillon-Villages 2011, Vieilles vignes

Le domaine de Gérard Gauby s'étend sur plus d'une quarantaine d'hectares dans le Roussillon. Le vignoble, essentiellement en coteaux, est mené en biodynamie et est reconnu pour ses vins authentiques qui font parler le terroir.

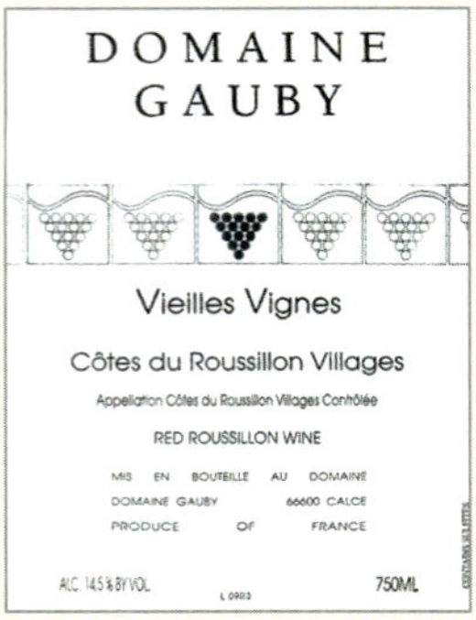

Quelle dimension en bouche! Ce vin donne tout son sens au terme «vibrant». Un peu de réduction, du gaz, mais on lui pardonne tous ces petits défauts tant l'ensemble est harmonieux et de cette race qui fait la différence entre les bons et les grands vins. De multiples couches de saveurs et un grain tannique irrésistible, juste assez ferme pour laisser une sensation tendue en finale. Tout ça à 13% d'alcool... J'adore!

11225125 45,75$ ★★★★ ½ ②

Ⓥ **Côte de bœuf au jus; gigot d'agneau au thym et au romarin.**

D'autres vins du Roussillon

BASTIDE MIRAFLORS

Côtes Catalanes 2011

L'amateur de colosses voudra goûter cette cuvée commercialisée sous l'étiquette Louis Roche. S'il manque un peu de nuances pour le moment, ce vin solide et compact ne manque pas de faire son effet en bouche. Beaucoup de volume, une attaque en bouche capiteuse; ampleur fruitée et cadre tannique serré qui assure un minimum de tenue.

12216562 22,60$ ★★★ ②

DOMAINE DU CLOS DES FÉES

Côtes du Roussillon 2012, Les Sorcières du Clos des Fées

Plus nerveux et tendu cette année; à la fois velouté et soutenu par une saine acidité qui harmonise les éléments et rehausse les goûts fruités. À boire au cours des trois ou quatre prochaines années, en attendant la cuvée Vieilles vignes.

11016016 19,10$ ★★★ ②

DOMAINE DU CLOS DES FÉES

Côtes du Roussillon-Villages 2010, Vieilles vignes

Un peu plus concentré que le 2009 commenté l'an dernier, mais aussi plus harmonieux, à mon avis, grâce à un fil d'acidité qui procure une sensation de fraîcheur fort agréable. Il affiche 14,5 % d'alcool, mais pas la moindre lourdeur et un bel usage de la barrique. On peut commencer à le boire, mais il tiendra au moins jusqu'en 2019.

11177240 37,75$ ★★★→? ③

DOMAINE GAUBY

Les Calcinaires 2012, Côtes du Roussillon-Villages

La densité, le volume aromatique et l'attaque en bouche quasi sucrée du 2012 sont à la hauteur de la réputation de ce millésime. Typiquement méridional, mais il a aussi beaucoup de nerf et une personnalité d'enfer!

11222186 25,65$ ★★★★ ② ♥

HECHT & BANNIER

Côtes du Roussillon-Villages 2011

Dégusté côte à côte avec le Saint-Chinian de la même maison, ce vin semblait étonnamment souple et gourmand. Sa composition (50 % de grenache) y est certainement pour beaucoup. Beaucoup de volume en bouche; puissant et chaleureux avec ses 15 % d'alcool, sans être brûlant. À retenir avant tout pour son équilibre, il pourrait se bonifier au cours des deux prochaines années.

11660055 26,80$ ★★★→? ③

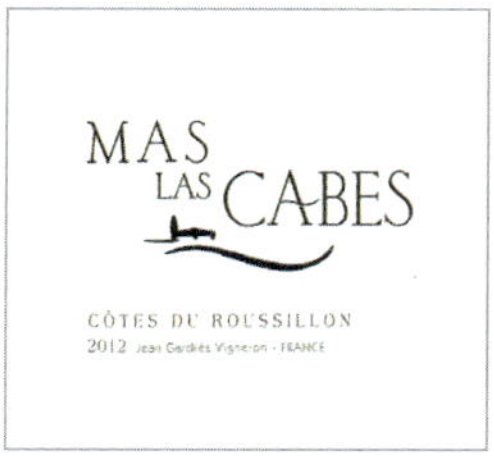

MAS LAS CABES

Côtes du Roussillon 2012

Depuis qu'il a pris la gestion du domaine familial il y a une vingtaine d'années, Jean Gardiés a entrepris un virage qualitatif notable. S'appuyant surtout sur la syrah (60 %), ce vin est particulièrement étoffé en 2012, avec des tanins fermes, des saveurs fruitées compactes, sur un fond délicieusement épicé. L'amateur de vin du Midi voudra en faire provision, surtout à ce prix!

11096159 18$ ★★★½ ② ♥

FERRER-RIBIÈRE

Carignan 2012, Les Centenaires, Côtes Catalanes

Depuis une vingtaine d'années, Denis Ferrer et Bruno Ribière élaborent des vins très typés dans le Roussillon, au sud-ouest de Perpignan. Beaucoup d'intensité dans ce vin issu de vignes centenaires.

La couleur est d'un violet profond, le nez est riche et dense, et le fruit en bouche, mûr et crémeux, rappelle la liqueur de mûres et de cassis, le kirsch. Mais la beauté du carignan, particulièrement issu de vieilles vignes, est la fraîcheur surprenante qu'il confère à ce vin, malgré une acidité plutôt souple. Tout comme la minéralité caillouteuse qui sous-tend le tout. Un vin profond et intense, aux tanins gouleyants, qui reste leste et croquant. Une symbiose entre terre, fruit et temps.

12212182 19,55$ ★★★★ ② ♥

V Aubergines farcies à l'agneau et aux herbes; morue rôtie aux tomates, olives noires et chorizo; saucisses et légumes grillés.

D'autres vins rouges du Roussillon

BERTRAND, GÉRARD

Tautavel 2011, Grand Terroir

Vin de soleil et de chaleur composé de grenache de carignan et de syrah. Souple, grand public et conçu pour être apprécié dès sa mise en marché. Un bon vin passe-partout disponible dans l'ensemble du réseau de la SAQ.

11676145 18,75$ ★★★ ②

CAZES

Côtes du Roussillon 2011, Marie-Gabrielle

Issu de l'agriculture biologique. Généreux, pas très corsé, mais débordant de fruit. Un léger reste de gaz augmente la sensation de fraîcheur en bouche. À boire d'ici 2018.

851600 19,80$ ★★★ ½ ② ♥

DOMAINE DE LA TOUR VIEILLE

Collioure 2012, La Pinède

Un fruit noir très mûr et juteux, des notes de réglisse et de cacao. La bouche d'abord soyeuse et caressante se termine sur des tanins fermes. Une expression assez unique du grenache, avec ses notes de cacao et de torréfaction, dans une facture corsée et tannique.

914267 24,95$ ★★★→? ③

FERRER-RIBIÈRE

Côtes du Roussillon Tradition 2010

Parfumé, avec des accents de liqueur de mûre, de garrigue et de cuir. La chair fruitée très mûre est agrémentée d'un caractère un peu sauvage et encadrée par des tanins fermes, un brin rustiques. Beaucoup de caractère, mais un peu austère. Il gagnera à être aéré en carafe.

11096271 18,60$ ★★★ ②

MAS AMIEL

Côtes du Roussillon-Villages 2010, Notre Terre

Expressif, ce vin regorge de fruit mûr et confit, sur un fond de réglisse et de garrigue. Assez typé grenache par sa rondeur et sa suavité en bouche, mais aussi soutenu par un cadre tannique solide qui lui donne une certaine prestance. Finale chaleureuse et savoureuse.

10779804 25,35$ ★★★ ½ ②

PARCÉ FRÈRES

Zoé 2011, Côtes du Roussillon

Un pur régal de fruit! Juste assez rustique et combien sympathique, cette cuvée réunit la rondeur et la texture veloutée du grenache et la fougue du carignan. Juteux, vif en bouche et d'une franchise exemplaire. Beaucoup de chair et de plaisir pour le prix!

12212262 17,40$ ★★★ ½ ② ♥

MOULIN DE GASSAC

Élise 2012, Pays d'Hérault

De concert avec la coopérative locale de Villeveyrac, la famille propriétaire du célèbre Mas de Daumas Gassac a mis au point une gamme de vins vendus à des prix abordables. Cette cuvée de merlot et de syrah en est un bon exemple. Fruité, correctement charnu et boisé; il donne pleine satisfaction à 15$.

602839 15,20$ ★★★ ② ♥

CHÂTEAU REVELETTE

Grand Rouge 2010, Vin de Pays des Bouches du Rhône

Installé depuis longtemps en Provence, l'Allemand Peter Fischer a hissé son Château Revelette parmi les ténors de la région. Rappelons que Fischer est aussi impliqué dans le projet Trio Infernal, dans les montagnes du Priorat, en Espagne.

Le nez est magnifique, complexe, parfumé et mûr, aux accents de fruits rouges et noirs, de garrigue, d'épices et d'anis. La bouche fait preuve de beaucoup de profondeur, mais reste aussi fraîche et gourmande. Très droit en bouche et très typé cabernet à cet égard ; sans verdeur, mais ponctué d'accents minéraux qui évoquent le graphite. Une structure solide encadre le tout, avec des tanins fermes mais fins et très mûrs. Tout y est, mais rien ne dépasse. Très longue finale, savoureuse au grain serré, qui ne cesse d'évoluer au fil des verres. Fermez les yeux, vous êtes en Provence !

10259745 35,50 $ ★★★★ ½ ②

V **Gigot de chevreuil aux airelles ; confit de canard.**

D'autres vins rouges de Provence

ABBAYE ST-HILAIRE

Coteaux Varois en Provence 2010, Les Cerisiers

Bon vin rouge d'ampleur moyenne, au goût de fruits noirs ; 85 % syrah et une petite proportion de cabernet sauvignon qui apporte un goût de poivron rouge. L'élevage couvre un peu le fruit, mais l'ensemble est harmonieux.

913558 16,80 $ ★★★ ② ♥

CHÂTEAU DE FONSCOLOMBE

Coteaux d'Aix-en-Provence 2011

L'amateur de vins du Midi gorgés de soleil peut se régaler pour moins de 15 $ avec ce très bon rouge des Coteaux d'Aix. Fruité et charnu, des épices douces et du poivre, avec des accents de menthe. Rien de distinctif, mais il a nettement plus de panache que la moyenne.

585414 14,65 $ ★★★ ② ♥

CHÂTEAU LA LIEUE

Coteaux Varois en Provence 2013

Vignoble de Brignoles, cultivé en agriculture biologique. D'ordinaire très fruité, ce vin rouge adoptait une allure un peu moins affriolante lorsque goûté en septembre 2014, avec des notes végétales qui évoquent la garrigue et, étrangement, les graines de chanvre. La texture en bouche est néanmoins assez plaisante, reposant sur des tanins droits et le vin laisse une sensation rafraîchissante en finale. Encore et toujours une valeur sûre en matière de vins courant à la SAQ.

605287 14,50$ ★★★ ½ ② ♥

CHÂTEAU PARADIS

Coteaux d'Aix-en-Provence 2011

Très mûr, un vin original portant à la fois le velours et les parfums chocolatés du grenache et la structure du cabernet. Beaucoup de matière. On croque dans le fruit. Très bon rapport qualité-prix. Finale séveuse, fin de bouche à la fois capiteuse et juste assez astringente. On devrait le laisser reposer encore quelques années.

En primeur

12393673 25,50$ ★★★→? ③

CHÂTEAU REVELETTE

Coteaux d'Aix-en-Provence 2010

Avec des parfums marqués par la garrigue, ce vin pourrait difficilement nier ses origines provençales. La bouche, d'une droiture exemplaire, embaume le cassis. Une minéralité caillouteuse, une acidité fraîche et des tanins hyper fins lui confèrent une élégance certaine. Complexe et complet; déjà savoureux, il vieillira aussi très bien.

10259737 22,10$ ★★★★ ② ♥

DUPÉRÉ BARRERA

Côtes de Provence rouge 2001, Nowat

Dans leur domaine de Carnoules, dans le Var, le couple franco-québécois produit des vins de plus en plus achevés et louangés, à juste titre, par la critique. Le couple élabore notamment cette cuvée selon leur méthode Nowat, c'est-à-dire sans avoir recours à l'électricité et par intervention manuelle seulement. Moins concentré et complexe que le 2010, mais d'un équilibre classique qui le rend particulièrement séduisant. Fini velours, accents de poivre blanc et fin de bouche fraîche et élégante.

10783096 29,90$ ★★★→? ③

DUPÉRÉ BARRERA

Bandol 2011, Cuvée India

La Québécoise Emmanuelle Dupéré et le Français Laurent Barrera élèvent soigneusement leurs vins et signent des cuvées impeccables provenant de Provence et du sud de la vallée du Rhône. Le couple est aussi propriétaire du Clos de la Procure, un vignoble de 7 hectares situé à 30 km à l'est de Bandol.

Ce vin compte encore parmi les meilleurs bandols dégustés cette année. Très typé mourvèdre au nez, avec des notes animales et une pointe de réduction, c'est surtout en bouche qu'il déploie tout son charme. Quel vin enjôleur! On ne peut manquer d'être séduit par son fini velouté et son caractère séveux, d'une grande sapidité. Beaucoup d'envergure et un prix terrestre. Une mention spéciale aussi pour sa longévité. Dégusté sur deux jours, le vin était plus complexe le lendemain. Une aération en carafe ou quelques années en cave seraient avisées.

10884575 29,05$ ★★★★ ②

V Côte de bœuf au sel; magrets de canard aux mûres; filet de bœuf aux olives.

D'autres vins rouges de Bandol

DOMAINE DE LA TOUR DU BON

Bandol 2009

Agnès Henry-Hocquard dirige ce splendide domaine situé à l'extrémité nord-ouest du terroir de Bandol, près du village Le Castellet. À la faveur d'un excellent millésime, ce bandol m'a semblé spécialement étoffé et surtout très séveux, empreint de parfums iodés et d'un grain tannique très sophistiqué. Le raffinement dans la puissance. Même s'il est déjà très aimable, il est assez charpenté pour vivre plusieurs années. Les meilleurs vins de Bandol ont d'ailleurs largement prouvé qu'ils peuvent vieillir avec grâce.

10780645 28,25$ ★★★★ ② ♥

GROS’NORÉ

Bandol 2010

Après avoir longtemps vendu ses raisins aux domaines environnants – notamment Pibarnon –, Alain Pascal produit sous sa propre étiquette depuis la fin des années 1990. Il signe un bandol large d’épaules, très fidèle à ses origines, tant par sa constitution tannique que par ses goûts de fruits noirs et ses accents de cuir et d’iode, caractéristiques du mourvèdre à Bandol. Chaleureux et capiteux (15 %) ; le boisé est mieux intégré que par le passé et le vin laisse en finale de délicieuses notes de réglisse. À boire entre 2016 et 2022.

10884583 36 $ ★★★→★ ③

L’INTRUS

JUAN GIL

Monastrell 2012, Jumilla

La famille Gil Vera est l’un des grands noms de l’appellation Jumilla, à une centaine de kilomètres au sud-ouest de Valence. Tout comme Bandol, cette appellation située sur la côte est de l’Espagne, à la hauteur de la ville d’Alicante, se consacre elle aussi à la mise en valeur du cépage mourvèdre, localement appelé monastrell.

Souvent trop boisé par le passé, ce vin issu de vignes de monastrell âgées de 40 ans présente des proportions plus heureuses en 2012. Les parfums de l’élevage sont encore bien présents, entre le moka, le fumé et le chocolat, mais se marient bien au fruit noir et à l’austérité caractéristique du cépage. Doté d’un certain pouvoir de séduction, tant par son relief fruité que par sa charpente, ses tanins sphériques et ses saveurs riches et nourries. Il pourrait continuer de s’épanouir jusqu’en 2018, surtout en magnum... Cela étant dit, je n’ai pas eu moins de plaisir à boire la cuvée plus modeste commentée dans la section des vins d’Espagne, surtout pour 5 $ de moins. Aussi présenté en format 1,5 litre – 11401942 46,50 $ – dans le *Cellier* d’octobre 2014.

10758325 21,55 $ ★★★ ½ ②

CLOS CULOMBU

Blanc 2013, Corse-Calvi

La famille Suzzoni exploite ce domaine depuis une trentaine d'années, tout au nord de l'Île de Beauté, dans le secteur de Calvi. Leurs vins blancs, tout comme leurs rouges ou leurs rosés, ont en commun une finesse exemplaire.

Le cépage vermentino – également nommé vermentinu ou malvoisie de Corse – est originaire d'Italie. Rarement distinctif, il adopte cependant une allure toute cristalline et fait preuve d'une certaine profondeur entre les mains talentueuses d'Étienne Suzzoni. Saveurs délicates de fleurs, d'amandes fraîches et d'écorces d'agrumes, bercées par une vinosité fine. Idéal pour accompagner des coquillages ou des poissons à chair délicate.

11902114 26,80$ ☆☆☆☆ ②

V Croquettes de morue ; moules au vin blanc ; crevettes grillées (marinées aux herbes et à l'orange).

D'autres vins de Corse

DOMAINE D'ALZIPRATU

Corse-Calvi 2013, Cuvée Fiumeseccu

Dans le nord-ouest de l'île, non loin de Calvi, Pierre et Cécilia Acquaviva cultivent un vignoble d'une vingtaine d'hectares dont ils tirent un excellent vin rouge vendu régulièrement à la SAQ, ainsi que ce très bon vin blanc sec, perlant et minéral, léger comme une plume, mais loin de manquer de caractère. Un expression originale et distinctive du cépage vermentino.

10884663 22,40$ ☆☆☆ ½ ② ♥

CLOS CULOMBU

Ribbe Rosse 2011, Corse-Calvi

Ce vin de sciacarello et de nielluccio (nom local du sangiovese) étonne par l'élégance de son grain et de ses saveurs, sans la moindre rusticité. Goûté à deux reprises au cours de l'été, le vin était passablement expressif, tant au nez qu'en bouche. Saveurs de fruits noirs, notes de réglisse ; les tanins se resserrent en finale et laissent une sensation vigoureuse et fort plaisante. À boire dès maintenant et jusqu'en 2018.

11910376 45$ ★★★ ½ ②

CLOS CULOMBU

Rouge 2012, Corse-Calvi

Plus modeste et issu des mêmes cépages, complétés de syrah et de grenache. À apprécier avant tout pour sa souplesse et pour la pureté de ses saveurs fruitées, florales, épicées. À boire au cours des deux prochaines années.

11910368 26,45$ ★★★ ②

DOMAINE DE TORRACCIA

Corse-Porto Vecchio 2010

Ce domaine créé en 1964 et conduit en agriculture biologique produit un vin rouge joufflu et d'une exquise pureté. Modeste, mais très sincère et ponctué de tonalités salines et minérales qui lui donnent du panache, tandis qu'un léger reste de gaz lui insuffle la vitalité nécessaire. Digeste, 12,5% d'alcool et beaucoup de personnalité pour le prix!

860940 20,05$ ★★★★ ② ♥

L'INTRUS

DOMAINE CASABIANCA

Moderato 2011, Vin de Pays de l'Île de Beauté

Produit sur la côte orientale de la Corse, un vin de vendange tardive issu de muscat à petits grains. Un nez envoûtant de muscat et une couleur topaze laissent croire à un vin très sirupeux. Or, malgré une dose appréciable de sucre, le vin conserve une vitalité exemplaire grâce, entre autres, à un léger reste de gaz carbonique. Longue finale aux saveurs affriolantes de marmelade, d'épices douces et de fleur d'oranger. Un bon achat à moins de 25$.

12113942 23,95$ ☆☆☆ ½ ② ♥

DUPÉRÉ BARRERA

Terres de Méditerranée 2012, Vin de Pays d'Oc

Le « petit vin » de la Québécoise Emmanuelle Dupéré et de son conjoint Laurent Barrera est toujours au sommet de la catégorie des vins de pays d'Oc courants offerts à la SAQ.

Le 2012 ne fait pas exception et témoigne d'une concentration et d'une étoffe supérieures à la moyenne. Le grain est ferme, mais enrobé d'une chair mûre et agrémenté d'un très beau registre de saveurs qui ne se limite pas aux simples goûts fruités, souvent mis de l'avant dans les vins destinés à être bus jeunes. Aux goûts très francs de fruit noir s'ajoutent des notes organiques qui rappellent la terre humide et les feuilles mortes, et donnent au vin un supplément de caractère et de complexité. Franchement, à ce prix, on ne peut demander mieux.

10507104 15,75$ ★★★★ ② ♥

V Pizza à la saucisse et aux légumes grillÉs; hamburger à l'agneau.

D'autres vins abordables du Midi

BOUSQUET, JEAN-NOËL

La Garnotte 2010, Corbières

D'un nom à consonance bien québécois, mais résolument méditerranée par sa composition de syrah, de carignan et de grenache, ce bon vin courant offert au répertoire général est tout en souplesse et en fruit. Simple, juteux et facile à boire.

11374411 11,50$ ★★ ½ ① ♥

CHÂTEAU DE PENNAUTIER

L'Orangerie de Pennautier 2012, Cité de Carcassonne

Toujours le même bon vin fruité, coulant, facile à boire, mais assez consistant pour être apprécié à table avec des grillades. Le bon vin des soirs de semaine.

605261 14$ ★★ ½ ① ♥

DOMAINE DE GOURNIER

Cuvée Prestige 2013, Cévennes

Cette année encore, la Cuvée Prestige de Maurice Barnouin rencontre toutes les attentes en matière de vins rouges du Midi. Bonne consistance tannique, du fruit et un équilibre hors pair. Offert à prix juste, dans l'ensemble du réseau.

11769616 14,20$ ★★ ½ ② ♥

DOMAINE DES MOULINES

Merlot 2012, Vin de pays de l'Hérault

Plus dense et étoffé que le 2011 commenté l'an dernier, il me semble. Ce vin offre une profusion de goûts de fruits noirs et une tenue en bouche on ne peut plus satisfaisante pour le prix. À apprécier légèrement rafraîchi, avec une assiette de charcuteries.

620617 12,50$ ★★★ ½ ② ♥

MAS DES TOURELLES

Grande Cuvée 2012

En plus du Château des Tourelles dans les Costières de Nîmes, Hervé Durand et son fils Guilhem commercialisent à la SAQ ce bon vin de Pays d'Oc vendu au répertoire général. Issu de merlot, de syrah, de petit verdot et de marselan – fruit d'un croisement entre le cabernet sauvignon et le grenache –, le 2012 est à retenir pour son fruit généreux et concentré, reposant sur une texture suffisamment charnue et ses bons goûts épicés en finale. À moins de 10$, vraiment rien à redire.

11975233 9,95 $ ★★★ ② ♥

SUD-OUEST

C'est la peau du raisin qui donne sa couleur au vin...

JURANÇON

Les nombreux vins liquoreux du Sud-Ouest – jurançon, pacherenc du vic-bilh, gaillac, monbazillac – sont autant de solutions de rechange abordables au sauternes.

Porté par une vague de vignerons dynamiques, ce vaste ensemble viticole a fait des progrès considérables, si bien que les vins du Sud-Ouest jouissent actuellement d'une grande cote de popularité. Longtemps considérés comme les voisins pauvres des bordeaux, les madirans, cahors, jurançons, gaillacs et autres marcillacs suscitent maintenant la curiosité d'une foule d'amateurs en quête de dépaysement et d'aubaines.

Même si le merlot et le sauvignon sont cultivés dans certaines zones, le Sud-Ouest demeure avant tout un jardin ampélographique spécialisé dans des variétés anciennes, le plus souvent propres à la région. Plantés sur les terroirs appropriés, les cépages négrette, mauzac, duras, manseng, len de lel, fer servadou, tannat, malbec et plusieurs autres sont autant de gardiens de l'originalité des vins du Sud-Ouest.

MARCILLAC

Dans l'Aveyron, à l'est de Cahors, l'appellation Marcillac couvre à peine 200 hectares, plantés essentiellement de mansois, un cépage local également nommé fer servadou.

PAYS BASQUE

Le cabernet franc est originaire du Pays basque espagnol. On raconte qu'il aurait migré de l'autre côté des Pyrénées grâce à l'initiative de quelques pèlerins, sur le chemin du retour de Saint-Jacques-de-Compostelle. Moins tannique et coloré que d'autres cépages du Sud-Ouest, il s'adapte bien aux terroirs frais, comme celui de Chinon dans la Loire. Il est également le père du cabernet sauvignon et du merlot.

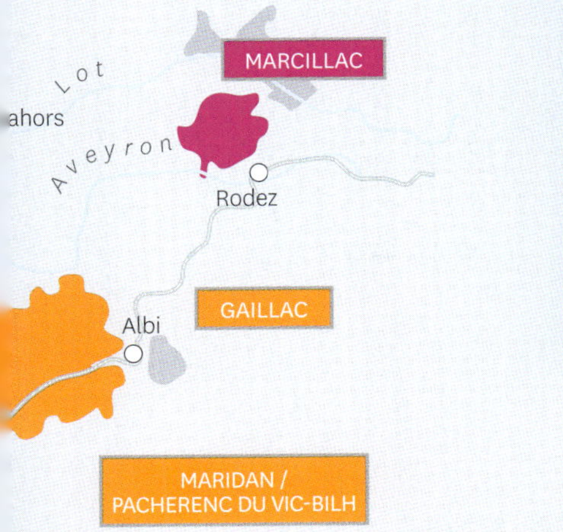

MADIRAN

Même si quelques rares vins rouges rudes et abrasifs sévissent encore, la plupart des vignerons réussissent à maîtriser la force tannique du tannat pour en tirer des vins plus harmonieux.

CAHORS ET MADIRAN

LES DERNIERS MILLÉSIMES

2013
Autre année de disette, avec un été parsemé de grêle, de problèmes de pourriture. Seul note positive : des vendanges sous le soleil.

2012
Du gel, de la grêle et un temps généralement froid et pluvieux. 2012 aura été l'année de toutes les intempéries dans le Sud-Ouest. La récolte fut petite, mais de qualité satisfaisante, grâce, entre autres, à de bonnes conditions météorologiques à compter du 15 septembre.

2011
Grande réussite pour les vins blancs ! Le meilleur millésime depuis 2005. Des vins rouges concentrés à Madiran et à Cahors, certains affichant un degré alcoolique relativement élevé.

2010
Des conditions misérables au printemps ont entraîné de fréquents problèmes de coulure. Résultat : une récolte réduite de vins parfois sauvés par une fin de saison favorable.

2009
L'un des bons millésimes des dernières années. Dans les deux appellations, les vins s'annoncent solides et structurés.

2008
Récolte déficitaire en bien des endroits. Après un été frais, une belle fin de saison laisse présager plusieurs bons vins.

2007
Millésime ingrat ; ses vins ne passeront pas à l'histoire. Quelques producteurs ont su tirer profit du beau temps de l'arrière-saison. Qualité irrégulière.

2006
Millésime irrégulier avec des pluies pendant les vendanges. Le moment choisi pour récolter était un facteur crucial.

CHÂTEAU MONTUS

Madiran 2009, Cuvée Prestige

Produite pour la première fois en 1985, la Cuvée Prestige avait propulsé Alain Brumont au firmament du madiran tout en lui attirant une légion de fidèles qui apprécient le style opulent et bien ficelé de ses vins.

Un saut de plusieurs millésimes puisque l'année dernière, on commercialisait le 2002... N'ayez aucun regret: le 2009 est tout aussi succulent! Peut-être même l'une des belles réussites pour la Cuvée Prestige. Ample et riche d'une foule de détails aromatiques, avec un tissu tannique très serré, comme seul le tannat peut donner. Minéral, finale relevée d'une délicate amertume. À boire entre 2015 et 2020.

12215914 70$ ★★★★ ③

V Cassoulet, magret de canard aux mûres.

D'autres vins de Madiran...

CHÂTEAU BOUSCASSÉ

Vieilles vignes 2006, Madiran

S'il n'affiche pas la même aura de prestige que le Château Montus – l'autre propriété de Brumont –, ce domaine est la source de vins de bonne facture. Un vin fidèle au style qui a fait la renommée du producteur, c'est-à-dire musclé et concentré. La trame tannique est ferme, serrée, mais pas sévère, et témoigne d'un bon usage de la barrique. Dégusté un an plus tard et maintenant à point, le 2006 est excellent. Plus volubile, il révèle de bons goûts de kirsch, sur un fond de vanille bourbon. À boire dès maintenant et au cours des cinq prochaines années.

904979 35$ ★★★★ ②

CHÂTEAU LAFFITTE-TESTON

Madiran 2010, Vieilles vignes

Dans un mode toujours un peu plus souple et ouvert que la moyenne de l'appellation, ce madiran est issu de vieilles vignes de tannat de 70 ans qui ne sont certainement pas étrangères à sa sève et à sa concentration en bouche. Le grain tannique est ferme, mais assoupli par le temps et sans dureté. À boire au cours des cinq prochaines années.

747816 24,60$ ★★★ ½ ②

COSSE MAISONNEUVE

Les Laquets 2010, Cahors

Catherine Maisonneuve et Mathieu Cosse n'ont aucune envie de récolter des raisins ultramûrs qui, de leur propre aveu, donnent des vins de cépage plus que de véritables produits du terroir. Leur philosophie repose avant tout sur la quête d'équilibre. Autant de sagesse inspire confiance.

Les Laquets respire l'intensité: couleur mauve profonde qui tache le verre, nez au parfum envoûtant, bouche riche et complexe. Un boisé très bien dosé apporte plus de nuances aux saveurs de fruits très mûrs, une pointe florale ajoute de la fraîcheur et une minéralité sous-jacente signe le tout. Un candidat idéal pour le cellier. Comme quoi, il n'est pas nécessaire de dépenser 100$ pour un vin de garde... Arrivée prévue à la mi-novembre.

10328587 41,25$ ★★★★ ½ ③

V **Confit de canard; gros gibier en sauce.**

D'autres bons vins de Cahors

CHÂTEAU DE GAUDOU

Tradition 2012, Cahors

D'une propriété voisine de Triguedina et du Cèdre, un bon cahors passablement concentré en parfums de fruits noirs et d'épices. Rien de transcendant, mais à ce prix, il réunit toutes les qualités de fraîcheur et de droiture escomptées dans un bon cahors courant.

919324 17,05$ ★★★ ② ♥

CHÂTEAU DU CÈDRE

Cahors 2010

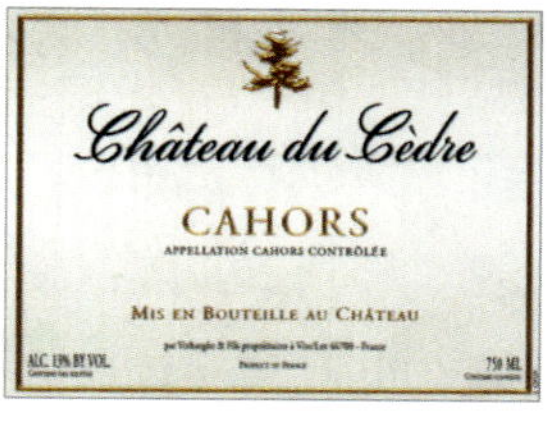

À Cahors, les frères Verhaeghe se sont taillé une solide réputation avec des vins séveux et solides, à la personnalité très affirmée. Nez de poivre, bouche très séduisante, attaque quasi sucrée, caressante et gorgée de fruit mûr. Corpulent, mais aussi très élégant, assez ouvert pour être apprécié dès maintenant.

972463 25,65$ ★★★★ ② ♥

CHÂTEAU EUGÉNIE
Cahors 2011

On reconnaît aisément le cépage malbec, tant à la couleur d'encre de ce vin qu'à son nez relevé. La bouche est ferme et agrémentée de notes animales qui évoquent le cuir. À 15$ et des poussières, l'amateur de cahors sera ravi.

721282 15,85$ ★★★ ② ♥

CHÂTEAU LES BOUYSSES
Cahors 2010

Un cahors de facture classique, robuste et trapu, mais dans de bonnes proportions. Certains le trouveront peut-être un peu austère, mais c'est précisément cette fougue tannique, conjuguée à une finale séveuse aux accents de violette et de graphite, qui le rendent sympathique. Ouvert et bon jusqu'en 2018.

972489 19,25$ ★★★ ½ ②

CLOS LA COUTALE
Cahors 2012

Encore plus satisfaisant cette année. Corsé et assez vigoureux, comme le commande l'appellation et le cépage malbec, mais étonnamment friand et enrobé d'une belle couche fruitée. Vendu dans l'ensemble du réseau.

857177 15,80$ ★★★ ② ♥

COSSE MAISONNEUVE
La Fage 2010, Cahors

D'une couleur mauve éclatante, il offre un nez de fruits noirs très mûrs (cassis, bleuets, mûres) avec des notes de goudron, de cuir et d'épices orientales. Une fois de plus, le fruit est très mûr en bouche, mais soutenu par une structure solide et des tanins bien fermes. Longue finale savoureuse. Encore, beaucoup de vin pour le prix. Aérer en carafe ou mettre en cave de quatre à six ans.

10783491 26,60$ ★★★★ ② ♥ ♁

COSSE MAISONNEUVE
Le Combal 2009, Cahors

Un cahors solide et sombre, aux arômes de fruits noirs, de goudron et d'anis. Un fruit très mûr lui confère une texture suave en bouche, mais l'enveloppe est solide, avec des tanins fermes et une minéralité bien présente. Un vin ample et mûr, mais avec la signature ferme de Cahors. Énormément de matière à ce prix.

10675001 18,35$ ★★★★ ② ♥

DA ROS, ÉLIAN

Le Vin est une Fête 2012, Côtes du Marmandais

Élian Da Ros a rejoint le domaine familial de Cocumont après un passage en Alsace. Quelques années lui ont suffi pour insuffler un dynamisme sans précédent aux Côtes du Marmandais. Son Clos Baquey est un monument, dont la réputation dépasse largement les limites du Sud-Ouest.

Ce vin ne pourrait pas mieux porter son nom! Vin de fête, vin d'amis, vin de soif et de plaisir. Un vin franc, droit et savoureux, extra sec et tonique. Sympathique et sans aucune prétention, à part celle de procurer du plaisir, ce qu'il réussit allègrement. À ce prix et dans le contexte de son appellation, il mérite largement quatre étoiles.

11793211 20,65$ ★★★★ ② ♥

V Tartare de bœuf; brochettes de bœuf, poivrons et champignons; saucisses grillées.

D'autres vins rouges du Sud-Ouest

CHÂTEAU GRINOU

Bergerac 2011, Merlot Réserve

Une autre belle démonstration du potentiel de l'appellation Bergerac à donner des vins de très bonne qualité, à des prix concurrentiels. Saveurs de cannelle, fruit souple, juteux, facile à boire.

896654 16,65$ ★★★ ②

CHÂTEAU HAUT MARSALET

Bergerac 2009, Cave de Monbazillac

Merlot (60%), complété de cabernet sauvignon. Bien mûr et sans grande complexité, mais au moins aussi recommandable que bien des bordeaux génériques vendus au même prix.

521526 15,50$ ★★★ ② ♥

CHÂTEAU TOUR DES GENDRES

Côtes de Bergerac 2011, La Gloire de mon Père

Le producteur Luc de Conti est un acteur principal de la région de Bergerac. J'ignore si la conversion à la biodynamie y est pour quelque chose, mais ce vin rouge gagne en précision depuis un an ou deux. L'élevage en barriques lui confère une dimension supplémentaire, ainsi que des notes de fumée et d'érable. Déjà abordable et accessible tant l'équilibre est réussi; chaleureux et plus ample que d'habitude, mais très bien tourné. Il soutiendrait la comparaison avec bien des vins de Bordeaux vendus plus cher.

10268887 22,90$ ★★★★ ② ♥

CHÂTEAU TROLLIET-LAFITE

Côtes de Bergerac 2010

Très joli vin de Bergerac, issu à majorité de merlot et complété des deux cabernets et de malbec, au nez affriolant de fruits rouges, d'anis, de tabac et d'épices douces. La bouche est droite, tout en fruit, fraîche et digeste. Aucune verdeur ou dureté, que du fruit et de la finesse. Tout le charme du merlot à son meilleur, mûr et bien fait, sans artifice inutile. Juste assez de tanins pour lui donner de la structure.

12233805 21,60$ ★★★★ ② ♥

PYRÈNE

Nature 2012, Coteaux du Quercy

Sous la marque Pyrène, Lionel Osmin commercialise des vins de plusieurs appellations, du Pays basque au Massif central. Malbec, cabernet franc et merlot. Bon vin dense et charpenté; typique de sa région d'origine, avec des accents d'épices. Grain fruité mûr; beaucoup de tonus et de vigueur dans ce vin que l'on boira dès maintenant et au cours des trois prochaines années.

11154523 18,15$ ★★★ ②

L'INTRUS

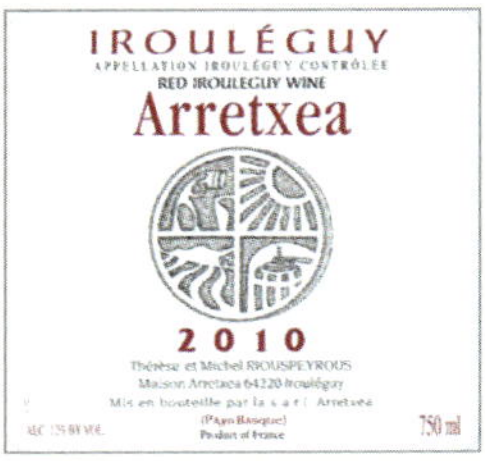

ARRETXEA

Irouléguy 2010

Dans l'appellation Irouléguy, Michel Riouspeyrous exploite un vignoble en culture biodynamique. Ses vins rouges se distinguent généralement par leur matière dense et veloutée. Zéro artifice ici, pour ce vin qui met en relief la tannicité et le caractère sauvage du tannat, le cépage de Madiran, complété dans cette cuvée des deux cabernets. Des arômes de framboises et de cassis, mais un vin aussi très animal. Archisec, il est rehaussé d'une acidité fraîche et de tanins fermes. Absolument à passer en carafe et à déguster à table. Arrivée à la mi-novembre 2014.

12097911 29,85$ ★★★ ½ ②

DOMAINE DU CROS

Lo Sang del Païs 2013, Marcillac

L'appellation Marcillac est minuscule et couvre à peine 200 hectares dans l'Aveyron, à l'est de Cahors. Philippe Teulier y produit un très bon vin rouge qui mise sur l'originalité du cépage mansois, le nom local donné au fer servadou.

Délicieux goût de cannelle, de fruits noirs, de fruits rouges acidulés, un cadre tannique droit, sans être très dense et une acidité juste assez prononcée pour laisser la bouche nette et désaltérée. À l'aveugle, j'en ai vu plusieurs le confondre avec un vin de Chinon... Grand style, petit prix. Comme toujours. Chapeau!

743377 16,45$ ★★★★ ② ♥

V Charcuteries; daube provençale; côtelettes de porc aux herbes et légumes grillés.

D'autres vins de Marcillac, Gaillac, Fronton

CAUSSE MARINES

Peyrouzelles 2012, Gaillac

Toujours ce côté affriolant, tout en fruit mûr et juteux, et ces notes animales qui rappellent le cuir et le gibier et lui confèrent tant de caractère. Plus de chair et de fruit que le 2011 et un ensemble généralement plus harmonieux, avec une pointe minérale, ferreuse, en finale. À boire d'ici 2017.

709931 21,65$ ★★★ ½ ②

CHÂTEAU BOUISSEL

Fronton 2010, Le Bouissel

Excellent vin de négrette, une variété très ancienne, qui adopte ici une allure plutôt substantielle. Charnu, sans excès de concentration et surtout, sans excès boisés. Gourmand, riche en parfums de fruits noirs et soutenu par des tanins assez stricts. Le compagnon idéal du canard confit.

12239385 19,85$ ★★★★ ② ♥

CHÂTEAU BOUISSEL

Fronton 2011, Classic

Dans un mode plus friand, souple et facile à boire; la négrette est assemblée à de la syrah, du cabernet et du cot. Pas très aromatique, mais des nuances d'épices douces et de fleurs. À boire jeune.

10675888 16,80$ ★★★ ② ♥

CHÂTEAU LECUSSE

Cuvée spéciale 2012, Gaillac

Au nez, on reconnaît assez vite l'originalité du cépage fer servadou; tout comme en bouche, où son grain serré, sa rusticité et ses notes ferreuses forment un ensemble original et assez harmonieux.

11253599 15,55$ ★★★ ②

MATHA, JEAN-LUC

Marcillac 2012, Cuvée Lairis

Jean-Luc Matha est un acteur majeur de l'appellation Marcillac, où il produit bon an mal an un vin franc et authentique. Le 2012 a la couleur violet intense du cépage fer servadou et ses arômes particuliers, un peu sauvages, qui mêlent les fruits noirs aux notes animales. Très sec, vif, avec de légers tanins, il finit sur des notes de bleuets et de fer. Pas des plus profonds, mais du caractère à revendre et aucun maquillage inutile.

10217406 19,50$ ★★★ ②

PYRÈNE

Marcillac 2012

Plus concentré que celui du Domaine du Cros, plus mûr, mais un peu moins vibrant aussi. Des fruits noirs, des tanins mûrs et dodus et une mâche appréciable. À boire au cours des trois prochaines années pour profiter pleinement de sa vigueur juvénile.

11154558 17,30$ ★★★ ② ♥

HOURS, CHARLES

Cuvée Marie 2012, Jurançon sec

Au pied des Pyrénées, le Béarnais Charles Hours élabore des vins secs et liquoreux qui comptent parmi les plus sérieux de l'appellation Jurançon. Sa fille Marie travaille à ses côtés depuis maintenant 10 ans.

Cette cuvée qui porte son nom est un vin de texture, plus que de nez. C'est d'ailleurs précisément le genre de vin qui gagne à être servi tempéré, plutôt que froid. On peut ainsi apprécier son registre de saveurs et sa texture. Impression quasi tannique, beaucoup de tonus et un potentiel de garde amplement confirmé au fil des années. Un 2003 ouvert l'année dernière était grandiose !

896704 23,75$ ☆☆☆☆ ③ ♥

V Ravioli de homard aux champignons ; pétoncles poêlés au cari.

D'autres bons vins blancs secs du Sud-Ouest

BRUMONT, ALAIN

Pacherenc du Vic-Bilh sec 2010, Torus

Rien qu'à sa couleur dorée et à son nez qui présente un début d'oxydation, on devine qu'on a affaire à un vin ouvert et à point. En bouche par contre, pas le moindre signe de fatigue. Du gras et de la vivacité, dans des proportions heureuses et un beau registre de saveurs fruitées et noisettées. Difficile de demander mieux à 17$.

11098314 17,35$ ☆☆☆ ½ ② ♥

CHÂTEAU BOUSCASSÉ

Pacherenc du Vic-Bilh sec 2010, Les Jardins de Bouscassé

Ce domaine est la source de vins de bonne facture. Original, légèrement évolué et dans un registre de saveurs qui détonne avec l'offre de vins dans cette gamme de prix. Surtout des vins vifs, misant avant tout sur la jeunesse du fruit.

11179392 17,70$ ☆☆☆ ½ ② ♥

CHÂTEAU JOLYS

Jurançon sec 2012

Marion Latrille veille sur la plus grande propriété de l'appellation Jurançon depuis 1999. Bon vin blanc archisec, mettant à contribution les vertus complémentaires des cépages locaux petit et gros mansengs. Des goûts citronnés et une acidité mordante; pas très long, mais digeste et désaltérant.

11154718 19$ ☆☆☆ ②

CHÂTEAU LAFFITTE-TESTON

Pacherenc du Vic-Bilh 2012, Ericka

Bien nourri et de couleur jaune paille. Le bois joue davantage en sourdine dans ce 2012, ce qui permet d'apprécier ses saveurs relevées évoquant la pêche et le fruit mûr; une bonne acidité et toute la vivacité voulue.

11154582 21,30$ ☆☆☆ ②

CHÂTEAU TOUR DES GENDRES

Bergerac sec 2013, Cuvée des Conti

Presque austère en attaque tant il est vif, mais ce vin a le mérite de ne pas verser dans la facilité. Le sémillon apporte du gras, mais surtout de la tenue et des extraits secs. Tendu, pas mordant, mais rehaussé des accents d'orange amère en finale qui lui donnent une touche originale. Nettement plus de caractère que la moyenne et un achat les yeux fermés pour les amateurs de vin blanc sec.

858324 18,05$ ☆☆☆ ½ ② ♥

DOMAINE CAUHAPÉ

Jurançon sec 2012, Sève d'Automne

Gros et petit mansengs sont récoltés au mois d'octobre et donnent un jurançon sec plus nourri et onctueux que la moyenne. Bel exemple d'élégance dans l'opulence, des accents grillés et un usage du bois mieux maîtrisé cette année. Finale persistante.

10257504 26,40$ ☆☆☆☆ ② ♥

DOMAINE CAUHAPÉ

Jurançon sec 2013, Chant des Vignes

Vinifié exclusivement en cuve inox, ce vin offre une expression vive des cépages locaux gros manseng et camaralet. Accents légèrement herbacés, du tonus en bouche et une bonne dose de gras, sans doute attribuable à l'élevage sur lies.

11481006 18$ ☆☆☆ ② ♥

DOMAINE CAUHAPÉ

Jurançon 2010, Symphonie de Novembre

Au cours des dernières décennies, le producteur Henri Ramonteu a joué un rôle majeur dans l'essor remarquable de Jurançon. Rappelons aussi qu'à leur meilleur, les vins liquoreux de cette appellation béarnaise, tout comme les autres vins liquoreux du Sud-Ouest, sont autant de solutions de rechange économiques au Sauternes.

Vin aromatique à souhait et doté d'un fort bel équilibre entre le sucre et l'acidité. D'une exquise douceur, mais sans la moindre lourdeur, avec une finale somptueuse qui égrène des saveurs de fruits à noyau, de miel et d'épices. Maintenant à point, le vin s'ouvre sur des parfums de champignons qui contribuent à sa complexité. Extra!

10257483 19,20$ – 375 ml ☆☆☆☆ ② ♥

V **Tarte aux pommes et au cheddar ; foie gras poêlé et compote d'abricots.**

D'autres vins moelleux du Sud-Ouest

CAVE DE MONBAZILLAC

Monbazillac 2010, Chat La Croix Poulvère

Notes de fumée, de sucre d'orge et de fruits confits, soulignées par une fine amertume en finale. Bien, mais pas mémorable.

850818 22,75$ ☆☆ ½ ②

CHÂTEAU JOLYS

Jurançon 2012, Cuvée Jean

Le vignoble de la famille Latrille est le second plus vaste de l'appellation. Issu à 100% de petit manseng, le 2012 présente une bonne dose de fruit avec des effluves de miel et de banane ultramûre ; pas vraiment complexe, mais d'un bon équilibre entre le moelleux et l'acidité.

913970 24,35$ ☆☆ ½ ②

CHÂTEAU LAFFITTE-TESTON

Pacherenc du Vic-Bilh 2011, Rêve d'Automne

À défaut de complexité, on apprécie la concentration des saveurs fruitées, épicées et florales de ce très bon vin liquoreux. Une gourmandise originale.

10779855 19,95$ ☆☆☆ ②

CHÂTEAU SEPTY

Monbazillac 2009

Riche et explosif en saveurs de fruits frais, secs, confits. Figues séchées, fleurs, belle amertume en finale. Très bon rapport qualité-prix.

10268545 25,10$ ☆☆☆ ②

L'INTRUS

CHÂTEAU DE BOUILLEROT

Le Palais d'Or 2010, Côtes de Bordeaux Saint-Macaire

Un cran plus complexe cette année il me semble, ce vin liquoreux est issu de raisins de sémillon botrytisés. Sans égaler la complexité et l'amplitude aromatique de son pendant sauternais, ce vin donne pleine satisfaction à ce prix. Une délicieuse onctuosité, rehaussée d'une acidité qui agit comme un squelette et donne au vin tout le tonus nécessaire. Finale assez persistante aux goûts de fruits jaunes confits.

12114110 22,95$ – 500 ml ☆☆☆ ½ ② ♥

ITALIE

Entre la fraîcheur des montagnes au nord et les régions chaudes et arides du Sud, en passant par les Apennins au centre, le pays regroupe une multitude de sols et de climats. L'Italie bénéficie également d'une immense diversité biologique, comme le prouvent les 450 cépages répertoriés.

Malheureusement, la baisse de la consommation domestique et l'effondrement du marché du vermouth nuisent à plusieurs viticulteurs du centre du pays qui peinent à vendre leur récolte. Pour y remédier, l'Union Européenne a instauré il y a deux ans un programme de primes à l'arrachage. L'avenir nous dira si cette initiative aura le même impact qu'elle a eu chez son voisin et rival commercial de toujours, la France.

FRIOUL

À quelques exceptions près – notamment des spécimens issus de variétés autochtones de Campanie –, les vins blancs secs les plus raffinés proviennent du Frioul, du Trentin et, plus rarement, de Vénétie.

TOSCANE

La Toscane est le royaume du sangiovese. Des plus légers (chianti classico, chianti colli senesi, etc.) aux plus costauds et boisés (chianti classico riserva, brunello di Montalcino), tous font de merveilleux compagnons de table.

SARDAIGNE

Les migrations des cépages peuvent parfois avoir des histoires fascinantes. Puisque la Sardaigne était sous la juridiction du royaume d'Aragon pendant près de quatre siècles (1323 à 1720), les cépages de l'île sont en majorité originaires d'Espagne.

SICILE

Bien qu'elle soit avant tout connue pour ses gros rouges charnus et chaleureux, la Sicile produit également de très bons vins rouges de soif – c'est-à-dire légers, friands et désaltérants – dans l'appellation Cerasuolo di Vittoria, au sud de l'île.

Italie Piémont

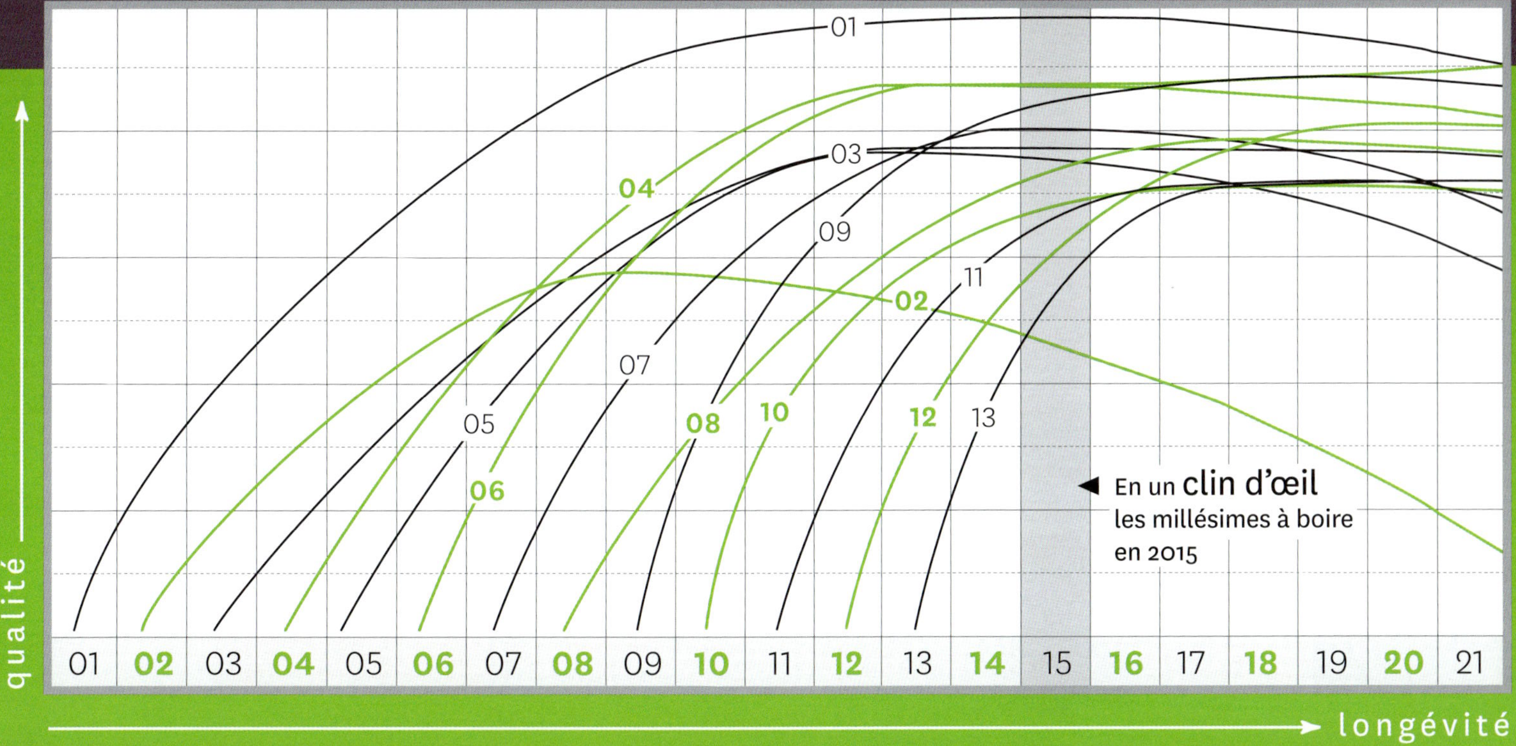

LES DIX DERNIERS MILLÉSIMES

2013

Floraison et récolte tardives dans le Piémont ; peu de vins de longue garde. Très bonne année pour les vins de Soave. En Toscane, un mois de septembre ensoleillé a permis de sauver la récolte. Peu de grandes réussites, mais quelques bonnes bouteilles de consommation rapide.

2012

Une petite récolte et des vins de très bonne qualité dans le Piémont. Sécheresse et canicule en Vénétie et en Toscane. Quelques Valpolicella accusent une certaine lourdeur et un excès d'alcool. En Toscane, un mois de septembre plus frais a néanmoins permis de maintenir un équilibre classique. Les cépages du Sud – l'aglianico en particulier – ont mieux supporté les excès de température.

2011

Un millésime de chaleur dans le Piémont et en Toscane a donné des vins parfois capiteux. Qualité variable, surtout en Toscane où certains vins de sangiovese ont souffert d'un stress hydrique, occasionnant des saveurs végétales. La réputation du producteur fait toute la différence. Grande année pour l'amarone.

2010

Récolte déficitaire et qualité hétérogène dans le Piémont ; la signature du producteur sera un critère de choix. Même scénario en Toscane – y compris Bolgheri – où des problèmes de pourriture ont causé des soucis à plusieurs. La région de Montalcino semble avoir profité de conditions plus propices. En Vénétie, les vins rouges de Valpolicella joueront – à défaut de puissance – la carte de la légèreté et de l'équilibre ; les bons amarones seront rares.

2009

Dans l'ensemble, bon millésime dans tout le nord du pays. Été très chaud dans le Piémont et récolte très satisfaisante de nebbiolo ayant donné beaucoup de bons vins. Grand succès annoncé dans le Valpolicella. Très belle fin de saison en Toscane ; qualité générale prometteuse.

2008

Un été chaud et sec dans le Piémont ; des barolos et des barbarescos apparemment de fort belle qualité. Chaleur et sécheresse en Toscane ont aussi conduit à un troisième succès d'affilée, après 2007 et 2006. En Vénétie, des conditions idéales pour le valpolicella et l'amarone.

Italie Toscane

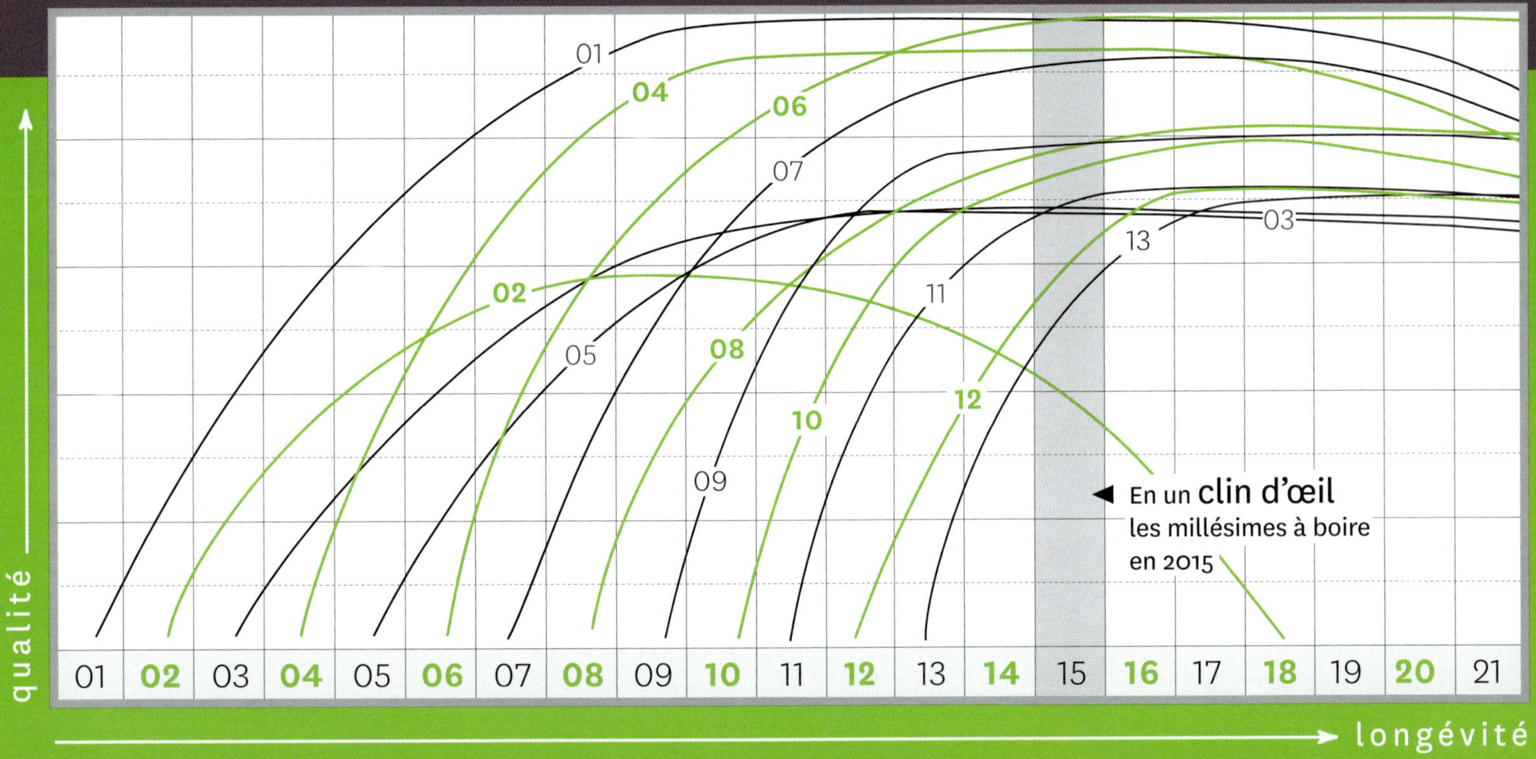

2007
Grand succès dans le Piémont; une récolte de vins structurés, déficitaire d'environ 25% (grêle à Barolo). Dolcetto et barbera ont aussi donné des vins très satisfaisants. Excellent millésime en Toscane, que plusieurs comparent à 2004 et à 2001. Grand succès aussi à Bolgheri, où le cabernet sauvignon semble avoir eu le meilleur sur le merlot. Bonne qualité en Vénétie, surtout chez les producteurs patients qui ont attendu le beau temps.

2006
Excellent millésime dans le Piémont en dépit de conditions climatiques parfois extrêmes. Grande année en Toscane. Remarquable en Vénétie, en particulier pour les amarones.

2005
Millésime hétérogène. Dans le Piémont, six jours de pluie consécutifs à compter du 2 octobre ont gâché bien des espoirs. En Toscane – autant dans le Chianti Classico qu'à Montalcino –, les températures fraîches de la fin de l'été n'ont pas favorisé le mûrissement idéal souhaité. À Bolgheri, les conditions climatiques ont été sensiblement plus favorables.

2004
Récolte abondante dans le Piémont. Les producteurs qui ont su contrôler les rendements ont obtenu des vins solides. Conditions idéales dans le Chianti Classico et qualité remarquable à Montalcino. Qualité au-dessus de la moyenne à Bolgheri.

MASCARELLO, GIUSEPPE E FIGLIO

Barolo Monprivato 2009

Mauro Mascarello dirige cette propriété familiale créée en 1881 par son ancêtre Giuseppe et y élabore des vins éminemment racés de barbera, de dolcetto et de nebbiolo. .

La richesse du millésime se fait bien sentir dans ce vin ample, mais tout empreint de finesse et de nuances. Du velours en bouche, rien de brutal ou d'exagérément tannique, mais un rapport parfait entre l'acidité, la structure et le fruit. Avec ce grain propre aux meilleurs vins de la région. Séveux, très peu coloré, mais multidimensionnel et étonnamment accessible et ouvert pour un barolo si jeune. Grand vin! Présenté dans le *Courrier vinicole* consacré aux vins italiens, du 7 au 24 novembre 2014.

En primeur

12290594 121,50$ ★★★★ ③

V Risotto à la truffe; carré d'agneau aux cèpes; bœuf braisé aux tomates et aux carottes.

D'autres bons barolos

AZELIA

Barolo 2010

Le domaine de Luigi Scavino produit un barolo savoureux, qui sent le fruit noir et les fleurs séchées. Classique, son attaque en bouche vigoureuse et chaleureuse et sa finale vaporeuse sur des notes de kirsch traduisent des raisins bien mûrs. Fin et élégant, épicé et juste assez tannique. Le tout à un prix abordable.

11858053 48,50$ ★★★→★ ③

GAJA

Barolo 2008, Dagromis

Sans doute mal servi par le contexte d'une dégustation technique, ce 2008 m'avait semblé un peu fatigué lorsque goûté plus tôt cette année. Quelques mois plus tard et dégusté sur deux jours, il m'a laissé une impression plus favorable. Tout à fait dans l'esprit de Gaja, c'est-à-dire ample, très suave et sans cette allure parfois austère qui caractérise les vins de cette appellation. Bon barolo d'agrément, touffu et assez solide pour tenir jusqu'en 2017, au moins.

11212501 69$ ★★★→? ③

GRASSO, SILVIO

Barolo 2009

D'une couleur grenat pâle, au pourtour brique, et intensément aromatique. Des notes sucrées de fruits secs, mais avec la grande complexité et les arômes déconcertants des meilleurs nebbiolos: tomate, thé, fleurs séchées, réglisse, amande amère; il ne cesse d'évoluer. La bouche est suave, encadrée par une acidité vive et des tanins fermes et imposants, qui demanderont plusieurs années avant de se laisser amadouer. Prix très avantageux.

12287782 46,25$ ★★★★ ③

PIO CESARE

Barolo 2010

Les vins de la gamme «classique» restent assez fidèles à la tradition piémontaise. Plus fondu que l'Ornato, mais tout aussi dense. Jamais flamboyant, mais sa droiture lui confère un charme certain.

11187528 58,25$ ★★★→? ③

PIO CESARE

Ornato 2010, Barolo

De l'aveu même de Pio Boffa, les crus Ornato (Barolo) et Il Bricco (Barbaresco) adoptent une allure plus moderne et concentrée. Le 2010 repose toujours sur une texture crémeuse attribuable à l'élevage, mais il me semble moins vanillé que par le passé. Charnu, concentré et relevé d'épices douces, il devrait atteindre son apogée vers 2018.

10271146 91$ ★★★→? ③

RENATO RATTI

Barolo 2010, Marcenasco

Un nez très engageant mêlant les parfums boisés aux senteurs compactes de fruit noir; une bouche charnue et expressive soutenue par une bonne acidité; étoffe tannique, équilibre naturel. Belle réussite dans un style moderne, au meilleur sens du terme.

896746 56,25$ ★★★→★ ③

SCAVINO, PAOLO

Barolo 2008, Riserva Rocche dell'Annunziata

Après une année 2007 qui a donné des vins riches et concentrés, le millésime 2008 marque un retour au classicisme, ce qui permet d'apprécier toute la singularité de ce magnifique terroir de La Morra. Un nez puissant, éthéré, mêlant la menthe et les herbes séchées à des parfums de cuir; très musclé, solide et d'une autorité majestueuse. Superbe vin dont la puissance s'accompagne de saveurs intenses et persistantes. À apprécier tout au long de la prochaine décennie.

En primeur

12302516 180,50$ ★★★★ ③

SCAVINO, PAOLO

Barolo 2009

À Barolo, plus que nulle part ailleurs en Italie ou dans le monde, les producteurs sont divisés en deux camps : les traditionnalistes et les modernistes. Les premiers privilégient de longues macérations et des élevages foudres, les seconds de courtes macérations, souvent en barrique.

La famille Scavino appartient certainement au camp des modernistes et elle le représente admirablement. Plutôt que de marquer le vin de saveurs rudimentaires de vanille, l'élevage l'enrobe et lui confère une étoffe très séduisante. Très classique, ferme et austère comme il se doit ; parfums de cuir, de sous-bois, de noyaux de cerise. Finale chaleureuse à 14,5 %, pourtant éminemment digeste.

12024368 52,75 $ ★★★★ ③

Côte de bœuf au gros sel, risotto aux champignons sauvages ; longe de cerf en croûte de cèpes et de noix.

Si vous avez aimé, vous aimerez...

BENI DI BATASIOLO

Barolo 2005, Riserva

Dégusté en septembre 2014, ce vin m'a laissé une impression nettement plus favorable que l'année dernière. La couleur tuilée et le nez de champignons annoncent un vin à parfaite maturité. La bouche est nette, pas très complexe, mais un bon barolo, ouvert et prêt à être savouré.

11599231 37,25 $ ★★★ ②

FRATELLI ALESSANDRIA

Barolo 2009

Aujourd'hui menée par Gian Battista Alessandria, ce domaine de Verduno possède aussi plusieurs belles parcelles dans la commune de Monforte. Est ce l'effet du millésime 2009 ? Ce Barolo m'a paru sensiblement plus souple et capiteux que d'habitude, porté par des tanins sphériques ; matière fruitée charnue et rassasiante, mais l'ensemble manque un peu de nerf. On peut le boire maintenant ou espérer que quelques années en cave élargissent son spectre de saveurs.

11797094 41,25 $ ★★★ ③

MASCARELLO, GIUSEPPE E FIGLIO

Nebbiolo 2012, dai Vigneti di Proprietà, Langhe

À leur meilleur, comme c'est le cas ici, les nebbiolos d'Alba peuvent constituer d'excellentes solutions de rechange – parfois économiques – aux vins de Barolo et de Barbaresco. Celui-ci n'a pas d'égal. Une couleur claire, un bouquet hyper complexe, à la fois fruité et floral, avec un soupçon d'herbes séchées et une pointe de quinine. Substantiellement plus cher que la plupart des nebbiolos, mais sa qualité égale celle de bien des vins de Barolo et de Barbaresco.

11910190 54,50$ ★★★★ ②

PIO CESARE

Nebbiolo 2011, Langhe

Plus chaleureux que le 2010 commenté l'année dernière et faisant bien sentir ses 14% d'alcool. Pas très volubile lorsque goûté en septembre 2014. L'élevage en fûts de chêne français – dont 20% en barriques et 80% dans les foudres utilisés localement – l'agrémente de notes vanillées, mais le vin laisse en bouche une sensation nette et franche. À boire entre 2015 et 2018.

544973 30,25$ ★★★ ②

PRODUTTORI DEL BARBARESCO

Nebbiolo 2012, Langhe

Une fois de plus, une interprétation juteuse et friande du cépage nebbiolo, davantage reconnu pour la charpente et l'ossature tannique qu'il confère aux barolos et aux barbarescos. Comment ne pas succomber aux charmes de ce 2012 qui réunit toutes les qualités d'un bon vin de table, au sens noble du terme? Une attaque en bouche gorgée de fruit, des parfums de fleurs séchées et de griottes et cette vigueur tannique propre aux bons vins du Piémont. Authentique et vibrant. Bravo!

11383617 23,10$ ★★★★ ② ♥

SANDRONE, LUCIANO

Nebbiolo d'Alba, Valmaggiore 2009

Véritable artiste de sa profession, Luciano Sandrone est l'un des grands noms du Barolo. Son Cannubi Boschis est une référence. Même s'il provient d'un millésime particulièrement généreux, ce 2009 issu de vignes relativement jeunes (15 ans) ne titre que 13,5% d'alcool. Bien mûr, mais soutenu par un cadre tannique solide, le vin affiche la vivacité caractéristique du cépage. Longue finale aux accents de fleurs séchées et de griottes. À boire au cours des cinq prochaines années.

12042582 43$ ★★★★ ②

PRODUTTORI DEL BARBARESCO

Barbaresco 2009

La coopérative de Barbaresco est certainement parmi les plus dynamiques de tout le nord du pays. Cette cave fondée en 1958 demeure une excellente adresse où trouver des vins piémontais de facture classique, à des prix fort abordables.

Difficile de trouver un vin de Barbaresco aussi complet à un prix aussi doux. Archétype de son appellation, tant par son nez intense de cerise et de terre humide que par son attaque en bouche vigoureuse, tannique comme il se doit, sans aucune dureté. Le 2009 est particulièrement étoffé et présente un équilibre naturel entre les éléments, laissant en bouche une sensation de plénitude. Longue finale éthérée. Rapport qualité-prix exceptionnel!

10858182 42,25$ ★★★★ ②

V Onglet de bœuf, sauce à l'anis ; caille rôtie aux champignons sauvages.

Si vous avez aimé, vous aimerez peut-être…

CANTINA DEL PINO

Barbaresco 2009

Renato Vacca a quitté la coopérative de Barbaresco – dont son père Adriano a été l'un des membres fondateurs – et commercialise depuis 1997 son propre vin sous l'étiquette Cantina del Pino. Plus complet cette année et un peu moins marqué par l'apport de la barrique ; une pointe d'acidité volatile rehausse le fruit et ne nuit en rien à son élégance. Le grain tannique est dense et fait preuve de cette fougue caractéristique des bons vins de nebbiolo. À boire sans se presser jusqu'en 2020.

11910131 42,75$ ★★★ ½ ③

CERETTO

Barbaresco 2009, Bricco Asili

Asili est l'un des plus grands terroirs de Barbaresco et certainement le triomphe de Ceretto. Un vin plus grand que nature, un bijou d'élégance et de subtilités aromatiques, serti de tanins fins, denses et compacts. Très séduisant, enjolivé de saveurs de cerises confites, sur un fond de fleurs séchées, d'épices, de kirsch et de cuir. Somptueux, éthéré, statuesque; sa puissance contenue lui confère une classe inimitable. C'est l'un de mes grands moments de bonheur de la dernière année. Hâtez-vous si vous souhaitez vous en procurer. Les quelque 150 bouteilles commandées par la SAQ seront mises en vente dans le *Courrier vinicole* consacré aux vins italiens, du 7 au 24 novembre 2014.

En primeur

12302655 162,75$ ★★★★→? ③

PIO CESARE

Barbaresco 2010

Bien construit, solide, tannique et sentant le noyau de cerise et la terre humide. De la chair, une certaine puissance et une allure générale reste plutôt austère, du moins pour le moment.

905026 58$ ★★★→? ③

LE MONDE EST VASTE. EXPLOREZ!

NAOUSSA

Par leurs arômes distinctifs, leur excellent potentiel de vieillissement et leur profil un peu austère en jeunesse, les vins rouges de l'appellation Naoussa – issus du cépage xinomavro – évoquent souvent les nebbiolos piémontais. Des analyses d'ADN ont cependant démontré qu'il s'agit de deux variétés distinctes.

CA’ VIOLA

Barbera d’Alba 2010, Brichet

L’œnologue consultant Giuseppe « Beppe » Caviola est l’une des vedettes de la viticulture piémontaise moderne. En plus d’agir à titre de consultant pour plusieurs propriétés de la région, il élabore depuis 1991 une gamme d’excellents vins sous une étiquette à son nom.

Une gorgée de ce vin suffit pour comprendre que nous sommes en présence d’une barbera hors norme. Plus concentré que la moyenne, mais d’un équilibre très classique en bouche. Le fruit est mis en valeur par un bel usage du bois de chêne, qui permet d’assouplir la vigueur naturelle du cépage et apporte de délicates notes grillées. Finale chaleureuse, les tanins sont tricotés juste assez serrés pour conserver une saine fraîcheur. Vraiment impeccable!

10858238 28,10$ ★★★★ ② ♥

V **Braisé de bœuf au vin rouge et aux carottes; côte de veau aux tomates et polenta crémeuse.**

Si vous avez aimé, vous aimerez peut-être…

BAVA

Stradivario 2001

La couleur est encore incroyablement jeune pour un vin âgé de près de 12 ans. Le nez en revanche annonce un barbera maintenant à point, avec des parfums de sous-bois, de champignons. La bouche est assouplie, mais encore animée d’une dose d’acidité qui accentue les angles et confère un tonus appréciable à l’ensemble. Pour le plaisir de goûter un vin à maturité. Hélas, ce n’est pas donné.

519066 53$ ★★★ ①

BRAIDA

Il Bacialé 2011, Monferrato

Cépage barbera (60%), complété de pinot noir et de cabernet sauvignon à parts égales. Même si je ne suis pas fan de ce genre d’assemblage dans le Piémont, je dois avouer, en toute justice, que le résultat est assez intéressant. Juteux, gourmand et tonique, grâce à des aspérités tanniques qui rehaussent le fruit et le rendent franchement savoureux. Je serais curieuse de le revoir dans trois ou quatre ans.

12184636 27,35$ ★★★→? ③

GRASSO, SILVIO

Barbera d'Alba 2012

Un vin gourmand, aux saveurs franches et complexes. Du fruit rouge affriolant, rehaussé de notes de terre fraîche et d'herbes qui ajoutent à sa fraicheur. Très belle texture en bouche, avec un fruit mûr, juteux et croquant. Bien en chair, mais sans lourdeur aucune, avec une saine acidité et juste ce qu'il faut d'aspérités tanniques. Gourmand, mais aussi complet et nourrissant.

11580080 24,55$ ★★★★ ② ♥

MASCARELLO, GIUSEPPE E FIGLIO

Barbera d'Alba Superiore 2010, Scudetto

La barbera en mode majeur. Attaque en bouche très mûre, laissant presque une sensation de sucrosité. Du volume, du grain, un tapis de tanins soyeux en bouche; les 14,5% d'alcool se font sentir par une texture ample et capiteuse, et le tout forme un ensemble parfaitement harmonieux. Excellent!

11472361 28,40$ ★★★★ ② ♥

PIO CESARE

Fides 2012, Barbera d'Alba

Issu d'une parcelle plantée de barbera, au sein du cru Ornato, dans la zone du Barolo et vendu à un prix élevé, par conséquent. Plus complet en 2012, mais lui aussi assaisonné des parfums vanillés de la barrique qui dominent le fruit plus qu'ils n'élèvent le vin. Son équilibre en bouche et sa matière généreuse devraient toutefois lui permettre de se bonifier d'ici 2017.

10802349 38,50$ ★★★ ③

SANDRONE, LUCIANO

Barbera d'Alba 2011

Plus complexe qu'il n'y semble au premier abord. Le bois domine au nez et l'attaque en bouche quasi crémeuse donne une impression un peu racoleuse, mais le vin ne manque ni de matière ni de profondeur et ne se révèle vraiment qu'après une aération d'une heure en carafe. Finale persistante de graphite et de noyau de cerises. Techniquement très bien construit dans un style assez moderne.

10663844 35,25$ ★★★→? ③

SOTTIMANO

Barbera d'Alba 2011, Pairolero

L'entreprise fondée en 1974 par Maggiore Sottimano compte aujourd'hui un vignoble d'une quinzaine d'hectares que ses fils Rino et Andrea soignent avec une rigueur exemplaire.

Quelle délicieuse interprétation de la barbera! Un nez invitant de kirsch, une bouche gourmande et très expressive qui donne l'impression de croquer dans le fruit. On a manifestement su éviter les dangers que présentait le millésime 2011 de produire des raisins surmûris. Excellent vin digeste et harmonieux qui procure beaucoup de plaisir en bouche. Finale rassasiante.

10856531 30,75$ ★★★★ ②

V Fricassée de poulet ou de veau aux tomates et à la pancetta.

D'autres barberas de très bonne qualité

BERSANO

Barbera d'Asti 2012

Facile, tonique et assez classique du barbera: pas très fruité, mais avec cette poigne typique des vins du Piémont. Pas trop poli ni techno. On en a pour son argent. Le bon vin du Piémont pour les jours de semaine.

506824 16,20$ ★★★ ② ♥

BRAIDA

Barbera d'Asti 2011, Montebruna

La vivacité propre au cépage apporte une fraîcheur providentielle à ce vin puissant et riche en alcool (15,5%). Beaucoup de matière, le vin gagne à être aéré. Il révèle alors des goûts de fruits confits, de fleurs séchées et d'épices douces. Finale vaporeuse et persistante.

11863311 28,60$ ★★★→? ③ ♁

CASTELLO DEL POGGIO

Barbera d'Asti 2012

Tout aussi satisfaisant en 2012 ; fruité, des saveurs nettes et franches, un reste de gaz et une impression générale plutôt rassasiante.

11676567 17,20$ ★★★ ② ♥

CONTERNO, PAOLO

Barbera d'Alba 2011, Ginestra

Paolo Conterno – ne pas confondre avec Aldo Conterno – dirige cette petite propriété familiale de Monforte. Nez de torréfaction. Attaque chaleureuse, fruit confit et sec, fleurs séchées. Des tanins mûrs, une trame assez serrée. Bon équilibre dans le contexte du millésime.

11035831 20,75$ ★★★ ②

PIO CESARE

Barbera d'Alba 2012

Pio Boffa dirige avec rigueur une entreprise familiale fondée en 1881. Expression plutôt dépouillée de la barbera. Nerveux, vigoureux et affichant l'acidité du cépage ainsi que son goût caractéristique de cerise noire. Sa tenue de bouche donnera beaucoup de plaisir à table.

968990 24,25$ ★★★ ½ ②

PRUNOTTO

Mompertone 2011, Monferrato Rosso

Barbera (60%) et syrah. Un assemblage inusité qui donne un vin assez étoffé, soutenu par un grain tannique serré et dont les saveurs fruitées sont ponctuées de notes de torréfaction.

11669148 19,95$ ★★★ ②

LE PIÉMONT

Le secret de la richesse du barolo et du barbaresco réside dans ces coteaux escarpés et ces vignes plantées à 500 m d'altitude et profitant d'un climat tempéré idéal. Le mystère du vin est dans la terre d'Alba, mère de la truffe blanche…

SANDRONE, LUCIANO

Dolcetto d'Alba 2012

Luciano Sandrone est une star de la viticulture piémontaise. Même son simple dolcetto est un pur régal. À son meilleur, ce cépage donne un vin rouge des plus sympathiques : fringant, aux irrésistibles senteurs de fruits sauvages.

Vinifié avec doigté, il donne ici un vin très sérieux, encore jeune et un peu timide au nez, qui repose sur une bouche étonnamment ferme. Le fruit s'articule autour d'un grain tannique fin, compact et velouté et le vin respire la plénitude. Pour toutes ces raisons, il mérite bien quatre étoiles.

10456440 23,45$ ★★★★ ② ♥

V **Pâtes aux saucisses italiennes et au fenouil ; assiette de charcuteries.**

Si vous avez aimé, vous aimerez peut-être...

CA' VIOLA

Dolcetto d'Alba 2011, Barturot

La couleur quasi opaque (non filtré) et le nez concentré et intense annoncent un vin sérieux. La bouche est à la hauteur des attentes, compacte, bien mûre, aux tanins tendres, dodus et caressants ; beaucoup de charme, ample. Un dolcetto hors norme, assez solide pour continuer de se bonifier jusqu'en 2016. Dans l'immédiat, une aération en carafe lui fera le plus grand bien.

11838431 27,25$ ★★★★ ② ♥

FRATELLI ALESSANDRIA

Dolcetto d'Alba 2013

En primeur

Arrivée prévue en décembre 2014 pour ce vin jeune et fringant. Un peu de réduction, d'acidité volatile et de gaz carbonique lui donnent des airs quelque peu rustiques, qui ne sont pas sans rappeler certains vins dits « nature », mais qui ne nuisent en rien à l'expression du fruit. Tendu, assez pimpant et à retenir avant tout pour sa vitalité, son fruit et ses saveurs d'épices.

11580186 20,30$ ★★★ ½ ② ♥

GRASSO, SILVIO

Dolcetto 2012, Langhe

Bien que son nom signifie littéralement «petit doux», le dolcetto peut aussi donner des vins passablement tanniques. Archétype du vin italien: tout en fruits rouges croquants, mais aussi très complexe avec des notes de tabac, d'anis, d'herbes et de graphite, archisec en bouche et doté d'une astringence tannique notable qui en font un vin d'excellence pour la table. Authentique et plein de caractère!

12062081 19,15$ ★★★★ ② ♥

MASCARELLO, GIUSEPPE E FIGLIO

Dolcetto 2012, Bricco Mirasole

Quoique tiré à gros traits et un peu creux en milieu de bouche, ce vin est loin de manquer de charme, avec ses accents d'herbes séchées, son grain soyeux, tendre. Nez de cassis, bouche ample, pleine et très mûre. À boire d'ici 2018.

11456476 28,85$ ★★★ ②

PODERI COLLA

Dolcetto d'Alba 2012, Pian Balbo

Ce 2012 se distingue par son attaque en bouche droite et ses tanins un peu secs, mais enrobés d'un beau fruit. Concentré et digeste; accents de noyau de cerise et épices. À apprécier à table avec un bon risotto aux champignons séchés, un régal!

11863258 19,75$ ★★★ ½ ②

SOTTIMANO

Dolcetto d'Alba 2012, Bric del Salto

Très complet, beaucoup de fruit, grain soyeux, mûr et élégant. Un peu sur la réserve pour le moment, mais équilibré, suffisamment fruité.

10856558 21,30 $ ★★★ ½ ②

VOERZIO, ROBERTO

Dolcetto d'Alba 2012, Priavino

Même s'il adopte une allure plus sérieuse entre les mains de Roberto Voerzio, ce dolcetto demeure assez fidèle au profil habituel: juteux, fringant et débordant de fruit. Déjà savoureux, je ne serais pas surprise qu'il continue de se bonifier d'ici 2016.

12185583 23,40$ ★★★→? ③

PIO CESARE

Piodilei 2012, Chardonnay, Langhe

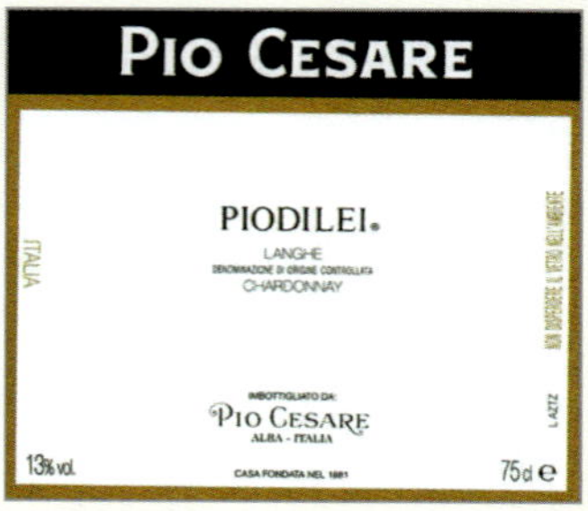

Difficile de se distinguer dans un marché aussi encombré, sinon saturé, que celui du chardonnay. Pourtant, Pio Cesare prouve que le cépage blanc bourguignon a bel et bien sa place sur les terroirs de Barbaresco et qu'il peut donner un excellent vin avec des soins appropriés.

Issu d'une parcelle plantée en 1980 et vinifié dans les règles de l'art, ce vin d'envergure est à retenir parmi les beaux exemples de chardonnays italiens. La bouche est vineuse et assez imposante à l'attaque, puis une minéralité sous-jacente se développe avec des notes crayeuses et salines. Sec, tendu et long en bouche. Laissez-le dormir en cave encore quatre ou cinq ans, le temps qu'il digère pleinement son bois.

11072026 45$ ☆☆☆→☆ ③

V **Saumon grillé et fenouil braisé au citron; ris de veau à la crème.**

Si vous avez aimé, vous aimerez…

BAVA

Thou Bianc 2012, Piemonte

Rares sont les chardonnays piémontais qui offrent un caractère vraiment distinctif, surtout à moins de 20$. À défaut de complexité, on pourra apprécier les saveurs fruitées et florales et l'équilibre de celui-ci. À boire d'ici 2015.

10260615 19,95$ ☆☆☆ ②

CAMPAGNOLA

Chardonnay 2013, Veneto

Nouvellement inscrit au répertoire général de la SAQ, un très bon chardonnay courant, vendu à prix attrayant. Fruits blancs et agrumes, du gras et toute la fraîcheur voulue, grâce, entre autres, à un léger reste de gaz. Bravo! À moins de 15$, difficile de trouver mieux sur le marché!

12382851 13,90$ ☆☆☆ ½ ② ♥

INAMA

Chardonnay 2013, Veneto

À l'heure où tant de chardonnays hyper boisés sont élaborés dans le monde, il fait bon savourer ce vin blanc produit dans la région du soave et dont le caractère légèrement perlant rehausse les saveurs fruitées nettes.

11587177 19,35$ ☆☆☆ ②

JERMANN

Chardonnay 2012, Venezia Giulia

Modérément vineux, perlant, les fruits blancs se marient à une touche boisée bien intégrée. À boire jeune.

10835853 30,75$ ☆☆ ½ ②

LAGEDER

Chardonnay 2010, Lowengang, Alto Adige

Vinifié avec grand soin en fûts de chêne, le Lowengang est l'un des meilleurs chardonnays d'Italie. Cultivé selon les principes de la biodynamie, le cépage bourguignon se montre ici sous un jour particulièrement vineux et nourri. Des parfums appétissants de poire mûre; du fruit à revendre et surtout une vinosité doublée d'une intensité exemplaire. À boire entre 2016 et 2020.

10264608 51,75$ ☆☆☆→☆ ③

PIO CESARE

L'Altro 2013, Chardonnay, Piemonte

Très sec, franc, délicate amertume, notes toastées. Élégant, vraiment plus racé que la moyenne des chardonnays. Juste pour ça, il mérite une bonne note.

968982 25,50$ ☆☆☆ ½ ②

L'INTRUS

TAURINO COSIMO

I Sierri 2011, Salento

Lui aussi composé de chardonnay à 100%, mais produit tout au sud du pays, par un pilier de la région des Pouilles. Malgré sa composition, le vin fait preuve d'une certaine originalité. Plus qu'une copie de ce qui se fait partout sur la planète, un vin original, ouvert et prêt à boire; couleur dorée, saveurs de cire d'abeille et de pain grillé, perlant et à l'amertume délicate.

11581381 15,85$ ☆☆☆ ① ♥

FORADORI

Granato 2010, Vigneti delle Dolomiti

Depuis qu'elle a repris le vignoble familial, il y a une trentaine d'années, Elisabetta Foradori a largement contribué à la réhabilitation du teroldego, un vieux cépage, dont on vantait déjà les mérites dans des textes publiés en 1480 !

Ce vin déjà primé d'une Grappe d'or dans la dernière édition du *Guide* était dans une forme spectaculaire cette année. Presque émouvant tant il est bon, cousu de dentelle, de précision et de sensualité. Un vin d'esprit qui offre un plaisir pour les sens. Majestueux par sa texture vibrante et ses saveurs pénétrantes et multidimensionnelles. Encore très jeune, il ne révélera son plein potentiel que vers 2019. L'année dernière, j'avais donné à ce vin une note potentielle de quatre étoiles. Je me ravise. Nous avons plutôt affaire ici à un vin exceptionnel.

898130 64,50$ ★★★★→★ ③

V Magret de canard aux griottes ; côte de bœuf et chou braisé aux lardons.

D'autres très bons vins rouges du nord de l'Italie

FORADORI

Teroldego Rotaliano 2011

Moins étoffé que le Granato, évidemment, mais une expression authentique du cépage teroldego, avec une couleur sombre et des saveurs compactes et vibrantes de cerises noires, sur une trame tannique veloutée. À boire au cours des quatre prochaines années, en attendant le Granato.

712695 26,85$ ★★★★ ② ♥

LAGEDER

Cabernet Riserva 2010, Alto Adige

Les vins de la gamme Alois Lageder sont issus d'un assemblage de raisins achetés à des agriculteurs locaux et de raisins cultivés en biodynamie dans les vignobles de Lageder. Les deux cabernets (sauvignon et franc) sont vinifiés ensemble et donnent un vin un peu plus mûr cette année. Déjà passablement ouvert, tanins polis et fruit bien mûr. Le vin traversait une phase un peu ingrate en juillet 2014. Il serait préférable de le laisser reposer en cave encore une année.

744011 24,95$ ★★★→? ③

MEZZACORONA

Pinot noir 2012, Dolomiti

Cette cave maintient une constance exemplaire malgré un volume annuel de 25 millions de bouteilles. Sa force réside dans la production de bons vins simples et abordables. Souple et généreusement fruité, doté d'un bon équilibre. Rien de compliqué, mais l'amateur du cépage bourguignon y trouvera son compte à prix doux.

10780311 15,95$ ★★★ ① ♥

MEZZACORONA

Teroldego Rotaliano 2010, Riserva

Plus vigoureux et fringant en 2010, ce vin doit son originalité au cépage teroldego. Coloré, plein de fruit et doté d'une acidité qui donne soif.

964593 18,40$ ★★★ ②

TENUTA SAN LEONARDO

San Leonardo 2007, Vigneti delle Dolomiti

Le célèbre œnologue florentin Carlo Ferrini (Fonterutoli) agit comme consultant pour cette propriété du Trentin, où on produit un vin rouge très achevé que l'auteur britannique Hugh Johnson qualifie de «Sassicaia du Nord». Fruit d'un assemblage d'inspiration médocaine, le vin est très marqué par le cabernet, déployant au nez des notes de cuir et de tabac. La bouche est d'une mouture très fine, avec une ampleur moyenne et une forme stricte. Parfaitement ouvert.

10476109 67,50$ ★★★★ ①

TENUTA SAN LEONARDO

Terre di San Leonardo 2011, Vigneti delle Dolomiti

Déjà assez accessible en ce qu'il possède la souplesse caractéristique du merlot: rondeur fruitée, saveurs de prune et de cacao. La structure du cabernet encadre le fruit et le vin termine sur des accents d'eucalyptus et de menthe qui apportent une fraîcheur aromatique fort agréable. À boire d'ici 2018.

11450138 22,45$ ★★★ ½ ② ♥

VISTORTA

Merlot 2009, Friuli Grave, Conte Brandolini d'Adda

Ce vin maintenant parfaitement ouvert coule sur la langue comme du velours et se dessine avec une élégance peu commune. N'y cherchez pas l'opulence d'un merlot moderne. Le cépage bordelais adopte ici une allure très classique. Mûr et pourtant plein de vitalité. À ce prix, on ne se trompe pas.

10272763 24,60$ ★★★★ ② ♥

LAGEDER

Haberle Pinot bianco 2012, Alto Adige

Ambassadeur pour sa région, Aloïs Lageder produit certains des meilleurs vins blancs du Haut-Adige. Sous l'étiquette Tenutæ, il commercialise des vins dont les raisins proviennent exclusivement de ses propres vignobles, cultivés selon les principes de la biodynamie.

Il suffit parfois de s'ancrer dans ses certitudes pour que la vie se charge de nous prouver qu'on a tort. Il y a quelques années, faute d'avoir goûté des pinots blancs complexes, j'en suis venue à la conclusion que ce cépage ne valait pas grand chose. Parmi ces exceptions qui confirment la règle, ce vin somptueux provenant d'un vignoble d'altitude. Un pinot blanc hors norme: très sec, minéral et dont la longue finale égrène des saveurs d'écorce d'orange, de fleurs blanches et d'épices, le tout rehaussé d'une amertume noble. Il frôle la perfection.

898395 25,10$ ☆☆☆☆ ½ ② ♥

V **Filet de sole ou de doré, sauce aux agrumes; crevettes sautées à l'orange.**

Si vous avez aimé, vous aimerez...

JERMANN

Pinot bianco 2012, Venezia Giulia

Dans les collines du Frioul près de la frontière slovène, Silvio Jermann produit quelques vins de grande envergure, comme ses cuvées Vintage Tunina. Assez belle réussite pour ce vin issu d'un cépage peu volubile. Saveurs fines de fruits blancs et de miel, caractère légèrement perlant et saine fraîcheur.

11035751 33$ ☆☆☆ ②

LAGEDER

Pinot bianco 2013, Alto Adige

Plus modeste que le Haberle, mais fort charmant à sa manière. Bon vin blanc sec, modérément aromatique, aux goûts très nets de fruits blancs; digeste et frais.

12057004 21$ ☆☆☆ ①

LAGEDER

Pinot grigio 2013, Porer, Tenutae Lageder, Alto Adige

Bien qu'un peu plus court que d'habitude, ce pinot gris est assez satisfaisant par sa vinosité et sa netteté aromatique.

10248712 27,65$ ☆☆☆ ②

TERLANO

Pinot bianco 2011, Vorberg, Alto Adige

Même s'il a vite fait de séduire le palais avec son attaque en bouche ample et vineuse, ce vin se distingue avant tout par sa minéralité et par sa résistance à l'usure du temps. Particulièrement concentré en 2011, mais pourtant d'une grande fraîcheur, il conserve cette allure aérienne et distinguée. Au cours de la dernière année, j'ai goûté ce vin à au moins cinq ou six reprises. Chaque fois dégusté sur plusieurs jours, le vin se révélait toujours avec plus de nuances après 72 heures. On peut le laisser reposer en cave pendant une décennie, sans craindre qu'il ne se fatigue.

12335529 37$ ☆☆☆→☆ ③ ♁

TERLANO

Pinot grigio 2013, Alto Adige

Stylistiquement plus près d'un pinot gris que d'un grigio, ce vin fait également preuve d'une certaine profondeur. Gras et perlant tout à la fois, riche en goûts de fruits jaunes, de miel et d'épices. Finale distinguée.

12052351 23,25$ ☆☆☆☆ ② ♥

MONTE SANTOCCIO

Amarone della Valpolicella Classico 2009

Nicola Ferrari a eu le privilège de travailler pendant une dizaine d'années aux côtés de Giuseppe Quintarelli. Il continue désormais à parfaire son art dans son vignoble d'à peine trois hectares, situé au cœur de la zone Valpolicella Classico.

Les amarones ne naissent pas tous égaux. Entre les cuvées emblématiques des Quintarelli, Dal Forno et Zymē et les vins commerciaux qui inondent le marché, il y a un monde de différences. Voilà pourquoi il faut souligner la qualité irréprochable et la complexité aromatique de cet amarone, vendu à un prix terrestre. Stylé, élaboré dans de justes proportions et très distingué, avec son nez qui rappelle le porto et ses couches de saveurs fruitées en bouche. Finale vibrante enjolivée de notes florales. À découvrir!

En primeur

11859013 61$ ★★★★ ③ Ⓢ

V **Civet de chevreuil au cacao; canard braisé à la sauge.**

D'autres Amarone della Valpolicella

MARION

Amarone della Valpolicella 2009

Distingué et distinctif, comme tous les vins de cette maison. Puissant et exubérant, à la fois généreux et très subtil par son jeu de nuances aromatiques; le tout est relevé par un léger reste de gaz carbonique qui procure une sensation étrangement tonique, compte tenu de sa force alcoolique à 16%. C'est l'un des beaux spécimens du genre. On peut l'apprécier dès maintenant pour profiter de sa fougue juvénile ou encore le laisser reposer jusqu'en 2019.

11694386 90,50$ ★★★★ ③

MONTRESOR

Amarone della Valpolicella 2010

Un léger reste de gaz donne au 2010 une allure un peu rustique, mais rehausse le fruit et apporte un supplément de vitalité, un heureux attribut vu la teneur alcoolique à 15%. Bon amarone tout-aller, à boire d'ici 2017.

240416 35$ ★★★ ②

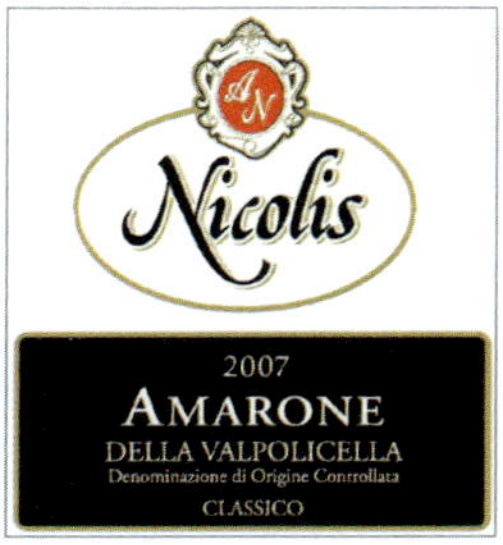

NICOLIS

Amarone della Valpolicella 2007

Un vin sérieux, dont la riche trame fruitée repose sur une charpente tannique juste assez solide pour procurer à l'ensemble une tenue exemplaire. Finale ample et vaporeuse aux parfums de fruits secs et de kirsch. Déjà assez ouvert pour être apprécié; à boire jusqu'en 2017.

11028324 51,50$ ★★★ ½ ②

NICOLIS

Amarone della Valpolicella Classico 2006, Ambrosan

Comme la plupart des amarones, ce vin séduit immanquablement par son attaque nourrie et ses formes plantureuses. Une bonne couleur; un nez riche de fruits secs, d'épices et de vanille; crémeux, beaucoup de fruit et une concentration évidente. Imposant et large en bouche. Pas donné, mais un assez beau spécimen dans son genre.

896860 72,25$ ★★★→? ③

QUINTARELLI GIUSEPPE

Amarone della Valpolicella 2004

Quel vin sublime! Une seule gorgée suffit pour comprendre pourquoi une légion de fidèles accepte de payer des sommes folles pour les vins confectionnés par ce grand maître. Pour ce style Quintarelli, qui donne à cet amarone un caractère aussi affirmé qu'original. Épicé et mentholé, une attaque en bouche franche, musclée, capiteuse (17% d'alcool) et pourtant pas du tout brûlante et une finale d'une longueur infinie. Hors de prix, mais dans une classe à part. Dans le *Courrier vinicole* de novembre 2014.

En primeur

12304141 388$ ★★★★★ ②

ZYMĒ

Amarone della Valpolicella Classico 2003, Riserva, La Mattonara

Aidé par la chaleur extrême du millésime 2003, Celestino Gaspari a produit un amarone hors norme, dont la puissance débridée et l'attaque en bouche sucrée, couronnée de parfums vanillés, ne laissera personne indifférent. Même s'il est déjà âgé de plus de dix ans, ce 2003 ne montre pas le moindre signe de fatigue et s'impose en bouche comme un feu d'artifice de saveurs et de texture. Pas brûlant ni déséquilibré, juste extrêmement intense. Au point où je m'imagine mal boire plus d'un verre de ce mastodonte. À apprécier un peu comme un vin fortifié... Un vin de *meditazione*, comme on dit là-bas, à déguster en quantité homéopathique. Dans le *Courrier vinicole* de novembre 2014.

En primeur

11857085 357,25$ ★★★→★ ③ Ⓢ

QUINTARELLI GIUSEPPE

Valpolicella Classico Superiore 2005

Figure légendaire de Vénétie, le vigneron-artiste Giuseppe « Bepi » Quintarelli est décédé en 2012. Sa fille et ses petits-enfants ont pris la relève et n'ont rien changé à la façon de faire ultratraditionaliste qui a contribué à la réputation de la maison.

Ce valpolicella, qui contient un petit 4% de cabernet, est nettement au-dessus de la mêlée avec ses saveurs riches et son nez fin aux notes de fumée et de fruits secs. Un valpolicella hors norme, comparable à certains amarones et même meilleur. Chaud, capiteux et offrant une matière très concentrée. Grande amplitude en bouche, du volume et beaucoup de chair autour de l'os. Notez aussi qu'il n'est pas quatre fois moins bon que l'amarone du même producteur... Servir idéalement autour de 16 °C, pour éviter de trop percevoir sa richesse alcoolique. Mûr et prêt à boire.

12332782 93,25$ ★★★★ ½ ①

V Magret de canard rôti aux cinq-épices; filet de bœuf sauce au porto.

D'autres Valpolicella et Valpolicella Classico Superiore

ALLEGRINI

Valpolicella 2013

La famille Allegrini a acquis une notoriété en Vénétie, notamment grâce à ses vins des crus de La Poja et de La Grola. Bien qu'il soit nettement plus modeste, le valpolicella courant n'en est pas moins agréable, par ses effluves de cassis et sa vitalité en bouche. Un plaisir simple à servir frais autour de 15 °C.

11208747 16,25$ ★★★ ② ♥

CAMPAGNOLA

Corte Agnella 2012, Corvina Veronese

Un peu rustique à l'ouverture, ce vin se laisse davantage apprécier après une aération d'une demi-heure en carafe. Bon vin souple et expression franche et savoureuse du cépage corvina. Une tonne de fruit sur un fond d'épices, assez charnu, mais avant tout coulant et agréable à boire, surtout s'il est servi autour de 15 °C.

11028295 16,85$ ★★★ ② ♥ ♁

MARION

Valpolicella Superiore 2010, Valpolicella

Nez très invitant; bouche riche, crémeuse et ponctuée d'accents vanillés. Un peu timide lorsque goûté en août 2014, le vin m'a semblé traverser une phase ingrate. Choc du transport? Peut-être bien. Qu'à cela ne tienne, il s'agit sans le moindre doute d'un vin complet et complexe, élaboré dans les règles de l'art. Son équilibre et sa finale relevée d'une foule de détails sont d'ailleurs garants d'un bel avenir.

10710268 39$ ★★★→★ ③

MARION

Valpolicella 2012, Borgo Marcellise

Tout léger (12,5% d'alcool) et misant à fond sur l'expression fruitée des cépages locaux, un très bon valpolicella «tout court», doté d'une certaine tenue en bouche. En finale, le fruit s'accompagne d'herbes séchées, qui ajoutent à sa dimension, apportent une certaine fraîcheur aromatique et laissent une impression drôlement rassasiante pour le prix. Arrivée en novembre 2014.

12328311 19,95$ ★★★★ ② ♥

TENUTA SANT'ANTONIO

Valpolicella Superiore 2009, La Bandina

Sans doute à la faveur de l'été 2009 et d'un millésime très classique pour les vins passerillés, ce vin me donne l'impression d'être encore plus complet cette année. Plein, mûr, intense et parfumé. De la cannelle et des cerises confites. Finale capiteuse et tonique.

10705207 30,95$ ★★★★ ②

TOMMASI

Valpolicella 2013

Par son fruit croquant et sa vitalité, le 2013 évoque un peu les beaujolais-villages. Droit, pur et plein de fraîcheur. Un bon valpolicella «tout court», à servir de préférence autour de 15 °C.

560797 15,95$ ★★★ ② ♥

ZYMĒ

Valpolicella 2012, Rêverie

Nez qui rappelle le Piémont, cerises fraîches, herbes séchées. En bouche, le vin se fait davantage valoir par sa fraîcheur et sa légèreté alcoolique (11,5%) que par son ampleur. Il offre ainsi un heureux contraste dans ce marché saturé en gros vins toujours plus puissants et concentrés. Pas très long ni complexe, mais agréable à boire.

12328417 19,95$ ★★★ ② ♥ ♙

MARION

Teroldego 2010, Veronese

Lorsqu'elle a acheté ce domaine en 1988, la famille Campedelli a d'abord consacré beaucoup d'efforts à la restauration et à la réorganisation du territoire pour ensuite y introduire de la vigne. Aujourd'hui, leurs vins sont considérés, à juste titre, parmi les plus achevés de la région.

Dégusté côte-à-côte avec le somptueux Granato d'Elisabetta Foradori, ce vin était loin de faire pâle figure. Bien sûr, il n'a pas le raffinement et la grâce de son pendant du Haut-Adige, mais il compense largement par sa texture très mûre, qui coule sur la langue comme du velours, et par ses couches de saveurs. Une interprétation plantureuse et haute en couleur du cépage teroldego. Original et rassasiant de fraîcheur.

10863660 45,50$ ★★★★ ③

V **Chou farci à la saucisse; pintade aux pruneaux.**

D'autres vins rouges de Vénétie

MACULAN

Palazzotto 2011, Breganze

Fausto Maculan est maintenant solidement épaulé par ses filles Angela et Maria Vittoria. Particulièrement volubile lorsque goûté en septembre 2014, le Palazzotto avait un nez séduisant, mêlant la menthe et les fruits noirs; une attaque franche, des saveurs de poivrons rouges, mais sans verdeur tannique ni amertume. Un cabernet de facture très classique qu'il faudrait peut-être attendre encore deux ou trois ans.

11580995 30$ ★★★→? ③

MACULAN

Cabernet 2012, Breganze

Un cran moins structuré, mais non moins savoureux avec son attaque en bouche vibrante, aux goûts de fruits rouges acidulés et de cannelle. Assez charnu, avec des aspérités tanniques qui lui donnent un petit air rustique fort sympathique et procurent une agréable sensation de fraîcheur. À moins de 20$, on en fait provision!

11028261 18,45$ ★★★★ ② ♥

MARION

Cabernet sauvignon 2010, Veneto

Un cabernet sauvignon hors norme, à la fois très mûr et aussi dense que bien des vins de Napa, mais qui fait aussi preuve d'une grande fraîcheur, puisque le processus de déshydratation concentre non seulement le fruit et les saveurs, mais aussi l'acidité. Séveux, intense et équilibré.

10443091 44,50$ ★★★★ ③

VIGNALTA

Marrano 2008, Veneto

Cabernet sauvignon et merlot à parts égales s'unissent pour donner un vin de facture très classique, au profil résolument plus médocain que Nouveau Monde. Tissu tannique assez ferme; élégance et retenue. Encore passablement de matière en réserve, on pourra l'apprécier aisément jusqu'en 2019.

12131391 28,90$ ★★★→? ③

VIGNALTA

Rosso Riserva 2009, Colli Euganei

Manifestement issu de raisins à parfaite maturité, comme en témoigne sa texture sphérique et dodue, assez caractéristique du merlot, dont il est issu à 60 %. Pas tout à fait aussi distinctif que le 2008, mais on apprécie sa longue finale et l'élégance de son grain tannique. Il en offre beaucoup pour le prix.

10705071 22,40$ ★★★ ½ ② ♥

ZYMĒ

60-20-20 Cabernet 2009, Veneto

Cet exercice de style sur le thème des cépages bordelais – cabernet sauvignon, cabernet franc et merlot (60 %, 20 % et 20 %) – plaira sans doute à l'amateur d'amarone et de ripasso, avec son attaque en bouche sucrée, sa corpulence et sa finale vaporeuse aux accents confits.

11581058 46,75$ ★★★ ②

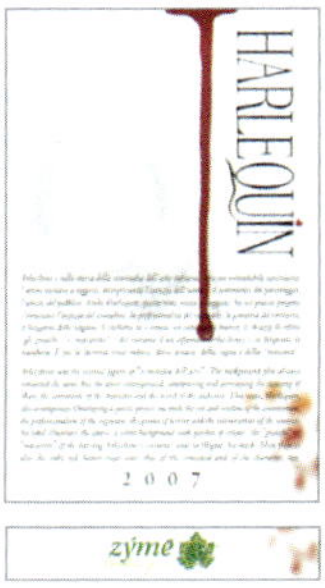

ZYMĒ

Harlequin 2007, Veneto

Fruit d'un assemblage inusité de 15 cépages (11 rouges, 4 blancs) cette curiosité vénitienne est soumise à un élevage intensif en fûts de chêne neufs. Résultat : un vin coloré comme de l'encre, aussi intense au nez qu'en bouche, puissant, capiteux et doté d'une attaque presque crémeuse. Cette générosité débridée est heureusement encadrée d'une solide trame tannique qui assure son équilibre et son tonus en bouche. Quelques années de repos aideront à dompter la bête.

En primeur

12441305 386,50$ ★★★→? ③ Ⓢ

ANSELMI

Capitel Foscarino 2013, Veneto Bianco

Dans sa cave de Monforte, Roberto Anselmi produit des vins parmi les plus achevés de la région. Comme il a abandonné l'appellation Soave en 2000, toute sa production est désormais commercialisée sous la dénomination Veneto.

Retour en force cette année pour ce vin issu de l'un des beaux terroirs de la région de Soave, sur les flancs du mont Foscarino, où la vigne s'enracine dans des sols de lave basaltique. Plus complexe, il me semble, en 2013. Relativement sec, tonifié par un reste de gaz, avec un caractère minéral, *flinty*, comme disent les Anglais (c'est-à-dire qu'il rappelle les odeurs de pierre à fusil). À boire sans se presser au cours des cinq prochaines années.

928218 24,45$ ☆☆☆☆ ② ♥

V *Risi e bici ;* pâtes aux fruits de mer avec gremolata.

D'autres vins de Soave

ANSELMI

Capitel Croce 2013, Veneto Bianco

Le garganega est assez bien servi par l'élevage en fûts qui nourrit le vin et apporte une sensation de sucrosité en bouche. Un reste de gaz et une légère amertume permettent de conserver un bon équilibre.

928200 26,45$ ☆☆☆ ②

ANSELMI

San Vincenzo 2013, Veneto Bianco

Un vin délicat, fruité, sentant le céleri et le citron. Frais et bien équilibré. Un très bon vin vendu à prix juste et qu'on boit avec grand plaisir.

585422 17,95$ ☆☆☆ ① ♥

INAMA

Soave Classico 2013

La première bouteille ouverte en juillet était bouchonnée. On semble avoir résolu le problème pour de bon puisque la deuxième bouteille acquise était coiffée d'une capsule à vis. Heureuse idée qui permet d'apprécier toute l'expression fruitée du garganega. Bon équilibre en bouche; une aération d'une demi-heure permettra de tempérer sa nervosité et d'atténuer ses odeurs de réduction.

908004 19,35$ ☆☆☆ ②

PRÀ

Soave Classico 2012, Monte Grande

La famille Prà s'inscrit dans la lignée des Pieropan, Inama et autres Anselmi qui s'appliquent à redonner au garganega ses lettres de noblesse. Cette cuvée issue de vignes âgées d'une quarantaine d'années, plantées à flanc de colline à une altitude de 150 m, est fermentée et élevée en fûts de chêne français. Et dans le verre? Une interprétation racée et néanmoins très pure du terroir de Soave. Des saveurs minérales et des accents de miel, de cire d'abeille, de fleurs, juste ce qu'il faut de gras et un léger reste de gaz qui apporte un supplément de fraîcheur; le vin laisse en bouche une impression élégante. Compte tenu de la qualité, le prix me semble justifié.

12132140 30$ ☆☆☆☆ ② ♥ ▼

TAMELLINI

Soave 2013

Très joli vin issu à 100% du cépage local garganega. Fin et frais, aux arômes de pomme verte, de melon et d'agrumes, avec d'agréables notes d'amande douce. Plutôt léger en bouche, mais savoureux, avec une légère amertume rafraîchissante en finale.

10858027 20,80$ ☆☆☆ ②

L'INTRUS

ZYMĒ

Il Bianco – From black to white 2013, Veneto

Ce vin original résulte d'un assemblage de cépages locaux. Encore très jeune, le 2013 a beaucoup de caractère. Très typique des bons vins blancs d'Italie septentrionale. Vineux, légèrement perlant et tonique; des notes minérales assez subtiles lui confèrent un certain style. À boire d'ici 2019.

11858897 24,55$ ☆☆☆☆ ② ♥

SAN VALENTINO

Terra di Covignano 2010, Sangiovese di Romagna Riserva

En bordure de la mer Adriatique, le vignoble de Roberto Mascarin jouit d'une influence maritime qui permet une maturation lente des raisins. Ses vins sont la preuve qu'on peut produire en Émilie-Romagne et sangiovese des crus aussi substantiels que bien des vins de Toscane.

Plutôt fermé à l'ouverture, ce vin a profité d'une aération de deux heures en carafe. Il déployait alors un fruit d'une richesse remarquable, doublé d'un caractère floral exubérant. Solide charpente formée de tanins mûrs, dodus et bien enveloppés. Intense et concentré, mais doté d'une puissance contenue dont on ne se lasse pas. Finale savoureuse de kirsch et de noyau de cerise. Servir frais, idéalement autour de 17 °C. Un vin parfait pour se réchauffer pendant les soirées froides d'hiver.

11726894 28,70 $ ★★★★ ② ♥

V **Bœuf braisé aux tomates et aux carottes; côte de veau aux champignons portobello.**

D'autres vins rouges d'Émilie-Romagne

DREI DONA

Pruno 2009, Sangiovese di Romagna Riserva

Le sangiovese avec un accent du Nord, généreusement nourri par la richesse du millésime 2009, coloré, costaud et mis en valeur par un bel usage de la barrique. Bien structuré et enrobé de tanins mûrs, sur des notes de vanille et de fruits mûrs et confits. Pas donné, mais la qualité est au-dessus de la moyenne.

11295473 41,50 $ ★★★ ½ ②

GOLINELLI, MASSIMO

Cubera 2013, Sangiovese di Romagna Superiore

Un sangiovese boisé de taille moyenne, qui dégage au nez des notions végétales, mais offre en bouche un fruit assez net. Forme générale un peu rectiligne; consistant, mais pas le meilleur du genre.

11030846 18 $ ★★ ½ ②

POGGIO AL DRAGO

Sangiovese-Merlot 2013, Rubicon

Moins ambitieux et d'une certaine façon plus sincère que tant d'autres vins rouges de cette région, ce vin s'avère fort plaisant par la franchise de son fruit, ses notes de cassis et cette sorte de fraîcheur tannique, propre aux bons sangioveses.

10780469 16,25$ ★★★ ② ♥

SAN PATRIGNANO

Aulente 2013, Rubicone

Bon vin de sangiovese dont le nez de fruits sauvages n'est pas sans rappeler certains zinfandels. La comparaison s'arrête là cependant, car la bouche est nerveuse et vibrante et le vin laisse en finale une sensation rassasiante de fraîcheur. Belle réussite et bon achat à moins de 20$.

11451907 18,90$ ★★★ ½ ② ♥

SAN VALENTINO

Sangiovese di Romagna 2012, Scabi

Le nez affriolant de framboises de ce sangiovese annonce un vin dodu et gorgé de fruit et de vitalité. Bien en chair et consistant, à défaut de profondeur. Quatre étoiles dans sa catégorie. Un très bon achat à ce prix.

11019831 18,80$ ★★★ ½ ② ♥

ZERBINA

Sangiovese di Romagna 2011, Ceregio

Très bon vin courant élaboré de main de maître par Cristina Geminiani, l'une des étoiles de l'Émilie-Romagne viticole. Des goûts de griottes et d'herbes séchées, une attaque en bouche franche et tonique et une étoffe tannique juste assez dense pour soutenir le fruit. À moins de 20$, on se régale. Encore meilleur s'il est servi frais autour de 15 °C.

11295511 17,85$ ★★★ ½ ② ♥

CASTELLO DI AMA

Chianti Classico Riserva 2009

Dans les hauteurs de Gaiole in Chianti, Marco Pallanti veille sur le domaine appartenant à la famille de son épouse, Lorenza, depuis plus d'un quart de siècle. Du plus modeste au plus grand, tous ses vins ont en commun un équilibre et un raffinement exemplaires.

Lorsque goûté en août 2014, celui-ci était dans une forme exceptionnelle. Servi aux côtés de quelques-uns des plus illustres crus de Toscane lors d'un repas, il a en quelque sorte volé la vedette. Et pour les bonnes raisons puisqu'il ne donne pas dans la surabondance, mais procure un plaisir immense à table, par ses vertus d'équilibre et de fraîcheur, son grain serré, velours, élégant. Par cette tension aussi, formée de réserve et de puissance contenue. Le cabernet franc (20 %) contribue sans doute à sa plénitude en bouche et à son registre de saveurs, entre les fruits noirs et les tonalités animales. À apprécier tout au long de la décennie.

11315403 40 $ ★★★→★ ③

V **Escalope de caribou au jus de viande, radicchio braisé ; filet de bœuf, fricassée de poivrons, champignons et tomates.**

D'autres Chianti Classico Riserva

ANTINORI

Chianti Classico Riserva 2011, Marchese Antinori

Maintenant produit exclusivement avec les raisins de la Tenuta Tignanello, ce chianti classico est, en quelque sorte, le second vin du Tignanello – et du Solaia dans une moindre mesure, puisque le sangiovese est complété de 10 % de cabernet sauvignon. Mûr, charnu et portant les traits de son millésime d'origine, un vin chaleureux et plein en bouche. Des aspérités tanniques bien dosées assurent sa tenue et sa tonicité.

11421281 30,25 $ ★★★→? ③

ANTINORI

Chianti Classico 2009, Badia a Passignano

Dans un mode résolument moderne, un chianti techniquement impeccable, presque sucré tant le fruit et les tanins sont mûrs ; savamment boisé et possédant beaucoup d'ampleur en bouche. Finale séduisante aux goûts de kirsch et d'épices. À boire entre 2015 et 2018.

403980 42,50 $ ★★★→? ③

LE MICCINE

Chianti Classico Riserva 2011

En 2011, l'œnologue d'origine québécoise Paula Papini Cook a produit un bon vin musclé et chaleureux (14,5% d'alcool), mais heureusement appuyé sur une saine acidité et laissant une impression de plénitude. Il arrivera à maturité vers 2016-2018.

11580135 27,15$ ★★★ ②

NOZZOLE

Chianti Classico Riserva 2010

Pas mal dans un style pansu et corpulent; de l'envergure tannique, débordant de fruit, avec bon équilibre d'ensemble. Il a encore beaucoup de matière en réserve et tiendra aisément jusqu'en 2018. Finale chaleureuse aux tonalités florales et confites.

11881878 25,60$ ★★★→★ ③ ♥

SAN FABIANO CALCINAIA

Gran Selezione di Chianti Classico 2010, Cellole

La dénomination Gran Selezione n'a été approuvée qu'en 2014, mais les vins de millésimes antérieurs qui rencontraient les critères de cette nouvelle appellation de chianti classico peuvent aussi être commercialisés comme tels. Plutôt que de miser sur la puissance, ce vin brille par son large spectre aromatique, entre les fruits secs et confits, les épices, le noyau de cerise et les notes animales. Plein et savoureux, intense et complexe. À laisser reposer en cave jusqu'en 2020.

10542479 37,25$ ★★★★ ③

SAN FELICE

Chianti Classico Riserva 2010, Il Grigio

Cette vaste propriété située au sud-est de l'appellation Chianti Classico a grandement contribué à la réhabilitation de variétés autochtones de Toscane. Ce 2010 renoue avec la droiture habituelle, après un 2009 un peu plus enrobé. Tanins très fins et texture soyeuse, il ne manque pourtant pas de corps. Tout en retenue et en élégance. Vraiment, j'aime beaucoup le classicisme de ce vin.

703363 26,35$ ★★★★ ② ♥

VOLPAIA

Chianti Classico Riserva 2010

Ce vin a besoin d'au moins quatre à six ans pour commencer à se révéler pleinement. On retrouve cette même suavité en bouche et toujours ces arômes organiques, portés par une structure tannique encore plus solide. Déjà très complexe et profond, c'est un candidat idéal pour la cave, qui révélera de belles surprises au fil des ans.

730416 36,75$ ★★★★ ③

VOLPAIA

Chianti Classico 2011

Giovannella Mascheroni Stianti a participé activement à la renaissance du chianti et du village de Volpaia au cours des années 1980. Son vaste domaine est toujours la source de vins sincères et élégants, pas tape-à-l'œil pour deux sous et, surtout, conçus pour la table.

Tout en retenue et en finesse, ce 2011 égrène des saveurs complexes de sous-bois, de tomates séchées, de cerises et de prune. Superbe texture en bouche, au fruit mûr, porté par une acidité fraîche et des tanins mûrs mais fermes. Indéniablement charmeur avec ses jolies notes de cerises qui lui confèrent un caractère gourmand et juteux, mais aussi totalement sangiovese avec ses notes terreuses et sa structure solide. Un vin très complet à ce prix.

10858262 26,45$ ★★★★ ② ♥

V **Bœuf et légumes-racines braisés ; osso buco.**

D'autres vins de Chianti Classico

BARONE RICASOLI

Chianti Classico 2010

La vaste propriété de 1400 hectares des barons Ricasoli est un peu le berceau historique du chianti. Chianti de facture conventionnelle, mis en valeur par un élevage maîtrisé en fûts de chêne, qui laisse en bouche des notes de cèdre et d'épices. Sa richesse alcoolique de 14,5% se fait sentir et lui confère un tempérament chaleureux et rassasiant. Jeune, puissant et large d'épaules, il gagnera à mûrir encore quelques années. Prix mérité pour un vin sérieux et prometteur.

12249292 49,50$ ★★★→★ ③

CARPINETA FONTALPINO

Chianti Classico 2012, Fontalpino

À l'extrémité sud de l'appellation Chianti Classico, Gioia Cresti et son frère Filippo élaborent aussi un très bon vin de forme classique. Très jeune, vigoureux et assis sur des tanins fermes, sans dureté. Saveurs compactes de fruits noirs. Un bon chianti, plus corsé et plus concentré que la moyenne et que l'on boira idéalement entre 2016 et 2020.

10969747 24,05$ ★★★→? ③

CASTELLO DI AMA

Chianti Classico 2010

Cerises, vigueur tannique; poli et élégant, mais pas trop. L'utilisation de 20 % de merlot permet de tempérer la vigueur tannique naturelle du sangiovese, sans sacrifier la fibre florentine. Finale relevée et persistante, où se mêlent les fruits confits, les fleurs, les épices et les herbes séchées.

12019083 27,70 $ ★★★ ½ ② ♥

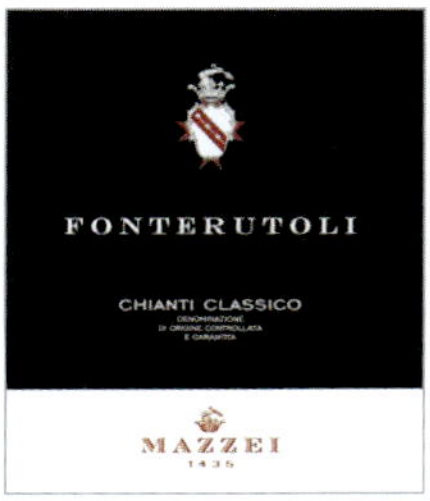

CASTELLO DI FONTERUTOLI

Chianti Classico 2011

Fonterutoli est un nom à retenir pour l'amateur de vins toscans modernes, au sens noble du terme. Toujours nettement plus substantiel que la moyenne de l'appellation et particulièrement riche en fruit en 2011, avec une attaque en bouche mûre, capiteuse et pourtant digeste. Déjà savoureux, à boire au cours des trois prochaines années.

856484 25,70 $ ★★★→★ ③

FONTODI

Chianti Classico 2010

Dégusté en septembre 2014, je soupçonne que ce vin traversait le malheureux creux de vague de l'adolescence. Tous les éléments sont présents: l'acidité, le fruit, une matière tannique imposante et riche en extraits, etc. Mais le vin se présente en bouche de manière désordonnée, avec une certaine dureté. Laissons-lui quelques mois de repos...

879841 32 $ ★★★→? ③

ISOLE E OLENA

Chianti Classico 2012

Ce chianti qui m'a laissée sur ma soif lors des deux derniers millésimes est plus harmonieux en 2012, il me semble. Toujours généreusement fruité, sur un fond de vanille et de noix de coco et souligné d'une saine acidité. Goûté de nouveau le lendemain, le bois était mieux intégré, laissant le fruit s'exprimer avec pureté et élégance; cadre tannique juste assez strict et serré. À boire entre 2015 et 2018.

515296 33 $ ★★★→? ③

SAN FABBIANO CALCINAIA

Chianti Classico 2012

Fruit de l'agriculture biologique, un vin de conception moderne, mais portant la vigueur tannique du sangiovese et surtout débordant de fruit, avec un bon goût de confiture de framboise. Encore jeune et un peu dessiné à gros traits pour le moment; sa persistance en bouche semble toutefois garante d'un bon potentiel. À revoir dans trois ou quatre ans.

10843327 21,75 $ ★★★→? ③

BARBI

Brunello di Montalcino 2008

Imperméable au vent de modernisme qui a gagné Montalcino depuis une quinzaine d'années, la famille Colombini continue de produire des brunellos d'esprit traditionnel, dont la singularité repose sur un style dépouillé.

Ce 2008 a d'ailleurs un goût d'une autre époque. Pas de parfums boisés ni de manœuvres œnologiques. Déjà, au nez, on ne manque pas d'être interpelé par ses notes de sous-bois et de champignons. La bouche est tendre et s'articule autour de tanins fins et serrés, sans trop d'aspérités, mais surtout sans mollesse. Un excellent vin à boire au cours des trois prochaines années.

11213343 48,50$ ★★★★ ②

V Gigot d'agneau aux herbes; côte de bœuf au sel, légumes-racines.

D'autres Brunellos di Montalcino

CAPARZO

Brunello di Montalcino 2009

Un vin épanoui s'imposant davantage par son jeu complexe de saveurs que par sa force. Peut-être pas aussi puissant que d'autres vins de cette appellation dans le même millésime, mais il a passablement de volume en bouche et s'articule autour de tanins mûrs. Sa franchise mérite aussi d'être signalée. À boire entre 2016 et 2019.

10270178 48,50$ ★★★→? ③

CASANOVA DI NERI

Brunello di Montalcino 2009

Un cran plus concentré que la moyenne, sans verser dans la puissance brute, le vin s'articule autour de tanins fermes et tricotés serrés et regorge de saveurs compactes et persistantes de fruits noirs et d'épices. Nul doute, l'amateur de brunello ample et généreux y trouvera son compte. À boire sans se presser jusqu'en 2020.

10961323 58,50$ ★★★★ ②

CASANOVA DI NERI

Brunello di Montalcino 2008, Tenuta Nuova

Même s'il n'a pas l'envergure du savoureux 2007 commenté l'an dernier, le Tenuta Nuova est à retenir parmi les références en matière de Brunello moderne. Texture sphérique, bien assouplie par l'élevage, tanins polis avec juste assez d'aspérités. Une pointe d'acidité volatile rehausse les saveurs de fruits secs et d'épices. Sa trame tannique fondue le rend déjà agréable à boire ; il le restera jusqu'en 2018.

10870157 70,50$ ★★★ ½ ③

FRIGGIALI

Brunello di Montalcino 2009

Sans doute à la faveur de ce millésime généreux, on a produit un brunello étonnamment fruité, nerveux à l'attaque et pourtant chaleureux en finale. Plus flatteur que d'habitude, la chair est ample, suave et juste assez ferme pour encadrer le fruit. À boire d'ici 2017.

11294809 46,75$ ★★★ ②

PIAN DELLE VIGNE

Brunello di Montalcino 2009

Depuis 1995, la famille Antinori a développé un domaine à Montalcino, où elle élabore des brunellos de facture moderne. La couleur tuilée et les notes fumées annoncent un vin ouvert et à point. On reconnaît la nature généreuse du millésime ; charpente tannique solide, mais aucune sécheresse. Un vin assez harmonieux que l'on voudra boire dès son arrivée sur le marché à l'automne et jusqu'en 2017.

12008288 51$ ★★★→? ③

PIAN DELLE VIGNE

Brunello di Montalcino 2007, Riserva, Vignaferrovia

Ample et chaleureux, un brunello hors norme, dont la stature mérite d'être soulignée. Déjà évolué comme en témoignent ses senteurs de pruneau et de fruits secs, sans être osseux ni décharné. Plutôt un vin velouté et caressant, soutenu par un fil tannique bien dosé. Imposant sans être vraiment profond.

11419683 101,25$ ★★★ ②

CASANOVA DI NERI

Rosso di Montalcino 2012

Le domaine créé en 1971 par Giovani Neri s'est imposé comme l'une des locomotives de Montalcino au cours des deux dernières décennies, depuis que Giacomo Neri a succédé à son père. L'œnologue Carlo Ferrini agit comme consultant. On reconnaît d'ailleurs la signature de Ferrini à la concentration hors norme de ce rosso di Montalcino

Toujours considérablement plus cher que la moyenne de l'appellation, ce vin en offre aussi nettement plus. Une solide charpente tannique, enrobée d'une chair fruitée dense et généreuse, qui transporte des saveurs affriolantes de cerises, de noyau et d'épices. Équilibre et finale persistante.

10335226 28,05$ ★★★★ ② ♥

V Osso buco ; pâtes au lapin braisé (ou à la saucisse italienne).

Si vous avez aimé, vous aimerez peut-être aussi...

ALTESINO

Rosso 2012, Toscana

Plutôt fringant en 2012, ce vin de sangiovese (complété de merlot et de cabernet sauvignon pour 20 %) déborde de fruit et est animé par un léger reste de gaz carbonique. À boire avec un plaisir gourmand en attendant les brunellos.

10969763 20,40$ ★★★ ½ ② ♥

ARGIANO

Rosso di Montalcino 2012

Ce domaine situé tout au sud de l'appellation, juste à côté de Banfi, appartient à la comtesse Noemi Marone Cinzano depuis 1992. Bon vin rouge vigoureux, au goût d'eau-de-vie de prune, assis sur une trame tannique assez mûre. À boire au cours des deux prochaines années.

10252869 25,20$ ★★★ ②

CAPARZO

Rosso di Montalcino 2012

Tout à fait conforme à ce que l'on peut attendre d'un bon rosso di Montalcino : une expression fruitée bien mûre, une texture souple, constituée de tanins dodus et une finale franche et désaltérante. À ce prix, rien à redire.

713354 19,60$ ★★★ ½ ②

FRIGGIALI

Rosso di Montalcino 2012

Bon vin sincère, droit, alliant le fruit mûr et la fraîcheur tannique propre au sangiovese. À boire dans les trois prochaines années.

11895479 24,25$ ★★★ ②

LES INTRUS

CAPEZZANA

Barco Reale di Carmignano 2012

Les millésimes se succèdent et je ne me lasse pas de ce vin, offert à prix d'aubaine. Rappelons que Barco Reale est en quelque sorte le petit frère du Carmignano, un peu comme l'est un rosso di Montalcino avec le brunello. Bon vin de consommation courante, avant tout souple et juteux, exempt de goût boisé, mais débordant de fruit et de fraîcheur. Vite, un plat de *pasta* !

729434 19,85$ ★★★ ½ ② ♥

CARPINETA FONTALPINO

Colli Senesi Chianti 2013

Produit dans les collines de Sienne, en dehors de la zone du Chianti Classico, ce vin séduit d'amblée par son nez floral, évoquant la rose. La bouche est franche, vibrante et présente un équilibre idéal entre le fruit et le grain tannique, entre le volume et l'acidité. Si bon et affriolant qu'on a vite soif d'un second verre. Méfiez-vous ! À moins de 20$, il en vaut bien d'autres, et des plus chers… Pour toutes ces raisons, il mérite bien quatre étoiles dans sa catégorie

10854085 19,95$ ★★★★ ② ♥

ISOLE E OLENA

Cepparello 2010, Toscana

Paolo de Marchi, le propriétaire et vinificateur de Isole e Olena, est l'un des artisans les plus respectés de la région et ses chiantis sont toujours de première qualité. Créé dans les années 1980, son Cepparello est l'un des plus dignes descendants du Tignanello.

Référence en matière de supertoscan, le vin marque un retour à une forme plus stricte après un 2009 chaleureux et bien en chair. Droit, dépouillé et de belle tenue; profil classique, attaque en bouche ferme. Un excellent vin de table dans le meilleur sens du terme. Déjà ouvert, mais bâti pour tenir la route si l'on en juge par sa persistance et son équilibre irréprochable.

En primeur

12401400 82$ ★★★→★ ③

V **Côte de bœuf grillée, légumes-racines; gigot d'agneau aux herbes.**

D'autres supertoscans

ANTINORI

Tignanello 2011, Toscana

Même s'il me semble un peu plus riche et capiteux cette année, ce vin créé au début des années 1970 n'en demeure pas moins un modèle d'élégance en matière de supertoscan. Le 2011 est séduisant en attaque, charnu en milieu de bouche et chaleureux en finale. Le nez, quoique discret, fleure bon la cerise à l'eau-de-vie; en bouche, le tissu tannique, le fruit et le bois de chêne se lient dans un ensemble harmonieux. Riche et consistant, j'ai l'impression qu'il évoluera plus rapidement que les 2009 et 2010, mais on peut sans craindre le laisser reposer jusqu'en 2020.

10820900 99,75$ ★★★→★ ③

CARPINETA FONTALPINO

Do ut des 2010, Toscana

L'œnologue consultante Gioia Cresti et son frère Filippo gèrent cette propriété située dans les collines de Sienne. Cuvée produite en hommage à leurs parents, Do ut des – «on récolte ce que l'on sème» – est à la hauteur des attentes. Le vin conjugue dans de bonnes proportions la tenue en bouche du cabernet, la rondeur du merlot et la fibre toscane du sangiovese. Un très bon vin de facture moderne que l'on voudra laisser reposer en cave jusqu'en 2016, au moins.

11309054 37,50$ ★★★→★ ③

FONTODI

Flaccianello 2011, Colli Toscana Centrale

Coloré, juteux et sphérique, le 2011 se révèle aussi particulièrement chaud et volumineux, enrobé de tanins mûrs. Sa richesse alcoolique de 15% se fait sentir et lui confère un tempérament chaleureux et rassasiant, peut-être un peu moins vibrant que les derniers millésimes. Un vin jeune, puissant et large en bouche qui gagnera à mûrir encore quelques années. Arrivée prévue dans le cadre du lancement du magazine *Cellier* de l'automne 2014.

12123921 100$ ★★★→? ③

SETTE PONTI

Crognolo 2011, Toscana

Près de la ville historique d'Arezzo, la famille Moretti veille sur ce vaste domaine dont le nom est une référence à la route qui relie les deux rives de l'Arno, entre Florence et Arezzo. Tout à fait dans l'esprit d'un supertoscan: mûr, ample et de facture moderne, avec une fibre bien régionale et des tanins juste assez rugueux et serrés pour laisser une sensation vigoureuse et rassasiante. Belle réussite!

11915038 29,95$ ★★★ ½ ②

SETTE PONTI

Oreno 2011, Toscana

Assez représentatif du millésime 2011 par son envergure fruitée et sa charge alcoolique. Ample et imposant, mais il laisse en bouche une impression de déséquilibre entre des saveurs confites, une certaine sucrosité et une acidité vive. Sa finale persistante me laisse toutefois croire qu'il pourrait encore réserver quelques surprises d'ici 2018.

10297047 74,50$ ★★★→? ③

CAPEZZANA

Ghiaie della Furba 2008, Toscana

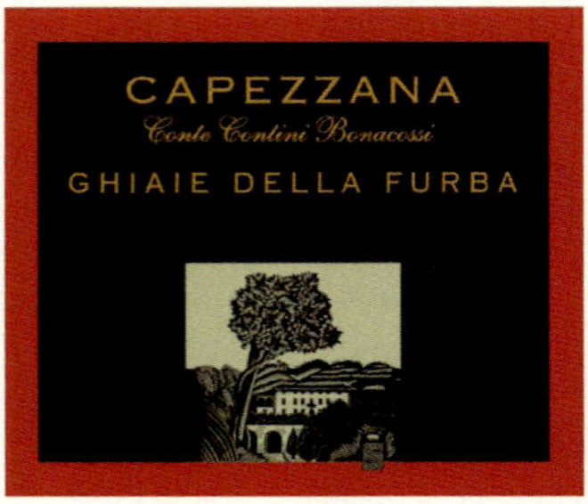

Créé en 804 au cœur de la Toscane, Capezzana est l'un des plus vieux vignobles d'Italie. Malgré son âge vénérable, la propriété des Bonacossi conserve tout son dynamisme et demeure une force motrice de Carmignano, situé à l'est de Florence, à l'écart de la zone de Chianti Classico.

Chaque année, je m'étonne de trouver une signature très italienne, très toscane même, dans ce vin pourtant issu de cabernet, de merlot et de syrah. Excellent vin moderne, plantureux et séduisant, soutenu par une charpente tannique touffue et à la fois très fine et qui tapisse la langue d'une texture veloutée. Finale savoureuse et persistante. Déjà si facile à aimer tant il est harmonieux, mais il se bonifiera jusqu'en 2018, au moins.

745232 41,50$ ★★★★ ③

V Onglet de bœuf, jus de viande corsé ; côte de veau aux cèpes.

D'autres vins rouges de cépages internationaux

CARPINETO

Cabernet sauvignon 2009, Farnito, Toscana

Plutôt que de miser à tout prix sur la maturité du fruit et la charge alcoolique, ce vin offre toute la carrure du cabernet, avec un accent bien toscan. Tanins un peu secs qui lui donnent des airs austères d'une autre époque. Beaucoup plus volubile le lendemain ; n'hésitez pas à l'aérer en carafe quelques heures avant de le servir.

963389 28,20$ ★★★→? ③

CASTELLO DI AMA

Haiku 2009, Toscana

Haïku : poème japonais en trois temps, souvent simple et intimement lié à la nature. Un nom qui sied parfaitement à ce nouveau vin de Castello di Ama, tant pour sa composition (trois cépages : sangiovese, merlot et cabernet franc) que pour ses lignes épurées. Un modèle de finesse et de netteté ; tout en retenue, tricoté serré et agrémenté de notes minérales qui rehaussent le fruit et lui donnent une allure encore plus distinguée. Vraiment excellent !

En primeur

12444611 56,75$ ★★★★ ② Ⓢ

DEGLI DEI

Cavalli 2010, Toscana

Plein et concentré, boisé mais sans excès; de justes notes chocolatées qui se mêlent aux accents de menthe et donnent l'impression d'une friandise sur la langue, l'effet sucré en moins. Une bonne poigne en fin de bouche, un grain tannique serré, garant de fraîcheur. Techniquement très achevé; à boire avec une viande saignante, jusqu'en 2019.

12237401 45,50$ ★★★→★ ③

MONTECHIARI

Cabernet 2010, Toscana

Rien qu'au nez, on devine que l'on a affaire à un vin sérieux. Est-ce l'effet de la biodynamie, d'un terroir particulier, d'un peu des deux? Toujours est-il que ce vin est bien plus qu'un autre cabernet sauvignon générique. Pur et rectiligne, franc de goût et clairement marqué par l'empreinte aromatique du cabernet sauvignon. Bien structuré et d'une bonne longueur, le vin est touffu et s'articule autour de tanins très mûrs. Un vin d'envergure, à mettre en cave en toute confiance.

11580864 58$ ★★★→★ ③ Ⓢ

TOLAINI

Picconero 2010, Toscana

Après avoir fait fortune dans l'industrie du transport, l'entrepreneur italo-canadien Pier Luigi Tolaini a acquis cette vaste propriété à Castelnuovo Berardenga, au sud de la zone de Chianti Classico. Très bon vin d'inspiration bordelaise, tant par sa composition (majorité de merlot) que par sa droiture et par son équilibre. Les accents boisés dominent au nez, sans éclipser le fruit. La matière est tendre et dodue, assez typique du merlot et étayée par la fermeté du cabernet. Bon meritage comme la Toscane sait en produire. À revoir dans cinq ans.

11985642 105$ ★★★→? ③ Ⓢ

L'INTRUS

UMANI RONCHI

Pelago 2009, Marches

Un peu au sud de la Toscane, en bordure de l'Adriatique, le Montepulciano, souvent assemblé aux cépages bordelais, donne des vins d'envergure, parfois comparables à de bons supertoscans. En 2009, cet assemblage de cabernet sauvignon (50%), de montepulciano et de merlot s'impose tant au nez qu'en bouche, par sa race et par sa solide charpente. Du corps, des saveurs compactes et une certaine puissance contenue, qui est la marque des meilleurs. Son équilibre et la persistance de ses goûts de fruits noirs sont autant de gages d'un bel avenir.

735977 39,25$ ★★★→★ ③

ARGENTIERA

Giorgio Bartholomaus 2010, Toscane

Créé au tournant de la décennie, aux limites sud de l'appellation Bolgheri, cet ambitieux projet est né d'un partenariat entre les frères Corrado et Marcello Fratini, d'importants entrepreneurs florentins, et le marquis Piero Antinori. Les vins sont élaborés dans un esprit d'équilibre.

Dégusté pour la première fois l'année dernière, le grand vin d'Argentiera m'avait fait très bonne impression. Le 2010 poursuit dans la même lignée: intense, concentré et corpulent. Une chair fruitée parfaitement mûre s'articule autour d'une solide structure tannique et laisse en bouche une grande sensation de plénitude. Équilibre et persistance. Nul doute, il ira loin; jusqu'en 2020, au moins. Impatient? Aérez-le pendant quelques heures en carafe.

11900223 166,50$ ★★★→★ ③

V **Filet de bœuf au café; gigot d'agneau au romarin.**

D'autres vins de Bolgheri

DUEMANI

Altrovino 2011, Toscana

L'œnologue Luca D'Attoma signe ce vin particulièrement complet, issu de cabernet franc et de merlot. La pratique de l'agriculture en biodynamie explique peut-être la complexité de ses saveurs, entre les fruits noirs, les herbes fraîches, le poivre et la cendre mouillée. Sa texture de velours est couronnée d'une longue finale racée. Excellent potentiel de garde.

En primeur

12339618 43$ ★★★→★ ③

DUEMANI

Suisassi 2010, Toscana

On devine la composition de ce vin (100% syrah) à ses tonalités animales qui rappellent la viande fumée. Servi frais autour de 17°C. Il était particulièrement engageant et faisait preuve d'une certaine fermeté tannique qui encadrait le fruit et aidait à tempérer la sensation de sucrosité laissée par l'élevage en fûts de chêne. À revoir dans cinq ans. Ce vin ainsi que l'Altrovino seront présentés dans le *Courrier vinicole* consacré aux vins italiens, du 7 au 24 novembre 2014.

En primeur

12299871 127,50$ ★★★→? ③

GUADO AL TASSO

Bolgheri Superiore 2011

Plein et généreusement fruité, plutôt bien servi par l'élevage en fûts de chêne qui lui donne de l'étoffe et des notes fumées, grillées, sans dénaturer le fruit. Le grain tannique mûr et tricoté serré, bien marqué par le cabernet sauvignon, n'est pas sans rappeler certains vins du Médoc en 2009. Une heureuse surprise.

977256 95,25$ ★★★ ½ ③

ORMA

Toscana 2011

Les propriétaires de Sette Ponti ont développé un nouveau vignoble dans le secteur prisé de Castagneto Carducci, voisin d'Ornellaia. Très mûr et pulpeux, beaucoup de vin dans le verre, mais rien d'exagéré. Tanins de velours qui se resserrent en finale; du grain, de la mâche et du plaisir. Il pourrait gagner en nuances d'ici 2018.

11298842 60$ ★★★→? ③

ORNELLAIA

Bolgheri Superiore 2011

Ornellaia reste fidèle au style suave et plantureux qui a fait son succès. Le 2011 fait preuve de beaucoup d'étoffe. Sphérique, accessible et enrobé par un usage calculé du chêne français, qui arrondit ses angles et l'agrémente de notes de vanille, mais fort bien tourné dans un style moderne. À boire jusqu'en 2020.

11973238 189,25$ ★★★→? ③

TUA RITA

Redigaffi 2010, Toscana

Tua Rita s'est fait connaître sur les marchés internationaux notamment par cette cuvée issue exclusivement de merlot et vendue à un prix astronomique. Dans la même veine que les Masseto et l'Apparita, le Redigaffi a, à mon avis, un supplément de profondeur et d'étoffe. Aucun artifice, des proportions idéales, un boisé élégant et surtout beaucoup de fruit mûr; du velours en bouche et une finale gracieuse.

11554092 331,75 ★★★★ ③

En primeur

TUA RITA

Syrah 2011, Per Sempre, Toscana

Plus intense que vraiment complexe, plein en bouche enrobé de tanins gommeux et assez bien équilibré dans l'opulence. Prix justifié? Je ne crois pas. Mais la qualité ne fait aucun doute. À laisser reposer idéalement jusqu'en 2018. Ce vin et le Redigaffi seront présentés dans le *Courrier vinicole* consacrés aux vins italiens, du 7 au 24 novembre 2014.

11199668 277,25$ ★★★→? ③

En primeur

FERTUNA

Pactio 2010, Maremma-Toscana

Ce vin est élaboré par Fertuna, en partenariat avec le marquis Nicolo Incisa della Rocchetta, propriétaire de Tenuta San Guido et créateur du célébrissime Sassicaia. Dégusté à deux reprises à l'été 2014, le Pactio est l'un des vins les plus achevés de Maremma que j'ai goûtés au cours des dernières années.

Un nez fin, ouvert et expressif, de fruits noirs, de cèdre et de réglisse. La bouche est tout aussi attrayante, avec un grain tannique d'une rare finesse pour cette appellation. Tout en subtilité, soyeux, 13,5% d'alcool, de la mâche, une impression de croquer le fruit; beaucoup de volume, finale distinguée et persistante aux notes de chocolat noir et aux accents de sous-bois, de champignon. Beaucoup de vin dans le verre pour le prix.

11812071 27,50$ ★★★★ ② ♥

V **Agneau braisé aux olives; filet de bœuf aux champignons et polenta aux tomates séchées.**

D'autres vins de Bolgheri

ARGENTIERA

Poggio ai Ginepri 2012, Bolgheri

Du vin plein la bouche! Fruité et costaud, le 2012 sent le raisin mûri à la perfection; capiteux et sans détour, un style pansu qui n'est pas sans rappeler certaines cuvées produites plus au sud. Finale chaleureuse et consistante.

11161299 23,20$ ★★★ ½ ② ♥

ARGENTIERA

Villa Donoratico 2010, Bolgheri

Particulièrement savoureux lorsque dégusté de nouveau en août 2014, ce vin est maintenant épanoui et passablement volubile, au nez comme en bouche. Sa pureté aromatique et son caractère digeste méritent d'être soulignés pour un vin de Bolgheri. Très rassasiant pour le prix. Le 2011 qui lui succédera vers la fin de l'année est un peu moins complet, mais il compense heureusement par sa chair fruitée et son expression aromatique opulente et généreuse.

10845074 28,90$ ★★★★ ②

ARGIANO

NC 2012, Rosso Toscano

Misant à la fois sur l'expression fruitée de la syrah et du sangiovese, la rondeur du merlot et la carrure du cabernet sauvignon, un bon vin rouge expressif, très jeune et plein de vitalité. À servir autour de 17 °C, d'ici deux ou trois ans.

11269401 24,95$ ★★★ ②

MONTETI

Caburnio 2010, Toscana

Le nez est un peu fermé, c'est surtout en bouche que ce vin révèle tout son charme : relief aromatique, du fruit, des épices, des notes fumées, le tout porté par un tissu tannique tendre, mais assez dense pour laisser en bouche une sensation rassasiante et harmonieuse. À boire entre 2015 et 2018.

11305580 21,45$ ★★★ ½ ② ♥

ORNELLAIA

Le Volte 2012, Toscane

Les amateurs de ce vin très populaire y retrouveront cette même forme sphérique et séduisante, modérément corsé et aux angles soigneusement polis. Du fruit et un usage modéré de la barrique.

10938684 29,95$ ★★★ ②

SAPAIO

Volpolo 2012, Toscana

Massimo Piccin a fondé cette propriété de Bolgheri en 1999. On reconnaît vite les cépages bordelais au nez très typé de ce vin et à son attaque en bouche très franche, relevée de saveurs de poivron et de fruits noirs. Cadre tannique solide et rondeur fruitée. Pas complexe, mais généreux.

11002941 29,85$ ★★★→? ②

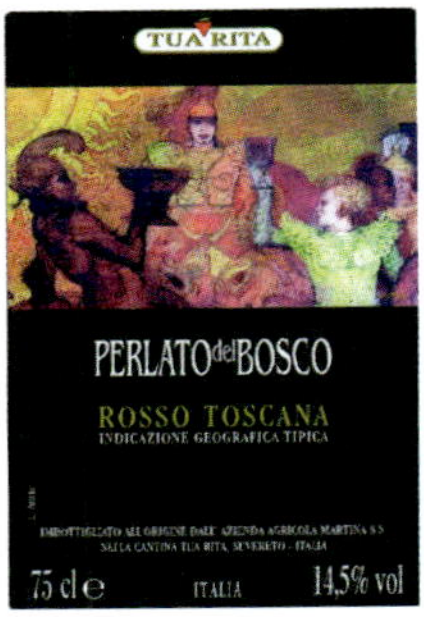

TUA RITA

Perlato del Bosco 2011, Toscana

Tonique et savoureux, un nez élaboré mêlant des odeurs de fruits secs, de feuilles mortes. En bouche, du corps, de la fraîcheur et une empreinte d'élégance ; séveux, délicieux, d'une grande sapidité. La trame tannique commence à se fondre, mais le vin a encore beaucoup de mâche en réserve et restera à son apogée jusqu'en 2018.

11694546 38,25$ ★★★★ ②

MASCIARELLI

Marina Cvetic 2009, Montepulciano d'Abruzzo

Décédé en 2008 à l'âge de 53 ans, Gianni Masciarelli était l'un des hommes forts des Abruzzes. Son épouse, Marina Cvetic, veille au grain et continue de produire quelques-uns des vins les plus achevés de la région.

Sans vouloir rien enlever aux autres cuvées d'abruzzo dégustées cette année, j'oserais dire que celui-ci se situe dans une classe à part. Déjà, son grain tannique a une élégance peu commune, juste assez poli, mais pas trop. Mais c'est surtout par son éventail de saveurs complexes, racées et précises qu'il se distingue du lot. Une puissance contenue, aucun débordement, mais un vin hautement savoureux dont on se régalera pour cinq bonnes années encore.

10863766 28,05$ ★★★★ ② ♥

V Foie de veau aux oignons caramélisés; agneau braisé aux poivrons doux.

D'autres montepulcianos d'Abruzzo

ILLUMINATI

Ilico 2011, Montepulciano d'Abruzzo

Ce domaine situé dans le nord des Abruzzes, aux limites des Marches, a fait un bond qualitatif depuis qu'il est sous la gouverne de Dino Illuminati. Les amateurs de vin méditerranéen ne seront pas déçus par ce vin très fruité, dont les senteurs évoquent la confiture de fruits noirs. Modérément tannique, touffu, et surtout sans lourdeur (13,5% d'alcool). Une rusticité de bon aloi le rend d'autant plus sympathique.

10858123 16,75$ ★★★ ½ ② ♥

ILLUMINATI

Riparosso 2012, Montepulciano d'Abruzzo

Nez de fruits sauvages, de poivre et de cannelle. La bouche est nerveuse, vigoureuse, relevée de saveurs de réglisse noire; des angles tanniques lui donnent une allure un peu rustique, sans que cela ne soit désagréable. Un bon vin du sud de l'Italie, typé et abordable. Je ne demande pas mieux!

10669787 14,70$ ★★★ ② ♥

MASCIARELLI

Montepulciano d'Abruzzo 2012

Ce vin costaud et riche en matière se distingue des autres «petits» vins de Montepulciano par son équilibre et par son grain serré, soutenu de tanins mûrs. À point et bon jusqu'en 2016. Beaucoup de vin dans le verre pour le prix.

10863774 16,05$ ★★★ ½② ♥

PODERE CASTORANI

Amorino rouge 2008, Casauria, Montepulciano d'Abruzzo

Situé près de Pescara, le domaine du pilote de Formule 1 Jarno Trulli produit des vins de facture moderne, aptes à séduire un large public. Déjà ouvert et prêt à boire, ce vin me paraît néanmoins plus ferme et costaud que le 2007 commenté l'an dernier. Nez de fumée et de bitume; attaque en bouche mûre, portant encore la marque de l'élevage en fûts de chêne, avec une étoffe tannique dense et assez serrée en fin de bouche. L'idéal serait de le laisser dormir en cave jusqu'en 2016.

11131778 25,75$ ★★★→? ③

PODERE CASTORANI

Coste delle Plaie 2009, Montepulciano d'Abruzzo

Très bon 2009 qui en impose par sa matière généreuse, sa consistance et ses goûts riches aux accents de noyau de cerise et de garrigue. Un vin sérieux qui, sans tourner à la confiture, profite pleinement des largesses d'un millésime de générosité. À boire entre 2015 et 2018.

10788911 23,10$ ★★★ ½ ②

UMANI RONCHI

Jorio 2012, Montepulciano Rosso

Dans les collines abruzzaises, la maison Umani Ronchi (Marches) produit aussi un très bon vin issu du cépage montepulciano. Fruité, rond en bouche et franc de goût; assez musclé, tonique et chaleureux, sans être très alcoolisé (13,5%). Franchement rassasiant.

862078 17,70$ ★★★ ② ♥

ZACCAGNINI

La Cuvée dell'Abate 2012, Montepulciano d'Abruzzo

Fondée il y a plus de 300 ans par Ciccio Zaccagnini, cette *fattoria* produit un bon montepulciano fougueux et tonique comme il se doit; un peu rustique avec ses aspérités tanniques et ses goûts de fruits sauvages et d'herbes séchées, mais aussi original et bien proportionné. À boire jeune pour profiter de son fruit au maximum.

908954 17,40$ ★★★ ② ♥

UMANI RONCHI

Casal di Serra 2011, Vieilles vignes, Verdicchio dei Castelli di Jesi Classico Superiore

L'entreprise de la famille Bernetti est une dynamo pour la viticulture des Marches. En plus de vins rouges robustes, comparables à bien des supertoscans, Umani Ronchi doit sa renommée à ses cuvées de verdicchio, produites à la Villa Bianchi, dans la province d'Ancône.

Des vignes âgées d'une quarantaine d'années, plantées à 350 m d'altitude, profitent d'une vinification en fûts de chêne et donnent un vin très étoffé, riche et complexe; beaucoup d'ampleur et savamment boisé. Très salin, aussi complexe en bouche qu'au nez, il a une vinosité quasi bourguignonne. Sérieux et déjà très bon, mais assez solide pour vivre plusieurs années.

11490341 29,85$ ☆☆☆☆ ②

V Saumon braisé au fenouil; risotto aux crevettes.

D'autres vins blancs du centre et du sud de l'Italie

MASTROBERARDINO

Fiano di Avellino 2012

S'il n'offre pas la même poigne en bouche que le Lacryma, ce fiano compense par son ampleur aromatique et son équilibre. À boire entre 2014 et 2017.

972851 23$ ☆☆☆ ②

MASTROBERARDINO

Lacryma Christi del Vesuvio 2013

Le coda di volpe plonge ses racines dans les sols volcaniques de Campanie depuis près de cinq siècles. Très bon 2013, pas très vineux ni exubérant, mais dont il émane une certaine élégance. Juste assez gras, des parfums d'abricot et de gingembre, sur un fond délicieusement salin. Quel heureux dépaysement!

972877 21,25$ ☆☆☆☆ ② ♥

UMANI RONCHI

Casal di Serra 2013, Verdicchio dei Castelli di Jesi

Pomme verte, nerveux, simple, mais très bien tourné dans un style moderne. Juste assez parfumé, une impression d'extraits secs en bouche. Du tonus, presque tannique. Du caractère.

10254725 18,60$ ☆☆☆ ½ ② ♥

UMANI RONCHI

Jorio bianco 2013, Marches

Les cépages sauvignon blanc et chardonnay donnent au verdicchio un accent international, sans le dénaturer outre mesure. Bon vin blanc sec à apprécier avant tout pour sa vitalité.

11573218 18,10$ ☆☆☆ ②

UMANI RONCHI

Plenio 2010, Verdicchio dei Castelli di Jesi Classico

Enrobé par l'élevage: 40% en grand foudre de chêne de Slavonie (une province de la Croatie) et 60% en cuve de béton et d'acier inoxydable. Maintenant à point et prêt à être bu, le vin commence à s'ouvrir sur des parfums noisettés et délicatement fumés; en bouche, une texture vineuse mais une sensation désaltérante. Très bon.

11294884 24,20$ ☆☆☆ ½ ②

VELENOSI

Verdicchio dei Castelli di Jesi 2013

Bon vin blanc tout-aller, auquel le verdicchio apporte heureusement un peu de personnalité; rien de complexe, mais hautement désaltérant, il affiche la salinité propre à ce cépage.

11155665 16,15$ ☆☆☆ ② ♥

L'INTRUS

PANIZZI

Vernaccia di San Gimignano 2013

On a longtemps répété que la vernaccia ne pouvait donner des vins blancs complexes. Or, lorsqu'elle plonge ses racines dans les sols de grès de San Gimignano – célèbre pour ses hautes tours et inscrit au patrimoine de l'humanité de l'UNESCO depuis 1990 – et qu'elle est cultivée et vinifiée avec soin, cette variété indigène de Toscane peut donner d'excellents vins. Ce qui est le cas de celui-ci: léger et aérien, mais loin d'être mince, ce 2013 charme avec ses tonalité salines (certains diront minérales) et sa texture juste assez vineuse. Un peu plus profond et c'était quatre étoiles.

12102821 22,50$ ☆☆☆ ½ ②

MASTROBERARDINO

Lacryma Christi del Vesuvio, Rosso Secco 2012

Cette entreprise familiale a joué un rôle de leader dans la préservation des cépages autochtones de Campanie. Elle élabore régulièrement de bons vins originaux sous les conseils de l'œnologue bordelais Denis Dubourdieu.

Composé exclusivement de piedirosso, deuxième cépage rouge le plus planté de Campanie après l'aglianico. Un peu rustique dans le meilleur sens du terme et très typique des vins du sud de l'Italie, par sa vigueur, ainsi que par son spectre de saveurs, mêlant les fruits frais et secs à des notes animales. Il émane de ce vin à la fois une sensation de fraîcheur et de légèreté, mais aussi un caractère chaleureux, bien méditerranéen. Gorgé de saveurs et long en bouche. Beaucoup de vin dans le verre!

972869 23,50$ ★★★★ ② ♥

V **Pâtes *puttanesca*; lasagne à la viande.**

D'autres vins rouges du sud de l'Italie

RIVERA

Aglianico 2007, Riserva, Cappellaccio, Castel del Monte

Couleur déjà tuilée, traduisant un vin parfaitement ouvert. Délicieux, encore beaucoup de fruit, mais aussi des accents de champignons et de fumée, une trame tannique fondue. Très solaire, mais pourtant tendu, grâce à un grain juste assez serré en fin de bouche. On croque dans le fruit pour pas cher.

11580127 20,70$ ★★★ ½ ③

RIVERA

Il Falcone 2008, Riserva, Castel del Monte

Nero di Troia à 85% et montepulciano. Nez attrayant et original de cacao, de kirsch et de menthe. Bouche nette, franche, assez vive; beaucoup d'éclat, très expressif et ponctué d'accents de garrigue. Si digeste qu'on en boirait sans soif. Ouvert et prêt à boire.

10675466 24,70$ ★★★★ ② ♥

RIVERA

Nero di Troia 2011, Violante, Castel del Monte

La famille De Corato est l'un des leaders de cette appellation des Pouilles. Accents de menthe et de curieuses notes de fruits blancs confèrent à ce vin une fraîcheur aromatique qui, conjuguée à une étoffe tannique assez dense et à une franche acidité, donnent un vin rouge très original et vibrant à 13 % d'alcool. Une autre preuve qu'avec les bons cépages plantés au bon endroit...

11451923 18,20 $ ★★★ ② ♥

TAURINO COSIMO

A64 2006, Salento

Les fans du Notarpanaro se trouveront en terrain connu avec cette cuvée composée de negroamaro (85 %) et de cabernet sauvignon. Le 2006 est fort satisfaisant. Grâce à une bonne dose d'acidité et à un cadre tannique juste assez dense pour soutenir l'ensemble, cet excellent vin n'accuse aucune lourdeur en dépit de richesse alcoolique (15 %). Quel agréable dépaysement!

11355835 27,65 $ ★★★★ ②

TAURINO COSIMO

Notarpanaro 2006, Salento

Cosimo Taurino a été un pilier de la viticulture des Pouilles. Son fils Francesco assure aujourd'hui la relève et signe de très bons vins, témoins éloquents des progrès accomplis dans le sud du pays. Les années passent et ce vin demeure pour moi une référence à la SAQ. Non seulement il offre un rapport qualité-prix quasi inégalable, mais le vin est parfaitement à point, de forme très classique et sans lourdeur malgré ses 14,5 % d'alcool. Avec une escalope de veau aux champignons, c'est le bonheur! À boire sans tarder.

709451 20,90 $ ★★★★ ② ♥

TAURINO COSIMO

Reserva 2009, Salice Salentino

Âgé de cinq ans et parfaitement à point, ce vin a beaucoup à offrir à l'amateur de vin évolué. Un nez très pur de poivre noir; en bouche, une sensation de fraîcheur et de légèreté, surtout s'il est servi autour de 17 °C. On se régale à petit budget.

411892 16,95 $ ★★★ ½ ②

OCCHIPINTI, ARIANNA

SP68 2013, Sicilia

Dans la jeune trentaine à peine, Arianna Occhipinti est déjà l'une des vigneronnes vedettes du pays. Formée dès l'adolescence aux côtés de son oncle, Giusto Occhipinti (COS), elle cultive aujourd'hui son vignoble sans désherbants ni pesticides et elle élabore ses vins de façon la plus naturelle possible.

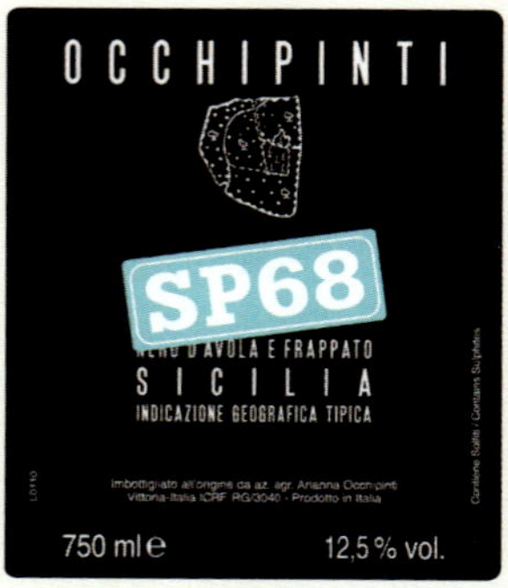

Provenant d'un petit vignoble planté de frappato et de nero d'Avola, dans le secteur de Vittoria, tout au sud de l'île, ce vin pimpant et croquant comme un jus de fruit, incarne la jeunesse, littéralement. Un foisonnement de saveurs de cerises, une présence en bouche nerveuse, vibrante. Un vin de plaisir par excellence. Bon en toute occasion. À savourer au cours des deux prochaines années.

11811765 28,45$ ★★★★ ② ♥

V Poulet rôti et caponata ; assiette de charcuteries.

D'autres vins rouges Sicile

BENANTI

Il Drappo 2008, Sicilia

Giuseppe Benanti fut l'un des premiers vignerons siciliens à connaître un rayonnement international et continue d'être un ambassadeur pour la région de l'Etna. Issu de nero d'Avola, produit dans le secteur réputé de Noto, au sud-est de la Sicile, Il Drappo se distingue avant tout par l'élégance et la finesse de son grain. Fruité, allègre et relevé. Un bon verre de vin goûteux. Une expression caressante, sensuelle et désaltérante du nero d'Avola.

11577251 26,05$ ★★★ ½ ②

COS

Cerasuolo di Vittoria 2010

Ce domaine phare de Vittoria a été développé dès 1980 par Giambattista Cilia, Cirino Strano et Giusto Occhipinti. Un minimum d'interventions et une vinification menée simplement, pour mettre le fruit en valeur, se traduisent par un vin à la fois complexe et éminemment digeste. Presque croquant en bouche, on voudrait en boire tous les jours! Servir frais. Surveillez de près l'arrivée du 2011.

11577391 32,75$ ★★★★ ② ♥

DONNAFUGATA

Sherazade 2012, Sicilia

Saveurs affriolantes de fruits confits, très ample et juteux comme un fruit. Le soleil de la Sicile, les contes des mille et une nuits! À boire au cours des deux prochaines années et servir frais autour de 15 °C.

11895663 20,25$ ★★★ ½ ②

FIRRIATO

Nari 2012, Sicilia

Un peu plus costaud en 2012, même si la couleur relativement pâle annonce un vin tout aussi juteux, coulant et agréable à boire. Équilibre impeccable.

11905809 14,20$ ★★★ ② ♥

PLANETA

Cerasuolo di Vittoria 2012

Cette appellation du sud de la Sicile est la source de très bons vins rouges fruités et gouleyants, composés de nero d'Avola et de frappato. Celui de Planeta se montre sous un jour un peu moins *funky* en 2012 et se fait avant tout valoir par sa souplesse et ses saveurs de fraises compotées, de cuir et de fumée. Sa finale accentuée de notes amères lui donne des airs un peu stricts. Loin d'être un défaut, cela le dote d'un supplément de personnalité. À boire d'ici 2016, autour de 15°C.

10553362 24,20$ ★★★ ½ ②

PLANETA

La Segreta 2013, Sicilia

Issu de nero d'Avola pour moitié, complété des cépages merlot, syrah et cabernet franc. La recette est maintenant éprouvée et donne un bon vin rouge aux tonalités animales originales, assez charnu, mais surtout généreusement fruité et nourri par le soleil du nord de la Sicile.

898296 16,70$ ★★★ ② ♥

ARGIOLAS

Iselis 2012, Isola dei Nuraghi

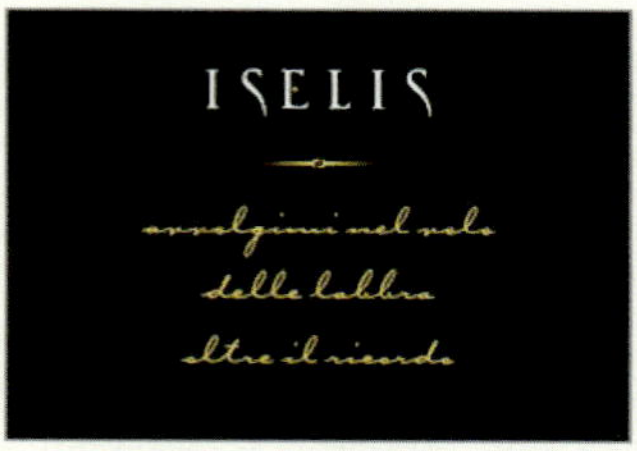

La maison Argiolas, une force du vignoble de Sardaigne, produit des vins singuliers tous élaborés avec soin et mettant uniquement à profit les cépages locaux. De quoi changer des sempiternels cabernet, merlot et autres pinot grigio.

Celui-ci repose sur un assemblage de monica (90 %), de bovale sardo (graciano) et de bovale grande (carignan). Nez très invitant de fruit mûr et de cacao ; la bouche est un peu plus ferme, mais enrobée d'une généreuse chair fruitée. Séveux et savoureux ; beaucoup de relief et une étonnante complexité. Déjà accessible, il tiendra aisément jusqu'en 2018.

11896560 28,40 $ ★★★→★ ③ ♥

V **Cochon de lait roti ; jarret d'agneau sur lentilles au jambon cru ; risotto au sanglier et aux bleuets.**

D'autres vins rouges de Sardaigne et de Sicile

ARGIOLAS

Costera 2011, Cannonau di Sardegna

Une interprétation pour le moins musclée du cépage grenache – cannonau en Sardaigne. Solide et chaleureux, il déploie des notes animales et fumées qui lui donnent du panache. Très belle réussite.

972380 20 $ ★★★ ½ ②

ARGIOLAS

Perdera 2011, Monica di Sardegna

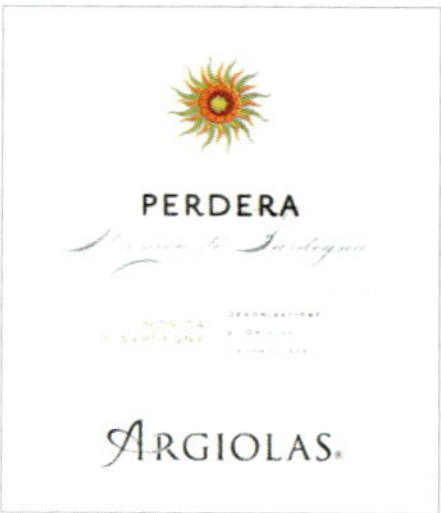

L'étiquette a rajeuni, mais le vin demeure inchangé. Toujours gorgé de fruit, solaire, mais ne pesant guère plus de 13,5 % d'alcool. Abordable et original.

424291 16,05 $ ★★★ ② ♥

FEUDO MACCARI

Nero d'Avola 2013, Sicilia

Un vin solide au nez très attrayant de réglisse et de cerise confite. Riche et fruité à souhait; des tanins fermes et de généreux goûts de fruits sauvages et de kirsch. Vivacité et fraîcheur. Plus ferme que la moyenne et très rassasiant. Beaucoup de vin dans le verre pour le prix. Bravo!

11791995 16,75$ ★★★★ ② ♥

SELLA & MOSCA

Cannonau 2010, Riserva di Sardegna

Épicé, assez serré, animé par un reste de gaz et agrémenté de parfums typiques de cacao. Plus serré et tonique que bien des grenaches continentaux. En d'autres mots, le grenache avec un accent sarde.

425488 17,30$ ★★★ ② ♥

SELLA & MOSCA

Capocaccia 2009, Sardegna Alghero rosso

Ce vin a plus de chair et de fruit cette année. Effet millésime? Peut-être bien. Bon vin original, un peu «vieille école», mais tonique, digeste et agréable. Il n'est pas sans rappeler certains vins de Corse ou de la Rioja.

11254268 17,65$ ★★★ ② ♥

ZISOLA

Doppiozetta 2010, Mazzei

La famille Mazzei (Castello di Fonterutoli, en Toscane) est aussi active en Sicile. Exercice de style ambitieux et passablement convaincant sur le thème du nero d'Avola et du fût neuf. Très concentré, évidemment, le vin en impose par son intensité, ses tanins charnus et ses parfums épicés. Puissant et long en bouche; finale florale, très exubérante, sur un fond de vanille bourbon et de fumée. Pas donné, mais très bien ficelé.

11792138 40$ ★★★→★ ③

ZISOLA

Zisola 2011, Sicilia

Une bonne note aussi pour le vin courant du domaine, qui témoigne d'une meilleure maîtrise de l'élevage sous bois. Très satisfaisant: coloré, intensément fruité, du grain et beaucoup de matière. À boire entre 2015 et 2019.

10542225 24,15$ ★★★★ ② ♥

ESPAGNE

Nadia Fournier rencontre Marie-Fleur St-Pierre, des restaurants Tapeo et Mesón.

RIBERA DEL DUERO

Le développement accéléré de l'appellation Ribera del Duero fait en sorte que les vins ne remplissent pas toujours leurs promesses. Le meilleur côtoie le quelconque. Pour éviter les déceptions, mieux vaut se fier à la réputation du producteur et éviter les supposés «vins cultes», issus de jeunes vignes, copieusement boisés et vendus à prix ambitieux.

RIAS BAIXAS

Tout comme sa voisine portugaise (Vinho Verde), l'appellation Rias Baixas, en Galice, est la source de vins blancs originaux et désaltérants. Particulièrement racés lorsqu'ils sont issus du cépage albariño.

Depuis une quinzaine d'années, un vent de dynamisme a gagné le vignoble espagnol et des régions comme Bierzo, Valdeorras et tant d'autres suscitent de plus en plus d'intérêt et revitalisent l'image – certes noble, mais un peu poussiéreuse –, des caves historiques de la Rioja. Le Priorat semble aussi opter pour un style de vins moins flamboyants, plus digestes et mieux adaptés aux plaisirs de la table.

Premier pays pour la taille de son vignoble – 1,2 million d'hectares –, l'Espagne compte pour environ 15 % de la viticulture mondiale. La bonne nouvelle, c'est que ce géant est de plus en plus vert. En 2011, on estimait qu'environ 8 % de la surface occupée par la vigne en Espagne était cultivée en agriculture biologique.

LES DERNIERS MILLÉSIMES

2013
Un gel tardif en début de saison a engendré une petite récolte, puis les vendanges ont été parsemées d'épisodes de grêle et de pluie. Au mieux, on peut espérer des vins plus frais et légers en alcool.

2012
Récolte exceptionnellement faible dans la Rioja. L'une des plus petites des deux dernières décennies. Heureusement, le peu qui a été produit promet d'être excellent.

2011
Un été chaud dans la Rioja a engendré de plus faibles rendements et des vins plus concentrés qu'en 2010. L'été 2011 a été marqué par une sécheresse générale et certaines régions viticoles ont commencé la vendange dès la fin du mois de juillet!

2010
Rendements réduits dans la Rioja et dans Ribera del Duero en raison des pluies printanières; le beau temps qui a suivi permet d'anticiper des vins solides. Année fraîche dans le Priorat, et plusieurs vins particulièrement harmonieux.

2009
Qualité satisfaisante un peu partout au pays. Très bons vins jugés équilibrés et de belle tenue dans la Rioja. Millésime caniculaire dans Ribera del Duero, où des pluies automnales ont été bénéfiques. Belle récolte dans les Penedès; grande chaleur aussi dans le Priorat où les vins manquent parfois d'équilibre.

2008
Qualité variable causée par un été frais, notamment dans la Rioja et dans Ribera del Duero. Dans ces deux régions ainsi que dans les Penedès, les résultats semblent variables, avec tout de même plusieurs vins satisfaisants.

COMBIER-FISCHER-GERIN

Aguilera Vinas Viejas Torroja del Priorat 2008

Cultivées surtout sur des sols de schistes, les vieilles vignes de carignan sont l'un des plus beaux trésors du Priorat. Ce cépage trop longtemps sous-estimé, parce que mal cultivé, peut donner dans des climats très chauds des vins d'une fraîcheur et d'une finesse renversantes.

Les carignans centenaires du Trio Infernal donnent ici un vin remarquable. Fin et parfumé, très complexe, avec du fruit, des fleurs, des épices et des notes de mine de crayon, il se révèle en bouche avec une superbe texture qui oscille entre le soyeux du fruit et la fraîcheur minérale. Puissance contenue ; tanins très fins, mûrs et serrés. À attendre deux ou trois ans pour qu'il se détende un peu ; il a un bel avenir devant lui.

12154568 106 $ ★★★★ ③ Ⓢ

V **Magret de canard aux mûres ; bœuf braisé à l'anis, purée de topinambour.**

D'autres vins rouges catalans

ACUSTIC VINYES

Montsant 2011, Velles Nobles

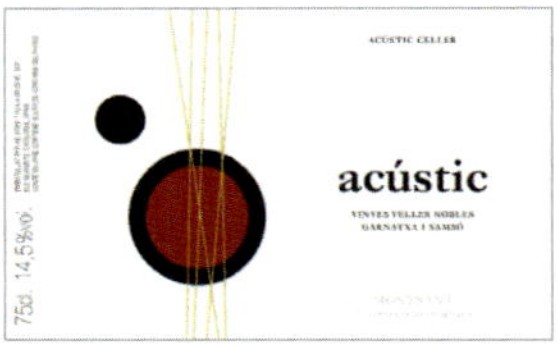

J'aime beaucoup ce style de vin : mûr et très méditerranéen par sa corpulence, son attaque en bouche sphérique et ses saveurs riches de fruits confits, mais néanmoins équilibré dans l'opulence et la générosité. Assemblage à 60 % de carignan complété de grenache ; un beau spectre aromatique, un grain serré et beaucoup de caractère.

11463861 23,45 $ ★★★★ ② ♥

BARONIA DEL MONSANT

Flor d'Englora 2009, Roure, Crianza, Montsant

L'agriculture d'altitude (530 m) est peut-être ce qui a permis à cet assemblage de grenache et de carignan de conserver une telle fraîcheur en 2009. Par ailleurs, le boisé est bien intégré, les tanins sont serrés et le vin déploie des tonalités originales d'herbes séchées. Pas très long en bouche, mais charmant.

12259141 20,10 $ ★★★ ②

BUIL & GINÉ

Giné 2012, Priorat

De très vieilles vignes de grenache et de carignan et un usage modéré de la barrique donnent un vin très pur et caressant, riche en tanins et assez persistant. L'attaque en bouche est vive, pas très riche en fruit, mais avec une brève aération, le vin s'ouvre et se révèle. J'ai particulièrement apprécié sa trame tannique qui se resserre en fin de bouche et procure une sensation fraîche et tonique.

11337910 20,95$ ★★★★ ② ♥

CAN BLAU

Blau 2012, Montsant

Dégusté l'an dernier, ce 2012 était boisé à un point tel que l'on pouvait à peine percevoir le fruit et les saveurs distinctives du carignan. Une année de repos lui a été favorable puisque le vin est nettement plus harmonieux. Corsé et chaleureux (14%), mais assez tonique, grâce à des tanins fermes qui se resserrent en finale. À boire entre 2015 et 2018.

11962897 19,75$ ★★★ ②

COMBIER-FISCHER-GERIN

Riu Priorat 2011

L'unicité du Priorat repose, entre autres, sur ses très vieilles vignes et sur les particularités de son sol. La bouche est riche et intense, avec un fruit très mûr rehaussé de notes minérales et de garrigue qui lui confèrent beaucoup de fraîcheur. Capiteux, mais équilibré, avec des tanins fermes qui nécessitent un peu de temps, ou une viande bien saignante!

12134170 30$ ★★★→★ ③

ESPELT

Sauló 2013, Empordà

Réussite très convaincante en 2013 pour ce vin de grenache et de carignan. Un délicieux vin au nez invitant et qui déploie en bouche des couches de saveurs fruitées et un grain irrésistible.

10856241 15,70$ ★★★ ② ♥

TORRES

Laudis 2011, Priorat

Exclusivité développée pour le marché québécois, ce vin de carignan et de grenache est, en quelque sorte, le petit frère du Salmos et du Perpetual. Rien de compliqué, mais un priorat accessible, rassasiant par son fruit et sa vigueur et conçu pour être apprécié dès sa mise en marché. Un bel ajout à la gamme Torres!

12117513 25$ ★★★ ½ ②

TORRES

Salmos 2010, Priorat

Cette grande entreprise qui célébrera son 150e anniversaire en 2020 rayonne bien au-delà des frontières de la Catalogne. Sous la gouverne de Mireia, la fille de Miguel Torres, ce vignoble développé dès 1996 sur les sols de schistes du Priorat donne des résultats très convaincants.

Autre illustration convaincante des vertus du millésime 2010, qui a donné de part et d'autre des Pyrénées orientales des baies concentrées, garantes de vins solides et aptes au vieillissement. Des couches de saveurs fruitées et un grain irrésistible, bien appuyé par des tanins mûrs et, surtout, des proportions exemplaires. Finale vaporeuse et persistante aux goûts de chocolat noir et de kirsch. Beaucoup de vin pour le prix. À boire entre 2015 et 2018.

10857690 31,25$ ★★★★ ②

V **Filet de bœuf au cacao; poulet sauce romesco.**

D'autres vins rouges catalans

ARTAZURI

Garnacha 2013, Navarre

Un nez très attrayant, sentant bon le fruit mûr, fait croire à un vin un peu lourd et pataud. Or, il n'en est rien. Malgré ses 14,5% d'alcool (difficile de faire autrement avec le grenache), ce vin ne pèse pas du tout en bouche. Riche en goûts de fruits confits, de cacao et d'épices, ample et presque sucré tant le fruit est mûr, mais tonifié d'un léger reste de gaz qui laisse en bouche une sensation à la fois fraîche et rassasiante. Une autre belle réussite !

10902841 16,40$ ★★★ ½ ② ♥

ATECA

Garnacha 2013, Honoro Vera, Calatayud

Maison fondée en 2005 par la famille Gil Vera, aussi propriétaire de Bodegas Juan Gil (Jumilla). Sans lourdeur, plutôt tonique même, grâce à un reste de gaz ; une profusion de fruits noirs et d'épices et une matière suave, parfaitement mûre et encadrée de tanins assez serrés. À boire au cours de la prochaine année pour profiter de la jeunesse du fruit.

11462382 17,05$ ★★★ ② ♥

BORSAO

Grenache 2013, Selección, Campo de Borja

La garnacha dans sa forme juteuse, fraîche et pimpante. Souple, généreusement fruité et très expressif, savoureux et on ne peut plus accessible. À ce prix, on en fait volontiers son vin quotidien.

10324623 12,90$ ★★★ ② ♥

MAS DOIX

Priorat 2012, Les Crestes

Loin des artifices boisés et des goûts de confiture qui sont presque devenus la norme nationale, ce vin étonne par la sensation de fraîcheur qu'il laisse en bouche. Un fait d'autant plus inusité qu'il est issu à 80% de grenache, un cépage reconnu pour ses raisins riches en sucre, et donnant donc des vins potentiellement plus alcoolisés. Un vin que l'on croque autant que l'on boit, tant il a de matière; vibrant, authentique et musclé, mais dont on ne cesse d'avoir soif.

12210241 30$ ★★★★ ③ ♥

MAS IGNEUS

Priorat 2011, FA206

Produit dans le secteur mythique de Gratallops, au cœur du Priorato, un très bon vin rouge majoritairement composé de grenache. Nez exubérant de confiture de bleuets; costaud, ample et presque épais en bouche, tant son fruit est dense. Sa consistance et son équilibre lui garantissent un bel avenir.

10358671 29,65$ ★★★→? ③

TORRES

Gran Sangre de Toro 2010, Penedès

Un vin composé à 60% de grenache, complété de mazuelo (carignan) et de syrah, élevé pendant 12 mois en fûts de chêne européen. D'une année à l'autre, je continue d'être impressionnée par la qualité, l'étoffe et le caractère très digeste de ce vin. À des lieues des cuvées espagnoles modernes et quasi sucrées. Torres privilégie le plaisir à table. Tant mieux!

928184 18,70$ ★★★ ½ ②

LÓPEZ DE HEREDIA

Viña Tondonia 2002, Reserva

Cette cave de la Rioja Alta a bâti sa réputation avec des vins de facture très traditionnelle, qui bénéficient d'une longue période de vieillissement. Les vins rouges sont élégants et distinctifs et les vins blancs, purement majestueux !

Ce vin est l'archétype du rioja traditionnel. Sa couleur pâle, tout comme ses arômes de prune, de pruneaux, de cuir et de tabac trahissent son âge, mais la bouche, d'abord suave, fait preuve d'encore beaucoup de vitalité avec des tanins mûrs et enrobés, mais juste assez fermes. Complexe et savoureux, c'est un vin qui ne ressemble à rien d'autre. Une partie de l'histoire de la Rioja en bouteille.

11667901 47,75$ ★★★★ ②

V Lapin aux pruneaux ; gigot d'agneau aux anchois et à l'ail.

D'autres vins évolués de la Rioja

BARON DE LEY

Gran Reserva 2007, Rioja

En 2007, ce domaine créé à la fin des années 1980 par la *bodega* El Coto a produit un bon vin souple et charnu, empreint de vitalité. Bel équilibre entre le fruit et le bois, aucune sécheresse, mais des saveurs de fruits secs et des notes fumées. À boire dès maintenant et d'ici 2016.

738997 30,50$ ★★★ ②

EL COTO DE RIOJA

Gran Reserva 2004, Rioja

Très à point, ce 2004 est plutôt discret au nez. En bouche cependant, l'amateur de rioja appréciera son fini tannique quasi sensuel, qui est la marque des bons vins de la région. Velouté et à la fois serré et tonique, avec des goûts de fruits secs et de tabac. Prix tout à fait correct.

11962651 33,50$ ★★★ ②

FAUSTINO

Faustino V Reserva 2008, Rioja

Maintenant ouvert et plus complet que lorsque goûté l'année dernière à pareille date. Un bel exemple de vin classique, fondu et relevé, sur des notes de fruits secs. Pas de maquillage boisé ni la moindre sucrosité ; les amateurs de rioja moderne risquent même de le trouver un peu austère. Personnellement, j'aime bien ce dépouillement. D'autant plus qu'il se fait de plus en plus rare. À boire d'ici 2016.

10857497 24,05$ ★★★ ②

GLORIOSO

Rioja 2008, Reserva

Plus achevé, il me semble ; accents de bourbon et de banane très mûre. Les tanins sont matures et assouplis par le temps ; le vin présente du volume en bouche et une facture plutôt classique, dans le contexte moderne de la Rioja.

857599 25,70$ ★★★ ②

MARQUÉS DE MURRIETA

Rioja Gran Reserva 2005, Limited Edition

Ce 2005 fait encore preuve d'une jeunesse inouïe. Une charge tannique solide et vigoureuse et des saveurs franches, mariant le fruit frais et le fruit confit, sur un fond boisé encore bien appuyé qui évoque le bourbon. Très typé des riojas de la vague contemporaine, c'est-à-dire moderne, mais dans le bon sens du terme. Équilibre et beaucoup d'extraits ; il pourrait continuer de se bonifier jusqu'en 2017-2018.

12259554 39$ ★★★→★ ③

MARQUÉS DE RISCAL

Gran Reserva 2005, Rioja

Malgré son âge vénérable, cette cave fondée en 1858 n'a rien perdu de son éclat et défend encore une idée très classique du vin espagnol. Le 2005 s'impose par sa densité et sa texture très serrée, dans des proportions harmonieuses, et par sa longue finale, ponctuée d'une multitude de détails aromatiques, couronnée d'accents de vanille. À boire sans se presser d'ici 2020.

11665729 51,75$ ★★★★ ②

IJALBA

Graciano 2012, Rioja

Cette cave dynamique de Logroño s'est donné pour mission de préserver le patrimoine viticole de la Rioja en réintroduisant des variétés tel le graciano et la maturana tinta, que l'INDO – équivalent de l'INAO français – avait fait arracher au profit du populaire tempranillo.

Après un 2009 et un 2010 un peu trop marqués par l'élevage, ce vin renoue avec le caractère singulier, friand et original qui en avait fait l'un de mes incontournables de la Rioja. Capiteux, le vin prend ses aises en bouche, mais ne manque pas de tonus. Beaucoup de vigueur et d'élan fruité dans ce 2012. Bravo!

10360261 21,55$ ★★★★ ② ♥

V Couscous à l'agneau ; côtelettes de porc aux herbes et à la tomate.

D'autres vins rouges de la Rioja

ARTADI

Tempranillo 2012, Rioja

Étonnamment souple, juteux et gourmand pour l'appellation; version coulante, fruitée et facile à boire du rioja, misant à fond sur la jeunesse fruitée du tempranillo. Déjà très accessible. Bouteille coiffée d'une capsule vissée, un fait assez rare dans la région.

12175991 19,40$ ★★★ ½ ② ♥

COSME PALACIO

Rioja 2010, Crianza

Au répertoire général de la SAQ, ce vin m'a plu davantage lorsque goûté en juin 2014. Rudimentaire certes, mais assez bien équilibré, avec du corps, des tanins un peu carrés, sans rudesse. Les parfums boisés se sont estompés et laissent plus de place aux saveurs de fruits secs.

237834 18,80$ ★★★ ②

FINCA VALPIEDRA

Viña Bujanda, Crianza 2010, Rioja

Un rioja en mode ouvert et accessible; charnu, rond et savoureux, beaucoup de fruit et de chair. Très satisfaisant à 15$.

11557509 15,90$ ★★★ ② ♥

MARQUÉS DE MURRIETA

Rioja 2008, Reserva, Ygay

Assez représentatif du millésime 2008 dans la Rioja, c'est-à-dire pas spécialement concentré, mais doté d'un fruit très net, avec des saveurs précises, mises en valeur par une saine acidité. À boire dès maintenant et au cours des trois ou quatre prochaines années.

10823166 25,75$ ★★★ ½ ②

MONTECILLO

Crianza 2010, Rioja

Bien qu'il n'ait pas autant d'envergure que d'autres, ce Crianza exerce un certain charme avec son allure dépouillée, un peu d'une autre époque. Pas très boisé, franc de goût et équilibré, avec une assise tannique juste assez solide.

144493 18,20$ ★★★ ②

MUGA

Reserva Selección Especial 2010, Rioja

Dégusté un an plus tard, ce vin me laisse une impression plus favorable. Bien structuré sans être inutilement concentré ni boisé. Le 2010 me semble renouer avec des formes plus classiques, alliant une puissance contenue et une fermeté doublée d'une chair pulpeuse. Devrait être parfait durant la période 2015-2019.

11155593 37,25$ ★★★→? ③

MUGA

Chaque année, Muga, une importante *bodega* de la Rioja, utilise 80 000 blancs d'œufs pour coller ses vins rouges, un processus de clarification largement répandu. Imaginez la mayonnaise pour récupérer les jaunes !

PESQUERA

Ribera del Duero 2009, Reserva

Le succès international des vins d'Alejandro Fernández n'est pas étranger à l'essor qu'a connue la région de la Ribera del Duero depuis une vingtaine d'années. Fernández possède aussi les *bodegas* Condado de Haza et Dehesa la Granja, en Castille-León.

Pour moi, à Ribera del Duero, il y a Vega Sicilia, il y a Pesquera et il y a les autres. Non pas que ces deux premiers soient plus puissants ou concentrés, mais il en émane une fibre si authentique qu'elle est inimitable. Oubliez les relents boisés grossiers qui affligent tant de vins de la région et leur donnent des airs de mokaccino. Attendez-vous plutôt à un usage avisé de la barrique, des tanins nourris qui se déploient en bouche comme un tapis velouté, un volume et une persistance exemplaires. Excellent vin en devenir!

10273088 43,50$ ★★★→★ ③

V **Médaillons de bison aux morilles; jarrets d'agneau confits et potée de lentilles**

D'autres vins de Ribera del Duero

CONDADO DE HAZA

Ribera del Duero 2010

Contrairement à de nombreuses stars de l'appellation, le producteur Alejandro Fernández poursuit son chemin en faisant fi des modes. Dans ce vin, un nez caractéristique de bourbon témoigne d'un élevage en fûts de chêne américain; la bouche est solide, un peu stricte même, mais fort séduisante. Bel équilibre entre les éléments et fin de bouche relevée, persistante. Ce vin devrait aisément reposer en cave jusqu'en 2017. Dans l'immédiat, mieux vaudrait l'aérer pendant une heure en carafe.

978866 26,45$ ★★★→★ ③ ♥ ♁

DEHESA LA GRANJA

Vino de la Tierra de la Castilla y León 2007

Alejandro Fernández a aussi fait l'acquisition en 1998 d'un vaste domaine à Zamora, juste au sud de l'appellation Toro. Déjà prêt à boire, ce 2007 qui s'articule autour de tanins assez fermes est un peu austère, si on le compare aux bombes fruitées qui abondent en Espagne. Personnellement, j'aime beaucoup ce caractère dépouillé et je suis persuadée qu'il ferait un malheur à table, avec une pièce de bœuf saignante et une poêlée de champignons. Peu de vins en offrent autant à ce prix.

928036 22,90$ ★★★★ ③ ♥

FINCA VILLACRECES

Pruno 2012, Ribera del Duero

Couleur profonde et nez assez sophistiqué, exempt de ces détestables odeurs de planche. Dense et compact, riche, épicé et très bien proportionné; finale persistante aux goûts de fruits confits et de fleurs.

11881940 23,40$ ★★★★ ③ ♥

PESQUERA

Crianza 2011, Ribera del Duero

Autre manifestation de la qualité du millésime 2011 dans la région, ce Crianza étonne par sa concentration fruitée et tannique. Fruits secs, tabac et cuir; beaucoup de mâche dans ce vin de forme classique, très droit, tout en équilibre et en nuances. Déjà savoureux, il a les atouts nécessaires pour vieillir gracieusement jusqu'en 2018, au moins. À ce prix, on achète à la caisse!

10273109 26,05$ ★★★→★ ③ ♥

PRADO REY

Ribera del Duero 2009, Real Sitio de Ventosilla

Les vins de cette *bodega* font preuve d'une grande constance et offrent généralement un très bon rapport qualité-prix. Ce bon vin juteux mise a fond sur le caractère fruité juvénile du tempranillo. Pas trop de bois; simple et savoureux.

585596 16,40$ ★★★ ② ♥

PSI

Ribera del Duero 2011

Élaboré par l'œnologue danois Peter Sisseck, créateur de Pingus (744$ à la SAQ), cette cuvée de Ribera del Duero plaira sans doute aux amateurs de ce vin culte en situation de « rigueur budgétaire ». Le 2011 adopte le même style dense, concentré et corpulent affectionné par Sisseck. Rien de bien complexe, mais très satisfaisant, à condition d'aimer ce genre de vin.

11940612 42,50$ ★★★ ②

L'INTRUS

FRONTAURA

Aponte 2005, Toro, Reserva

Toro a tous les atouts pour produire des vins d'exception: vignobles d'altitude, ceps centenaires de tempranillo, investisseurs sérieux, etc. Pourtant, cette appellation située à mi-chemin entre Ribera del Duero et le Portugal brille davantage par sa puissance brute que par sa subtilité. Voilà pourquoi il faut souligner l'élégance et la retenue de ce vin certes ample et très charnu, mais surtout séveux et faisant preuve de complexité. Rapport qualité-prix hors pair.

12259407 24,55$ ★★★★ ② ♥

RONSEL DO SIL

Mencía 2012, Vel' Uveyra, Ribeira Sacra

Ce domaine est né d'un partenariat entre Pablo Blanco et le Français Olivier Rivière, établi dans la Rioja Alta depuis 2004. Appellation de création récente (1996), Ribeira Sacra est la seule D.O. galicienne consacrée au vin rouge.

Le cépage mencía joue un rôle de premier plan dans ce vin jeune et fringant, mais aussi le merenzao, nom local donné au trousseau (Jura). Il en résulte un vin nerveux et hyper digeste, qui s'appuie sur des tanins fins et veloutés, laissant en bouche une sensation élégante, malgré un reste important de gaz. Une profusion de fruits noirs, de poivre et de violette, accentués d'amertume fine, qui rappelle celle d'un noyau de cerise. L'un des bons vins rouges espagnols de l'année. Arrivée prévue en février 2015.

En primeur

12474991 21,95$ ★★★★ ② ♥

V **Ragoût d'agneau aux poivrons et au pimenton ; pâtes aux saucisses et aux olives noires.**

D'autres vins de Mencía

BODEGAS ESTEFANIA (TILENUS)

Bierzo 2004, Pagos de Posada

Le porte-étendard de la maison est certainement le Pagos de Posada qui, à la faveur d'un millésime généreux, me semble encore plus complet en 2004. Chaleureux et assez charnu, le vin est maintenant parfaitement ouvert et plaira assurément à l'amateur de vin espagnol mûr et judicieusement boisé. Pour l'apprécier à sa juste valeur, servez-le autour de 16 °C.

10855889 35,75$ ★★★★ ②

BIERZO

Située tout au nord de l'Espagne, entre la Galice et la Rioja, la petite appellation Bierzo a le vent dans les voiles depuis une dizaine d'années. Principal outil des vignerons, le cépage mencía est aussi connu sous le nom de jaén dans la région du Dão.

CASTROVENTOSA

Bierzo 2010, El Castro de Valtuille

Après avoir étudié l'œnologie à Valence, Raúl Pérez – aussi vinificateur chez Bodegas Estefania (Tilenus) – est rentré à la maison avec l'intention de reprendre en main le vignoble appartenant à sa famille depuis 1750. Cette année encore, j'ai adoré le caractère un peu sauvage et la puissance contenue de ce vin issu de vieilles vignes de mencía. Un nez pur de fruits noirs, une attaque en bouche caressante, mais des tanins qui se resserrent en finale, créant une sensation digeste et rassasiante de fraîcheur. Finale racée.

11155569 25,60$ ★★★★ ② ♥

CASTROVENTOSA

Bierzo 2011, Joven

Expression délicieusement fruitée du cépage mencía. Fruit noir, de la mâche, sérieux et gouleyant, avec un bon équilibre entre le fruit et les tanins. Autant de caractère pour le prix mérite une mention.

11668145 18,70$ ★★★ ½ ② ♥

DOMINIO DO BIBEI

Lalama 2009, Ribeira Sacra

Domaine phare de Ribeira Sacra, une appellation émergente dont les vins rouges sont constitués de mencía, cépage aussi utilisé dans Bierzo. Vif, vigoureux, plein d'élan et de tonus, ce 2009 déploie de généreuses saveurs de fruits confits et de figues, d'épices douces et de réglisse. Très belle surprise! À boire entre 2015 et 2019.

11661390 28,75$ ★★★★ ② ♥

DOMINIO DO BIBEI

Roble 2010, Bierzo

Ce vin jeune et très concentré traversait une phase ingrate lorsque goûté en août 2014 et paraissait fermé, davantage marqué par l'élevage et par des notes fumées qui masquaient le fruit. Néanmoins très bon et équilibré en bouche. Laissons passer quelques mois pour que les éléments se replacent. Servir assez frais autour de 16 °C.

11664152 20,10$ ★★★ ②

LUZON

Organic 2013, Jumilla

En bordure de la Méditerranée, l'appellation Jumilla connaît une véritable renaissance depuis qu'une poignée de vignerons ont entrepris de restaurer des vignobles anciens, plantés de mourvèdre. Ce domaine de 700 hectares fondé en 1916 a été entièrement restauré suite à son rachat, vers la fin des années 1990.

Issu de l'agriculture biologique et composé de monastrell (mourvèdre) à 100%, le 2013 déploie au nez des notes florales et animales et de fruits noirs très mûrs. La bouche est souple et juteuse, pas très complexe, mais gourmande, tout en fruit et assez persistante. Quatre étoiles bien méritées dans sa catégorie. Rapport qualité-prix irréprochable !

10985780 16,50$ ★★★★ ② ♥

Côtes levées à l'ail ; chili con carne.

D'autres vins de Jumilla

BODEGAS OLIVARES

Monastrell 2011, Altos de la Hoya, Jumilla

Même s'il est toujours aussi chaleureux, voire capiteux, ce vin me laisse une meilleure impression en 2011. Mourvèdre parfaitement mûr, gorgé de fruits noirs et de notes de cuir fort originales ; un élevage de six mois en fûts de chêne français enrichit la texture, sans dénaturer le fruit. Bon vin à apprécier d'ici 2017.

10858035 16,55$ ★★★ ② ♥

CASA DE LA ERMITA

Crianza 2010, Jumilla

Issu d'un assemblage de mourvèdre, de tempranillo et de cabernet sauvignon, ce vin inscrit au répertoire général et disponible dans l'ensemble du réseau de la SAQ est déjà passablement ouvert. Pas très corsé, mais charnu, ample, généreux et gorgé du soleil de la Méditerranée. Le mourvèdre apporte des notes de fruits noirs et de cuir, ainsi qu'une certaine austérité qui ajoute à son caractère. À boire au cours des deux ou trois prochaines années.

638486 19,10$ ★★★ ½ ② ♥

LUZON

Altos de Luzon 2006, Jumilla

Arrivée cet automne – et pour la cinquième année consécutive – du millésime 2006 de ce vin. Maintenant très ouvert comme en témoignent ses arômes tertiaires (cuir, champignons, sous-bois) et ses tanins suaves et très fondus, le vin ne montrait pas encore de signe de fatigue, mais je crois qu'il ne faudrait pas tarder à le boire.

10858131 25,65$ ★★★ ②

LUZON

Jumilla 2011

Malgré une certaine austérité assez typique du cépage mourvèdre (65%), ce vin se fait valoir par sa netteté, son ampleur et sa structure tannique passablement mûre. Plutôt corsé, il a aussi plus de caractère que la moyenne des vins rouges espagnols dans cette gamme de prix.

10858158 15,95$ ★★★ ② ♥

JUAN GIL

Monastrell 2013, Vieilles vignes, Jumilla

Un nez charmeur de mourvèdre très mûr, mêlant la garrigue et les fruits noirs mûrs à des parfums de torréfaction. La bouche est chaleureuse (14,5% d'alcool), sans sensation brûlante ; savoureuse et presque tonique. Le fruit est mis en relief par une amertume noble qui donne au vin tout un caractère. Une heureuse surprise cette année!

10858086 16,15$ ★★★ ½ ② ♥

TAJA

Reserva 2009, Jumilla

La maison de négoce bordelaise Mähler-Besse commercialise aussi ce très bon assemblage de monastrell, de tempranillo, de cabernet sauvignon et de merlot. Le 2009 est particulièrement complet : nez invitant de fruits noirs, bouche ronde, souple et chair fruitée bien mûre. En hausse de 2$ sur le même millésime; comme plusieurs vins européens, malheureusement.

11474640 17,20$ ★★★ ②

Vous trouverez un autre vin de *bodega* Juan Gil à la p. 133.

MAS IGNEUS

FA104 2012, Priorat

L'œnologue Albet i Noya pratique une viticulture biologique et produit, sous la gamme FA – pour *fusta allier* – des vins rouges et blancs, élevés en fûts de chêne français. Pour les distinguer, on ajoute un numéro faisant référence à la durée de l'élevage et à l'âge des barriques. À titre d'exemple, le FA 104 commenté ci-dessous a été élevé dans des fûts d'un an (1) pendant quatre mois (04).

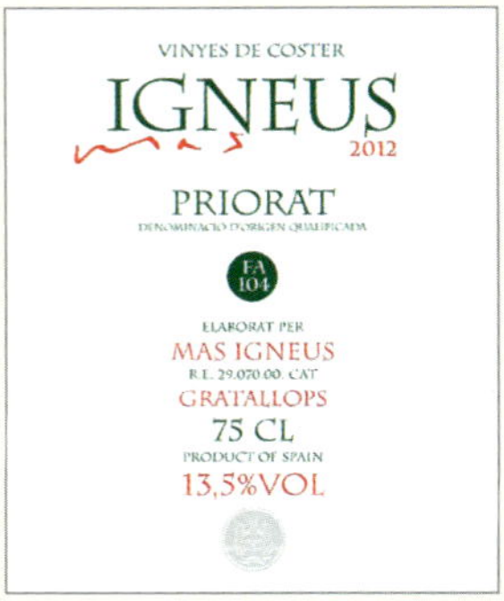

Excellent vin blanc catalan, issu à 100 % de grenache blanc et auquel une vinification partielle en fûts de chêne confère de la vinosité et une certaine intensité aromatique. Pas donné, mais remarquable par sa grande présence en bouche, sa texture vineuse et ses saveurs nettes de poire confite, sur un fond délicatement fumé. Servir frais, mais pas froid et boire entre 2015 et 2019.

12097823 32,75 $ ☆☆☆☆ ②

V **Brandade de morue ; croquettes de maquereau et aioli ; zarzuela.**

D'autres vins blancs d'Espagne

BUIL & GINÉ

Joan Giné 2012, Priorat Blanc

La couleur paille et le nez concentré annoncent un vin blanc d'envergure. La bouche en impose : grasse et nourrie par l'élevage ; riche en poire, en fruits jaunes et en fleurs. Bel usage du bois, qui apporte des notes vanillées et fumées, mais aucune de la sucrosité. À boire au cours des cinq prochaines années, en accompagnement de plats asiatiques ou à la fin du repas, avec un fromage puissant.

12298465 24,95 $ ☆☆☆ ½ ②

EL BONHOMME

Blanco 2012, Valence

Issu à 100 % de malvoisie (vieilles vignes de 60 ans) et élevé pendant de neuf mois en fûts de chêne français, un très bon vin blanc suffisamment ample pour accompagner du homard ou une viande blanche sur le gril et doté d'une saine fraîcheur. Le bois joue son rôle de faire-valoir, mais pas plus. Une belle découverte, signée par la Québécoise Nathalie Bonhomme.

12210443 18,90 $ ☆☆☆ ② ♥

IJALBA

Genoli 2013, Rioja

Même s'il n'offre qu'une matière moyenne, ce vin blanc composé exclusivement de viura charme toujours par sa fraîcheur, sa vitalité et son originalité aromatique. À table comme à l'apéro, on appréciera sa présence en bouche à la fois friande et pleinement désaltérante. À ce prix, il demeure un must estival !

883033 15,35$ ☆☆☆ ② ♥

LÓPEZ DE HEREDIA

Viña Gravonia, Rioja blanc 2004, Crianza

López de Heredia est l'une des seules bodegas à produire encore des vins blancs dans ce style, démodé pour certains, captivant pour d'autres, mais chargé de tradition. Issu d'un élevage oxydatif et prolongé (quatre mois en barriques américaines et deux ans en bouteille), ce blanc d'une complexité inouïe offre des arômes hors du commun : noix de Grenoble, pomme blette, cire d'abeille, écorce d'orange, épices et fleurs séchées. Puissant, alors qu'il ne pèse pas plus de 12,5% d'alcool. Hyper long en bouche et en évolution constante, avec une légère sensation tannique. Impressionnant !

11667927 30,25$ ☆☆☆☆☆ ② ♥

MAS IGNEUS

Barranc dels Closos blanco 2013, Priorat

Bon vin blanc modérément aromatique, à la fois gras et très frais. Une délicate amertume rehausse le fruit en fin de bouche et lui donne un caractère appréciable.

10857729 24,20$ ☆☆☆ ②

TORRES

Gran Viña Sol 2012, Penedès

Chardonnay (85%) et parellada. Pas trop de bois, mais juste ce qu'il faut de gras ; des saveurs de fruits blancs et de fleurs et une finale empreinte de fraîcheur.

064774 17,75$ ☆☆☆ ② ♥

TORRES

Viña Esmeralda 2013, Penedès

Vif et arrondi par un léger reste de sucre, ce cocktail d'inspiration alsacienne (muscat d'Alexandrie et gewurztraminer) a un éclat aromatique fort charmant. Le vin tout indiqué pour les plats asiatiques pimentés. Capsule vissée.

10357329 15,70$ ☆☆☆ ① ♥

RODRIGUEZ, TELMO

Godello 2013, Gaba do Xil, Valdeorras

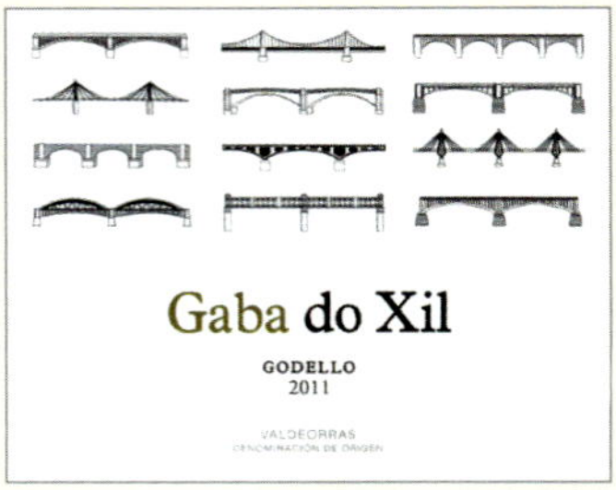

Telmo Rodriguez a sillonné l'Espagne du nord au sud à la recherche de vieilles parcelles de vignes, souvent menacées d'arrachage. Son activité s'étend aujourd'hui depuis la Rioja jusqu'à l'Andalousie. La rumeur veut que l'œnologue attire l'attention médiatique sur une région viticole dès qu'il y implante un projet.

On comprend assez vite pourquoi en goûtant ce vin blanc absolument délicieux, produit sur l'appellation Valdeorras, dans la partie sud-est de la Galice, non loin de Bierzo. L'un des vins blancs de godello les plus typés et les plus satisfaisants par son côté minéral presque salin. Un vin de texture, frais et nerveux, ce qui n'exclut pas l'envergure et la tenue en bouche. Si bon qu'on en boirait sans soif.

11896113 18,75$ ☆☆☆☆ ② ♥

V **Pâtes aux fruits de mer aux herbes et zestes d'agrumes.**

D'autres vins blancs de godello

BODEGAS ESTEFANIA (TILENUS)

Godello 2012, Bierzo

Interprétation particulièrement mûre et nourrie du cépage godello. Plus qu'un autre vin intense, issu de raisins surmûris, ce 2012 fait preuve d'une tenue exemplaire. Un registre aromatique détaillé et complexe, qui marie la poire aux fruits tropicaux, le tout ponctué d'une touche anisée et minérale. Un vin relevé et muni d'une belle longueur en bouche. Très satisfaisant et valant son prix. Un délice!

12141206 25,60$ ☆☆☆☆ ② ♥

DOMINIO DE TARES

Godello 2012, Bierzo

Un élevage de six mois sur lies apporte à ce godello un certain gras, tandis qu'un léger reste de gaz contribue à sa vitalité. Pas tout à fait assez complexe, à mon avis, pour justifier son prix, mais certainement plein de charme avec ses saveurs de fruits tropicaux et sa finale minérale.

11631852 27,30$ ☆☆☆ ② ▼

GODEVAL

Godello 2013, Valdeorras

Le godello, cépage blanc indigène qui était largement répandu dans la région avant la crise du phylloxéra, profite aujourd'hui d'un second souffle grâce à des vignerons comme Horacio Fernández, qui se consacre à sa mise en valeur depuis 1985. Bon vin perlant, peu aromatique, mais minéral, désaltérant et couronné d'une saine amertume. Original et fort plaisant.

11412959 23,30$ ☆☆☆ ½ ②

VALDESIL

Godello 2012, Valdeorras

Bon vin blanc réunissant les traits aromatiques et l'intensité de cette appellation galicienne. Des parfums de pêche, des saveurs un peu tropicales, mises en relief par un reste de gaz.

11412941 24,25$ ☆☆☆ ②

L'ATTRAIT DES HAUTEURS

Outre ceux destinés à la production de vin bon marché, les vignobles d'Espagne sont généralement situés à des altitudes assez élevées. Les vignes de la Rioja et celles de la Ribera del Duero grimpent jusqu'à 600 m et 800 m d'altitude, parfois plus. Le vignoble de la région de Malaga atteint pour le moment une altitude de 1400 m.

SHAYA

Rueda 2013

Les propriétaires de Juan Gil – un domaine phare de l'appellation Jumilla, à 90 km de la ville d'Alicante – produisent aussi un excellent vin blanc dans Rueda, une appellation voisine de Toro, consacrée exclusivement à l'élaboration de vin blanc.

Même si l'étiquette officielle de l'appellation n'en fait pas mention, ce vin est issu de verdejo à 100 %, dont certaines vignes sont centenaires. Pas compliqué ni spécialement complexe, par contre, ce vin a du caractère et charme immédiatement par son style épuré, sa vitalité et sa franche expression minérale, relevée par un reste de gaz carbonique. À retenir parmi les meilleurs vins de Rueda à la SAQ.

11377014 21,45$ ☆☆☆☆ ② ♥

V **Crevettes sautées aux agrumes; filet de saumon aux herbes.**

D'autres vins de Rueda

BUIL & GINÉ

Nosis 2013, Rueda Verdejo

La famille Buil (Priorat) a exporté son savoir jusqu'en Castille-León, où elle produit un très bon vin blanc de l'appellation Rueda. Très sec, et doté d'un beau registre aromatique mêlant la lime, le gazon frais coupé et le thé blanc, le tout rehaussé d'un léger reste de gaz carbonique. Subtil et assez distingué.

10860928 19,80$ ☆☆☆☆ ② ♥

COMENGE

Rueda Verdejo 2013

Une vitalité juvénile fort sympathique; très droit et parfaitement typique de son lieu d'origine. J'ai particulièrement aimé sa tenue de bouche et son registre de saveurs originales et persistantes, mariant le thé vert japonais à l'abricot. Beaucoup de plaisir à petit prix! Arrivée en janvier 2015.

En primeur

12432601 16,25$ ☆☆☆☆ ② ♥

HEREDEROS DEL MARQUÉS DE RISCAL

Rueda Verdejo 2011, Finca Montico

Cette *bodega* emblématique de la Rioja a choisi de déménager sa production de vin blanc dans la région de Rueda dès les années 1970. L'âge des vignes de verdejo, ainsi qu'un élevage sur lies fines expliquent sans doute la vinosité de ce 2011. Jaune paille, déjà à point et pourtant encore appuyé par une vigoureuse acidité.

11962168 21,05$ ☆☆☆ ½ ②

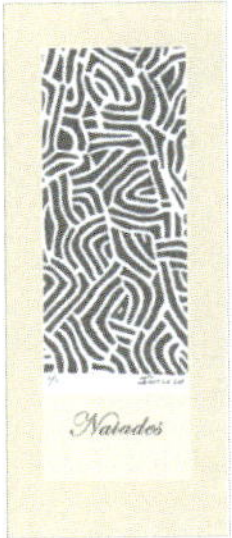

NAIA

Naides, Rueda Verdejo 2010

Issu de très vieilles vignes de verdejo, plantées au XIXe siècle et ayant survécu au phylloxéra, un rueda hors norme, fermenté et élevé en fûts de chêne. Bien qu'il me semble un peu moins distinctif que le 2008 dégusté l'année dernière, ce vin impressionne par sa richesse et sa vinosité. Laissons-le reposer un an ou deux, le temps qu'il digère son bois.

11962707 31,75$ ☆☆☆→? ③

NAIA

Rueda Verdejo 2013

Tout aussi digeste et savoureux. Expression fort charmante du cépage verdejo, à la fois vineux et nerveux, rassasiant et désaltérant. Le vin d'apéritif qui se boit sans soif !

11465153 19,70$ ☆☆☆ ½ ② ♥

TELMO RODRIGUEZ

Basa 2013, Rueda

Plein de vitalité grâce à un reste important de gaz, assez vineux et digeste ; ses saveurs sont accentuées d'une pointe d'amertume en finale qui le rend encore meilleur.

10264018 16,70$ ☆☆☆ ½ ① ♥

VAL DE VID

Rueda 2013

Bon vin blanc misant à fond sur la vitalité et la franche acidité du cépage verdejo, complété de viura plutôt que de sauvignon blanc, comme c'est souvent le cas dans la région maintenant. Le résultat est certes plus discret, mais surtout moins caricatural. À boire dans l'année, bien frais à l'apéritif.

12260281 16,05$ ☆☆☆ ① ♥

> Les vins portant la mention « Rueda Verdejo » en contre-étiquette sont issus à 100 % de verdejo. Ceux commercialisés sous la simple appellation « Rueda » peuvent être issus d'un assemblage de verdejo et de viura ou de sauvignon blanc.

PAZO DE SEÑORANS

Albariño 2013, Rias Baixas

Afin d'augmenter le pH des sols de leurs vignobles, certains producteurs de Rias Baixas ont pris l'habitude d'y ajouter des coquilles d'huîtres, de palourdes ou de moules, une ressource abondante dans cette région côtière qui abrite le plus grand port de pêche d'Europe.

Le domaine Pazo de Señorans est une référence à Rias Baixas, à juste titre. S'il n'est pas très flamboyant, ce vin blanc sec n'en est pas moins complexe, par ses senteurs de pêche et d'agrumes, son goût exotique et cette délicieuse sensation de salinité. À la fois gras et vif en bouche; généreux et savoureux, également raffiné et équilibré. Déjà séduisant, il est loin d'avoir dit son dernier mot. Les meilleurs vins d'albariño peuvent d'ailleurs révéler de belles surprises après quelques années de garde. À découvrir, si ce n'est déjà fait!

898411 27,30$ ☆☆☆☆ ② ♥

V **Saumon grillé et salsa de pêches; crevettes poêlées à l'orange.**

D'autres albarinõ et alvarinho

MENDES, ANSELMO

Alvarinho 2012, Muros Antigos

Anselmo Mendes est l'un des acteurs importants de la sous-appellation Monção, au nord de la région du Vinho Verde. Il se spécialise dans l'élaboration de vins nourris, dont le style évoque certains vins de Rias Baixas, auxquels il emprunte la même vitalité et la fraîcheur. Ce 2012 traduit assez bien le caractère du cépage alvarinho: bel équilibre entre le gras et la fraîcheur, des goûts caractéristiques de pêche bien mûre et de thé blanc. Finale savoureuse à 12,5% d'alcool. Comment ne pas aimer?

11612555 19,30$ ☆☆☆☆ ② ♥ ▼

NORA

Albariño 2012, Rias Baixas

Délicates saveurs d'abricot, agrémentées d'une amertume fine et d'accents de sel iodé. Sec, désaltérant et digeste ; porté par une trame suffisamment vineuse. Moins racé que d'autres, mais bien tourné.

11639580 22,70$ ☆☆☆ ②

QUINTA DE GOMARIZ

Alvarinho 2012, Vinho Verde

Le gaz carbonique est un produit de la fermentation alcoolique. Normalement présent à dose imperceptible dans les vins tranquilles, il peut parfois créer une sensation de picotement en bouche. C'est le cas de ce vinho verde, plus aromatique que la moyenne, avec des goûts d'abricot et de fleurs, mais néanmoins assez typé par sa légèreté et son caractère perlant. Meilleur après une aération prolongée en carafe.

11895225 20,20$ ☆☆☆ ② ▼ ⧊

QUINTA DO AMEAL

Loureiro 2012, Vinho Verde

Près de la frontière espagnole, la sous-région de Ponte de Lima constitue un terrain de jeu idéal pour le cépage loureiro. Depuis huit ans, Pedro Araújo y cultive la vigne de façon biologique et en tire un très bon vinho verde ayant plus de matière et de caractère que la moyenne de l'appellation. Léger (11,5 % d'alcool) et agrémenté d'une belle finale aux notes florales et minérales. *Muito bom!*

11459992 20,30$ ☆☆☆☆ ② ♥

QUINTA DO MINHO

Loureiro 2013, Vinho Verde

En cette époque dominée par le chardonnay et le sauvignon, il fait bon se désaltérer avec ce vin léger et pur auquel un reste de gaz apporte une agréable vitalité.

10371438 15,25$ ☆☆ ½ ②

PORTUGAL

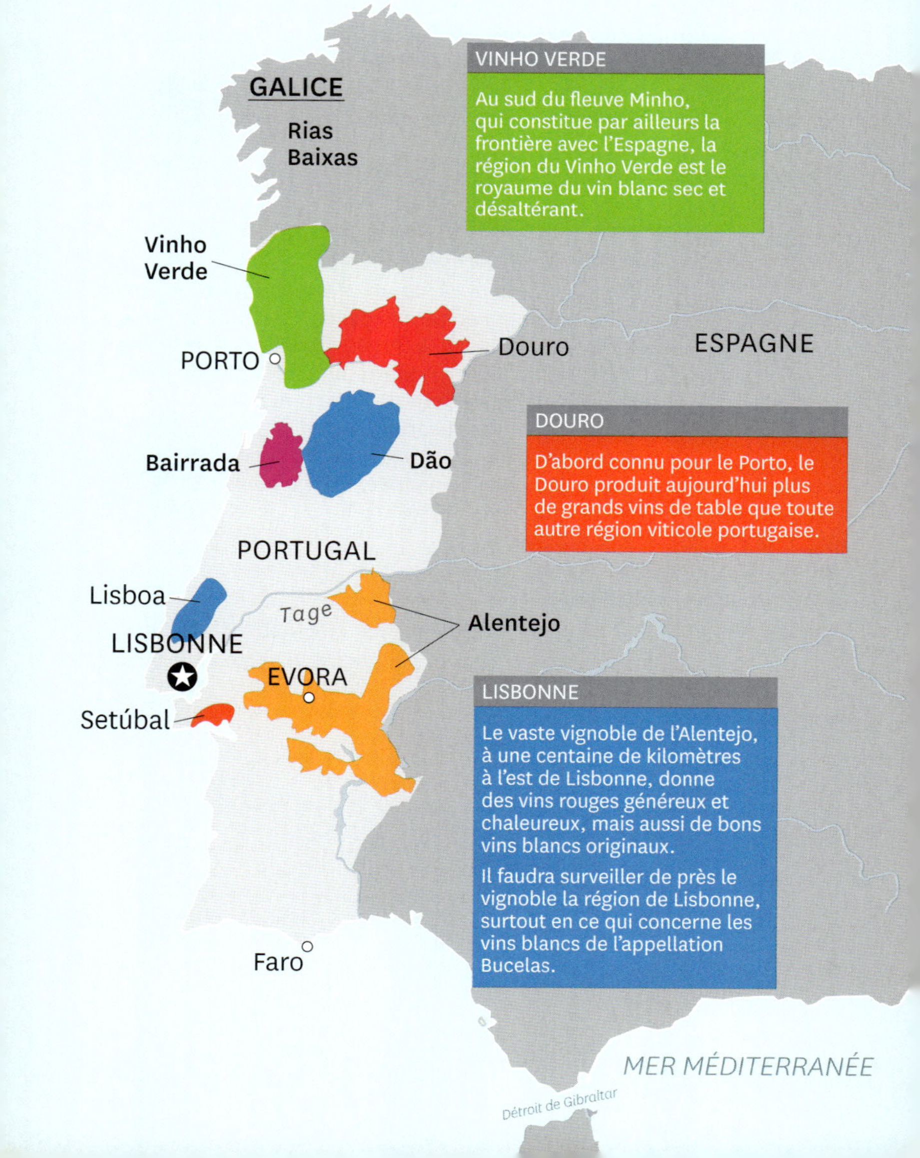

VINHO VERDE

Au sud du fleuve Minho, qui constitue par ailleurs la frontière avec l'Espagne, la région du Vinho Verde est le royaume du vin blanc sec et désaltérant.

DOURO

D'abord connu pour le Porto, le Douro produit aujourd'hui plus de grands vins de table que toute autre région viticole portugaise.

LISBONNE

Le vaste vignoble de l'Alentejo, à une centaine de kilomètres à l'est de Lisbonne, donne des vins rouges généreux et chaleureux, mais aussi de bons vins blancs originaux.

Il faudra surveiller de près le vignoble la région de Lisbonne, surtout en ce qui concerne les vins blancs de l'appellation Bucelas.

La popularité ne va pas toujours au mérite. Évoluant encore dans l'ombre de son voisin espagnol, le vignoble portugais foisonne pourtant de vins de qualité, souvent très distinctifs. Le pays est méridional et le soleil tape fort, du Minho à l'Alentejo, en passant par le Douro, le Dão et Bairrada. Le charme de ces vins réside donc dans leur caractère authentiquement chaleureux.

En plus de bénéficier de l'effet tempérant de l'océan Atlantique, le vignoble portugais abrite une cinquantaine de variétés autochtones sur lesquelles misent près de 7000 vignerons pour assurer la singularité de leurs vins. Les vedettes demeurent le touriga nacional pour les vins rouges et l'alvarinho pour les vins blancs, mais certains cépages comme le baga, l'alicante bouschet, le vital et même le castelão, longtemps délaissés en raison de leur profil rustique, ont droit à un second souffle grâce au travail de quelques vignerons intrépides et talentueux!

LES DERNIERS MILLÉSIMES

2013
Millésime de qualité hétérogène. Très bons vins blancs; disparité pour les rouges. Ceux ayant récolté avant la pluie ont pu sauver la donne.

2012
Bon millésime pour les vins blancs. Vins rouges concentrés, mais équilibrés.

2011
Les températures élevées du mois de juin ont brûlé quelques grappes. Très bonne année pour le Porto et grand millésime pour les vins de table du Douro et de l'Alentejo, avec de faibles rendements, des tanins fermes et une acidité notable.

2010
Autre année de sécheresse dans le Douro. Bon volume d'une qualité satisfaisante. Troisième succès consécutif pour Bairrada.

2009
Bonne qualité d'ensemble. De belles réussites dans les secteurs de Bairrada et de Lisbonne. Un mois d'août cuisant et sec a donné des vins puissants et riches en alcool dans le Douro et l'Alentejo.

2008
Millésime favorable dans le Douro, mais aussi un peu partout dans le pays, particulièrement pour Bairrada et l'Alentejo. Des rendements faibles ont favorisé la production de vins rouges particulièrement riches et équilibrés.

2007
Récolte inférieure à la moyenne, des raisins cueillis dans d'excellentes conditions. On annonce des vins rouges à la fois solides et bien équilibrés.

2006
Une saison estivale chaude et sèche a donné des vins rouges généralement généreux, consistants et bien structurés.

QUINTA DO CONVENTO

Douro 2009

Jadis propriété de Patrick et Ruth Landanger (Domaine de la Pousse d'Or, Volnay), ce domaine du Douro a été acquis par le Canadien Donald Ziraldo (cofondateur d'Inniskillin à Niagara) en 2011.

Bien qu'il soit déjà âgé de cinq ans, ce vin est étonnamment vigoureux et son nez sauvage, aux tonalités animales, pourrait laisser perplexe au premier abord. Or, en bouche, pas la moindre rusticité. Vibrante, animée par un léger reste de gaz qui ajoute à sa fraîcheur et met le fruit en relief. Beaucoup de nuances aromatiques et de caractère ; une qualité remarquable pour le prix. Chapeau !

12185655 17,85$ ★★★★ ② ♥

V **Brochettes d'agneau aux herbes ; bœuf braisé à l'anis.**

D'autres vins rouges du Douro

ALTANO

Douro 2011, Quinta de Ataide

Issu de vignes âgées en moyenne d'une trentaine d'années et cultivées en agriculture biologique, ce vin regorge de saveurs de fruits confits évoquant la framboise, relevées de notes épicées qui persistent en bouche. La trame tannique est gourmande, encadrée de tanins mûrs et serrés. À boire entre 2015 et 2018.

11157097 17,45$ ★★★ ② ♥

ALVES DE SOUSA

Caldas 2012, Douro

Fruit très mûr, rondeur et suavité, tanins caressants, flatteur sans en faire trop. On croque dans le fruit chauffé au soleil. Du grain et un bon goût de confiture de bleuets. Irréprochable à ce prix.

10865227 15,45$ ★★★ ½ ② ♥

DUORUM

Douro 2012

Couleur d'encre et nez un peu sur la réserve ; bouche très dense et saveurs compactes, portées par une trame tannique mûre. Imposant, mais pas du tout brutal. Un bon vin que l'on peut apprécier dès maintenant. Rapport qualité-prix avantageux.

11510102 19,90 $ ★★★★ ② ♥

JOSÉ MARIA DA FONSECA

Domingos 2012, Douro

En plus de bons vins dans l'Alentejo sous la marque José de Sousa, ce producteur réputé élabore ce vin rouge du Douro. Modérément charnu, du fruit et des parfums de torréfaction ; à boire d'ici 2016.

11372782 15,50 $ ★★★ ② ♥

QUINTA DA ROMANEIRA

Douro 2009

Plus ample et volumineux que le 2008 commenté l'an dernier, et tout aussi digeste. Un vin du Douro comme on souhaiterait en trouver davantage. Ni puissant ni trop concentré, pas de tape-à-l'œil, mais un vin franc, constitué de tanins mûrs et polis. À savourer dès maintenant et d'ici 2018.

11605566 26,95 $ ★★★→★ ② ♥

QUINTA DE LA ROSA

Douro 2010

Assemblage de touriga nacional, de touriga franca et de tinta roriz, avec toute l'intensité des vins du Douro, mais aussi équilibré et digeste. Aux fruits noirs très mûrs s'ajoute une pointe florale, des saveurs d'amande amère et une certaine minéralité présente dans les meilleurs vins de la région. La bouche est joufflue et corsée, mais empreinte de fraîcheur. Une longue finale sur des tanins serrés suggère qu'un passage en carafe lui fera le plus grand bien.

928473 22,65 $ ★★★★ ② ♥

QUINTA DO NOVAL

Maria Mansa 2010, Douro

Dans les collines de Pinhão, cette splendide *quinta* appartenant à AXA Millésimes produit quelques-uns des meilleurs vins du Douro. Bon douro de forme classique, charpenté et nourri. D'autant plus satisfaisant qu'il est maintenant à point.

11903598 18,70 $ ★★★ ②

QUINTA DO VALE MEÃO

Meandro 2012, Douro

Depuis 1994, la famille Olazabal est l'unique propriétaire de cette *quinta* historique fondée par leur ancêtre Doña Antónia Adelaide Ferreira. Joyau du Douro Supérieur, le vignoble de Vale Meão était jadis la source du célébrissime – mais non disponible à la SAQ – Barca Velha.

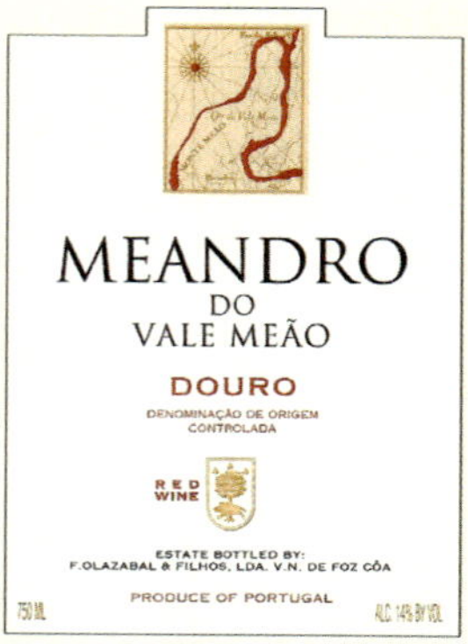

Second vin de la propriété, le Meandro affichait une certaine retenue lorsque goûté en août 2014. Des saveurs compactes de fruits noirs, un solide cadre tannique et cette puissance contenue qui confère aux meilleurs vins du Douro une race et une élégance hautement séduisantes. D'un équilibre très classique, les tanins se resserrent en finale et laissent la bouche nette et désaltérée. Le vin de table par excellence, au sens noble du terme.

11816574 23,55$ ★★★★ ② ♥

V **Médaillons de bison aux bleuets ; gigot d'agneau au romarin.**

D'autres vins rouges du Douro

ALVES DE SOUSA

Caldas Reserva 2011, Douro

Un vin qui en impose : concentré et flatteur, boisé et corpulent. Bouche riche et suave, s'appuyant sur des tanins mûrs. Finale savoureuse, goût de confiture de bleuets et accents grillés. À boire d'ici 2015 et 2020.

11895330 21,85$ ★★★★ ② ♥

ALVES DE SOUSA

Vale da Raposa, Reserva 2011, Douro

Chaleureux et éminemment rassasiant, ce vin fait même preuve d'une certaine profondeur. Riche et bien proportionné, au caractère boisé bien intégré. À maturité et bon pour plusieurs années. Quatre étoiles pleinement méritées dans sa catégorie.

11073758 17,90$ ★★★★ ② ♥

DUORUM

Douro 2009, Reserva

L'œnologue José Maria Soares Franco est à l'origine de ce projet dans le Douro Supérieur. Ce vin robuste et bien en chair a profité d'un élevage prolongé en fûts de chêne, sans que cela ne nuise à l'expression naturelle des cépages portugais. Généreux et nuancé; riche et mûr, mais tout de même bien proportionné et encadré par une solide structure tannique. Très bon vin prometteur, à boire entre 2015 et 2019.

11818297 43$ ★★★→? ③

QUINTA DA ROMANEIRA

Douro 2009, Sino da Romaneira

Moins complexe et concentré que le grand vin de la propriété, cela va de soi, mais de la même mouture : dépouillé, sans artifices et plutôt strict. Un vin d'agrément, tout indiqué pour une viande rouge saignante. À boire entre 2015 et 2019.

12291319 20,20$ ★★★→? ③ ♁

QUINTA DE LA ROSA

Douro 2009, Reserva

Aussi mûr et parfumé que son petit frère, mais encore plus profond et complexe, et d'une élégance indéniable. Le nez délicat laisse place à une bouche riche et solide, aux arômes de fruits noirs, d'épices et d'anis, portés par une grande fraîcheur florale. Superbe matière, très bel équilibre et longue finale sur des tanins fermes au grain très fin.

11825067 41$ ★★★★ ③

QUINTA DE LA ROSA

Douro 2011, Reserva, Passagem

Une couleur d'un violet intense et des saveurs de fruits noirs très mûrs, voire confiturés, rehaussées de notes d'anis et de fleurs. La bouche est solide, corsée. À attendre trois ou quatre ans pour qu'il se fonde un peu.

12185698 26,35$ ★★★ ② ♁

QUINTA DO VALE DA PERDIZ

Cistus Reserva 2009, Douro

À moins de 20$, ce vin coloré et sentant bon la violette donne pleine satisfaction. Mûr, d'une belle épaisseur tannique ; rassasiant et concentré, mais pas trop. Une autre preuve que ce pays est une source quasi intarissable.

10841170 19,75$ ★★★→? ③

VICENTE LEITE DE FARIA

Douro 2010, Reserva, Gloria

Très flatteur par ses goûts rôtis et vanillés, encore jeune, bien en chair, dodu à souhait et généreusement boisé.

11156297 18,35$ ★★★ ②

CAMPOLARGO

Bairrada 2008, Termeão

Après avoir vendu ses raisins au négoce pendant plus de 70 ans, la famille Campolargo s'est dotée d'un cuvier ultramoderne en 2004. Le domaine connaît maintenant un certain succès avec ses vins rouges, notamment de baga, le cépage emblématique de la région de Bairrada.

Quel plaisir de pouvoir retrouver à la SAQ ce vin découvert l'année dernière lors d'un séjour dans la région. Rien qu'au nez, on comprend pourquoi tant de vignerons locaux comparent leurs vins à ceux de la Bourgogne. Évidemment, le vin est autrement plus musclé, charnu et chaleureux, mais sans la moindre rudesse. L'élégance dans la générosité, en d'autres mots.

11895372 21,80$ ★★★★ ②

V Bœuf braisé aux champignons ; brochettes d'agneau aux olives noires.

D'autres vins rouges de Bairrada et du Dão

MARQUÊS DE MARIALVA

Reserva 2009

Marquês de Marialva est une marque de la coopérative Adega de Cantanhede. On y produit annuellement trois millions de bouteilles. Ce vin est particulièrement savoureux cette année. Est-ce l'effet du millésime 2009 ? Bon vin de facture conventionnelle, sans grande complexité, mais auquel le cépage baga donne une allure à la fois rustique et fort originale. Droit et encore vigoureux, même si le temps a déjà permis aux tanins de s'assouplir. À boire d'ici 2017.

10651755 16,80$ ★★★ ②

BAIRRADA

Au sud de Porto, la région de Bairrada met à profit le cépage baga. Longtemps assimilé à la rusticité, le baga donne aujourd'hui d'excellents vins, aussi originaux que savoureux.

QUINTA DA PELLADA

Dão Reserva 2011

À des années-lumière des vins de Dão rustiques qui ont longtemps été légion, celui-ci est d'une grande pureté, tout en restant fidèle à ses origines. Des notes florales apportent beaucoup de fraîcheur au fruit mûr et chaleureux, et la bouche, suave et élégante, est rehaussée d'arômes de garrigue, de cuir et d'épices. Des tanins soyeux mais fermes lui promettent un bel avenir. Il était d'ailleurs encore meilleur le deuxième jour. Un signe qui ne ment pas...

11902106 28,25$ ★★★★ ②

QUINTA DA PONTE PEDRINHA

Dão 2005

Dégusté à au moins cinq ou six reprises depuis 2010, ce vin du Dão ne cesse de me surprendre. De retour dans le même millésime cette année encore – apparemment les stocks de 2005 sont inépuisables – il m'a paru étonnamment jeune et frais. Équilibré, le vin révèle une expression aromatique très séduisante avec des parfums de fleurs et de réglisse noire, encadrés par une texture suave et veloutée. Déjà ouvert, il devrait tenir la route jusqu'en 2017, au moins.

883645 24,60$ ★★★ ½ ③

SOGRAPE

Duque de Viseu 2011, Dão

Dans le Dão, Sogrape élabore un très bon vin issu à la fois d'achat de raisins et des fruits de sa propriété locale, Quinta dos Carvalhais. Plus achevé en 2011, à mon avis, et très rassasiant. Avec son goût de fraises compotées et sa chair dodue, il n'est pas sans rappeler certains pinots noirs californiens, avec un supplément de tanins, évidemment. Très bon achat dans cette gamme de prix.

546309 14,95$ ★★★ ② ♥

DÃO

Écrin de granit entouré de montagnes, la région du Dão peut produire des vins à la fois racés et élégants. Le cépage touriga nacional y donne des vins souvent plus tendres et nuancés que dans le Douro.

HERDADE DO PESO

Colheita 2011, Alentejo

Le succès du Mateus et des autres vins de Sogrape a permis à la famille Guedes d'étendre son empire sur trois continents. À partir de 1997, elle a développé ce vaste domaine dans la sous-région de Vidigueira, au sud de l'Alentejo.

Le cépage alicante bouschet contribue à hauteur de 40 % à ce vin généreux et solidement constitué ; le grain est ferme et encadre une masse fruitée généreuse, qui fleure bon le cassis et le bleuet, sur un fond délicieusement poivré. Un vin sérieux, ample en bouche et presque séveux. Tout ça pour 20 $, bravo !

10660740 20,45 $ ★★★★ ② ♥

V Côtelettes d'agneau aux herbes ; hamburger d'agneau.

D'autres vins rouges de l'Alentejo

CORTES DE CIMA

Aragonez 2011, Vinho Regional Alentejano

Issu de tempranillo (aragonez), élevé pendant sept mois en barriques françaises et américaines. Un vin de conception moderne présentant un caractère torréfié, tannique et concentré qui s'impose davantage par sa force que par sa profondeur. Techniquement bien fait et prêt à boire maintenant.

10223726 35,50 $ ★★★ ②

CORTES DE CIMA

Chaminé 2013, Vinho Regional Alentejano

Majoritairement aragonez (tempranillo) et syrah, dont on tire un vin typé de l'Alentejo, gorgé de soleil et pourtant frais et digeste (13,5 % d'alcool). À boire au cours de la prochaine année pour apprécier la jeunesse du fruit.

10403410 14,95 $ ★★★ ② ♥

CORTES DE CIMA

Cortes de Cima 2011, Alentejo

Amateurs de beaujolais, s'abstenir ! Moins boisé que l'an dernier, mais tout aussi costaud et musclé, avec une couleur foncée et une charge tannique à faire pâlir un madiran, cet assemblage inusité de cépages portugais et internationaux donnera pleine satisfaction à l'amateur de vin corsé. Beaucoup de vin dans le verre pour 20$. À boire idéalement entre 2016 et 2020.

10944380 21,10$ ★★★→? ③

CORTES DE CIMA

Syrah 2012, Vinho Regional Alentejano

Plus concentré que le 2011 commenté l'an dernier et plus chaleureux aussi. Du fruit sec et confit, sur un fond animal qui évoque le cuir. Bien tourné dans un style plus international qu'authentiquement portugais.

10960697 26,10$ ★★★ ②

FALUA

Tagus Creek 2010, Reserva, Tejo

Touriga nacional et cabernet sauvignon; la structure tannique du cépage vedette portugais, doublée de la droiture de la star internationale. Fruits noirs, un peu de poivron rouge, une tenue de bouche très agréable, structuré, droit, bien fait. Pas de goût racoleur de bois neuf, juste un bon vin corsé, dont les aspérités tanniques ont été polies par l'élevage et par quelques années de repos. Très satisfaisant.

12098084 19,60$ ★★★ ½ ② ♥

HERDADE DO SOBROSO

Alentejo 2010

Chaleureux et pas spécialement complexe, mais l'amateur de vin gorgé de soleil sera séduit par son nez invitant et par son goût de confiture. Affriolant, hyper fruité, offrant une explosion de saveurs de framboise et de réglisse.

12298191 24,30$ ★★★ ②

JOSÉ MARIA DA FONSECA

Periquita 2011, Reserva Vinho Regional Península de Setúbal

Une forte proportion de castelão explique sans doute la souplesse et la générosité fruitée de ce classique de l'Alentejo. Le touriga nacional apporte pour sa part une charpente appréciable. Un vin courant avant tout souple, friand et gorgé de fruit; des accents boisés bien intégrés se mêlent aux saveurs de confiture de framboise.

11767442 15,95$ ★★★ ② ♥

QUINTA DA PELLADA

Dão branco 2012

En 1980, Álvaro Castro a hérité de cette propriété historique du Dão, dont les origines remontent au XIIIe siècle. Avec l'aide de sa fille Maria, il y produit d'excellents vins rouges et blancs qui sont autant de références pour la région.

Composé surtout d'encruzado, le cépage blanc phare du Dão, ce vin est à apprécier davantage pour sa texture que pour ses arômes. Il est impératif de le servir plus frais que froid (autour de 14-15 °C) pour le laisser s'exprimer pleinement. Il dévoile alors un très beau gras en bouche, sur un fond de pêche, d'abricot, d'amandes et d'orange. Ample, mais aussi très frais, sans trace de bois, et rehaussé de notes minérales, caillouteuses. À boire dès maintenant et au cours des cinq prochaines années. Excellent et abordable !

11895364 24,25$ ☆☆☆☆ ② ♥

V **Fricassée de poulet aux amandes; terrine de porc aux abricots.**

D'autres vins blancs portugais

ALVES DE SOUSA

Branco da Gaivosa 2013, Douro

Composé de malvoisie pour moitié, à laquelle s'ajoutent l'arinto et le gouveio – nom donné au cépage godello dans le Douro. Les vins blancs du Douro sont rarement distinctifs. Celui-ci a le mérite d'être très sec et assez vineux; l'âge des vignes (60 ans) et un élevage partiel en fûts de chêne y sont sans doute pour quelque chose. À boire au cours des trois prochaines années avec un poisson à chair fine.

902288 18,55$ ☆☆☆ ½ ②

BACALHÔA

Catarina 2013, Vinho regional Península de Setúbal

Fernão pires et arinto, enrobés par la vinosité caractéristique du chardonnay et par un usage raisonné du fût de chêne. Pour le reste, un vin très jaune, vineux et expansif, aux goûts de miel et de fruits confits. À la fois sec et gras en bouche. Bon dès maintenant. Rapport qualité-prix attrayant.

11518761 14,30$ ☆☆☆ ② ♥

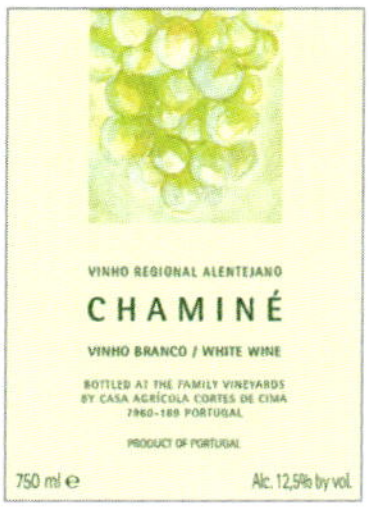

CORTES DE CIMA

Chaminé blanc 2012, Alentejo

Cette propriété dynamique propose bon an mal an un très bon vin blanc courant, dont la version 2012 m'a semblé davantage marquée par le caractère du sauvignon blanc; beaucoup de fruit et de vigueur; des herbes fraîches et des agrumes. Aromatique, sec et désaltérant.

11156238 14,95$ ☆☆☆ ② ♥

ESPORÃO

Alentejo 2013, Reserva

Assemblage d'antão vaz, d'arinto, de roupeiro et de sémillon. Stylé, original, onctueux et digeste; il a nettement plus de caractère que la moyenne des vins blancs du pays.

11604301 21,60$ ☆☆☆☆ ②

JOSÉ MARIA DA FONSECA

Albis 2013, Péninsule de Setúbal

Autre franc succès pour ce vin blanc sec d'apéritif auquel les cépages moscatel et arinto donnent une empreinte locale sympathique. Excellent rapport qualité-prix.

319905 12,95$ ☆☆☆ ① ♥

MARQUÊS DE MARIALVA

Colheita Seleccionada 2013, Bairrada

Rien de bien complexe dans ce vin blanc courant élaboré par la coopérative de Bairrada, mais on apprécie l'originalité aromatique que lui confèrent les cépages arinto, bical et maria gomes. Du fruit, des notes florales et une agréable fraîcheur. À ce prix, vraiment rien à redire.

626499 11,65$ ☆☆☆ ② ♥

MEIA ENCOSTA

Dão branco 2012

Une originalité du Dão. Sa composition de cépages indigènes – encruzado, malvasia nera, bical et fernão pires –, lui confère une palette aromatique assez originale, bien que discrète. Bon vin blanc mis en valeur par la technologie moderne ; vif, léger et offrant un minimum de tenue.

12332301 12,25$ ☆☆☆ ② ♥

LAVRADORES DE FEITORIA

Douro 2012

Amateurs à l'affut d'aubaines, sachez que le Portugal excelle dans l'art de plus en plus difficile du rapport qualité-prix. À cet égard, les vins de cette coopérative du Douro – dont l'activité s'étend depuis l'extrémité ouest de l'appellation, jusqu'au Douro Supérieur – sont remarquables.

Cette année encore, j'ai beaucoup aimé les justes proportions et la puissance contenue de ce vin riche, savoureux et pourtant très digeste. Une très belle expression fruitée, ample, compacte et vigoureuse, associée aux cépages autochtones du nord du Portugal. Le vin parfait pour les soirs de semaine.

11076764 14,80$ ★★★ ½ ② ♥

V **Pâtes à la saucisse italienne; morue braisée aux tomates et au chorizo.**

D'autres très bons vins rouges portugais à moins de 15$

ALTANO

Douro 2011

Très bon vin courant, quasi sucré à l'attaque, tendre, velouté et soutenu par une charpente tannique assez solide pour un vin de ce prix; relevé, mûr et savoureux, avec des goûts de framboise et de cannelle. Très recommandable.

579862 13,25$ ★★★ ② ♥

HERDADE DAS ALBERNOAS

Vinho Regional Alentejano 2012, SA Encosta Guadiana

Les vins abordables se font de plus en plus rares à la SAQ, les bons du moins. Heureusement, on peut toujours compter sur quelques valeurs sûres comme ce vin rouge auquel les cépages aragonez, trincadeira et castelão confèrent une certaine originalité. Souple, coulant et gorgé de fruit mûr ; encore meilleur s'il est servi autour de 15 °C. Pour 10 $ et des poussières, difficile de trouver mieux !

10803051 10,50 $ ★★★ ② ♥

MEIA ENCOSTA

Dão 2012

Souple et modérément charnu, pourvu d'une bonne acidité. Simple, avec de bons goûts fruités, sur un fond épicé évoquant le poivre. Modeste et un peu rustique, mais aimable. À boire sans tarder.

250548 11,85 $ ★★ ½ ① ♥

QUINTA DO VALE DA PERDIZ

Cistus 2012, Douro

Franchement très bon ; fleurs, épices, fruits rouges, fruits noirs. Juste assez corsé, du caractère et une persistance on ne peut plus appréciable pour un vin de ce prix. Si vous aimez les vins rouges solaires, il y a là pour vous une des aubaines à saisir !

10841161 12,70 $ ★★★ ½ ② ♥

SOGRAPE

Vila Regia 2013, Douro

Numéro un de la viticulture portugaise avec 1200 hectares de vignes, la société Sogrape englobe notamment Ferreira, Sandeman et Offley. Tanins fermes ; fruits noirs, fleurs et épices ; assez corsé pour le prix.

464388 10,50 $ ★★ ½ ② ♥

VICENTE LEITE DE FARIA

Douro 2012, Animus

Bon douro de facture moderne, c'est-à-dire plus juteux que charpenté, accessible et conçu pour être apprécié dans sa prime jeunesse.

11133239 13,95 $ ★★ ½ ②

AUTRES PAYS
GRÈCE

Nadia rencontre Véronique Rivest.

PÉLOPONNÈSE

Le cépage blanc moschofilero contribue au caractère floral unique des vins de l'appellation Mantinia, dans le Péloponnèse.

PÉLOPONNÈSE

Cépage rouge de l'appellation Nemea, dans le Péloponnèse, l'agiorgitiko se caractérise par une texture souple, un caractère aromatique épicé et une saine acidité.

Au cours de la dernière décennie, le vignoble grec a connu une évolution importante. Ce vent de renouveau est providentiel pour l'industrie vitivinicole qui accusait près d'un siècle de retard.

Dans le Péloponnèse, les progrès s'effectuent à grande vitesse et l'on ne cesse d'accroître la qualité des équipements et de développer les connaissances œnologiques, mais il reste encore beaucoup de travail à faire dans le vignoble.

Consciente de la concurrence, la Grèce mise essentiellement sur la singularité de ses cépages pour s'imposer sur l'échiquier mondial. D'ailleurs, si quelques producteurs privilégient les cépages internationaux, la plupart des viticulteurs restent fidèles à la kyrielle de variétés autochtones, vestiges de 3500 années d'histoire vinicole.

Avec le contexte économique actuel, les producteurs se sont résolument tournés vers l'exportation. Avec succès il semble, puisqu'en 2013, on annonçait une hausse des exportations de l'ordre de 30% (en valeur) pour le marché des États-Unis et de 55% pour le Canada!

NAOUSSA

Sur le flanc sud-est du mont Vermio, le cépage xinomavro est, de manière imagée, le Nebbiolo de la Grèce. Colonne vertébrale des crus de l'appellation Naoussa, il donne des vins souvent stricts, dotés d'une agréable fermeté tannique et aptes à vieillir longuement.

SANTORIN

L'île volcanique de Santorin abrite l'un des vignobles les plus anciens et les plus individuels de la planète. On y pratiquait la viticulture dès le XVIIe siècle av. J.-C. L'assyrtiko – cépage blanc local – y conserve une acidité digne de mention, malgré un climat très chaud.

Le SAVIEZ-VOUS?

Contrairement à une idée préconçue, le climat chaud de la Grèce n'est pas un obstacle à la viticulture. La plupart des vignobles sont orientés vers le nord et établis dans des régions fraîches. Les vins ont souvent un caractère fringant et un pH faible.

HATZIDAKIS

Cuvée 15 2013, Santorin

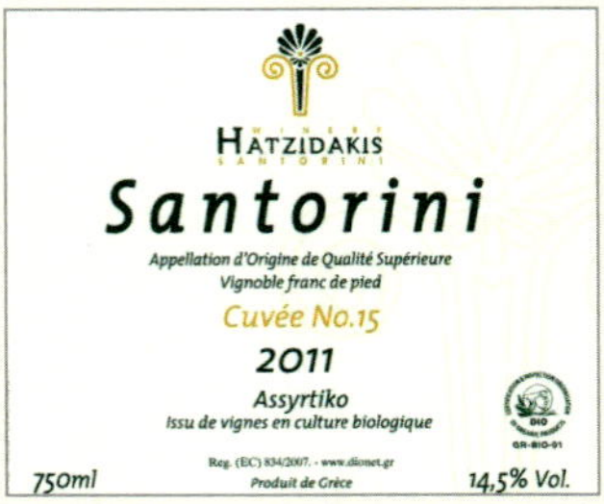

La meilleure porte d'entrée pour aborder le vignoble grec est sans conteste l'île de Santorin. La perle des Cyclades abrite l'un des vignobles les plus originaux et les plus anciens de la planète. On y pratiquait la viticulture dès le XVIIe siècle av. J.-C. !

Si vous croyez que les vins blancs sont tous pareils, il vous faut absolument goûter les assyrtikos d'Harydimos Hatzidakis. Un vin d'envergure, à la personnalité affirmée dont le nez ne cesse d'évoluer, entre les odeurs de terre humide, de fenouil, de graines de coriandre et d'écorce d'agrumes. La bouche est texturée et pourvue d'une acidité tranchante enrobée d'un fruit mûr. S'ajoute à cela une longue finale, minérale et saline, très typée des vins de Santorin. N'hésitez pas à l'aérer longuement en carafe. Dégusté chaque jour pendant près d'une semaine, le vin ne cessait de gagner en nuances...

11901189 31,50 $ ☆☆☆☆ ② ♥

V **Pieuvre grillée ; calmars farçis ou frits.**

D'autres vins blancs minéraux

ARGYROS

Atlantis 2013, Vin de Pays des Cyclades

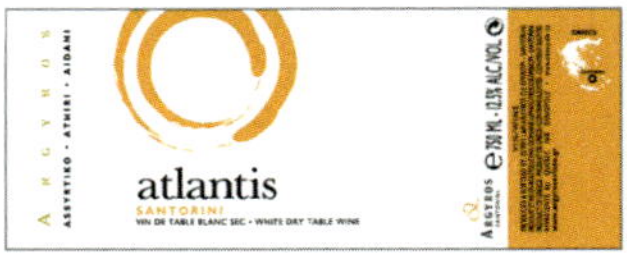

Contrairement à Hatzidakis, Mathios Argyros et son père privilégient un style plus vif et nerveux pour leurs vins blancs secs. Dans l'ensemble du réseau de la SAQ, ce bon vin de pays conjugue les vertus des cépages autochtones assyrtiko, athiri et aidani. Aussi parfumé au nez qu'en bouche, avec de l'écorce d'orange, des fleurs blanches et des accents citronnés. Tonique et désaltérant, grâce à une franche acidité et à un léger reste de gaz. À moins de 20 $, toutes les raisons sont bonnes pour découvrir ou redécouvrir les vins blancs grecs.

11097477 18,55 $ ☆☆☆ ½ ② ♥

BIBLIA CHORA

Ovilos 2012, Vin de Pays de Pangée

Biblia Chora est né d'un partenariat entre les œnologues de renom Vangelis Gerovassiliou et Vassilis Tsaktsarlis. S'appuyant sur un assemblage d'assyrtiko et de sémillon à parts égales, ce vin blanc élevé en fûts de chêne est tout aussi rassasiant dans sa version 2012. Le bois apporte de l'étoffe et une certaine onctuosité, sans la moindre sucrosité. Un léger reste de gaz donne un élan supplémentaire à son goût de poire confite et laisse la bouche fraîche. Un vin blanc de classe internationale, moins dépaysant que d'autres, mais hautement savoureux.

10703594 30,75$ ☆☆☆→☆ ③

GAIA

Notios blanc 2012, Vin de Pays de Péloponnèse

Fondée en 1994 au nord du Péloponnèse par Yiannis Paraskevopoulos – aussi enseignant à la faculté d'œnologie de l'université d'Athènes –, la maison Gaia commercialise des vins de facture moderne, mettant en valeur les vertus des cépages helléniques. Bon vin blanc sec auquel les cépages moschofilero et roditis confèrent une certaine originalité. Modeste, mais parfumé et désaltérant.

10700924 15,70$ ☆☆ ½ ①

HATZIDAKIS

Assyrtiko 2013, Santorini

Imperméable aux dictats de l'œnologie moderne, ce vigneron-artiste réinvente littéralement les vins de Santorin. Quoique plus modeste que la Cuvée 15 commentée à la page précédente, l'assyrtiko « tout court » d'Harydimos Hatzidakis s'affirme en bouche par son attaque franche, vive et tonique. Pas très aromatique, mais minéral et tout à fait dans l'esprit des bons vins de l'île.

11901171 25,15$ ☆☆☆ ② ♥

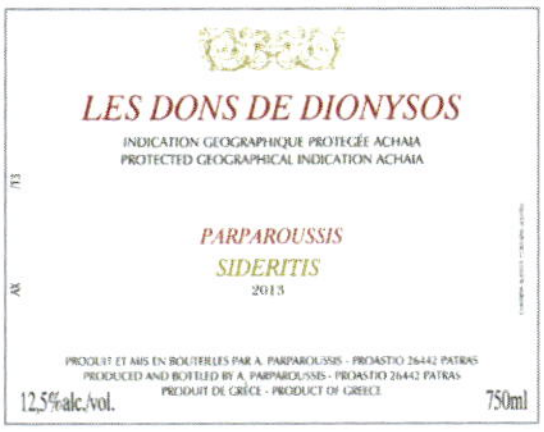

PARPAROUSSIS

Sideritis 2013, Vin de Table

Dans le secteur de Patras, tout au nord du Peloponnèse, Thanasis Parparoussis a fait partie de la première vague d'œnologues grecs formés à l'étranger. Ses filles Erifili et Dimitra travaillent aujourd'hui à ses côtés. Le cépage sideritis contribue à l'originalité de ce vin blanc. Sec, peu aromatique et peu alcoolisé (12,5%), fort charmant avec son goût d'hydromel et ses accents d'iode et de levures qui rappellent le saké. Un vin plutôt léger à apprécier à l'apéritif, au cours des deux prochaines années.

11900995 21,40$ ☆☆☆ ½ ② ♥

GEROVASSILIOU

Malagousia 2013, Vieilles vignes, Epanomi

Evangelos Gerovassiliou a fondé son propre domaine en Macédoine en 1981. Son vignoble est la source d'une série de bons vins blancs et rouges originaux. La constance au fil des années mérite une mention spéciale.

Cette variété a été ressuscitée par Evangelos Gerovassiliou dans les années 1980-1990, alors qu'il était œnologue au Domaine Carras. Tant par son registre aromatique que par son attaque en bouche très vineuse, le malagousia me rappelle chaque fois les bons vins blancs de la vallée du Rhône. Se donne tantôt des airs de condrieu, avec sa minéralité et ses parfums musqués, tantôt de saint-péray, avec sa structure et ses notes fumées. À la fois volumineux et digeste; très bonne longueur en bouche. Vraiment beaucoup de vin dans le verre pour le prix!

11901120 24,95$ ☆☆☆☆ ② ♥

V **Sauté de fruits de mer à l'orange et à la coriandre; courgettes panées et tzatziki.**

D'autres vins blancs aromatiques

ALPHA ESTATE

Sauvignon blanc 2012, Vin de pays Florina

Ce domaine situé dans le nord de la Grèce, en Macédoine, commercialise des vins rouges corpulents, mais aussi un vin blanc sec issu de sauvignon. Même s'il n'est pas original par sa composition, ce vin mérite néanmoins une bonne note pour sa qualité d'ensemble. L'attaque est vive, nerveuse et le vin a une grande tenue en bouche et une texture étonnamment vineuse. Pas du tout caricatural comme tant de sauvignons, mais tendu et agréablement relevé de notes d'herbes fraîches et d'écorce de citron. Belle réussite pour un cépage trop souvent banalisé. Bravo!

12178949 20,85$ ☆☆☆☆ ② ♥

BOUTARI

Moschofilero 2013, Mantinia

Le géant Boutari est actif dans la plupart des régions de Grèce, dont Mantinia, dans le Péloponnèse, où il élabore ce vin blanc aromatique, dont les parfums de rose et d'épices ne sont pas sans rappeler ceux du gewurztraminer. Sec et facile.

11101819 15,75$ ☆☆ ½ ②

GEROVASSILIOU

Vin de Pays d'Epanomi 2013

Le vin blanc courant de Gerovassiliou est un heureux mariage entre la malagousia, pour le volume en bouche et l'exubérance aromatique, et l'assyrtiko, qui apporte la vigueur et l'acidité nécessaires à son équilibre. Juste assez vineux, délicieusement aromatique et doté d'une tenue de bouche étonnante pour un vin de ce prix. On peut l'apprécier dès maintenant pour le goût primaire du fruit, mais ayant vu évoluer les derniers millésimes en cave, je peux vous assurer qu'il est encore meilleur après quelques années de repos.

10249061 19,80$ ☆☆☆☆ ② ♥

TSANTALIS

Thessalikos 2013, Vin de Pays Agioritikos

Produit sur la péninsule monastique du mont Athos – dont l'accès est toujours interdit aux femmes, en 2014 ! Issu d'assyrtiko, d'athiri et de roditis, le vin est simple, assez aromatique, avec des accents floraux qui évoquent le raisin muscat.

861856 16,60$ ☆☆ ½ ②

TSELEPOS

Moschofilero 2013, Mantinia

Plus que tout autre producteur, Yannis Tselepos a contribué à l'essor et à la mise en valeur du cépage moschofilero, qui constitue l'essence de l'appellation Mantinia, au cœur du Péloponnèse. À l'aveugle, ce vin pourrait aisément passer pour un muscat, puisqu'il déploie les mêmes parfums de fleurs et d'épices douces. La comparaison s'arrête là, car le vin est archi sec, nerveux et quasi aérien tant il laisse en bouche une impression digeste et désaltérante. Sensation attribuable par ailleurs à une fine salinité qui donne soif et appelle un second verre. Particulièrement réussi en 2013. Bravo !

11097485 19$ ☆☆☆☆ ② ♥

L'INTRUS

GAIA

Ritinitis Nobilis, Retsina

Au moment d'écrire ces lignes, on trouvait encore dans quelques succursales de la région de Montréal des bouteilles de cette spécialité grecque, qui résulte de l'ajout de résine de pin au cours de la fermentation d'un vin blanc. La recette donne au vin une saveur prononcée de sapinage, certes déconcertante, mais dont il émane une sensation de fraîcheur.

Plus chère que la moyenne, mais c'est de loin la meilleure retsina offerte à la SAQ. Un vin pour les amateurs intrépides, à boire à l'apéritif ou en accompagnement de plats grecs.

11097434 16,60$ ☆☆☆ ♥ ▼

THYMIOPOULOS

Jeunes Vignes de Xinomavro 2012, Naoussa

Depuis le milieu des années 2000, la région de Naoussa connaît un second souffle grâce à une nouvelle génération de vignerons. Parmi eux : Apostolos Thymiopoulos. Dans la jeune trentaine à peine, il est déjà l'un des vignerons les plus en vue du pays.

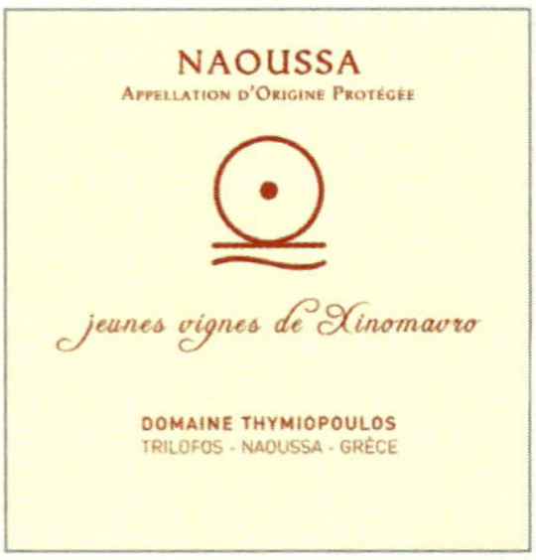

Cultivé dans toute la Macédoine, le xinomavro révèle pleinement son immense potentiel sur la roche calcaire et les sols volcaniques de Naoussa, sur le flanc sud-est du mont Vermio. Proche parent de la barbera piémontaise, le xinomavro donne l'impression de croquer dans la grappe à pleines dents. Authentique, pur et étonnamment long en bouche, ce vin est avant tout un vin de soif et de plaisir, à savourer en toutes circonstances. Des goûts délicieux de griotte et d'épices douces, une juste acidité et des tanins assez serrés pour assurer son tonus. Que de plaisir pour le prix!

12212220 18,60 $ ★★★★ ② ♥

V Assiette de charcuteries ; pizza aux champignons sauvages.

D'autres vins rouges grecs

GAIA

Notios Rouge 2012, Vin de Pays de Péloponnèse

Notios signifie « celui qui vient du sud ». Particulièrement fringant et nerveux, le 2012 mise à fond sur la souplesse et le fruité naturel de l'agiorgitiko – cépage de l'appellation Nemea – sans la moindre mollesse. Servi autour de 15 °C, il laissait même une impression plutôt tonique en bouche.

10700967 15,70 $ ★★★ ② ♥

GEROVASSILIOU

Vin de Pays d'Epanomi 2010

Evangelos Gerovassiliou a fondé son propre domaine en Macédoine en 1981. Son vignoble est aujourd'hui la source d'une série de bons vins de conception moderne et techniquement très au point. Après un 2009 généreux et gorgé de soleil, ce vin rouge de limnio, de syrah et de merlot renoue avec une forme plus classique, droite et empreinte de fraîcheur. J'ai particulièrement aimé sa finale concentrée en fruits noirs et en parfums d'herbes séchées, mise en relief par une amertume noble.

10248931 26,35 $ ★★★ ½ ②

MERCOURI

Refosco-Mavrodaphné 2010, Letrini

Fondé en 1864 dans le secteur d'Élide (100 km au nord de Kalamata), le domaine de la famille Kanellakopoulos est la source de ce vin rouge savoureux et structuré, issu de refosco – longtemps confondu avec la mondeuse savoyarde – et de mavrodaphné. Le 2010 est assez riche en saveurs de fruits rouges frais et de fruits secs; on note aussi la présence d'odeurs phénolées, sans doute attribuables à la présence de brettanomyces. Certains y verront peut-être un vilain défaut. Personnellement, je crois que ces petites imperfections font corps avec le vin et ajoutent à la complexité de ses arômes. Un très bon vin à savourer dès maintenant. Assez charnu, harmonieux et offert à prix très avantageux.

11885537 22,25$ ★★★★ ② ♥

PARPAROUSSIS

Agiorgitiko 2005, Reserve, Nemea

Certains amateurs de vin déploreront peut-être l'allure un peu vieillotte de ce Nemea, issu exclusivement d'agiorgitiko, comme le commande l'appellation. Personnellement, je dois avouer ne pas être insensible au charme dépouillé de ce vin qui semble presque venir d'une autre époque. Un peu évolué, suave et distingué avec des notes de fruits secs, de pruneau, de réglisse et de fleurs séchées. Un vin racé, unique en son genre et maintenant à parfaite maturité.

11900493 36,50$ ★★★★ ②

TETRAMYTHOS

Achaia, Noir de Kalavryta 2012

Panayiotis Papagiannopoulos a perdu sa cave et une majeure partie de ses vignes dans les feux de forêt qui ont ravagé le Péloponnèse à l'été 2007. Sur les flancs du mont Helmos, à mi-chemin entre Patras et Corinthe, il pratique une agriculture biologique et cultive entre autres le noir de Kalavryta, une variété rare dont il tire ce vin rouge vigoureux, porté par des tanins plutôt souples et déployant des goûts de fruits noirs, de fleurs et d'épices, sur un fond légèrement fumé. Original et abordable.

11885457 15,45$ ★★★ ② ♥

TSANTALIS

Rapsani 2011

Autrefois spécialisée dans la distillation d'ouzo, cette entreprise fondée en 1860 est maintenant active dans plusieurs appellations du nord du pays. À moins de 13$, il est rare de pouvoir trouver un réel dépaysement à la SAQ. Chaque année, cet assemblage de xinomavro, de stavroto et de krassato répond à toutes les attentes. À la fois souple et gourmand, gorgé de saveurs de fruits secs et de réglisse et équilibré.

590836 12,70$ ★★★ ② ♥

AUTRES PAYS
ALLEMAGNE

AHR

Le pinot noir s'enracine depuis longtemps dans les sols d'ardoise de la vallée de l'Ahr, juste au sud de la ville de Bonn. Encore très peu exportés, les pinots noirs de l'Ahr comptent parmi les plus fins de la planète.

MOSELLE

Le vignoble de la Moselle est la région de prédilection pour l'amateur de riesling germanique classique. En général, les vins sont légers, assez aromatiques et plus délicats que ceux des régions voisines.

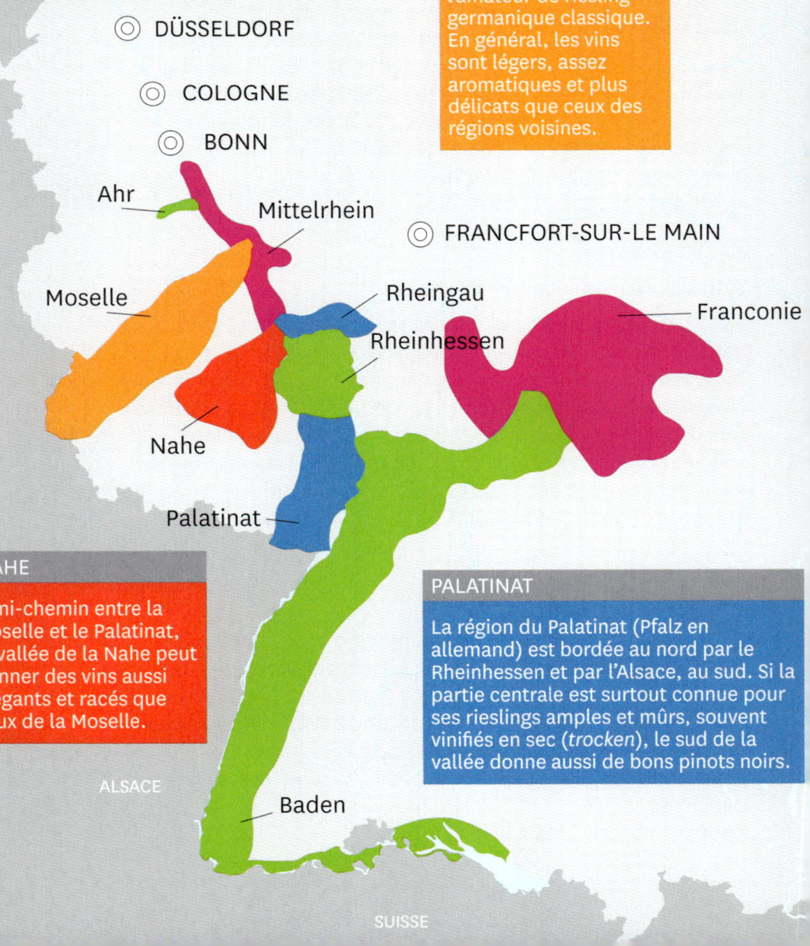

NAHE

À mi-chemin entre la Moselle et le Palatinat, la vallée de la Nahe peut donner des vins aussi élégants et racés que ceux de la Moselle.

PALATINAT

La région du Palatinat (Pfalz en allemand) est bordée au nord par le Rheinhessen et par l'Alsace, au sud. Si la partie centrale est surtout connue pour ses rieslings amples et mûrs, souvent vinifiés en sec (*trocken*), le sud de la vallée donne aussi de bons pinots noirs.

Peu de pays se résument à un seul cépage. Pourtant, même si l'Allemagne produit aussi des pinots noirs (spätburgunder) de calibre international et de très bons pinots blancs (weissburgunder), la pierre angulaire de la viticulture germanique demeure incontestablement le riesling. De la Moselle au Palatinat, de la Nahe jusqu'au Reinghau, tout tourne inévitablement autour de cette variété. Tant mieux!

L'amateur québécois n'a toujours pas la piqûre pour les vins d'Allemagne, statistiques de la SAQ à l'appui. Pourtant, avec ceux de la Bourgogne, les meilleurs rieslings allemands sont certainement parmi les plus grands vins de terroir sur la planète. Nuancés, complexes, minéraux et aptes au vieillissement.

Bien que la sélection à la SAQ demeure assez limitée, l'amateur curieux trouvera dans cette section quelques vins d'excellente qualité.

LES DERNIERS MILLÉSIMES

2013
Conditions estivales dans la moyenne, mais un hiver très long qui a retardé la floraison, conjugué à un automne pluvieux, ont rendu quasi impossible l'élaboration d'auslese et de TBA. Au mieux, de bons kabinett et spätlese.

2012
Une récolte exceptionnellement petite, comme ce fut le cas dans de nombreuses régions européennes. Un recul estimé à plus de 25% par rapport à l'année 2011 dans la Moselle. L'arrière-saison a été favorable à un longue maturation, mais les gels de novembre ont rendu impossible la production de Beerenauslese.

2011
Récolte déficitaire dans la Moselle en raison d'importants orages de grêle. Néanmoins, un très bon millésime dans l'ensemble, avec une mention spéciale pour les TBA de la Saar et de la Ruwer. Très bons vins fruités et vigoureux dans le Rheinhessen, la Nahe et le Palatinat.

2010
Des conditions météo précaires autant en Moselle que dans le Rheingau où, entre coulure et millerandage, les raisins ont souvent eu peine à mûrir. Petite récolte et qualité hétérogène.

2009
Floraison irrégulière et été tardif; récolte déficitaire de 15% par rapport à la moyenne. Belle récolte de raisins aromatiques cueillis à maturité idéale.

DÖNNHOFF

Riesling Spätlese 2011, Felsentürmchen, Nahe

Depuis 1750, la famille Dönnhoff élabore du vin dans la Nahe, une vallée située à une soixantaine de kilomètres à l'est de la Moselle. Du plus modeste au plus grand, les vins comptent parmi les plus achevés de la région, sinon du pays.

Ce vin issu d'une sous-partie du cru Felsenberg, appelée Felsentürmchen (« vignes sous la tour ») se trouve dans une classe à part. Pas tant que ses saveurs soient plus exubérantes que celles d'autres rieslings, mais il se dégage de ce vin une race et un caractère à nul autre comparables. Un mariage de légèreté, d'intensité et de profondeur, dont seul Helmut Dönnhoff – et son fils Cornelius – a le secret. Finale élégante et persistante; équilibre irréprochable. Il n'a pas dit son dernier mot.

11165089 46$ ☆☆☆☆→? ③ Ⓢ

V **Boudin noir et purée de panais; pétoncles poêlés, purée de chou-fleur à la pomme.**

D'autres vins blancs allemands arrondis d'un reste de sucre

JOH. JOS. CHRISTOFFEL ERBEN

Riesling Spätlese 2011, Ürziger Würzgarten, Mosel

Depuis 2001, Robert Eymael (Mönchhof) gère également ce domaine appartenant à la famille Erben depuis plus de 600 ans. Bon spätlese provenant d'un cru célèbre de la commune d'Ürzig et dont le nom signifie « jardin d'épices ». Un vin délicatement moelleux, mais soutenu par une vive acidité lui assurant une fraîcheur exemplaire. Du caractère, de l'élan aromatique et une finale harmonieuse.

10303224 32$ ☆☆☆☆ ② ♥

KERPEN

Riesling Spätlese 2011, Wehlener Sonnenuhr, Mosel

Un nez de champignons laisse deviner une présence de botrytis dans ce spätlese. La bouche est concentrée, tant en sucre qu'en acidité, laissant une sensation équilibrée. Finale persistante aux notes d'épices.

11039656 22,95$ ☆☆☆→? ③ ▼

LOOSEN BROS.

Riesling 2013, Dr. L., Qba, Mosel

Le Dr Ernst Loosen mène de front plusieurs projets en Allemagne et dans l'État de Washington. Il a bâti sa réputation sur des vins délicats et aromatiques. Largement distribué à travers le réseau, le Dr. L. est à retenir pour sa légèreté alcoolique (8,5%) et pour ses parfums exubérants de fleurs blanches. Abordable, mais rudimentaire.

10685251 15,90$ ☆☆ ½ ①

MÜLLER-CATOIR

Riesling Spätlese 2012, Haardter Bürgergarten, Pfalz

Affichant un taux d'alcool très faible de 9%, ce vin a une remarquable tenue en bouche et laisse une belle impression de fraîcheur, malgré une teneur en sucre considérable. Sa texture fruitée et quasi croquante lui confère un charme irrésistible. Promis à un bel avenir, sans le moindre doute.

11163649 45,50$ ☆☆☆→☆ ③

SELBACH-OSTER

Riesling 2013, Qba, Mosel

Johannes Selbach dirige parallèlement une activité de négoce appelée J. H. Selbach. Pas complexe du tout, mais typé riesling avec des arômes de pomme verte, de fleurs blanches et d'agrumes. Et tout à fait Moselle, grâce à ce caractère aérien qui allie avec tant d'aisance un peu de sucre résiduel et beaucoup de fraîcheur. Simple, mais juteux et savoureux.

11034741 17,55$ ☆☆ ½ ①

SELBACH-OSTER

Riesling Kabinett 2011, Mosel

Juteux et gourmand, avec des arômes de pomme verte, de pêche et de fleurs blanches. Demi-sec à l'attaque, mais doté d'une telle acidité qu'il paraît presque sec. Pas des plus complexes, mais l'archétype du riesling de Moselle vif, savoureux et appétissant. Parfait pour des sushis, des salades thaïlandaises ou des rouleaux de printemps. Attention, la bouteille se vide en un rien de temps (surtout à 9% d'alcool)!

10750841 25,35$ ☆☆☆ ½ ②

KÜNSTLER

Riesling Kabinett 2012, Trocken, Hochheimer Hölle, Rheingau

Pendant plusieurs décennies, la Rheingau a été la région la plus en santé, économiquement parlant, et demeure à ce jour la mieux représentée sur les marchés d'exportation. La Rheingau est aussi connue pour ses vignobles exposés plein sud, faisant face à ceux de Rheinhessen, de l'autre côté du Rhin.

Si vous n'appréciez pas la douceur des vins germaniques, il vous faut découvrir cet excellent riesling élaboré par l'un des maîtres de la région. Assez typique des vins de Rheingau, un peu moins minéral que ceux de la Moselle, désaltérant et agrémenté de saveurs persistantes de fleurs et de fruits blancs. Léger comme une plume (12 % d'alcool), mais loin d'être fluet!

11607596 30,75$ ☆☆☆☆ ② ♥

V Filet de doré, sauce aux agrumes; choucroute de poisson.

D'autres vins blancs allemands secs ou légèrement sucrés

BÜRKLIN-WOLF DR.

Riesling 2012, Trocken, Pfalz

Ce domaine historique du Palatinat est maintenant conduit en biodynamie. L'étiquette mentionne *trocken* et le vin est effectivement très sec, tranchant, nerveux, perlant et minéral, sur un fond délicatement fruité. Beaucoup de personnalité et très représentatif des rieslings du Palatinat. Tout ça à moins de 25$!

11822721 23,70$ ☆☆☆☆ ② ♥

CLIFFHANGER

Riesling 2013, Mosel

Souhaitant rajeunir l'image des vins de la Moselle, quatre vignerons ont créé Cliffhanger, un projet dont le nom – littéralement « personne suspendue à une falaise » – fait référence à l'allure vertigineuse des vignobles de leur région, dont l'inclinaison atteint parfois 60° ! Bon riesling simple et friand, misant avant tout sur la nature fruitée du cépage. Idéal à l'apéro, pour accompagner des huîtres.

12178965 17,25$ ☆☆☆ ② ♥

KÜNSTLER

Riesling Kabinett 2011, Hochheimer Reichestal, Rheingau

D'un domaine phare de la Rheingau, un vin au nez explosif dominé par des senteurs d'agrumes et des nuances de fleur d'oranger. Doux, mais pas dénué de fraîcheur, grâce à un équilibre parfait entre l'acidité et le sucre. Délicieux!

10350750 27,90$ ☆☆☆☆ ② ♥

MÜLLER-CATOIR

Riesling Spätlese 2012, Trocken, Haardter Bürgergarten, Pfalz

L'intensité et la vinosité n'excluent pas le sens du détail et de l'harmonie, comme en témoigne ce vin blanc structuré et vineux, malgré sa relative légèreté. Racé et encore bon pour longtemps.

11163631 43,50$ ☆☆☆→? ③

SELBACH-OSTER

Riesling Spätlese 2012, Trocken, Zeltinger Sonnenuhr

Ah, le riesling de la Moselle! Aromatique, leste et juteux, il est doté d'une tension inégalée. Peu de vins offrent tant de saveurs et de présence en bouche avec des taux d'alcool aussi faibles. Une effusion d'arômes juteux – pêche, pomme verte et lime – s'entremêlent ici à des notes de fleurs blanches, de romarin et de miel. Énormément de saveurs et de matière, et pourtant d'une texture aérienne. Complètement sec, tonique et doté d'une très longue finale, où se pointent quelques notes d'hydrocarbures. En prime, l'équilibre d'un funambule...

904243 31$ ☆☆☆☆ ② ♥

JURTSCHITSCH

Grüner veltliner 2012, Loiserberg, Reserve, Kamptal

À une soixantaine de kilomètres à l'ouest de Vienne, dans la région de Langenlois, la famille Jurtschitsch s'est taillé une réputation enviable en produisant des vins blancs d'envergure, témoins de l'expression des différents terroirs du Kamptal.

Le grüner veltliner, cépage phare d'Autriche, est fascinant : il peut faire preuve à la fois de richesse et de fraîcheur, sans parler d'une minéralité omniprésente. Ce vin, issu du vignoble de Loiserberg, est tout cela, et plus encore. Beaucoup de profondeur et de complexité, avec des arômes à la fois de fruits exotiques, d'agrumes, d'herbes et d'épices. Marqué par une forte minéralité, il est riche et mûr tout en étant vif et archisec, et fait preuve d'une vitalité hors du commun. Il continuera de se bonifier deux à trois jours après son ouverture.

12282228 39$ ☆☆☆☆ ③

V **Filet de saumon sur braisé de lentilles; pétoncles poêlés et purée de topinambour.**

D'autres vins blancs secs autrichiens

FRITSCH

Grüner veltliner 2013, Wagram

Producteur important de la région de Wagram, à l'ouest de la ville de Vienne. Bon vin blanc ouvert et attrayant, au profil aromatique distinctif. Surtout pas de bois, mais de jolies notes florales; très sec, une bonne acidité. Une légère amertume en finale lui donne passablement de tempérament. Bon vin distinctif à découvrir.

11885203 18,15$ ☆☆☆ ② ♥

GEYERHOF

Riesling Sprinzenberg Kremstal 2012

Des saveurs fines de pomme verte et de lime ainsi que des notes juteuses de pêche et de poire sont portées par une acidité vive et animées d'un léger reste de gaz. Une minéralité sous-jacente et des notes salines confèrent encore plus de fraîcheur au vin. Sec et vivifiant avec une longue finale serrée. Déjà très appétissant, il évoluera aussi très bien pendant plusieurs années encore.

12131551 27,30$ ☆☆☆→☆ ③ ♥

HIRSCH

Zöbing, Riesling 2012, Kamptal

Pionnier de la capsule à vis en Autriche, Johannes Hirsch est aussi un adepte de la biodynamie. Plus distingué que le grüner veltliner commenté l'an dernier, ce riesling est animé d'un léger reste de gaz qui rehausse son fruit et met en relief ses notes minérales. Équilibré et d'une longueur notable.

12196979 25,60$ ☆☆☆ ½ ② ♥

LOIMER, FRED

Grüner veltliner 2012, Terrassen, Kamptal

Les amateurs de grüner veltliner retrouveront dans ce 2012 les goûts de poivre blanc et d'agrumes, de pêche et de fruits tropicaux qui caractérisent le style de ce vin. Bonne ampleur en bouche et passablement mûr, mais aussi très sec. Un vin sérieux, pas très long ni complexe, mais fort plaisant.

11901841 32,25$ ☆☆☆ ②

LOIMER, FRED

Grüner veltliner 2013, Lois, Niederösterreich

Si l'idée de croquer dans un citron ne vous fait pas peur, alors vous aimerez sans doute ce vin blanc peu aromatique, mais très sec et surtout très vif. On peut le boire dès maintenant ou espérer que quelques années de repos aident à tempérer ses ardeurs.

11990492 18,40$ ☆☆ ½ ②

SCHLOSS GOBELSBURG

Grüner veltliner 2013, Trocken, Kamptal

Sous la gamme Domaene Gobelsburg, Michael et Eva Moosbrugger commercialisent des vins de consommation courante, destinés à être bus jeunes. Perlant, léger comme une plume et enjolivé de notes subtiles de poivre, de thé vert et d'agrumes. Si vous aimez les vins blancs vifs et archisecs, ne cherchez pas plus loin !

10790317 17,80$ ☆☆☆ ② ♥

SCHLOSS GOBELSBURG

Riesling 2013, Trocken, Domaene Gobelsburg, Kamptal

Léger, mais loin d'être insipide, le 2013 étonne par son ampleur aromatique qui se développe tout en subtilité. Nez attrayant de lime et de fleurs ; en bouche, une sensation aérienne, et une pointe végétale qui rappelle les parfums de thé vert. Bel exemple de riesling du Kamptal : classique, droit et élancé, s'appuyant sur une acidité fine, mais pas vive.

10790309 20$ ☆☆☆ ½ ② ♥

HEINRICH

St-Laurent 2011, Burgenland

Gernot Heinrich est un acteur important de Burgenland, une région vinicole tempérée par la proximité du lac Neusiedler, qui donne des vins rouges parmi les meilleurs du pays. Le vignoble est certifié biologique depuis 2013.

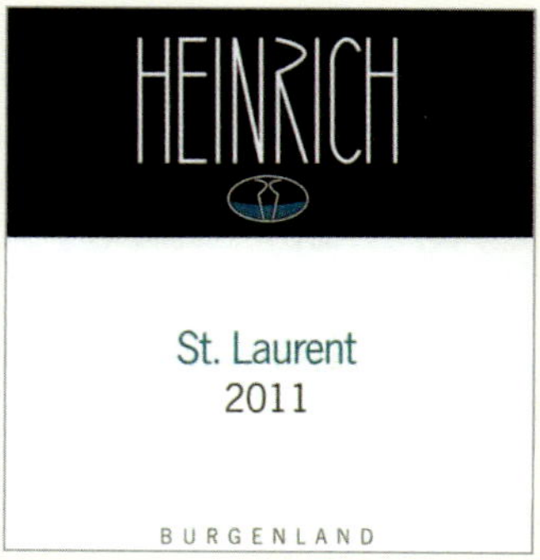

Couleur profonde et texture veloutée; sans être vraiment puissant, ce vin affiche une très belle tenue et il a un caractère d'enfer. Des notes fumées expressives et persistantes se mêlent au fruit noir et aux épices; la trame tannique se resserre en fin de bouche et laisse une sensation aussi rassasiante qu'harmonieuse. Une excellente note pour un vin d'une race incontestable !

11375684 28,55$ ★★★★ ② ♥

V Poulet rôti et légumes-racines; jambon braisé et chou rouge.

D'autres vins souples, légers et fruités

HEINRICH

Blaufränkisch 2012, Burgenland

Difficile de résister au charme discret de ce vin constitué du blaufränkisch, le cépage rouge le plus planté en Autriche, qui a longtemps été associé au gamay du Beaujolais. Texture souple et grain tannique poli; caractère aromatique marqué par les fruits noirs et les épices et mis en valeur par une saine acidité. Un bon vin à savourer au cours des deux prochaines années pour profiter de sa profusion fruitée.

10768478 23,10$ ★★★ ②

PROVINS

Pinot noir 2011, Swiss Valley, Valais, Suisse

La couleur tuilée et les accents fumés témoignent d'un début d'évolution. Le goût fruité et épicé, la souplesse, la rondeur et la légèreté de ce pinot noir valaisan le rendent fort agréable; à condition qu'il soit servi rafraîchi. Correct, même si le prix n'est pas très attrayant.

11195000 23,20$ ★★ ½ ②

ROUVINEZ

Pinot noir de Sierre 2012, Valais, Suisse

Assez expressif, charnu et animé d'une saine fraîcheur, à défaut d'être vraiment représentatif de son cépage d'origine. Très coloré, une texture veloutée, des tanins tendres et un fruit assez pur, ponctué de notes de cannelle. Idéal avec un poulet rôti ou une assiette de charcuteries.

11770916 23$ ★★★ ②

SERVE

Pinot noir 2013, Chevalier de Dyonis, Bulgarie

Ultra souple et misant à fond sur le naturel fruité du pinot noir. Facile certes, mais mûr, fruité, agréable à boire et vendu à prix d'aubaine. Si tous les pinots noirs offraient autant de plaisir pour le prix...

554139 10,75$ ★★ ½ ② ♥

L'INTRUS

CHÂTEAU PAJZOS

Furmint 2013, Tokaji, Hongrie

Le cépage blanc furmint représente environ les deux tiers de la superficie totale du vignoble hongrois et contribue au caractère unique des vins azsú, les grands liquoreux du pays. Mais comme tous les millésimes ne sont pas propices à la production de vin liquoreux, on en fait aussi de bons vins secs. À moins de 15$, il est difficile de trouver un vin blanc qui offre une telle tenue en bouche, ainsi que des goûts singuliers de noisette et de fleurs blanches. Il demeure l'un de mes incontournables en matière de vins blancs à la SAQ.

860668 14,05$ ☆☆☆ ① ♥

DOMAINE DES OULEB THALEB

Syrocco 2010, Zenata, Maroc

Il y a quelques années, Alain Graillot – vigneron hautement respecté du nord de la vallée du Rhône – s'est aventuré loin des coteaux de Crozes-Hermitage, sur les flancs du mont Zenata, à une cinquantaine de kilomètres au nord-est de Casablanca.

En partenariat avec le marocain Thalvin, il élabore ce vin rouge passablement substantiel, issu de vignes de syrah, dont certaines sont âgées d'une cinquantaine d'années. Beaucoup de fougue et de consistance dans ce 2010; une attaque sucrée, du volume et une épaisseur considérable. Un vin étoffé, encore débordant de fruit et de goûts poivrés et fumés. Maintenant ouvert, il laisse en bouche une sensation de plénitude, à la fois chaleureuse et tonique.

11375561 21,15$ ★★★★ ② ♥

V Tajine de poulet; couscous aux merguez.

D'autres vins rouges bien méditerranéens

CHÂTEAU KEFRAYA

Château Kefraya 2010, Vallée de la Bekaa, Liban

Avec Ksara, ce vaste domaine établi au pied du mont Liban est un pilier de la viticulture libanaise. Ce 2010 a une très bonne qualité d'ensemble. Un nez très invitant de fruits secs et de tabac; une ampleur moyenne avec un soupçon de poivron rouge et une finale franche et droite. À boire dès maintenant et d'ici 2018.

964536 27,20$ ★★★ ②

CHÂTEAU KSARA

Le Prieuré 2011, Vallée de la Bekaa, Liban

Autre belle réussite pour ce vin de syrah et de cabernet sauvignon. Solide, épicé, fumé et franc de goût; rustique, savoureux et fort sympathique. Une personnalité digne de mention pour un vin à moins de 15$.

927848 14,60$ ★★★ ② ♥

GOLAN HEIGHTS
Mount Hermon 2012, Galilée, Israël

Cette *winery* située dans la commune de Katzrin, au cœur du plateau du Golan, commercialise annuellement quelque six millions de bouteilles. Assemblage bordelais, dont les vignes sont plantées à des altitudes variant entre 400 et 1200 m. Le 2012 déploie au nez un parfum intense de violette, peut-être attribuable à une proportion de malbec. En bouche, le grain est mûr, mais les tanins se resserrent en finale et lui donnent une certaine poigne. On ne peut plus recommandable à ce prix.

10236682 19,45$ ★★★ ½ ② ♥

GOLAN HEIGHTS
Syrah 2010, Yarden, Galilée, Israël

La gamme Yarden constitue le haut du panier. Plein et chaleureux, presque sucré tant sa texture est crémeuse. Un feu d'artifice de fruits confits et d'épices à servir impérativement autour de 16 °C, sans quoi il paraîtra brûlant.

11616097 28,95$ ★★★ ②

MASSAYA
Classic 2011, Vallée de la Bekaa, Liban

L'année dernière, ce 2011 était un pur régal de fruit. Un an plus tard, le vin montre des notes animales, qui évoquent la viande fumée, mais il a conservé cette attaque en bouche généreuse et séduisante. Excellent rapport qualité-prix.

10700764 16,80$ ★★★ ½ ② ♥

MASSAYA
Sélection 2010, Vallée de la Bekaa, Liban

La cuvée Sélection demeure l'achat le plus avantageux de la gamme de Massaya, à mon avis. Châteauneuf des jours de semaine, le 2010 met en relief les saveurs gourmandes de cacao et de kirsch caractéristiques du grenache noir. Les cépages cinsault, cabernet sauvignon et mourvèdre apportent par ailleurs une mâche tannique dense et mûre qui rend le vin particulièrement rassasiant. Encore jeune, il devrait garder la forme jusqu'en 2017, au moins.

904102 20,65$ ★★★★ ② ♥

CHÂTEAU KSARA

Cabernet sauvignon 2010, Vallée de la Bekaa

Fondée en 1857 par les pères jésuites, Ksara est la plus ancienne et la plus importante entreprise viticole du Liban, avec plus de 400 hectares. La qualité me semble meilleure chaque année.

La carrure de ce vin rouge et sa trame aromatique un peu végétale contrastent avec les vins modernes et gorgés de fruit qui sont devenus la norme depuis une dizaine d'années. Ce qui me fait me demander : est-il encore possible, en 2014, d'apprécier les goûts de poivrons associés au cabernet sauvignon? Force est de constater que oui, car il est difficile de rester insensible au dépouillement et à la tenue de ce vin de forme hyper classique. Un goût d'une autre époque, à l'abri des modes et des courants œnologiques. Maintenant ouvert et prêt à boire, il a encore assez de matière en réserve pour vivre jusqu'en 2019.

927855 23,10$ ★★★→★ ③

V **Brochettes de bœuf, poivrons et champignons; rôti de porc et chou rouge braisé.**

D'autres vins rouges du Liban et d'Israël

CHÂTEAU KEFRAYA

Comte de M 2010, Vallée de la Bekaa, Liban

Très bonne qualité d'ensemble. Assemblage de cabernet sauvignon et de syrah à parts égales, le Comte de M est la cuvée emblématique de Kefraya. Dans la continuité des derniers millésimes, le 2010 est chaleureux et bien nourri par le soleil de la Bekaa, comme en témoignent ses parfums de cassis et de kirsch, mais aussi soutenu par une saine acidité qui harmonise le tout. Il charme déjà le palais par son relief fruité et sa trame tannique mûre et sphérique; il sera à son apogée vers 2017-2018.

722413 49,25$ ★★★→? ③

CLOS ST-THOMAS

Château St-Thomas 2008, Vallée de la Bekaa

La vallée de la Bekaa au Liban a depuis plusieurs années prouvé qu'elle peut générer des vins de calibre international, dont la qualité n'a rien à envier à bien des appellations plus prestigieuses de France, d'Espagne ou d'ailleurs. Ce vin de merlot, de syrah et de cabernet sauvignon donne pleine satisfaction avec sa carrure et sa mâche tannique mûre, gorgée de soleil. Encore très solide pour un vin âgé de 6 ans. À boire entre 2015 et 2019.

927830 26,55$ ★★★★ ② ♥

CLOS ST-THOMAS

Les Gourmets 2011, Vallée de la Bekaa

Très bon vin courant, gorgé de fruits rouges et noirs, d'épices, de parfums de garrigue; modérément charnu, savoureux et doté d'un très bon équilibre. L'exemple même du bon vin quotidien.

927814 14,70$ ★★★ ② ♥

GALIL MOUNTAIN

Alon 2011, Upper Galilée, Israël

Ce domaine de Galilée appartient majoritairement à Golan Heights *Winery*. L'amateur de vin opulent ne restera sans doute pas insensible à la générosité de ce vin capiteux (15% d'alcool) et quasi sucré, issu d'un assemblage de cabernet sauvignon, de syrah, de petit verdot et de cabernet franc et auquel l'élevage en fûts confère une étoffe supplémentaire. Le temps semble lui avoir été favorable puisqu'il se montrait sous un jour plus harmonieux lorsque goûté de nouveau en août 2014.

11860583 22,25$ ★★★ ②

MASSAYA

Gold Reserve 2009, Vallée de la Bekaa, Liban

De retour dans leur Liban natal en 1998 après avoir respectivement séjourné aux États-Unis et en France, Sami Ghosn et son frère Ramzi se sont associés au Bordelais Dominique Hébrard et aux frères Brunier du Domaine du Vieux-Télégraphe à Châteauneuf-du-Pape. Les fans de Massaya seront ravis de retrouver dans ce 2009 l'exubérance aromatique, la structure et la mâche habituelles de cette cuvée haut de gamme. Élaboré dans un style résolument moderne et doté d'un pouvoir de séduction certain, cet assemblage de cabernet sauvignon, de mourvèdre et de syrah est assez ouvert, puissant mais élégant…

10856929 39,75$ ★★★→★ ③

AMÉRIQUE DU NORD
CANADA

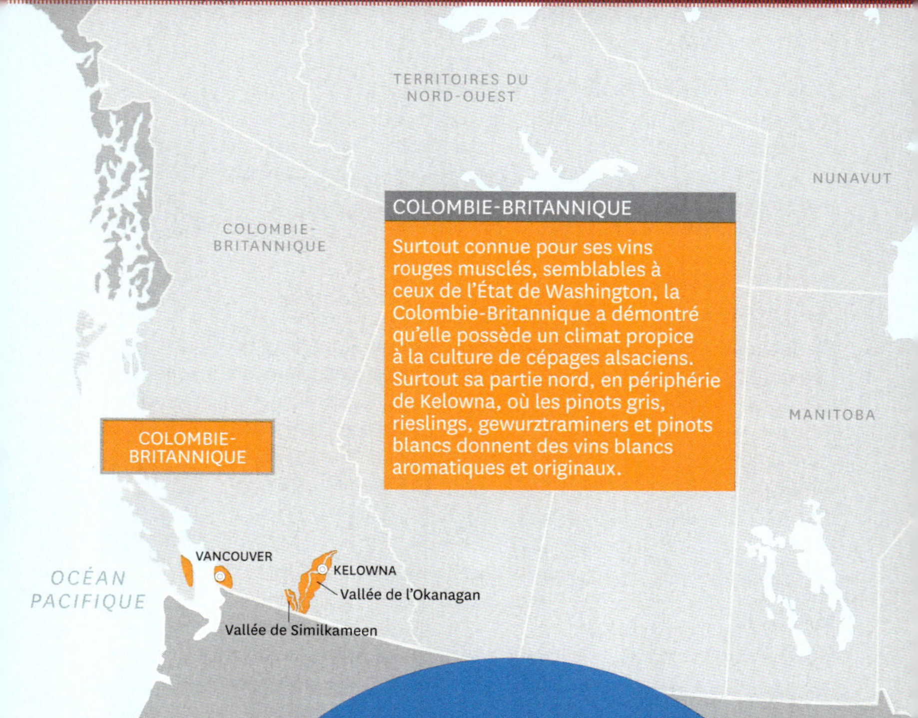

COLOMBIE-BRITANNIQUE

Surtout connue pour ses vins rouges musclés, semblables à ceux de l'État de Washington, la Colombie-Britannique a démontré qu'elle possède un climat propice à la culture de cépages alsaciens. Surtout sa partie nord, en périphérie de Kelowna, où les pinots gris, rieslings, gewurztraminers et pinots blancs donnent des vins blancs aromatiques et originaux.

VIN DU QUÉBEC CERTIFIÉ

En 2008, l'Association des vignerons du Québec (AVQ) s'est dotée d'un programme de contrôle de la qualité et a adopté des règles précises afin d'offrir une traçabilité aux clients. Les vins regroupés sous cette dénomination doivent désormais être issus à 100 % de raisins d'ici. Pour avoir droit à la mention « Produit élaboré au domaine », ils doivent être faits à partir de raisins provenant de la propriété dans une proportion d'au moins 85 %. Ceux portant l'appellation « Produit du Québec » peuvent être issus pour moitié de raisins d'un autre producteur récoltant du Québec.

Les efforts observés d'un océan à l'autre, depuis dix ans, permettent plus que jamais d'être confiant quant au potentiel du Canada de devenir un producteur de vins de classe mondiale. Tout n'est pas parfait, mais avec des vignes qui gagnent en maturité et une connaissance viticole et œnologique toujours accrue, les vins ne pourront être que meilleurs.

L'Ontario demeure le numéro un canadien avec un vignoble couvrant un peu plus de 6500 hectares, suivi par la Colombie-Britannique, le Québec et la Nouvelle-Écosse, qui commence à produire des vins effervescents de qualité.

COMTÉ DU PRINCE-ÉDOUARD (PEC) ET NIAGARA

Les sols argileux et l'influence bourguignonne constituent actuellement deux atouts majeurs pour le comté de Prince Edward (PEC). Les vins, tant blancs que rouges, ont une délicatesse propre à cette région de France.

Le chardonnay et le riesling semblent particulièrement à l'aise dans la péninsule de Niagara. En rouge, les gamay, pinot noir et cabernet franc gagnent en précision et s'avèrent plus charnus que ceux de PEC.

NOUVELLE-ÉCOSSE

Le climat hivernal doux et les étés frais de la Nouvelle-Écosse constituent de très bonnes conditions pour la culture de raisins à forte teneur en acidité, nécessaires à l'élaboration de vins effervescents.

QUÉBEC

Un peu plus de 270 exploitations se consacrent à la culture de la vigne au Québec et 112 sont titulaires d'un permis de production artisanale de la Régie des alcools, des courses et des jeux (RACJ).

LES PERVENCHES

Chardonnay 2013, Les Rosiers

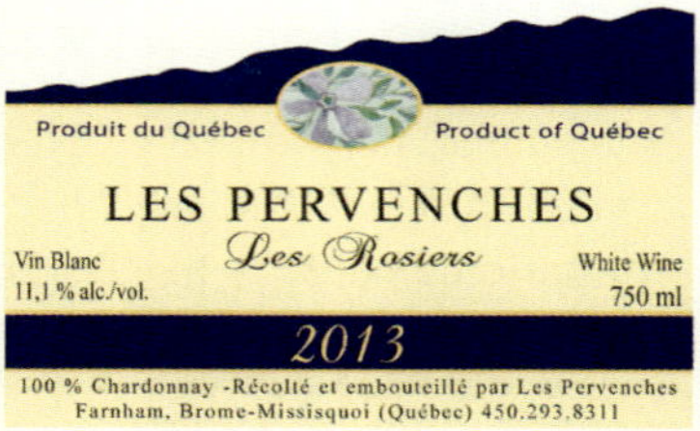

À chaque millésime, l'éclat et la singularité des vins que Véronique Hupin et Michael Marler produisent sur leur domaine de Farnham confirment la place de choix qu'ils occupent au sein de l'élite de la viticulture québécoise. Le vignoble est certifié Écocert.

Oubliez les ceps minuscules observés en Bourgogne. À Farnham, la vigne est cultivée selon la méthode Scott-Henry et la vigne grimpe à plus de 2 m! Cette année, j'ai été particulièrement séduite par le «petit» chardonnay du domaine. Moins ample et vineux que la cuvée Le Couchant, ce vin se distingue plutôt par ses lignes pures et par ses saveurs cristallines. Assez frais pour l'apéro et assez substantiel pour la table. Très sec, vif et savoureux, il donne l'impression de croquer dans une poire bien mûre. Belle bouteille!

(à la propriété) 25$ ☆☆☆☆ ② ♥

V Huîtres Rockefeller; risotto aux fruits de mer.

D'autres vins blancs québécois

COTEAU ROUGEMONT

Chardonnay 2012, La Côte, Vin du Québec Certifié

Lorsque j'ai servi ce vin à l'aveugle à quelques amis au début de l'été, tous étaient persuadés qu'il s'agissait d'un vin européen. Quelqu'un a même évoqué la Bourgogne… Sans tomber dans les superlatifs, il faut souligner le détail aromatique et la qualité générale de ce chardonnay. Très sec, empreint de fraîcheur et étonnamment nuancé pour un vin issu de si jeunes vignes. Une cuvée à suivre de très près au cours des prochaines années!

12358181 23,95$ ☆☆☆ ½ ②

DOMAINE LES BROME

Chardonnay 2012

Manifestement issu de raisin à maturité, le chardonnay de Léon Courville déploie au nez des parfums invitants d'amandes fraîches et de fleurs. Boisé comme il se doit, sans excès; juste assez pour nourrir la texture. À boire au cours des trois prochaines années.

(à la propriété) 24$ ☆☆☆ ②

LES PERVENCHES

Chardonnay 2013, Le Couchant

« L'autre chardonnay » des Pervenches est tout aussi riche en saveurs de fruit blanc, mais nourri par un élevage plus prononcé que Les Rosiers, commenté précédemment. Les saveurs de caramel et de vanille se marient de façon harmonieuse et le tout est mis en relief par une trame minérale, garante de vitalité. Cette année encore, il demeure parmi les meilleurs vins secs produits au Québec.

(à la propriété) 32 $ ☆☆☆☆ ②

VIGNOBLE DE L'ORPAILLEUR

Cuvée Natashquan 2011, Vin du Québec Certifié

Le vin blanc sec haut de gamme de l'Orpailleur mise sur l'opulence du cépage vidal et sur la vivacité caractéristique du seyval, assouplie par un passage d'un an en fûts de chêne américain, qui élève le vin plutôt que de l'écraser. Finale franche, nette et très pure, à laquelle une pointe iodée confère une « buvabilité » accrue. Bravo !

(à la propriété) 25 $ ☆☆☆☆ ②

VIGNOBLE DE LA BAUGE

Solyter 2013, Fût de Chêne, Vin du Québec Certifié

À un prix abordable, ce très bon vin blanc issu de vignes de seyval blanc âgées de 25 ans et élevé brièvement dans des fûts de chêne européen, qui apporte des accents de caramel et de sucre d'orge et donne au vin un gras appréciable.

12117185 15,35 $ ☆☆☆ ② ♥

VIGNOBLE DE STE-PÉTRONILLE

Réserve du bout de l'île 2012, Vin du Québec Certifié

L'élevage sied assez bien au vandal-cliche, un cépage hybride créé au Québec en 1989. Le vignoble de Ste-Pétronille fut d'ailleurs le premier domaine à en faire la culture commerciale. Les parfums de la barrique se marient aux goûts caractéristiques de poire, de miel et de fleurs du cépage. Seulement 11,8 % d'alcool, aérien et rassasiant.

11440394 19,30 $ ☆☆☆ ②

VIGNOBLE RIVIÈRE DU CHÊNE

Phénix blanc 2012, Vin du Québec Certifié

Isabelle Gonthier et Daniel Lalande veillent sur ce vaste domaine de Saint-Eustache, qu'ils ont développé il y a 15 ans. L'œnologue Laetitia Huet est en charge des vinifications. Phénix, nom des cuvées haut de gamme, fait référence à l'incendie qui a ravagé le domaine en 2007. Vin blanc assez substantiel, composé de st-pépin, de vandal-cliche, de vidal et de frontenac blanc. Un peu fermé lorsque goûté en août dernier, le vin présentait de légères notes de réduction au nez, mais la bouche était parfaitement nette, fraîche et équilibrée. À boire dès maintenant et jusqu'en 2017.

(à la propriété) 21,50 $ ☆☆☆ ①

VIGNOBLE LE CHAT BOTTÉ

Vin Blanc 2013

Isabelle Ricard et Normand Guénette ont acquis cette propriété dans le canton de Hemmingford en 2001 et ont entrepris d'y planter des cépages rustiques à partir de 2004. Leur vignoble compte maintenant plus de 12 000 ceps, répartis sur 4 hectares.

Très belle découverte que cet assemblage de swenson white, d'adalmina et de frontenac gris, inspiré par les vins du Muscadet. Un très heureux mariage de vitalité et de gras, avec des saveurs fruitées très nettes, ponctuées d'un bon goût de menthe, qui apporte une certaine fraîcheur aromatique. Fin de bouche étonnamment persistante pour un vin de ce prix. Une autre belle nouveauté québécoise au répertoire de la SAQ.

En primeur

12442498 17,85$ ☆☆☆☆ ② ♥

V **Huîtres crues ; filet de sole au citron.**

D'autres vins blancs québécois

COTEAU ROUGEMONT

Le Versant blanc 2012, Vin du Québec Certifié

Des accents minéraux et une forme harmonieuse en bouche rendent ce vin de frontenac gris et blanc très agréable. Modérément aromatique, avec des notes fumées ; suffisamment vineux, pas très acide et pourtant plein de fraîcheur, grâce à une délicate minéralité qui se dessine en finale. Belle réussite !

11957051 17,30$ ☆☆☆☆ ② ♥

DOMAINE DES MÉTÉORES

La Couronne boréale 2013

Dans un mode plus strict que le 2012 commenté l'an dernier, ce vin de frontenac gris est très sec et même un peu austère au premier abord. Il s'en dégage cependant une franche sensation de minéralité et de vitalité. Très intéressant !

(à la propriété) 16$ ☆☆☆ ½ ② ♥

DOMAINE LES BROME

Cuvée Charlotte 2013, Vin du Québec Certifié

Peu aromatique, mais sec et particulièrement complet en 2013, un bon vin blanc d'apéritif composé de seyval blanc et de geisenheim. Servir frais, mais pas froid, autour de 10°C.

11106661 16,90$ ☆☆☆ ①

VIGNOBLE DE L'ORPAILLEUR

Seyval blanc et Vidal 2013, Vin du Québec Certifié

Issue à parts quasi égales de seyval et de vidal, cette cuvée vendue dans l'ensemble du réseau est l'archétype du vin blanc d'apéritif tout-aller. Pas de bois, mais des saveurs nettes de fruits blancs et de fleurs. La contre-étiquette recommande de le boire au cours des deux prochaines années. Bonne idée.

704221 14,70$ ☆☆☆ ② ♥

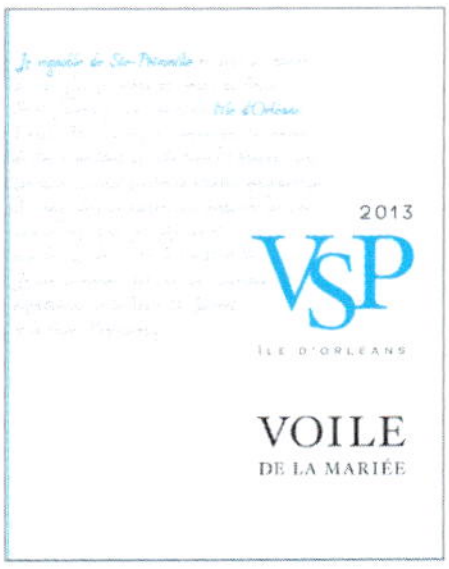

VIGNOBLE DE STE-PÉTRONILLE

Voile de la Mariée 2013

Composée essentiellement de vandal-cliche et d'une petite proportion de vidal (25%), cette cuvée doit son nom à l'une des deux petites chutes qui bordent l'impressionnante chute Montmorency. Le 2013 est léger comme une plume (11,3% d'alcool) et animé d'un reste de gaz qui rehausse ses bons goûts d'agrumes et d'ananas. Sec, désaltérant, abordable et local. Que demander de mieux?

733725 16,55$ ☆☆☆ ½ ② ♥

VIGNOBLE DU MARATHONIEN

Seyval Blanc 2012, Vin du Québec Certifié

Toujours vendu sous la barre des 15$ et l'une des valeurs sûres à la SAQ. Particulièrement vineux cette année, sans doute en raison de la générosité de l'été 2012, sec, délicatement aromatique et soutenu par un fil d'acidité qui appelle la soif. Dans la catégorie des vins blancs courants, il vaut bien quatre étoiles.

11398325 14,40$ ☆☆☆☆ ② ♥

VIGNOBLE RIVIÈRE DU CHÊNE

William blanc 2013, Vin du Québec Certifié

«Cultivé et bien élevé». Ce trait d'humour sur la contre-étiquette m'a bien fait sourire. Le 2013 repose toujours essentiellement sur le cépage vandal-cliche (complété de vidal, de seyval et de frontenac blanc), ce qui lui confère des saveurs florales très originales. Sec, harmonieux et facile à boire.

744169 15,50$ ☆☆☆ ① ♥

DOMAINE DES MÉTÉORES

Cuvée du Minotaure Rouge 2012

Ce vignoble, développé dès 2006 au bord de la rivière Petite-Nation, non loin de Montebello, est certifié biologique par Québec Vrai. L'emplacement du vignoble a été choisi avec soin pour la qualité de ses sols, son exposition et son inclinaison.

Marquette, sabrevois, radisson et un peu de frontenac, élevés en barriques de chêne américain. Le 2012 est un peu déconcertant au premier nez, avec des odeurs animales, sans doute attribuables à de la réduction. C'est surtout en bouche qu'il se révèle à sa juste mesure. Après une brève aération, on découvre un vin très pur, vibrant et sans maquillage. Beaucoup de fruit et de caractère.

(à la propriété) 16$ ★★★★ ② ♥

V Assiette de charcuteries ; jambon braisé.

D'autres vins rouges québécois

COTEAU ROUGEMONT

Le Versant rouge 2012

Issu d'un assemblage de frontenac noir et de marquette – un cépage qui semble très prometteur –, ce vin offre de franches saveurs de mûres et de cassis, sur un fond délicieusement épicé. Goûté de nouveau un an plus tard, le vin n'avait rien perdu de sa fraîcheur. Très gourmand, dodu et rassasiant de fruit.

12204086 15,50$ ★★★★ ② ♥

DOMAINE LES BROME

Baco 2012, Réserve

Peut-être à la faveur du millésime 2012, ce vin rouge me paraît beaucoup plus complet cette année. Un boisé mieux intégré, des angles tanniques polis et une impression générale plus harmonieuse et achevée. L'attaque en bouche est vigoureuse et relevée de goûts de fruits sauvages et d'herbes séchées et le vin laisse une agréable sensation de fraîcheur en finale. Arrivée en succursales au printemps 2015. D'ici là, rien ne vaut une visite au vignoble…

11632804 24,10$ ★★★ ½ ②

DOMAINE MONT-VÉZEAU

Noroit 2012

Assez riche en goûts de fruits noirs bien mûrs, sur un fond qui évoque le cacao. Souple, suave et assez agréable à boire.

12356389 20,45$ ★★★ ②

DOMAINE ST-JACQUES

Sélection rouge 2013

Depuis trois ans maintenant, ce vin compte parmi mes vins rouges québécois favoris. Juteux, débordant de fruit et surtout très digeste, grâce à une saine acidité qui laisse la bouche fraîche et nette. De la tenue et tout le fruit voulu, avec des accents d'épices et de quinine qui le rendent d'autant plus original. Excellent!

11506306 17,95$ ★★★★ ② ♥

LES PERVENCHES

Montmollin 2013

Cette cuvée est issue à 100% de maréchal foch, vinifié par la macération carbonique, à la manière des vins du Beaujolais. Encore plus *funky* en 2013, avec des tonalités animales qui traduisent le caractère aromatique du foch. Souple et vigoureux; le fruit est présent, mais il se dégage surtout de ce vin un goût bien singulier qui plaira aux amateurs de vins «nature».

(à la propriété) 18$ ★★★★ ② ♥

VIGNOBLE DE LA BAUGE

Terro 2012, Vin du Québec Certifié

Depuis quelques années, Simon Naud vinifie une partie de sa récolte de frontenac noir et de marquette en macération carbonique. Cela donne un vin rouge de soif, gorgé de fruit, sur un fond de notes poivrées. À 15$, un très bon vin à savourer au quotidien.

12118541 15,35$ ★★★ ½ ② ♥

VIGNOBLE LE CHAT BOTTÉ

Frontenac – Marquette 2013

La couleur sombre et le nez aux saveurs compactes de fruits noirs et d'épices annoncent un vin rouge passablement concentré. La bouche est assez harmonieuse, dotée d'un bon équilibre entre la structure et la chair fruitée mûre et dodue. Finale assez savoureuse aux goûts d'épices et de noyau de cerise.

(à la propriété) 24$ ★★★ ②

VIGNOBLE RIVIÈRE DU CHÊNE

William rouge 2012, Vin du Québec Certifié

Maintenant parfaitement ouvert, ce vin rouge issu d'une macération carbonique conduite sur les cépages maréchal foch, léon millot, de chaunac et sainte-croix est souple, friand et conçu pour être apprécié dès maintenant.

743989 15,50$ ★★★ ② ♥

VIGNOBLE DE L'ORPAILLEUR

Vin de glace 2011

Rigoureusement mené par Charles-Henri de Coussergues et ses associés, ce domaine demeure le leader de la viticulture québécoise. On y produit une dizaine de cuvées, dont un somptueux vin de glace.

D'ailleurs, il faut souligner que, malgré la taille importante du domaine, la qualité de cette cuvée ne connaît aucun fléchissement. Dégusté en septembre 2014, aux côtés de plusieurs vins de glace canadiens, la majorité étant québécois, celui de l'Orpailleur s'est distingué d'entre tous par la persistance de ses saveurs et par cet équilibre parfait entre l'exubérance fruitée, le sucre et l'acidité, qui est la marque des meilleurs. Une grappe d'or d'autant plus méritée que sa constance au fil des ans est exemplaire.

10220269 32,75 $ – 200 ml ☆☆☆☆ ①

V **Fromage Riopelle et compote d'abricots ; foie gras poêlé sur pain d'épices ; crêpes suzette ; tarte aux poires et aux amandes.**

D'autres vins de glace

COTEAU ROUGEMONT

Vidal 2012, Vin de glace

Ce domaine de création récente, développé par la famille Robert, abrite un verger et un vignoble. La qualité progresse à chaque millésime. En 2012, leur vin de glace issu de vidal se montre sous un jour particulièrement intense et mûr ; très épicés, avec ces parfums de courge confite et de raisins secs, portés par une texture riche et onctueuse, sans la moindre mollesse et d'une bonne tenue en bouche.

12029994 32,75 $ – 200 ml ☆☆☆☆ ①

HENRY OF PELHAM

Riesling 2010, Icewine, Niagara Escarpment

Sur un site historique de St. Catharines dont leur ancêtre fut propriétaire dès 1794, la famille Speck produit des vins de bonne qualité. Bon vin liquoreux tout à fait correct, mais sans la race, la complexité et le caractère vibrant qui devraient caractériser cette spécialité nordique. Le consommateur est en droit d'espérer mieux, surtout à 50 $ pour une demi-bouteille !

430561 50,75 $ – 375 ml ☆☆☆ ①

STRATUS

Riesling 2008, Icewine

Que de bons mots pour ce vin de glace de couleur dorée foncée, au nez explosif de fruits exotiques, de pêche et de miel, avec une pointe de champignon. En bouche, l'acidité naturelle et les notes d'agrumes du riesling apportent la fraîcheur nécessaire à l'équilibre de ce vin très liquoreux. Plus de complexité et de droiture que beaucoup d'autres. Pour l'apprécier à sa juste valeur, mieux vaut le boire seul ou en accompagnement de plats salés, plutôt que de dessert. Riche, mais vigoureux et tout à fait harmonieux.

10856937 40,75 $ – 200 ml ☆☆☆☆ ①

TAWSE

Riesling 2013, Icewine

Toujours plus fins et plus délicats que ceux issus de vidal, les icewine de riesling peuvent faire preuve d'un équilibre exquis entre le sucre et l'acidité lorsque traités avec soin et récoltés au moment opportun. Ce qui est précisément le cas de celui-ci. Intense et savoureux, persistant en bouche, avec accents d'écorce d'agrumes et de fruits confits. Sucré, mais surtout plein de vitalité et vibrant.

11572522 36,25 $ – 200 ml ☆☆☆☆ ①

VIGNOBLE DU MARATHONIEN

Vidal 2011, Vin de glace

Quelle richesse! Ce qui n'est pas étonnant venant du vin de glace du Marathonien, puisque sa Vendange tardive a la concentration et l'étoffe d'un vin de glace... Texture sirupeuse et saveurs intenses de fruits frais, confits et secs; accents de sucre d'érable et d'épices. Beaucoup de volume en bouche, mais aucune sensation de lourdeur, grâce à une fine acidité. Exceptionnel!

11398317 54,25 $ – 375 ml ☆☆☆☆☆ ①

VIGNOBLE RIVIÈRE DU CHÊNE

Monde 2011, Vin de Glace

Ce vin de glace issu de vidal, d'un peu de vandal cliche et de frontenac gris est d'une onctuosité remarquable en 2011. Équilibré malgré sa richesse en sucre (250 g/l), avec des saveurs exubérantes de raisins secs et de fines nuances florales. L'une des belles réussites de derniers millésimes.

10419614 52,75 $ – 375 ml ☆☆☆☆ ①

VIGNOBLE DU MARATHONIEN

Vendanges tardives 2012

Dans leur domaine de Havelock, non loin de la frontière américaine, Line et Jean Joly se sont forgé une solide réputation, notamment grâce à la qualité incomparable de leurs vins liquoreux souvent primés, tant sur la scène nationale qu'internationale.

Profitant des conditions climatiques idéales de l'été 2012, Jean Joly a produit un vin d'une concentration et d'une complexité aromatique supérieures. Moins d'acidité que dans les millésimes classiques, il n'accuse cependant aucune lourdeur. Beaucoup de relief en bouche, des saveurs de sucre brun, de figues séchées, d'érable, rehaussées par une saine amertume qui atténue la sensation sucrée et agit comme support aromatique. Il trône toujours au sommet de sa catégorie.

12204060 29,80 $ – 375 ml ☆☆☆☆ ③

V Tarte tatin aux poires (avec fromage bleu); crème brûlée à l'érable (ou au cari); tarte aux noix, aux figues et au mascarpone; fromages à pate persillée.

D'autres vendanges tardives

COTEAU ROUGEMONT

Frontenac gris 2012, Vendanges tardives

Ce domaine de création récente, développé par la famille Robert, abrite un verger et un vignoble. Difficile de dire si c'est attribuable aux conditions exceptionnelles du millésime 2012 dans le vignoble québécois, mais ce frontenac gris offre un registre de saveurs aussi expansif qu'inusité. Le melon d'eau côtoie les saveurs viandeuses et le clou de girofle, et le tout est porté par une texture onctueuse, presque crémeuse tant le fruit est riche et mûr. Pas le plus fin, mais il a beaucoup de caractère.

11680523 23,25 $ ☆☆☆ ½ ①

VIGNOBLE DE LA BAUGE

Novembre 2012, Vendanges tardives

Vidal, seyval, geisenheim et frontenac gris, récoltés en novembre et vinifiés à la manière des vins allemands. Effet millésime sans doute, le 2012 est encore plus parfumé que d'habitude, mêlant la fleur d'oranger au miel, les épices aux fruits jaunes. Léger en alcool, arrondi par un reste appréciable de sucre et soutenu par une bonne acidité. Un excellent vin d'apéritif pour les becs sucrés.

10853189 17,40 $ – 375 ml ☆☆☆ ½ ②

VIGNOBLE DE L'ORPAILLEUR

Vin gris 2012

Produit pour la première fois en 2001, pour souligner le vingtième anniversaire du vignoble, ce vin demi-sec est issu de vidal, de seyval et de muscat de New York, qui lui donnent un bel élan aromatique. Parfumé et légèrement sucré, juste assez pour enrober l'acidité. Très bon vin pour accompagner la cuisine indienne.

(à la propriété) 15 $ ☆☆☆ ②

VIGNOBLE LE CHAT BOTTÉ

Le Paillé Gris 2012

Cette curiosité produite à Hemmingford, en Montérégie, est produite avec raisins mis à sécher sur des lits de paille et qui ainsi se concentrent en sucre et en saveurs. Plus complexe, à mon avis, que les deux autres vins de paille de ce domaine – issus respectivement de frontenacs blancs et rouges –, celui-ci se distingue par ses saveurs intenses de marmelade et d'épices douces et par son équilibre d'ensemble. Une friandise liquide à servir bien frais, en rentrant d'une randonnée en ski de fond. Belle découverte!

(à la propriété) 40 $ ☆☆☆ ½ ②

VIGNOBLE SAINTE-PÉTRONILLE

Vendange Tardive 2012

Vandal cliche et vidal. Pomme verte et accents floraux, portés par une texture ample et onctueuse. Très aromatique, bien qu'il ne pèse pas plus de 8,1 % d'alcool, et agrémenté d'une finale savoureuse qui rappelle la cossetarde au citron.

(à la propriété) 35 $ ☆☆☆ ②

TAWSE

Cabernet franc 2009, Van Bers, Creek Shores

Le financier Morey Tawse est avant tout un amoureux des vins de la Bourgogne – issus de pinot noir et de chardonnay –, mais son domaine est également la source d'excellents rieslings, gamays et cabernets francs. Cette cuvée haut de gamme est l'un des triomphes de l'œnologue Paul Pender.

Il semblerait que le cépage cabernet franc ait trouvé un terrain de jeu rêvé sur les rives du lac Ontario. Les vignes s'enracinent dans les sols sédimentaires – vestiges du lac glacial Iroquois – et donnent un vin remarquablement complexe et concentré, nourri par un élevage en fûts de chêne et tapissant la bouche de tanins soyeux, avec un relief aromatique marqué par le fruit, les fleurs et la minéralité; parfait équilibre et longue finale aux tanins serrés. Maintenant ouvert, mais il pourrait continuer de se bonifier jusqu'en 2017-2018.

12211307 50,50$ ★★★★ ② Ⓢ

Escalope de caribou, jus de viande aux bleuets; onglet grillé et chou rouge braisé.

D'autres vins rouges d'Ontario et de Colombie-Britannique

CLOS JORDANNE, LE

Pinot noir 2009, Village Reserve, Niagara Peninsula

Bien qu'un peu plus ferme et tendu en 2009, le pinot noir courant demeure tout de même fort agréable par sa franchise et sa vigueur. Pas aussi exubérant que d'autres, mais il compense par sa précision et son caractère un peu strict qui contribue à son charme. À boire entre 2014 et 2017.

10745487 30,75$ ★★★ ②

MISSION HILL

Pinot noir 2012, 5 Vineyards, Okanagan Valley

J'ai bien aimé la fraîcheur en bouche et les saveurs de pinot délicatement parfumées. Léger, fluide et rehaussé d'un léger reste de gaz carbonique et d'une acidité plutôt vive en finale. Correct, sans être une aubaine.

11092027 25,75$ ★★ ½ ②

QUAIL'S GATE

Pinot noir 2011, Stewart Family Reserve, Okanagan Valley

Fondé en 1989, le vignoble de la famille Stewart a notamment bâti sa réputation sur de très bons vins de chenin blanc. Leurs vignes de chenin blanc seraient d'ailleurs les plus vieilles *vinifera* de la vallée d'Okanagan. Une interprétation moderne et fougueuse du pinot noir. Coloré, le vin est encore très jeune et très vivace en raison d'un reste de gaz carbonique. La bouche est ample et mûre, sans être crémeuse; la matière et le bois sont assez bien liés, quoique les parfums boisés l'emportent un peu sur le fruit, pour le moment. À laisser reposer idéalement jusqu'en 2016.

11140341 46$ ★★★→? ③ ▼

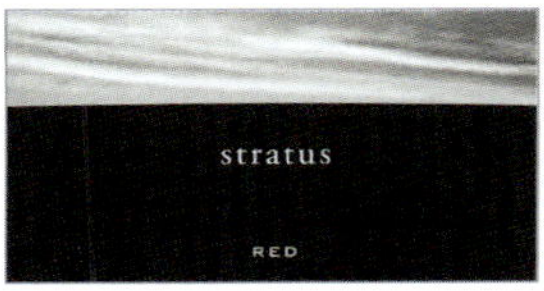

STRATUS

Stratus Red 2009, Niagara-on-the-Lake

Sur la route menant à Niagara-on-the-Lake, cette *winery* ultramoderne s'inscrit parmi les plus dynamiques de la péninsule. L'œnologue Jean-Laurent Groux y élabore quelques cuvées monocépages, mais la philosophie de Stratus repose essentiellement sur l'art de l'assemblage. Dans sa version 2009, la cuvée haut de gamme du domaine fait preuve de beaucoup de finesse. Le cabernet franc, qui compte pour 43 % de l'assemblage, y est sans doute pour beaucoup. Du fruit mûr, mais aussi des notes de violette et de mine de crayon; les tanins sont fins, mais fermes, soutenus par un boisé juste. Très bordelais dans l'esprit, fin et équilibré; il n'a pas encore dit son dernier mot.

11574430 46$ ★★★→★ ②

TAWSE

Cabernet-Merlot 2011

Plein et robuste; du bois, mais aussi beaucoup de fruit mûr et des proportions harmonieuses entre la rondeur du merlot et la charpente du cabernet. Finale assez persistante. À boire entre 2015 et 2019.

En primeur

12456401 22,95 $ ★★★ ②

TANTALUS

Riesling 2012, Okanagan Valley

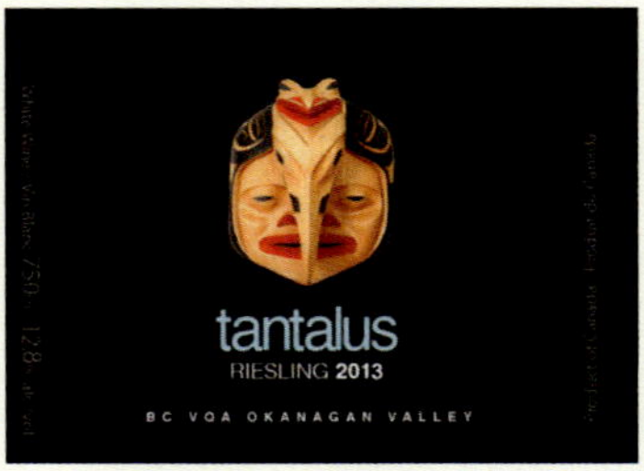

La vallée de l'Okanagan a connu une forte influence germanique à ses débuts, surtout dans sa partie septentrionale. Dans le secteur de Kelowna, l'œnologue d'origine néo-zélandaise David Paterson s'est vite forgé une réputation de « terroiriste », qui a à cœur de restituer dans ses vins les saveurs de ce lieu particulier.

Quel bonheur de pouvoir enfin trouver au Québec l'un des meilleurs vins blancs de Colombie-Britannique! Un superbe riesling, aux arômes de lime, de pêche et de fleurs blanches, avec une minéralité caillouteuse. La bouche a une énergie remarquable, juteuse et vive à la fois. Ni allemand, ni alsacien, ni australien, ce vin sec et hyper tonique définit à lui seul le riesling de l'Okanagan. Arrivée en janvier 2015.

En primeur

12456726 33,50$ ☆☆☆☆ ②

V **Papillotes de poisson et légumes à la feuille de lime kaffir; tartare de poisson à la lime; gravlax.**

D'autres vins blancs d'Ontario et de Colombie-Britannique

BACHELDER

Chardonnay 2011, Niagara Peninsula

Les Montréalais Mary Delaney et Thomas Bachelder ont mis sur pied un commerce de négoce «haute couture», qui s'étend de la Bourgogne jusqu'à la côte Ouest américaine, en passant par la péninsule du Niagara. Ce vin est tout à fait représentatif des bons chardonnays de Niagara par sa fraîcheur mordante et ses délicates saveurs florales. L'élevage est bien maîtrisé et nourrit le vin sans le charger d'arômes boisés superflus. J'ai particulièrement aimé sa tension et sa tenue en bouche.

11873721 29,95$ ☆☆☆☆ ②

BURROWING OWL

Chardonnay 2011, Okanagan Valley

Bon chardonnay de forme généreuse, nourri par un élevage en fûts de chêne. Rien de bien original – difficile avec un cépage aussi répandu – ni de distinctif, mais bien tourné, digeste et agréable à boire avec ses saveurs de fruits tropicaux. À boire d'ici 2016.

11264642 35,25 $ ☆☆☆ ②

CHÂTEAU DES CHARMES

Chardonnay 2011, Unoaked, Niagara-on-the-Lake

Pas de bois comme l'indique son nom, mais des saveurs nettes et franches d'agrumes, rehaussées par une délicate amertume en finale. Beaucoup de vin dans le verre pour le prix.

56754 14,25$ ☆☆☆ ② ♥

CLOS JORDANNE, LE

Chardonnay 2009, Village Reserve, Niagara Peninsula

L'œnologue bourguignon Sébastien Jacquey garde le cap et continue d'élaborer d'excellents vins de pinot noir et de chardonnay. Même le chardonnay courant a une identité qui va au-delà des simples arômes du cépage. Sec, franc de goût et assez gras, doté d'une trame minérale et d'une saine acidité, le vin a une tenue en bouche digne de mention. Excellent!

11254031 31,25$ ☆☆☆☆ ②

MISSION HILL

Riesling 2012, Reserve, Okanagan Valley

Installée à West Kelowna sur les rives du lac Okanagan, la spectaculaire *winery* de Anthony von Mandl est l'un des piliers de la viticulture britanno-colombienne. Dégusté en juin 2014, lors des Canadian Wine Awards, ce riesling m'a beaucoup plu. Très sec et empreint des tonalités de pétrole (oui, oui!) caractéristiques de ce cépage. L'exemple même d'un bon vin désaltérant, avec de la tenue en bouche, de jolis arômes de fruits blancs et de fleurs. Le vin d'été par excellence!

11092086 20,25$ ☆☆☆ ½ ②

TAWSE

Riesling 2013, Cuvée Jean-Luc Boulay, Niagara Peninsula

Élaboré en collaboration avec le chef du restaurant Le Saint-Amour, à Québec, un bon vin blanc. Léger, enrobé d'un reste de sucre et tonifié par une franche acidité. À apprécier à l'apéritif ou avec des pétoncles princesse crus, relevés d'un trait de lime.

12473593 19,95$ ☆☆☆ ②

TAWSE

Riesling 2013, Échos, Niagara Peninsula

Très bon riesling produit par l'un des domaines les plus réputés de la péninsule du Niagara, dont les vins sont de qualité on ne peut plus constante. Les puristes apprécieront son caractère minéral très net, ponctué de pomme verte et de miel. Léger, aérien et arrondi d'une pointe de sucre. Très satisfaisant.

11156220 20,20$ ☆☆☆ ½ ②

AMÉRIQUE DU NORD
ÉTATS-UNIS

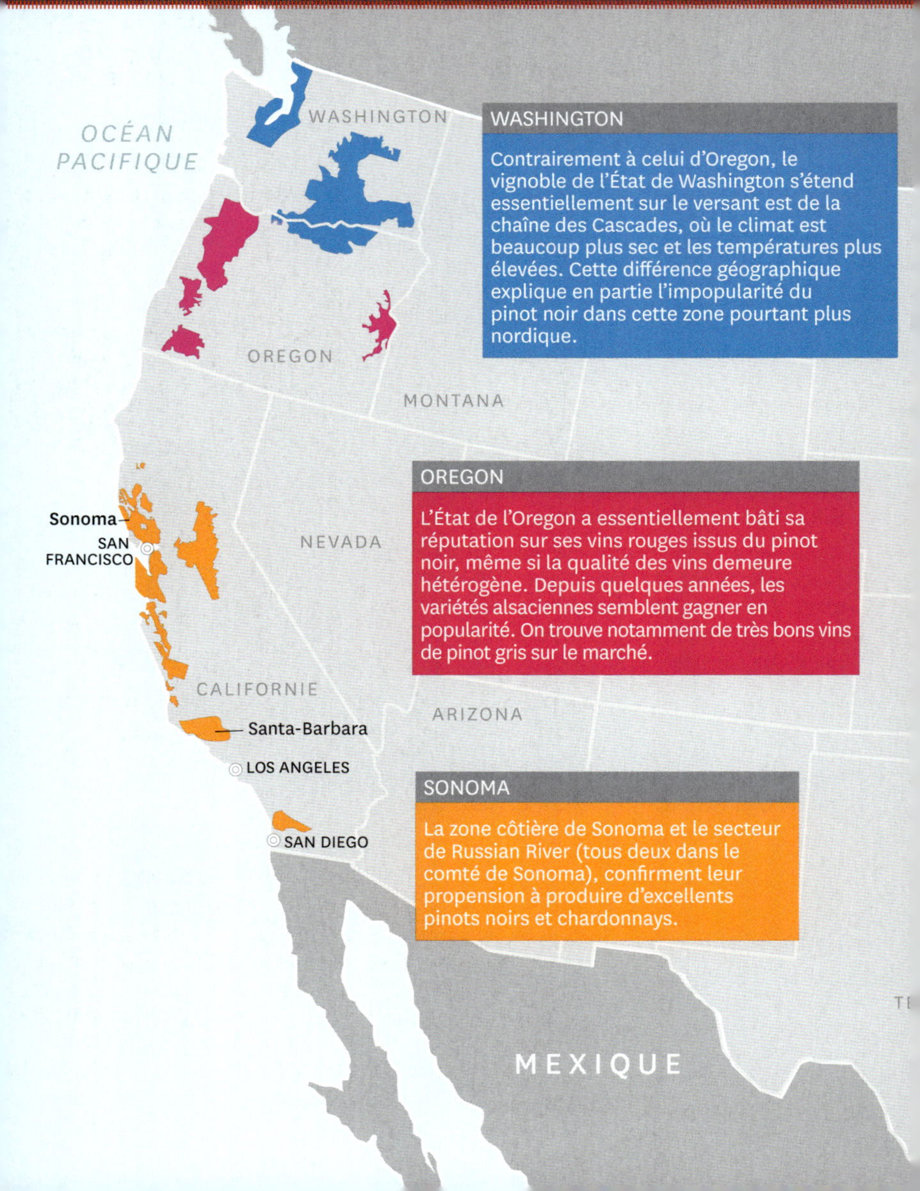

WASHINGTON

Contrairement à celui d'Oregon, le vignoble de l'État de Washington s'étend essentiellement sur le versant est de la chaîne des Cascades, où le climat est beaucoup plus sec et les températures plus élevées. Cette différence géographique explique en partie l'impopularité du pinot noir dans cette zone pourtant plus nordique.

OREGON

L'État de l'Oregon a essentiellement bâti sa réputation sur ses vins rouges issus du pinot noir, même si la qualité des vins demeure hétérogène. Depuis quelques années, les variétés alsaciennes semblent gagner en popularité. On trouve notamment de très bons vins de pinot gris sur le marché.

SONOMA

La zone côtière de Sonoma et le secteur de Russian River (tous deux dans le comté de Sonoma), confirment leur propension à produire d'excellents pinots noirs et chardonnays.

Le vignoble américain est un géant en pleine croissance. Sa superficie a augmenté de plus de 20 % entre 1986 et 2010. Cela tombe à point, puisque la soif de vin des Américains est apparemment insatiable. La consommation totale de vin chez nos voisins a tellement progressé en 15 ans que le pays a même détrôné la France au palmarès des nations consommatrices de vin !

La Californie génère toujours 90 % de la production nationale, mais d'autres régions côtières comme l'État de Washington, l'État de New York, l'Oregon et la Pennsylvanie connaissent un développement considérable.

NEW YORK

Dans le nord de l'État de New York, à environ cinq heures de voiture au sud-ouest de Montréal, la région des Finger Lakes compte près de 350 domaines viticoles. On y produit entre autres de très bons rieslings.

SANTA BARBARA

En dépit d'une position géographique passablement méridionale, la région de Santa Barbara – dont font partie les vallées de Santa Maria, de Santa Rita et de Santa Ynez – est devenue une autre terre d'accueil pour les cépages bourguignons en Californie. Le microclimat, attribuable à la fraîcheur des courants d'air venant du Pacifique, semble tout à fait propice à la culture du chardonnay et du pinot.

Californie Cabernet sauvignon

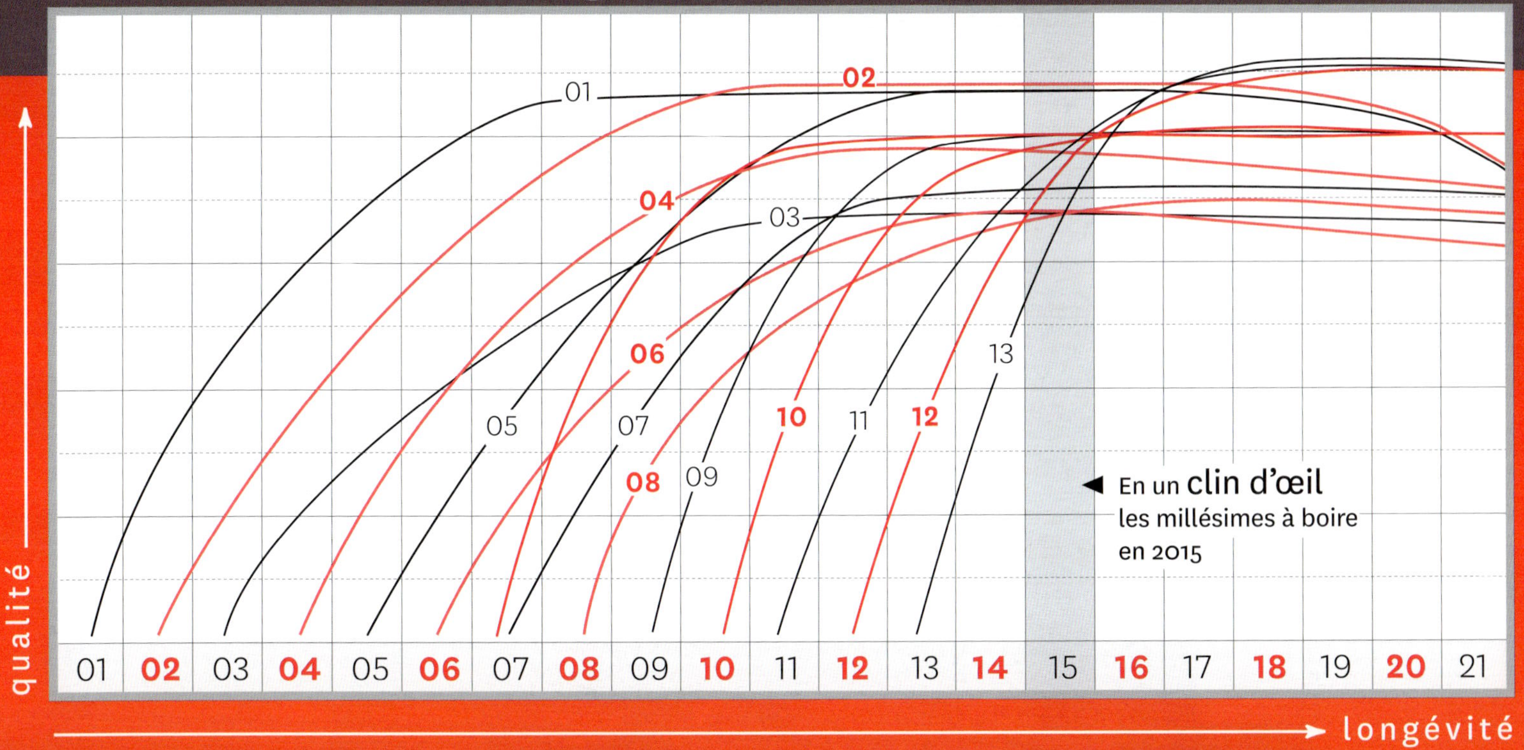

LES DERNIERS MILLÉSIMES

2013

Une récolte abondante en Californie. La qualité générale est assez prometteuse.

2012

Retour à des conditions plus normales après deux millésimes de pluie et de froid. Un été très sec et de belles conditions au moment de la vendange ont donné des vins assez concentrés qui pourraient très bien vieillir.

2011

Autre année difficile pour les vignerons californiens. Des conditions météorologiques semblables à celles de 2010, à l'exception d'une heureuse vague de chaleur au moment des vendanges qui a donné un ultime coup de pouce à la vigne et a permis aux raisins d'atteindre leur maturité. Le moment de la récolte a été un facteur décisif dans plusieurs secteurs. Autre année de choix pour les palais en quête de fraîcheur.

2010

De Napa à Santa Barbara en passant par Sonoma, 2010 a été l'année de tous les défis – et de tous les cauchemars! Les vignerons ont dû composer avec un printemps pluvieux, un été frais et des pluies au moment des vendanges. Qualité aléatoire. Il faudra «séparer le bon vin de l'ivraie»... Les vins sont cependant dotés d'une fraîcheur atypique qui les rend particulièrement attrayants pour l'amateur de vins de facture classique.

2009

Des conditions climatiques sans excès ont été favorables à une qualité générale fort satisfaisante. On annonce des vins équilibrés aptes à vivre longtemps. Cabernet sauvignon et zinfandel semblent particulièrement réussis.

2008

Récolte précoce et qualité hétérogène; des vins de cabernet aux tanins parfois verts à Napa. La rigueur et la réputation du producteur sont à considérer.

2007

Dans la région de Napa, des conditions idéales en juillet et en août ont précédé un mois de septembre inhabituellement frais. Au final, des cabernets sauvignons apparemment fins et bien équilibrés. Dans Sonoma et Santa Barbara, des rendements réduits ont donné des pinots noirs solides et charpentés.

BLUE HALL VINEYARD

Cabernet sauvignon 2009, Camiana, Howell Mountain

Au cœur de Howell Mountain, une sous-appellation de la vallée de Napa, cette propriété a été développée au tournant du millénaire. Le vignoble s'élève à 600 m d'altitude. Ce dernier détail n'est pas étranger à la fraîcheur de ce superbe 2009.

Ce vin sent Napa, il goûte Napa : des tonnes de fruits noirs mûrs, des accents de menthe et cette texture presque crémeuse qui rappelle la liqueur de cassis. Cependant, il se situe à des lieues du caractère grossier et caricatural qui afflige tant de cabernets californiens. Les arômes grillés et épicés du chêne sont en osmose parfaite avec le fruit; des notes minérales évoquant la poussière de roche apportent de la profondeur. Corsé, sans la moindre sucrosité, porté par des tanins très fins et faisant preuve d'une longueur impressionnante. Déjà agréable à boire, il évoluera gracieusement pendant de nombreuses années.

11328538 81$ ★★★★→? ③

V **Gigot d'agneau à la menthe; tournedos Rossini; côte de bœuf grillée.**

D'autres cabernets sauvignons de Californie

ANTICA

Cabernet sauvignon 2010, Napa Valley

J'ignore s'il s'agit de l'effet d'un millésime pluvieux et frais ou celui d'un changement de style pour ce domaine appartenant au Florentin Piero Antinori, mais ce vin fait preuve de plus de nuances en 2010. Quoi qu'il en soit, j'ai eu beaucoup plus de plaisir à goûter ce vin cette année. Nez de menthe fraîche, boisé élégant; une structure tannique enrobée et bien californienne, mais surtout digeste et harmonieuse. Il a l'équilibre et l'étoffe nécessaires pour s'épanouir jusqu'en 2017.

11632468 48,50$ ★★★→? ③

ARROWOOD

Cabernet sauvignon 2008, Napa Valley

Ce domaine fondé en 1986 par Richard Arrowood et Alis Demers, a été vendue à Kendall-Jackson. Richard Arrowood est resté au gouvernail jusqu'en 2010, avant de céder son poste à Heidi von der Mehden. Maintenant ouvert et assoupli par les années, ce vin de forme classique est soutenu par une texture tannique mûre, mais serrée, ce qui lui confère une élégance certaine. Finale séveuse et persistante aux parfums de tabac et d'épices. À boire sans se presser au cours des cinq prochaines années.

11089776 39,50$ ★★★★ ②

AUSTIN HOPE

Treana 2010, Paso Robles

Le *winemaker* de Treana et de Liberty School a créé sa propre entreprise dans Paso Robles et y produit cette cuvée principalement composée de cabernet sauvignon, auquel s'ajoute de la syrah. Le 2010 me laisse une sensation quasi sucrée en bouche tant l'attaque est riche, capiteuse (15% d'alcool) et copieusement assaisonnée des parfums vanillés de la barrique. Imposant et tonitruant, à défaut de nuances, pour le moment.

875088 39,75$ ★★★ ②

HALTER RANCH

Cabernet sauvignon 2011, Paso Robles

Encore jeune et délicieusement fruité, ce vin est plein, solidement constitué, modérément boisé et laissant une impression fort rassasiante. Plus distingué que la moyenne. Finale chaleureuse et gorgée de fruit.

12343431 34$ ★★★ ②

En primeur

FRANUS, PETER

Cabernet sauvignon 2012, Napa Valley

Peter Franus a définitivement une touche bien personnelle et ses vins, aussi concentrés soient-ils, sont assez lestes. Ce cabernet porte la même signature: riche et mûr, avec des arômes de fruits noirs, d'épices et de chêne rôti, mais aussi une saine acidité, qui lui confèrent un caractère élégant, gracieux. Complètement sec, avec une longue finale sur des tanins fermes et très fins. Le bois, assez marqué pour l'instant, demandera quelques années pour pleinement s'intégrer; le vin n'en sera que meilleur. Un bémol: bouteille ridiculement lourde.

11423535 48,25$ ★★★★ ②

RAMEY

Cabernet sauvignon 2011, Napa Valley

Après quelques années à Bordeaux – aux établissements Moueix, notamment – et un passage chez Dominus en Californie, David Ramey a créé son propre domaine en 1996. Voici un excellent cabernet, mûr, plein et velouté; très charmeur par ses notes de fruits noirs et de tabac. Fort séduisant avec sa texture veloutée, ample et mise en valeur par un usage intelligent de la barrique. Sa complexité aromatique et sa fraîcheur sont tout à fait représentatives du millésime. Impeccable!

11822755 70,50$ ★★★→★ ③

SHAFER

Chardonnay 2011, Red Shoulder Ranch, Carneros

Doug Shafer a été l'un des premiers à participer à l'essor de la vallée de Napa dans les années 1970. Parmi ses nombreux succès, son Red Shoulder Ranch fait figure de ténor.

Un vin distingué illustrant toute l'intensité et la texture onctueuse des bons chardonnays californiens. Beaucoup de style, plantureux et vineux, mais aussi complexe, profond et nuancé dans ses arômes; puissant (14,8 % d'alcool) et étoffé, mais pas vulgairement boisé. Ce genre de vin gagne à vieillir et à ne pas être servi trop frais, on peut alors apprécier pleinement sa texture et son relief en bouche.

10976091 65,25 $ ☆☆☆☆ ②

V Ris de veau à la crème; risotto aux fruits de mer.

D'autres chardonnays de Californie

ANTICA

Chardonnay 2012, Napa Valley

Une chaleur modérée tout au long de l'été et un temps sec au moment des vendanges ont permis de produire un très bon chardonnay. Bien californien par son volume en bouche et ses parfums de réduction qui évoquent le maïs ; bon équilibre et aucune lourdeur malgré ses 14,2 % d'alcool.

11603413 29,95 $ ☆☆☆ ②

CALERA

Chardonnay 2012, Mount Harlan

Inspiré par un stage en Bourgogne au début des années 1970, Josh Jensen est, depuis maintenant 35 ans, l'un des maîtres du pinot noir sur la côte Ouest américaine. Bien que le bois joue toujours au premier plan en jeunesse, cette cuvée fait déjà preuve d'une élégance notable, tant par sa matière que par sa complexité. Encore serré et loin d'avoir exprimé son plein potentiel, il serait préférable de l'attendre quelques années, puisqu'il gagnera en complexité jusqu'en 2018.

11089944 44,50 $ ☆☆☆☆ ②

CALERA

Chardonnay 2012, Central Coast

Un fruit bien mûr, avec des arômes de pêche, de pomme jaune et d'ananas, auxquels se mêlent des notes de chêne grillé et de caramel. Tout le fruit mûr auquel on s'attend, avec suffisamment de fraîcheur et un boisé bien dosé. Arrivée en février 2015.

En primeur

12455387 27,15$ ☆☆☆ ½ ②

FOXGLOVE

Chardonnay 2012, Central Coast, Varner

Même s'il était un peu fermé et timide lorsque goûté en août 2014, ce vin laissait néanmoins transparaître une complexité et une profondeur qui font défaut à tant de chardonnays. Très sec et juste assez gras, il se distingue surtout par la franchise de ses saveurs de fleurs et de fruits blancs, mis en relief par une pointe d'amertume en finale. À boire entre 2015 et 2018.

11900928 22,70$ ☆☆☆ ½ ②

MER SOLEIL VINEYARD

Chardonnay 2011, Santa Lucia Highlands

Si vos références en matière de chardonnay sont chablisiennes, vos papilles en perdront leur latin. Qu'à cela ne tienne, ce vin ne manque pas de pouvoir de séduction. Riche, dodu et immense en bouche, avec des goûts de fruits tropicaux, de poire séchée et de maïs sucré. Très réussi dans un style flamboyant. À boire d'ici 2018.

903112 31,50$ ☆☆☆→? ③

RAMEY

Chardonnay 2010, Russian River Valley

À la fois très sec et juste assez vineux, ce vin témoigne d'un équilibre irréprochable entre le bois, la vitalité et la minéralité, qui se manifeste par des notes salines en fin de bouche. Les saveurs sont franches et moins oxydées que l'année dernière et le vin a tout autant de caractère. Bravo !

11882117 35,50$ ☆☆☆☆ ②

L'INTRUS

BACHELDER

Chardonnay 2012, Willamette Valley

L'ancien vinificateur du Clos Jordanne à Niagara a mis sur pied un commerce de négoce « haute couture », qui s'étend de la Bourgogne jusqu'à la côte Ouest américaine. Ce 2012 issu pour moitié de raisins de Johnson Vineyard – une parcelle réputée de l'appellation Yamhill-Carlton, en Oregon – déploie au nez des parfums très purs de poire et de fruits tropicaux. Pas très gras, mais une tenue en bouche exemplaire.

11845359 30,50$ ☆☆☆☆ ②

SCHUG

Pinot noir 2012, Sonoma Coast

En fondant le domaine du même nom en 1980, après un passage remarqué chez Joseph Phelps, l'Allemand Walter Schug a choisi de se consacrer exclusivement aux cépages chardonnay et pinot noir. Les vins sont maintenant élaborés par l'œnologue Michael Cox.

Belle bouteille laissant le pinot s'exprimer avec originalité : notes de tabac et de fraises compotées; vivacité et bon équilibre. Texture veloutée, mais pas crémeuse; tanins suaves, saveurs franches de fruits très mûrs, de fleurs, d'épices douces. Gourmand, dodu, ample et très californien, sans lourdeur. On peut en profiter dès maintenant ou le laisser reposer jusqu'en 2017.

10944232 28,45$ ★★★★ ②

V Ris de veau croustillant à la pancetta; poulet aux framboises et aux chanterelles.

D'autres pinots noirs de Californie

AU BON CLIMAT

Pinot noir 2010, La Bauge Au-Dessus, Santa Maria Valley

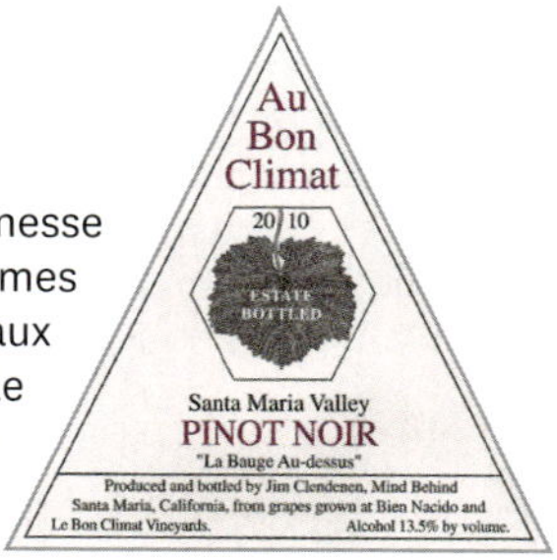

Parfumé, mûr et très complexe, mais tout en finesse et en retenue, ce vin se laisse désirer. Les arômes sont en constante évolution, du fruit très mûr aux épices, en passant par les fleurs. Insaisissable et envoûtant; tout ce qu'on aime d'un grand pinot noir. Élégant, frais et doté de tannins fins qui lui confèrent structure et caractère digeste, il évoluera en beauté au moins quatre à huit ans.

11726747 37,50$ ★★★★ ②

CALERA

Pinot noir 2011, Central Coast

Une couleur pâle et un nez délicat laissent présager un vin tout en finesse. La bouche est cependant puissante, mais fait preuve d'équilibre et surtout d'une fraîcheur qui manque trop souvent aux pinots californiens. Le boisé très bien dosé est un peu plus appuyé en finale. Peu tannique, et d'un charme certain. Sa droiture et sa justesse lui mérite facilement trois étoiles et demie.

898320 34,75$ ★★★ ½ ②

LA CREMA

Pinot noir 2009, Los Carneros

Au cours des dernières années, les fidèles du *Guide du vin* ont rarement pu lire des commentaires positifs au sujet des vins de ce domaine appartenant au groupe Kendall-Jackson. Je dois donc avouer ma surprise, devant ce pinot noir des Carneros. D'abord, je n'y ai pas trouvé la sucrosité et la rondeur excessives qui affligent la cuvée courante, mais le vin m'a aussi semblé avoir plus de nuance et de profondeur. Encore jeune et nerveux, il pourrait même se bonifier d'ici 2016.

11882248 47$ ★★★ ½ ③

PAUL HOBBS

Pinot noir 2011, Crossbarn, Sonoma Valley

Le vinificateur Paul Hobbs a bâti sa renommée en élaborant des vins costauds et corpulents, qui récoltent des commentaires élogieux et de hauts scores dans les médias spécialisés américains. Peut-être en raison d'une année fraîche en Californie, ce pinot noir me semble plus précis et fait preuve d'un équilibre irréprochable. Très séduisant et résolument californien par ses saveurs mûres et sa texture presque crémeuse, mais aussi doté de notes minérales qui ajoutent à sa complexité. À boire entre 2015 et 2018.

11900910 42,25$ ★★★→? ③

ROBERT MONDAVI WINERY

Pinot noir 2011, Carneros

Produit dans Los Carneros, un secteur frais de la vallée de Napa, un pinot noir juteux et plutôt léger, fleurant bon la framboise. Peu d'envergure, mais une bonne dose de fruit et un équilibre satisfaisant.

10560360 29,65$ ★★ ½ ②

EASTON

Zinfandel 2009, Rinaldi Vineyard, Amador – Fiddletown

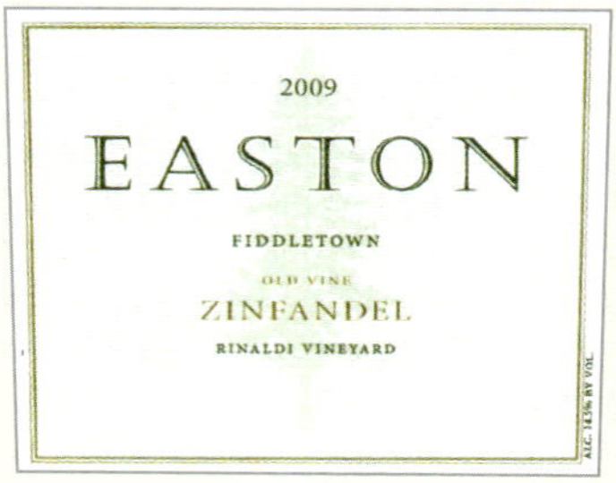

Dans son domaine Terre Rouge, situé dans l'arrière-pays, non loin de Sacramento, Bill Easton se spécialise dans les cépages rhodaniens. Sous une marque à son nom, il commercialise aussi des vins issus d'autres cépages, dont ce zin d'envergure à prix attrayant.

Le vin regorge de fruit sous toutes ses formes: frais, confituré, sec, mais il fait aussi preuve de complexité, avec des notes de zeste d'orange, de noyau de cerise, d'épices et de kirsch. Riche et très mûr, il a cependant la fraîcheur et l'équilibre typiques de la maison. On pourrait même dire qu'il fait preuve d'élégance. Archisec et doté d'une trame tannique granuleuse, ce vin sérieux vieillira en beauté à court et moyen termes.

12131340 36,75$ ★★★★ ②

V Couscous à l'agneau ; magret de canard sauce aux mûres.

D'autres vins composés de zinfandel

COPPOLA, FRANCIS FORD

Zinfandel 2012, Dry Creek Valley

Provenant d'un secteur réputé pour le zinfandel (celui de Ridge, entre autres), un bon vin joufflu, riche en saveurs de fruits confits, de réglisse et d'épices. Vigoureux, nerveux et fidèle aux caractéristiques du cépage.

11882272 29,05$ ★★★ ②

DE LOACH

Zinfandel 2012, Heritage Reserve, California

Propriété du géant bourguignon Boisset depuis 2003, De Loach propose à prix abordable un *zin* fort satisfaisant ; probablement le plus complet à moins de 20$. Friand, joliment fruité et ponctué de bon goût de cannelle. Rond, tout en fruit. Encore meilleur s'il est servi frais autour de 15°C.

492397 17,40$ ★★★ ② ♥

EASTON

Zinfandel 2012, Amador County

Bourré de fruit mûr et juteux, mais qui demeure néanmoins croquant, et rehaussé de notes d'herbes et d'épices, voilà un *zin* d'une grande buvabilité. Rien de surfait: pas de lourdeur, de sensation brûlante associée à l'alcool ni de sucre résiduel; le vin se présente même avec une certaine fraîcheur et de légers tanins qui lui confèrent une agréable astringence. Excellent rapport qualité-prix!

897132 23,05$ ★★★★ ② ♥

FRANUS, PETER

Zinfandel 2012, Brandlin Vineyard, Mount Veeder

Sur les hauteurs du Mont Veeder, Peter Franus produit des vins qui combinent, presque en un tour de force, puissance et élégance. Mûr et complexe, avec des tonnes de fruit, d'herbes et d'épices, ce zinfandel riche et velouté en bouche réussit néanmoins le pari de l'équilibre. Des tanins très mûrs, presque chocolatés, lui permettront d'évoluer en beauté.

897652 45$ ★★★★ ②

PAPERBOY

Red Blend 2012, Paso Robles

Le problème avec les contenants alternatifs n'est souvent pas le contenant, mais le contenu. Pour cette raison, je crois qu'il faut souligner la qualité tout à fait convenable de ce nouveau produit présenté dans une bouteille de carton. À moins de 20$, on a dans son verre une expression chaleureuse, gourmande et juteuse des cépages zinfandel, merlot, petite sirah et syrah, nourris par le climat généreux de Paso Robles, avec des goûts de cacao et de bonbon à la framboise. Le vin de camping idéal. À boire au cours de la prochaine année, autour de 15°C.

12380012 18,95$ ★★★ ②

RAVENSWOOD

Zinfandel 2012, Lodi

Rachetée par le géant Constellation en 2001, cette *winery* de Sonoma, tenue par Joel Paterson, s'est bâti une bonne réputation avec des zinfandels vibrants et chaleureux. Elle s'approvisionne dans plusieurs secteurs de la Californie, dont la région de Lodi, ville considérée par plusieurs comme la capitale du *zin*. Moins complet et complexe que d'autres certes, mais non pas dépourvu de charme; chaleureux, généreusement fruité et conçu pour être apprécié dès maintenant.

630202 21,95$ ★★★ ②

BETZ

Bésoleil 2011, Columbia Valley

Bob Betz est un peu le parrain du vignoble de Washington. À l'emploi de Chateau Ste. Michelle pendant près de 30 ans, ce Master of Wine commercialise des vins sous sa propre étiquette depuis 2003.

Bien qu'elle compte seulement pour 7% de l'assemblage, la syrah se distingue facilement au nez, avec un parfum très pur de poivre noir. Le grenache (51%), allié au cinsault, à la counoise, au mourvèdre et à la syrah, donne au vin un caractère très nourri, pulpeux. Une attaque sucrée, beaucoup de fruit et de tenue, de la poigne et de la vigueur. Pas du tout racoleur, il se distingue par sa forme à la fois stricte et très pure. Pas imposant comme tant d'autres ténors, mais intense et persistant. Il y a un moment que j'avais goûté un vin rouge de Washington aussi harmonieux.

12235843 60,25$ ★★★★ ②

V Gigot d'agneau aux herbes; carré de porc en croûte de tapenade.

Si vous avez aimé, vous aimerez peut-être aussi

QUPÉ

Syrah 2011, Central Coast

Dans Santa Maria Valley, entre San Francisco et Los Angeles, le producteur Bob Lindquist a été un apôtre de la syrah sur la côte Ouest. Très jolie syrah, avec un fruit pur, une délicate fraîcheur florale et pas de bois apparent. Digeste (13,5% d'alcool) et gouleyant, il est encore meilleur servi autour de 15-16 °C. Tant de fraîcheur et si peu de maquillage inutile méritent d'être soulignés! Plaisir garanti.

866335 25,55$ ★★★★ ② ♥

TERRE ROUGE

Syrah 2005, Sierra Foothills

Maintenant ouvert et parfaitement à point, ce vin séduit d'emblée au nez avec son parfum intense qui rappelle la violette, la mûre, la framboise, le poivre et… le saucisson! La bouche est suave, sans lourdeur, dotée de tanins présents, mais fondus. Longue finale encore serrée et savoureuse. Un vin complet et complexe, digeste et doté d'un grain impeccable.

10271058 34,75$ ★★★★ ②

TERRE ROUGE

Mourvèdre 2010, Sierra Foothills

Tout aussi tonique que lorsque goûté l'an dernier, mais encore plus complexe et marqué par la minéralité. La bouche est juteuse, savoureuse et structurée, avec une fraîcheur apportée par des notes d'herbes et de garrigue qui s'ajoutent aux arômes de fruits noirs. Aussi marqué par des notes animales, typiques du mourvèdre, et une solide trame tannique. Un vin très distinct et évolutif ; il est loin d'avoir dit son dernier mot.

921601 32$ ★★★★ ② ♥

TERRE ROUGE

Syrah Les Côtes de l'Ouest 2010 California

Un vin à la matière imposante, à la bouche texturée sans être crémeuse, mais qui fait aussi preuve de tenue. Il exhibe le côté sombre de la syrah : fruits noirs et notes animales, de bacon et de viande fumée. Très bien fait, il équilibre à merveille richesse et structure. Une longue finale aux notes minérales, sur des tanins serrés. Excellent rapport qualité-prix, à boire maintenant et pendant encore quatre à six ans. Vraiment cool.

897124 25,70$ ★★★★ ② ♥

TERRE ROUGE

Tête-à-Tête 2009, Sierra Foothills

Assemblage d'inspiration rhodanienne de syrah, mourvèdre et grenache, aux accents de fruits secs, de cuir et d'anis. Passablement riche et dodu, il plaira aux amateurs de vins ensoleillés.

10745989 25,60$ ★★★ ②

VINA ROBLES

Petite Sirah 2009, Paso Robles

Assise tannique typique du cépage, concentré, finale très serrée ; vraiment beaucoup d'envergure. Pas très complexe, car c'est le genre de cépage qui gagne plus à être assemblé, mais assez bien tourné dans un style solaire. Il n'est pas exclu qu'il continue de se bonifier jusqu'en 2017.

12182382 31,25$ ★★★→? ③

VINA ROBLES

Red 4 2010, Paso Robles

Quatre cépages : syrah, petite sirah, grenache et mourvèdre. Floral, juteux et gourmand ; bon équilibre et éclat fruité ; très plaisant dans un style californien et gorgé de soleil.

11882336 22,70$ ★★★ ½ ② ♥

EVENING LAND

Pinot noir 2012, Willamette Valley

Créé en 2005, Evening Land possède des vignobles en Californie, en Bourgogne et en Oregon. Le célèbre vigneron bourguignon Dominique Lafon consulte. La Québécoise Isabelle Meunier, en poste depuis 2007, a quitté l'entreprise en février 2014.

Il s'agit donc d'une dernière chance pour prendre la mesure de l'immense talent de cette jeune œnologue et de goûter le fruit de son travail au sein d'Evening Land. Que de plaisir en bouche ! Le fruit est vibrant, hyper précis et le vin regorge de fraîcheur. Une bouche succulente et très harmonieuse, juste assez concentrée. Un vin à boire à lampées, au cours des cinq prochaines années.

11772102 34,25$ ★★★★ ②

V Saumon et légumes grillés ; poulet rôti et fricassée de champignons.

D'autres pinots noirs d'Oregon

ARGYLE

Pinot noir 2012, Willamette Valley

En plus d'une méthode traditionnelle commentée dans la section des vins mousseux, ce domaine né d'un partenariat entre le Texan Rollin Soles et l'Australien Brian Croser (Petaluma) commercialise aussi un bon vin rouge issu de pinot noir. Le 2012 est riche, copieusement fruité et repose sur un tapis de tanins dodus qui laissent en bouche une sensation rassasiante, à défaut de subtilité. Dessiné à gros traits pour le moment ; laissons-lui une année ou deux.

10352974 31,75$ ★★★ ②

CARABELLA

Pinot noir 2010, Chehalem Mountains

Un vin qui plaira certainement aux amateurs de pinots noirs dodus et suaves, avec ses goûts généreux de fruits rouges. Pas très long ni complexe, mais du fruit à profusion.

11333791 36,75$ ★★★ ②

DOMAINE DROUHIN

Pinot noir 2010, Laurène, Dundee Hills

Depuis sa création en 1988, Véronique Drouhin-Boss a fait du Domaine Drouhin l'une des références en Oregon. Très représentatif du millésime 2010 par son tonus et ses goûts de fruits frais, plutôt que confits, ce vin est encore très jeune et animé d'un léger reste de gaz qui accentue la sensation de vitalité en bouche. Riche, mais pas crémeux outre mesure, il ne se révèle vraiment qu'après une heure en carafe. On peut déjà apprécier son registre de saveurs fines, son grain tannique délicat et sa finale subtilement épicée, mais il est préférable de le laisser reposer jusqu'en 2016.

10710508 64,75$ ★★★→? ③

LA CREMA

Pinot noir 2012, Willamette Valley

La quête de terroirs au climat frais, adaptés à la culture de pinot noir, a conduit la famille Jackson (Kendall-Jackson) jusqu'en Oregon. Ce vin présenté dans le magazine *Cellier* de novembre 2014 est pour moi une heureuse surprise. Le vin regorge de vitalité et n'accuse aucun excès boisé. Le fruit s'exprime avec netteté et la finale est ponctuée d'une fine amertume qui met les saveurs en relief et lui confère une dimension supplémentaire. À boire entre 2015 et 2019.

En primeur

12395652 36$ ★★★ ½ ②

WILLAKENZIE

Pinot noir 2011, Pierre Léon, Willamette Valley

On dit que les meilleurs vins sont faits là où les raisins peinent à mûrir. C'est l'impression que m'a donnée le 2011 de la Cuvée Pierre Léon, tout en finesse et en retenue. Au fruit rouge croquant et aux notes de terre et de sous-bois, s'ajoutent quelques notes végétales qui lui confèrent encore plus de complexité et de fraîcheur. Une acidité bien présente et de légers tanins au grain très fin lui confèrent de la structure et sûrement un très bel avenir. Long et savoureux. Amateurs de pinots plantureux, vous abstenir.

11334129 46$ ★★★★ ②

WINE BY JOE

Pinot noir 2012, Oregon

Bon pinot sans prétention, manifestement conçu pour procurer un plaisir simple et immédiat. Et ça marche plutôt bien ! Juteux et facile à boire, à apprécier avant tout pour ses saveurs exubérantes de confiture de framboise et de réglisse rouge. Agréable à boire dès maintenant.

11882301 26,60$ ★★★ ②

FALL WINE WINERY

Artz Vineyard 2009, Red Mountain

Red Mountain est la plus petite des appellations de l'État de Washington et parmi les plus prestigieuses, à juste titre. Contrairement à ce que son nom laisse croire, on n'y trouve aucune montagne aux sols rouges ; tout au plus une butte de couleur ocre.

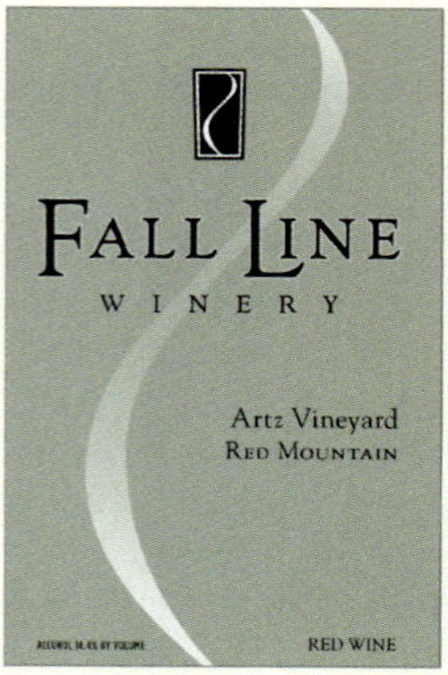

Une bonne proportion de cabernet franc (39 %) explique sans doute l'élégance de ce vin rouge qui s'articule autour de tanins très fins et qui tapisse la bouche d'une texture soyeuse. Stylistiquement à mi-chemin entre un cabernet de Napa et un vin du Médoc, le vin est riche d'une foule de détails aromatiques, mariant le cacao au fruit et à la réglisse noire, qui persistent en bouche. Excellent vin en devenir. À boire sans se presser jusqu'en 2019.

12185532 38$ ★★★→★ ③

V **Filet de bœuf aux champignons ; gigot d'agneau aux herbes.**

D'autres vins issus d'assemblages bordelais

BETZ

Père de Famille 2010, Columbia Valley

Dégusté en août 2014, cet assemblage bordelais était marqué par des senteurs de réduction, qui s'estompaient après une aération d'une demi-heure en carafe. On découvrait alors un vin costaud, trapu et compact ; très typé cabernet, avec des notes végétales qui évoquent le poivron rouge. Le grain tannique est poli, mais très compact. Assez harmonieux pour être apprécié dès cette année, mais bâti assez solidement pour se bonifier jusqu'en 2018.

12089903 85$ ★★★→? ③ ♁

CHARLES SMITH

Cabernet sauvignon 2011, Château Smith, Columbia Valley

Ex-gérant de groupe de musique rock, ce producteur réputé de Walla Walla produit des vins exubérants et colorés. Son cabernet est chaleureux et laisse une impression presque sucrée, même s'il ne titre pas plus de 13,5 % d'alcool. La bouche est mûre, avec des concentrés de cassis et de chocolat noir. Très bon dans sa catégorie.

11818300 25$ ★★★ ½ ② ♥

CÔTE BONNEVILLE

Carriage House 2007, Dubrul Vineyard, Yakima Valley

Tout le fruit mûr auquel on s'attend des vins de l'État de Washington, mais avec une complexité, un équilibre et une structure qui vont au-delà des espérances. Puissant et pulpeux, mais relevé de notes de tabac, de cèdre et de thé noir, avec un boisé très bien maîtrisé et une enveloppe de tanins fins et fermes. À passer en carafe ou, idéalement, à attendre quelques années. Seule ombre au tableau : une bouteille ridiculement lourde...

12253187 54$ ★★★★ ③ ▼ ♁

FALL WINE WINERY

Red Willow 2009, Yakima Valley

Red Willow est l'un des vignobles les plus réputés de l'appellation Yakima. Fruit d'un assemblage de cépages bordelais, avec une dominante de merlot, ce vin est une autre belle démonstration de puissance contenue. Suave, dense et serré; les tanins sont mûrs et polis et un usage très gracieux du bois de chêne permet d'apprécier pleinement ses subtilités aromatiques. Chaleureux et élégant tout à la fois. Bravo!

12185575 38,25$ ★★★ ½ ③

LAUGHING STOCK

Portfolio 2011, Okanagan Valley

Très bon vin produit dans le secteur de Naramata Bench, en bordure de la partie sud du lac Okanagan. Le nez dévoile des notes légèrement herbacées, qui ne se traduisent par aucune verdeur en bouche. On appréciera plutôt ses saveurs compactes de fruits noirs et d'épices, portées par une étoffe tannique dense et mûre. Pas corsé ni boisé outre-mesure. On peut l'apprécier dès maintenant, mais il n'atteindra son apogée que vers 2016-2018.

11262911 53$ ★★★→? ③

OSOYOOS LAROSE

Le Grand Vin 2009, Okanagan Valley

Produit sur les rives du lac Osoyoos, au sud de la vallée d'Okanagan. Nez très attrayant de fruits noirs et de tabac; bouche étonnamment charnue, compte tenu de sa composition (58% de merlot). Sec, tanins presque carrés, austères. Dégusté le lendemain, le vin était nettement plus volubile. Pour l'apprécier à sa juste valeur, il serait avisé de l'aérer au moins deux heures en carafe ou encore de l'attendre jusqu'en 2017.

10293169 45$ ★★★→★ ③ ♁

OSOYOOS LAROSE

Pétales d'Osoyoos 2011, Okanagan Valley

Le 2011 est très rassasiant avec ses saveurs de fruit bien mûr et sa vigueur. Rien de complexe, mais assez plein, rond et bien ficelé; le cabernet sauvignon lui confère de la tenue et l'élevage l'enjolive de notes épicées. Bon achat à ce prix.

11166495 27,70$ ★★★ ½ ②

WILLAKENZIE

Pinot gris Estate 2012, Yamhill-Carlton

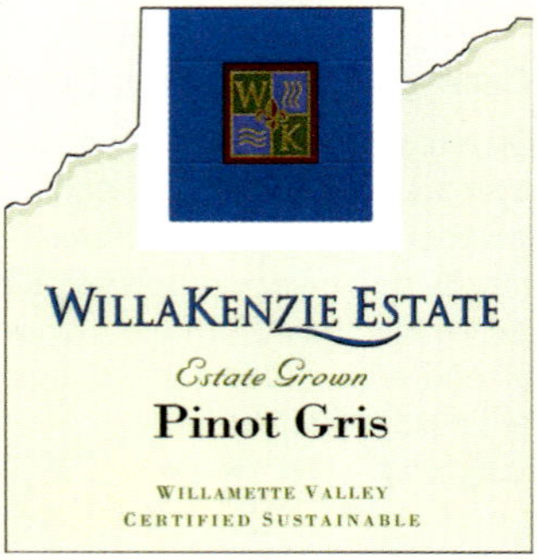

En 1991, le Bourguignon Bernard Lacroute a quitté Silicon Valley, où il œuvrait dans les hautes technologies, pour développer son vignoble plus au nord, dans la région de Chehalem Mountains.

Sans aucun doute un des meilleurs pinots gris d'Oregon goûtés à ce jour, de quoi me réconcilier avec les vins américains issus de ce cépage, trop souvent insipides ou hyper boisés. Mûr et juteux, avec des arômes de poire, de pêche, de melon miel et de champignon blanc. Complètement sec, animé d'une acidité vive, mais au très joli gras en bouche, auquel contribue sûrement son taux d'alcool (14,3 %), qui reste pourtant merveilleusement bien intégré et à peine perceptible. Tout aussi délicieux trois à quatre jours après ouverture.

11333775 25,85 $ ☆☆☆☆ ② ♥

V **Ris de veau à la crème ; pétoncles poêlés sur purée de chou-fleur à la poire.**

D'autres vins blancs de la côte Ouest américaine

AUSTIN HOPE

Treana blanc 2011, Central Coast

Assemblage de marsanne et de viognier à parts égales, fermenté partiellement en barriques. Un vin plein et capiteux (14,5 % d'alcool) et élaboré dans d'heureuses proportions, permettant de conserver un bon équilibre dans l'opulence. Saveurs originales et complexes, des notes florales intenses et distinguées, sur un fond d'agrumes évoquant les oranges amères. Déjà savoureux, mais il pourrait mûrir encore quelques années.

875096 30,50 $ ☆☆☆→? ③

BIRICHINO

Malvasia 2012, Monterey

Amateur de vins aromatiques, vous aimerez assurément ce blanc sec, issu du cépage malvoisie et élaboré par John Locke, anciennement vinificateur chez Bonny Doon. Sec, d'une bonne tenue en bouche et franchement agréable.

11073512 19,95 $ ☆☆☆ ½ ② ♥

BREGGO

Pinot gris 2012, Anderson Valley

Ce jeune domaine dynamique de la vallée d'Anderson (Californie) a été racheté par les propriétaires de Cliff Lede en mars 2014. Autre preuve que lorsqu'il est cultivé puis vinifié avec soin, le pinot gris peut donner de bons résultats sur la côte Ouest américaine. Bon vin à apprécier pour sa texture ample et onctueuse et ses arômes de poire et de sucre d'orge. Pas très complexe, mais il a plus d'envergure et de persistance que la moyenne.

12235579 33$ ☆☆☆ ②

CHARLES SMITH

Riesling 2013, Kung Fu Girl, Columbia Valley

Sans conteste l'une des belles réussites des derniers millésimes, le riesling de Charles Smith offre un très bel équilibre entre l'acidité et la rondeur. Le 2013 est particulièrement expressif, avec un bon goût citronné, qui se mêle à des saveurs de fruits jaunes, sur un fond minéral. Beaucoup de nerf et de caractère à moins de 20$.

11629787 18,50$ ☆☆☆ ½ ② ♥

CÔTE BONNEVILLE

Riesling 2012, Dubrul Vineyard, Yakima Valley

Issu d'un vignoble caillouteux au-dessus de la vallée de Yakima, ce riesling exprime les plus belles qualités du cépage, dans un style qui lui est unique. Intensément aromatique et très marqué par la minéralité, avec des arômes de lime, de fleurs blanches et de romarin. Demi-sec, léger alcool (10%) et relevé d'une acidité tranchante qui ne fait qu'ajouter à son caractère éminemment appétissant. Savoureux et doté d'une grande tension, il offre l'énorme plaisir de découvrir une expression nouvelle pour ce grand cépage.

12253179 35,25$ ☆☆☆☆ ②

ZACA MESA

Viognier 2011, Santa Ynez Valley

Ce domaine se consacre désormais aux cépages rhodaniens. Bon vin sec et sans lourdeur, présentant de légères notes végétales au nez. Aurait-on voulu récolter tôt pour préserver le peu d'acidité naturelle du viognier ? Moins flatteur et flamboyant que d'autres viogniers sur le marché, mais son équilibre le rend fort agréable.

11882547 20,20$ ☆☆☆ ②

HÉMISPHÈRE SUD CHILI ET ARGENTINE

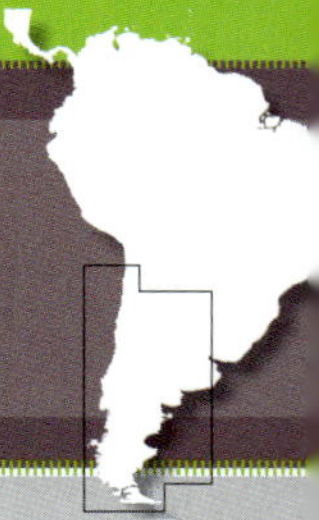

Nadia Fournier rencontre David Côté, de Crudessence.

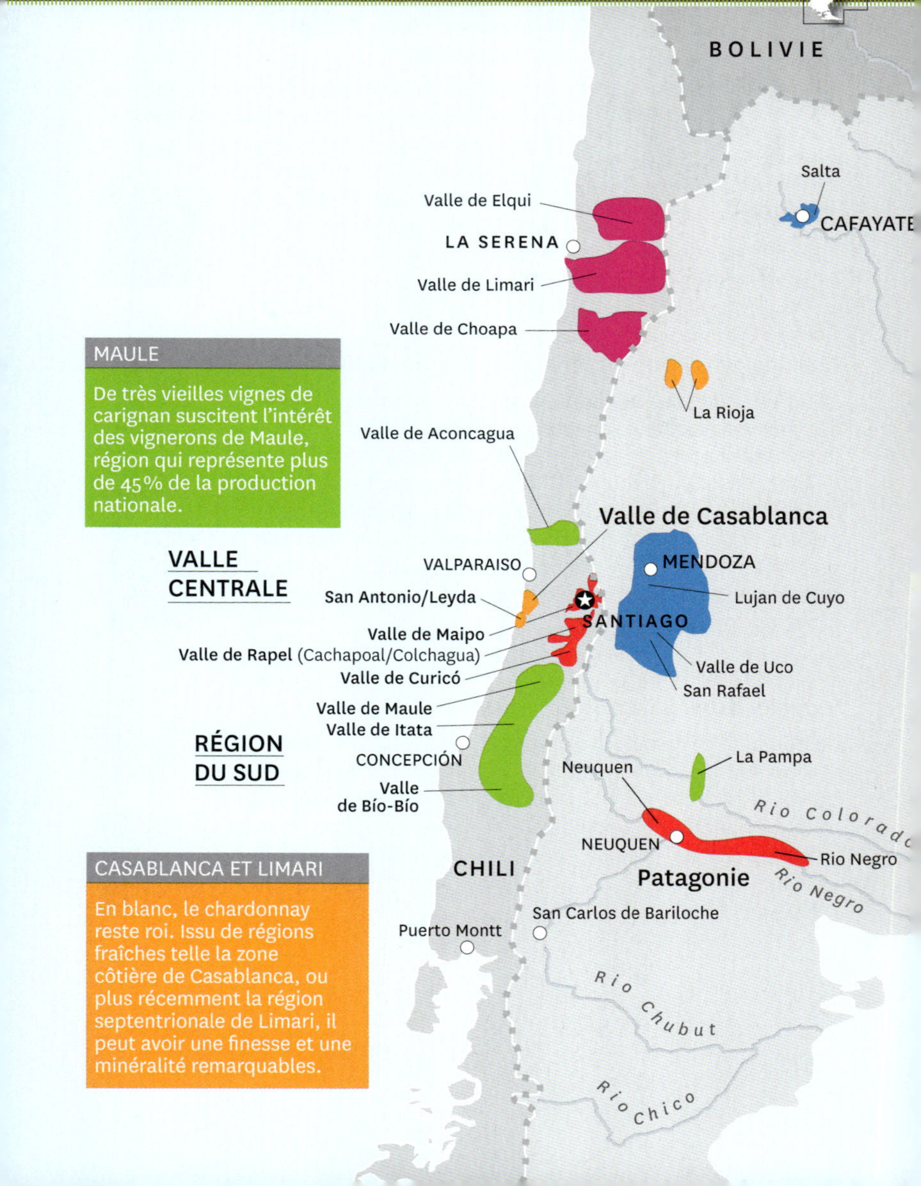

MAULE

De très vieilles vignes de carignan suscitent l'intérêt des vignerons de Maule, région qui représente plus de 45 % de la production nationale.

CASABLANCA ET LIMARI

En blanc, le chardonnay reste roi. Issu de régions fraîches telle la zone côtière de Casablanca, ou plus récemment la région septentrionale de Limari, il peut avoir une finesse et une minéralité remarquables.

Le Chili est l'un des pays qui comptent le plus de vignes non greffées. Protégé géographiquement de tous côtés, il est quasi exempt de phylloxéra. Ses barrières naturelles le tiennent aussi à l'abri de nombreux autres insectes et maladies, ce qui en fait un paradis naturel pour l'agriculture biologique. Et pourtant... Peu de producteurs osent franchir le pas vers ce mode de culture qui engendre, certes, des coûts plus élevés, mais qui donne souvent au vin un caractère nettement plus singulier.

L'Argentine jouit d'une longue tradition viticole qui remonte à l'arrivée des colons européens, au XVIe siècle. Jadis marqués par une influence européenne, les vins adoptent depuis une dizaine d'années un style beaucoup plus moderne, encensé par la presse américaine. Des vins de couleur pourpre, hyper flatteurs, parfois vanillés, riche en alcool et presque sucrés tant ils sont mûrs. Malheureusement, la popularité du malbec semble avoir occulté le reste de la production nationale. L'Argentine dispose pourtant d'autres variétés fort intéressantes, comme le bonarda (douce noire) et le torrontés, cépage indigène qui donne des vins blancs aromatiques.

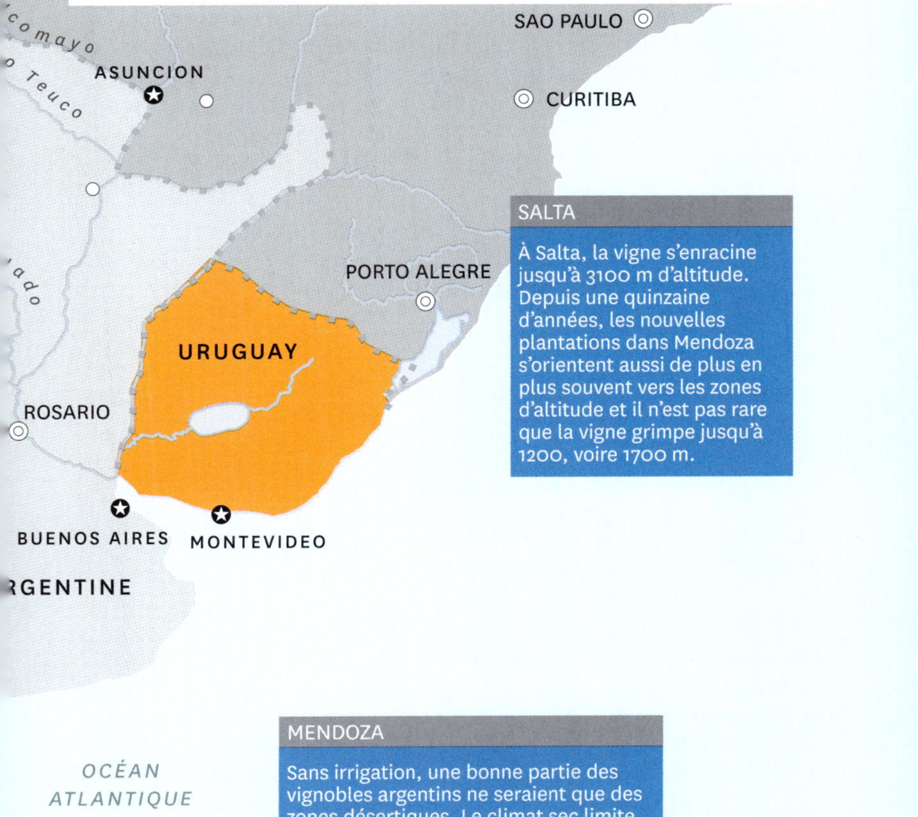

SALTA

À Salta, la vigne s'enracine jusqu'à 3100 m d'altitude. Depuis une quinzaine d'années, les nouvelles plantations dans Mendoza s'orientent aussi de plus en plus souvent vers les zones d'altitude et il n'est pas rare que la vigne grimpe jusqu'à 1200, voire 1700 m.

MENDOZA

Sans irrigation, une bonne partie des vignobles argentins ne seraient que des zones désertiques. Le climat sec limite les maladies fongiques et le phylloxéra est rare. Les plus grands facteurs de risque pour la vigne sont un vent violent (le *zonda*) et la grêle.

CLOS DES FOUS

Cabernet sauvignon 2011, Grillos Cantores

Plutôt que de développer un vignoble dans les vallées fertiles et baignées de soleil, Pedro Parra a choisi de miser sur l'altitude et a planté ses vignes sur les contreforts de la cordillère des Andes.

Le pari semble réussi si l'on en juge par la qualité de ce cabernet sauvignon. Un cadre tannique typique du cépage cabernet, mis en valeur par un usage intelligent de la barrique ; beaucoup de tonus, des accents de poivron rouge et aucun excès de concentration. Autant de vertus qui méritent d'être signalées à une époque où tant d'œnologues semblent obsédés par la quête de la maturité phénolique à tout prix. À boire au cours des cinq prochaines années.

11927813 20,25$ ★★★★ ½ ② ♥

V Brochettes de bœuf et de poivrons ; poulet grillé et caponata.

D'autres cabernets du Chili

ARAUCANO

Cabernet sauvignon 2010, Gran Araucano, Valle de Colchagua

Résolument chilien, avec ses senteurs exubérantes de liqueur de cassis, sans verser dans la caricature. Le grain est mûr et tapisse la bouche ; des saveurs intenses de fruit noir et de cendre mouillée persistent en bouche. Déjà ouvert, il sera à son meilleur vers 2016.

10466200 27,15$ ★★★ ½ ③

CONCHA Y TORO

Devil's Collection 2012, Valle del Rapel

Fruit d'un mystérieux assemblage de cépages, qui ne sont énumérés ni sur le site de la SAQ ni sur celui de Concha y Toro. La structure tannique assez solide et les senteurs caractéristiques de crayon de plomb laissent cependant deviner une proportion importante de cabernet sauvignon et de carmenère. Nez compact et attrayant ; bouche nourrie par un bon usage du bois et tenue digne de mention pour le prix. À boire dès maintenant et au cours des cinq prochaines années.

12152247 15,95$ ★★★ ½ ②

CONO SUR

Cabernet sauvignon – Carmenère 2013, Organic, Vallée de Colchagua

Toujours parmi les meilleurs achats pour l'amateur de vin moyennement corsé, avec des tanins assez serrés, une attaque franche, une saine fraîcheur et de bons goûts de cannelle qui persistent en bouche. Quelle joie de pouvoir compter sur un vin d'une telle qualité et d'une telle constance, à si bon prix et biologique, en prime !

10694376 16$ ★★★ ½ ② ♥

DE MARTINO

Cabernet sauvignon 2012, Legado, Reserva, Valle de Maipo

Assemblage de raisins de deux terroirs différents, l'un situé dans le secteur prisé de Isla de Maipo, l'autre au pied de la cordillère de la Costa. Cela donne un vin de forme très classique, pur, franc de goût et clairement marqué par l'empreinte aromatique du cabernet sauvignon. Structuré sans être vraiment puissant ; de jolis goûts de menthe en finale laissent une sensation accrue de fraîcheur. Un rapport qualité-plaisir hors pair !

642868 17,15$ ★★★★ ② ♥

INTRIGA

Cabernet sauvignon 2011, Valle del Maipo

Autre preuve que générosité ne signifie pas obligatoirement lourdeur, ce vin est riche et pourtant assez facile et agréable à boire, même en jeunesse. Pas spécialement concentré, mais faisant preuve d'une certaine puissance contenue, avec des saveurs compactes de chocolat noir, de cuir, de mûres et de fleurs. À boire sans se presser au cours des cinq ou six prochaines années.

11766520 23,20$ ★★★★ ② ♥

NINQUÉN

Cabernet sauvignon – Carmenère 2012, Antu, Valle de Colchagua

Très mûr et débordant de saveurs de fruits noirs. L'attaque en bouche est costaude et le vin est un peu taillé d'un seul bloc. À boire dès maintenant si vous aimez les sensations fortes ou à laisser reposer encore trois ou quatre ans.

11386885 18,95$ ★★★→? ③

SANTA RITA

Cabernet sauvignon 2011, Reserva, Valle de Maipo

Bon vin rouge assez typique des cabernets de Maipo, avec des saveurs d'eucalyptus et de cendre mouillé. Rien de complexe, mais toute l'étoffe tannique recherchée. À boire d'ici 2016.

224881 15,75$ ★★★ ②

MATETIC

Syrah 2010, Corralillo, San Antonio

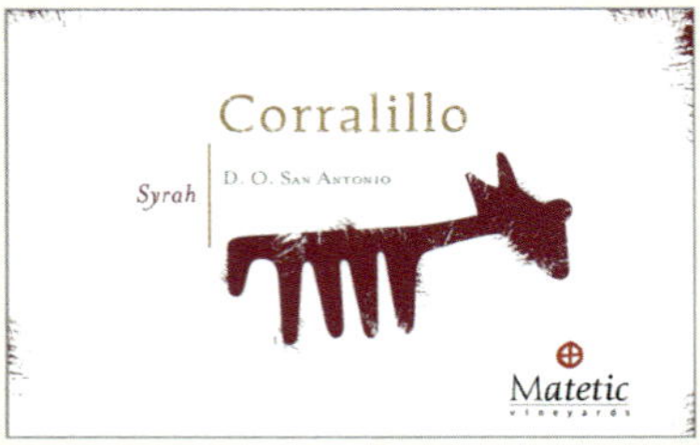

Nom important de San Antonio – à une vingtaine de kilomètres au sud de la vallée de Casablanca –, la maison Matetic a trouvé dans le secteur de Rosario les conditions idéales à la production de vins de syrah fins et élégants.

Les nuances aromatiques de ce 2010, déjà commenté favorablement dans la dernière édition du *Guide du vin*, ne sont d'ailleurs pas sans rappeler certains vins du Rhône septentrional. Maintenant ouvert et toujours fort séduisant par son cadre tannique serré, qui soutient une chair fruitée mûre et gourmande, il s'impose en bouche par son ampleur, son volume aromatique et sa finale rassasiante de fraîcheur. À boire entre 2015 et 2018.

11890379 25,30$ ★★★★ ② ♥

V Côtelettes d'agneau à la tapenade; côte de bœuf et ratatouille.

D'autres syrahs du Chili

ARAUCANO

Syrah 2012, Reserva, Valle de Lolol

À prix attrayant, un vin rouge offrant de bons goûts de fruits noirs; à la fois tendre, coulant et portant la droiture de la syrah. À boire au cours de la prochaine année pour profiter de son fruité juvénile.

11975073 14,95$ ★★★ ② ♥

DE MARTINO

Syrah 2012, Legado, Reserva, Valle del Choapa

Marcelo Retamal est l'un des plus brillants œnologues chiliens de sa génération. Sur les sols rocheux de la vallée de Choapa – située à l'endroit le plus étroit du Chili, où les Andes et la cordillère littorale se confondent –, les vignes de syrah donnent des vins à l'acidité plus élevée que la moyenne chilienne. Plus ouvert et abordable en jeunesse que le 2011 commenté l'année dernière, ce vin laisse en bouche une impression assez tonique, en raison, notamment de sa densité tannique. Saveurs nettes de framboise et d'épices.

11998494 18,30$ ★★★ ½ ② ♥

NINQUÉN

Mountain Vineyard 2011, Valle de Colchagua

Vignoble d'altitude, dont le nom signifie « le plateau sur une montagne » en dialecte autochtone et qui appartient au groupe Montgras. Ce vin issu à parts égales de syrah et de cabernet sauvignon s'impose une fois de plus par sa consistance et par ses saveurs compactes. Plein, riche et corpulent, mais sans lourdeur, à condition d'être servi frais, autour de 16 °C. Beaucoup de vin dans le verre et un excellent potentiel de garde. À boire sans se presser jusqu'en 2020.

928853 28,20 $ ★★★★ ③

NINQUÉN

Syrah 2009, Valle de Colchagua

Maintenant âgé de plus de 5 ans, un vin rouge très mûr, coloré, compact, riche en fruit et en goûts de réglisse, de kirsch et de cacao. Parfaitement ouvert et à point ; dodu, sans détour et un peu capiteux, sans excès. À boire d'ici 2016.

11966370 19,30 $ ★★★→?

POLKURA

Syrah 2010, Valle de Colchagua

Membre de MOVI, un regroupement de petits producteurs au royaume de l'infiniment gros, ce domaine se spécialise surtout dans la production de malbec et de syrah. À retenir pour sa forme sphérique et son fruit, teinté des notes fumées et animales typiques de la syrah de climat tempéré. Nez exubérant de cassis ; grain tannique serré, finale mûre et consistante. Très bel exemple du potentiel de la syrah au Chili. Un peu plus de longueur et c'était quatre étoiles.

12186471 24 $ ★★★ ½ ② ♥

VIÑA CHOCALAN

Syrah 2012, Reserva

Bien que ce vin soit élevé en fûts, on a su préserver tout l'éclat fruité de la syrah pour produire un bon vin de facture moderne, dodu et juteux, solide et gorgé de saveurs. Taillé pour plaire, on ne doute pas un instant qu'il y parvienne.

11530795 19 $ ★★ ½ ②

NORD, SUD, EST, OUEST

Le Chili a d'abord présenté ses régions viticoles du nord au sud, misant avant tout sur les effets de la latitude. Aujourd'hui, grâce à une meilleure compréhension des effets de la topographie, le vignoble se divise aussi d'ouest en est : les régions côtières, celles du centre et celles situées au contrefort des Andes. La vallée d'Aconcagua, par exemple, regroupe aussi l'appellation Aconcagua Costa, une zone plus fraîche, destinée à la production de vins blancs.

CASA SILVA

Sauvignon blanc 2013, Cool Coast, Valle de Colchagua

Connue pour ses vins rouges costauds provenant de l'intérieur des terres, la partie méridionale de la vallée de Rapel s'étend jusqu'en périphérie de l'océan Pacifique, où le climat se prête parfaitement à la culture de cépages blancs, comme le sauvignon.

Voici un vin qui séduit d'emblée par son attaque en bouche nette et vigoureuse, agrémentée de saveurs d'agrumes et de fines herbes. Très sec, vibrant et pas du tout caricatural, comme tant de vins issus de ce cépage. Si la sensation de sucrosité qu'affichent certains sauvignons blancs néo-zélandais vous agace, alors il vous faut découvrir les délicieux vins blancs secs et vifs produits tout le long du littoral chilien.

11998531 20,20$ ☆☆☆☆ ② ♥

V **Filet de doré poêlé et risotto aux petits pois ; crevettes sautées à l'orange et pancetta.**

D'autres sauvignons blancs du Chili

ARBOLEDA, VIÑA

Sauvignon blanc 2013, Aconcagua Costa

Lorsqu'il a développé Arboleda, Eduardo Chadwick, propriétaire d'Errazuriz, a choisi de planter les cépages blancs et le pinot plus près du littoral pacifique, où ils bénéficient de l'influence des brises fraîches du courant de Humboldt. Très sec (1,12 g/l de sucre) et portant les arômes caractéristiques d'asperge et de fruits tropicaux du sauvignon blanc. Fraicheur et vitalité, grâce à un léger reste de gaz.

11256626 19,20$ ☆☆☆ ②

CALITERRA

Sauvignon blanc 2013, Tributo, Valle de Leyda

Caliterra appartient aussi à Eduardo Chadwick. Bon sauvignon typiquement chilien, tant par sa vigueur doublée de vinosité que par ses parfums d'herbes fraîches et d'agrumes. Sec, désaltérant et assez persistant. Bon achat !

11905788 16,95$ ☆☆☆ ② ♥

CARMEN

Fumé blanc 2013, Gran Reserva, Valle de Leyda

Le terme « fumé blanc » désigne un vin de sauvignon élevé partiellement ou complètement en fûts de chêne. Une fois de plus en 2013, le Gran Reserva séduit par son équilibre exemplaire et ses saveurs franches d'agrumes. Vif et nerveux comme le commande le cépage et enrobé d'une texture juste assez vineuse. À moins de 15$, on en ferait provision à la caisse!

11767856 14,95$ ☆☆☆ ½ ② ♥

CONCHA Y TORO

Sauvignon blanc 2013, Trio Reserva

Issu d'un assemblage de sauvignon blanc provenant de trois différentes régions : Casablanca, San Antonio et Rapel. Les deux premières sont des vallées côtières, reconnues pour donner des vins frais et craquants, alors que la dernière, Rapel, apporte des goûts fruités plus riches et une certaine rondeur, sans sucre. Bon vin sec, assez parfumé sans l'être trop, et auquel un reste de gaz apporte du tonus.

10327672 15,20$ ☆☆☆ ② ♥

CONO SUR

Sauvignon blanc 2012, 20 Barrels, Limited Edition

Vin typique d'un sauvignon blanc de Casablanca avec des parfums d'asperge et des tonalités légèrement herbacées se mariant aux parfums d'agrumes. Le bois apporte une texture grasse et un volume digne de mention, sans dénaturer les saveurs du cépage.

11998507 24,25$ ☆☆☆ ½ ②

MATETIC

Sauvignon blanc 2011, EQ, San Antonio

Très bon vin ample et relevé, habilement vinifié en fûts de chêne; de la tenue en bouche et une impression de plénitude. Maintenant à point et riche d'une foule de détails aromatiques, allant de la cire d'abeille aux fruits tropicaux, des agrumes aux accents iodés.

10986361 21$ ☆☆☆☆ ② ♥

L'INTRUS

DE MARTINO

Chardonnay 2012, Legado, Reserva, Valle de Limari

Un an plus tard, ce vin blanc (lauréat d'une Grappe d'or l'année dernière) n'avait rien perdu de son charme et de sa fraîcheur. À des lieues des cuvées lourdes et crémeuses, ce vin auquel l'élevage apporte des notes de caramel est aussi très digeste, avec de franches tonalités minérales qui accroissent le plaisir en bouche.

11948649 18$ ☆☆☆ ½ ② ♥

CHACRA

Pinot noir 2012, Barda, Patagonia

La Patagonie serait-elle la nouvelle terre promise du pinot noir dans l'hémisphère austral ? Peut-être bien, si l'on en juge par la finesse des vins élaborés au domaine de Piero Incisa della Rochetta. Depuis 2004, il a commencé à acquérir de vieilles parcelles plantées de pinot noir dans la vallée du Rio Negro, au nord de la Patagonie.

Même s'il n'a pas l'envergure de la somptueuse cuvée Trenta y Dos, ce vin issu des jeunes vignes de la propriété offre un très bel aperçu de ce que peut donner le pinot noir en Patagonie, s'il est entre de bonnes mains. Chaleureux et bien enrobé, il mise avant tout sur la délicatesse du cépage. Droit, franc et offrant une agréable tenue en bouche.

11517515 25$ ★★★ ½ ②

V Poulet rôti et légumes-racines ; magret de canard aux griottes.

D'autres pinots noirs d'Amérique du Sud

CARMEN

Pinot noir 2013, Reserva, Valle de Leyda

En exclusivité dans les succursales SAQ Dépôt, ce vin confirme tout le bien que je pense de ce domaine appartenant au groupe Santa Rita. Rien de bien profond, mais pour le prix, l'amateur de pinot noir y trouvera la souplesse et le fruité caractéristique du cépage avec, en prime, une agréable fraîcheur, attribuable au climat frais de la zone côtière de Leyda. On ne peut plus recommandable !

11579644 15,45$ ★★★ ½ ② ♥

CASILLERO DEL DIABLO

Pinot noir 2012, Casillero del Diablo, Reserva

Issu de raisins provenant des vallées de Rapel et Casablanca. Un vin modeste, facile à boire et offrant tout le charme fruité escompté dans un pinot noir.

853390 14,95$ ★★ ½ ②

CONO SUR

Pinot noir 2013, Reserva, Valle de Casablanca

Le vignoble de Cono Sur a été créé il y a une quinzaine d'années par le groupe Concha y Toro dans la région de Chimbarongo, au sud de la vallée de Rapel. L'année dernière, j'avais souligné les nombreux mérites de ce pinot noir, comparant sa qualité à bien des vins de Central Otago (Nouvelle-Zélande) vendus deux fois plus cher. Tout aussi satisfaisant, le 2013 regorge de saveurs de fruits noirs mûris à point, le tout soutenu par une acidité très franche, sans être trop vive. Du grain, un bon équilibre et beaucoup de plaisir pour le prix. Pour toutes ces raisons : quatre étoiles dans sa catégorie !

874891 16,30$ ★★★★ ② ♥

ERRAZURIZ

Pinot noir 2010, Max Reserva, Valle de Casablanca

Ce vin coloré et riche en fruit ferait la leçon à de nombreux pinots noirs du Nouveau Monde, vendus deux fois plus cher. Nez de cerises confites, passablement charnu, avec une texture crémeuse, tendre et nourrie.

11192095 19,95$ ★★★ ②

MONTES ALPHA

Pinot noir 2009, Vieilli en fûts de chêne, Sélection Limitée, Valle du Curico

Le célèbre vinificateur Aurelio Montes a fait sa marque avec des vins rouges puissants et généreux. Même s'il est plus opulent que la moyenne, son pinot noir d'entrée de gamme ne pèche pas par excès. Le fruit est très mûr et sa présence en bouche capiteuse trahit assez vite ses 14 % d'alcool. Pas le plus fin, mais à 17 $, je suis certaine que l'amateur de vin souple et fruité y trouvera son compte.

10944187 17,80$ ★★★ ② ♥

MONTSECANO

Pinot noir 2012, Refugio Casablanca

Situé à une dizaine de kilomètres de la côte, dans la vallée de Casablanca, ce vignoble est né d'un partenariat franco-chilien. Parmi les quatre associés, le vigneron alsacien André Ostertag. Un vin qu'on pourrait qualifier de *funky* : du fruit rouge croquant, mais aussi des notes animales bien présentes, sans être excessives. La bouche est franche, fraîche et gourmande, avec des tanins légers et gouleyants. Moins flatteur et « grand public » que tant de pinots noirs du Nouveau Monde, il ne laissera personne indifférent… À passer en carafe et à déguster de préférence à table.

12184839 25,05$ ★★★ ½ ②

BODEGA NOEMIA

Malbec 2012, A Lisa, Patagonia

Dans la vallée du Rio Negro, en Patagonie, la comtesse Noemi Marone Cinzano et l'œnologue danois Hans Vinding-Diers élaborent des malbecs hors norme, à des lieues des vins corpulents et confiturés produits à Mendoza. Le deuxième vin du domaine fait de nouveau preuve d'une fraîcheur et d'un équilibre époustouflants.

Rustique dans le meilleur sens du terme et très typique de son cépage d'origine, tant par sa structure tannique et sa vigueur que par son registre de saveurs mêlant les fruits frais, secs et confits au noyau de cerise et à des notes animales. Beaucoup de mâche et de caractère pour le prix. Ne cherchez pas d'équivalent à ce vin à la SAQ, du moins pour le moment. Ce Malbec argentin est unique en son genre !

11517460 22,95$ ★★★★ ②

V Civet de chevreuil ; confit de canard.

D'autres vins rouges d'Argentine

FLECHAS DE LOS ANDES

Gran Malbec 2010, Mendoza

Propriété de Laurent Dassaut et de Benjamin de Rothschild. Plus classique en 2010 il me semble, avec une forme droite, des accents de fleurs, de cuir et d'épices et des tanins qui se resserrent en fin de bouche pour laisser une sensation accrue de fraîcheur.

10689876 21,70$ ★★★ ½ ②

MASI TUPUNGATO

Passo Doble 2012, Tupungato

La famille Boscaini, spécialiste du Ripasso de Vénétie, a exporté son savoir-faire dans le secteur de Tupungato, au sud de Mendoza. Double fermentation de malbec et de corvina, le cépage de la valpolicella. Déjà ouvert et facile à apprécier, d'autant plus que Masi n'a pas succombé à la mode des rouges sucrés qui afflige tant de vins argentins. Bravo !

10395309 16,95$ ★★★ ½ ② ♥

NORTON

Malbec 2012, Barrel Select, Mendoza

Sans faire de vagues, ce malbec demeure l'une des valeurs sûres de la SAQ dans cette catégorie. Jamais d'effet spectaculaire ou de sucre résiduel. Plutôt un bon malbec typique de Mendoza, dodu, bien en chair et agrémenté de bons goûts de fruits noirs et de violette.

860429 14,95$ ★★★ ② ♥

SALENTEIN

Merlot 2012, Reserva, Valle de Uco – Mendoza

J'ignore si c'est le style recherché par l'œnologue José Galante ou si c'est attribuable aux températures plus fraîches de la vallée de Uco, mais ce merlot étonne par sa droiture et son équilibre. Bien mûr (14% d'alcool), mais sans aucune lourdeur, grâce à un cadre tannique serré, nourri par l'élevage, qui apporte par ailleurs des notes légèrement fumées. Bon vin de facture classique, à apprécier au cours des cinq prochaines années.

10894474 20$ ★★★ ½ ② ▼

TERRAZAS DE LOS ANDES

Malbec 2010, Reserva, Mendoza

La maison champenoise Moët et Chandon élabore de très bons vins tranquilles dans le secteur de Luján de Cuyo, à une vingtaine de kilomètres au sud de la ville de Mendoza. Toujours vendu sous la barre des 20$, ce malbec demeure assez fidèle au style des derniers millésimes. Un bon vin de facture « européenne », nourri par le climat de Mendoza évidemment, mais sans excès de concentration ni de bois neuf. Finale joliment amère qui ajoute à sa personnalité. Du beau travail !

10399297 19,95$ ★★★ ½ ② ♥

L'INTRUS

CALITERRA

Malbec 2011, Tributo Single Vineyard, Valle de Colchagua

Sur l'autre versant de la cordillère des Andes, au Chili, Caliterra appartient à Eduardo Chadwick (Errazuriz). Exclusivité mondiale à la SAQ, ce vin apporte un vent de fraîcheur dans le paysage du malbec sud-américain. À des lieues des cuvées édulcorées, lourdes et hyper vanillées, il offre plutôt toute la carrure et l'intensité aromatique associées au cépage, sans jamais verser dans la caricature. Très bon achat !

11675652 18,95$ ★★★ ½ ②

DOMINIO DEL PLATA

Malbec 2012, BenMarco, Mendoza

Anciennement à l'emploi de Nicolas Catena, l'œnologue Susana Balbo a créé sa propre affaire dans le village d'Agrelo, au sud de Mendoza. Elle est, depuis, l'une des étoiles de la viticulture argentine. La gamme BenMarco rend hommage au travail méticuleux des viticulteurs, les travailleurs de la vigne.

Pour 20$, cet excellent malbec (complété de 5% de bonarda) illustre à la fois la richesse caractéristique des vins de la région de Luján de Cuyo et la fraîcheur de la vallée d'Uco, située dans la partie sud de Mendoza. L'attaque en bouche est franche, le cadre tannique serré et le vin déploie une fraîcheur notable, malgré son volume et son amplitude en bouche. Très aromatique, avec des nuances fruitées et florales élégantes, ponctuées de notes d'épices douces. Belle bouteille!

11602701 20,90$ ★★★★ ② ♥

V Chili con carne; couscous aux merguez; grillades de saucisses.

D'autres malbecs d'Argentine

ALTOS LAS HORMIGAS

Malbec 2013, Clásico, Mendoza

Vignoble fondé au milieu des années 1990 par le *flying winemaker* Alberto Antonini et quelques partenaires, Altos Las Hormigas est situé dans le secteur prisé de Luján de Cuyo. Abstraction faite des parfums un peu envahissants de torréfaction au nez, ce vin de facture résolument moderne exerce un certain charme. Chaleureux et issu de fruits très mûrs, sans être trop lourd. Tout désigné pour l'amateur de saucisses merguez grillées… et de sensations fortes!

10692477 17,55$ ★★★ ②

CATENA

Malbec 2012, Mendoza

Toujours très satisfaisant dans un style costaud, mais jamais épais. Je suis convaincue que ses goûts typiques de fruits noirs et de cuir, son grain savoureux et son relief séduiront un vaste public à la recherche de vin généreux. D'autant plus recommandable que le 2012 repose sur une fibre tannique plus serrée que d'habitude, laissant une impression digeste et harmonieuse à 13,5% d'alcool. L'un des bons exemples du genre.

478727 21,95$ ★★★ ½ ②

DEL FIN DEL MUNDO

Malbec 2012, Reserva, Patagonia

En 2012, l'annonce d'un gel a entraîné une vendange un peu plus hâtive. Loin de jouer en sa défaveur, cela apporte à ce malbec une fraîcheur accrue et lui confère une allure un peu austère, avec des accents légèrement herbacés, poivrés et une légère amertume en finale. Il sera intéressant de surveiller son évolution jusqu'en 2018.

11156810 18,15$ ★★★→? ③ ♥

FINCA FLICHMAN

Malbec 2013, Roble, Mendoza

À moins de 10$, ce Malbec rencontre les attentes. Du fruit, une charpente tannique assez dense, mais pas rustique. Pour ne rien gâcher, il me semble moins doucereux que le 2012 commenté l'année dernière. Servir frais autour de 15 °C.

10669832 9,95$ ★★ ½ ② ♥

MASI TUPUNGATO

Corbec 2009, Tupungato, Valle de Uco

On reconnaît la fraîcheur caractéristique de la vallée d'Uco dans ce vin. Le fruit repose sur des tanins serrés ; tout le volume souhaité et des goûts persistants de fruits secs et d'épices. L'Argentine, avec un accent italien.

10689964 29,50$ ★★★ ½ ②

PASCUAL TOSO

Malbec 2012, Édition Limitée, Mendoza

Autre réussite assez convaincante pour ce malbec charnu qui n'accuse aucune lourdeur ni sucrosité. Boisé, mais surtout riche en saveurs mûres et rassasiant. À boire au cours des trois prochaines années pour profiter de son fruité juvénile.

11676111 16,20$ ★★★ ② ♥

VIÑA COBOS

Malbec 2010, Bramare, Luján de Cuyo

L'œnologue américain Paul Hobbs est passé maître dans l'art de confectionner des vins puissants et flatteurs. Sans surprise, son Bramare s'impose par sa texture crémeuse, qui enrobe un cadre tannique solide. Très riche, avec une finale capiteuse aux saveurs florales, sur un fond d'épices et de vanille, attribuable à l'élevage. On peut le boire dès maintenant, mais il a suffisamment d'envergure pour tenir jusqu'en 2018.

11602841 40$ ★★★ ②

HÉMISPHÈRE SUD
AUSTRALIE

VALLÉE DE BAROSSA

La vallée de Barossa jouit d'une grande variété de sols et de climats qui sont certes la source d'une marée de shiraz riches et opulents, mais également de vins fins et élégants, dont d'excellents rieslings.

MCLAREN VALE

Région viticole historique, densément plantée et connue pour ses vins costauds, souvent très riches en alcool (15% et plus).

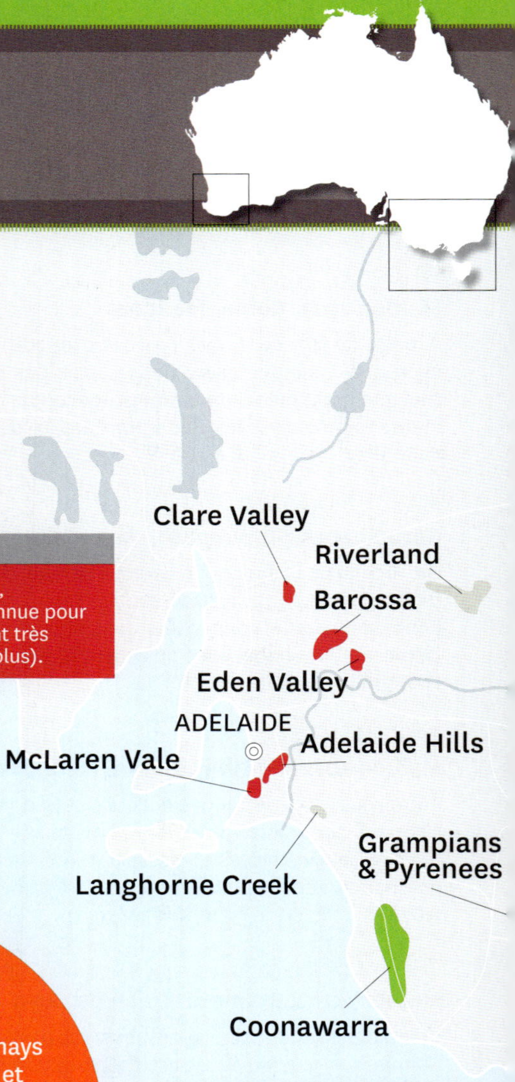

MARGARET RIVER

LE SAVIEZ-VOUS?

La tendance des chardonnays moins boisés, plus purs et plus frais se confirme. On en trouve, entre autres, de très bons exemples dans les régions d'Adélaïde Hills, de Margaret River, de Beechworth ou dans la Baie de Port Phillip.

ADÉLAÏDE HILLS

Les vins de cette région située en altitude (environ 500 m.) ont la cote depuis quelques années. Plus fraîche que Barossa, elle donne par conséquent des shiraz plus fins et plus subtils. Aussi de bons vins mousseux de pinot noir et de chardonnay.

L'Australie a percé sur les marchés étrangers avec de bons vins de facture commerciale, techniquement corrects, abordables et constants d'une année à l'autre. Malheureusement, à force de miser essentiellement sur la distribution de masse, les vins australiens ont fini par n'être perçus que comme des produits bon marché.

Il y a quelques années, conscient que les marques industrielles et les pratiques de prix planchers ne pouvaient représenter une stratégie viable à long terme, Wine Australia a entrepris un virage dans ses efforts de promotion, en misant davantage sur le régionalisme. L'Australie veut maintenant prouver au monde qu'elle a aussi de bons terroirs et des vignerons talentueux.

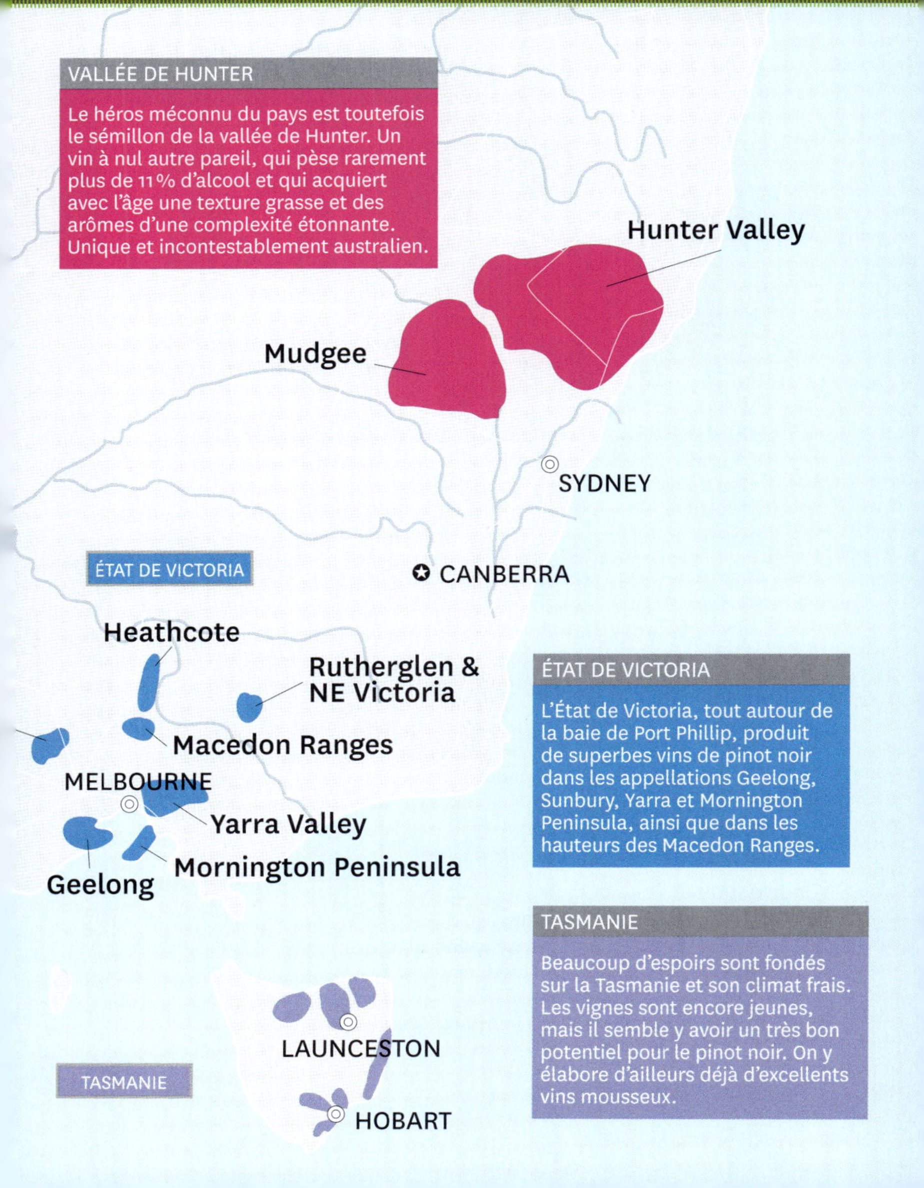

VALLÉE DE HUNTER

Le héros méconnu du pays est toutefois le sémillon de la vallée de Hunter. Un vin à nul autre pareil, qui pèse rarement plus de 11 % d'alcool et qui acquiert avec l'âge une texture grasse et des arômes d'une complexité étonnante. Unique et incontestablement australien.

ÉTAT DE VICTORIA

L'État de Victoria, tout autour de la baie de Port Phillip, produit de superbes vins de pinot noir dans les appellations Geelong, Sunbury, Yarra et Mornington Peninsula, ainsi que dans les hauteurs des Macedon Ranges.

TASMANIE

Beaucoup d'espoirs sont fondés sur la Tasmanie et son climat frais. Les vignes sont encore jeunes, mais il semble y avoir un très bon potentiel pour le pinot noir. On y élabore d'ailleurs déjà d'excellents vins mousseux.

M. CHAPOUTIER

Shiraz 2012, Mathilda, Victoria

En 1997, le Rhodanien Michel Chapoutier est parti à la découverte des terroirs australiens. Il a, entre autres, conclu des ententes avec des viticulteurs locaux pour former une entreprise de négoce et créé son propre domaine, nommé en l'honneur de son port d'attache dans le Rhône. Les deux vignobles qu'il a acquis dans le secteur des Pyrénées australiennes sont essentiellement voués à la syrah.

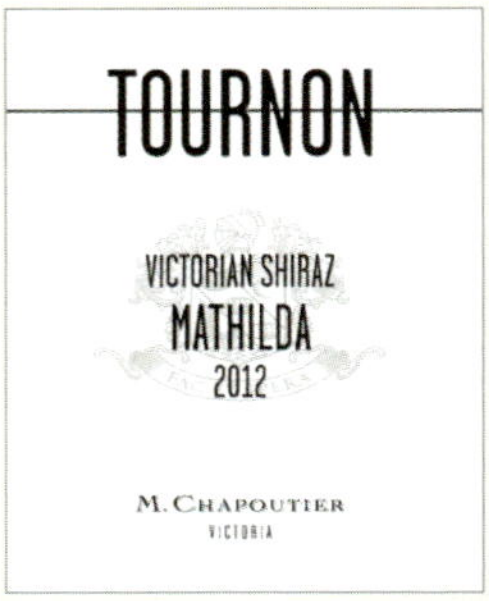

Bel exemple de shiraz moderne, élaboré avec le souci évident de plaire. Pas de barrique afin de préserver le maximum de fruit. Un caractère légèrement réduit ne nuit en rien à l'expression aromatique du cépage syrah. Au contraire, cela accentue ses tonalités poivrées. Pureté, fraîcheur et longueur exemplaires pour un vin de ce prix. Rassasiant, suffisamment équilibré pour être apprécié dès maintenant et encore meilleur s'il est légèrement rafraîchi.

11890846 22,85$ ★★★★ ② ♥

V **Agneau aux olives noires ; côtes levées au barbecue.**

D'autres vins rouges généreux d'Australie

D'ARENBERG

The Stump Jump Rouge 2011, McLaren Vale

Déjà commenté dans *Le guide du vin 2014,* ce cocktail de grenache, shiraz et mourvèdre était un peu moins pimpant et gorgé de fruit lorsque goûté en août dernier, mais n'en était pas moins agréable. Attaque en bouche franche, nette et ponctuée d'accents de poivre caractéristiques de la syrah. Bon vin de soif, à boire jusqu'en 2016.

10748418 16,95$ ★★★ ½ ② ♥

LEHMANN, PETER

Layers Red 2010, Barossa

Assemblage de shiraz, de tempranillo, de mourvèdre et de grenache. Souple, dodu et coulant ; pas de goût boisé, mais une tonne de fruit et des saveurs légèrement mentholées. D'autant plus recommandable que, depuis l'année dernière, le prix a baissé de prix de 2$ sur le même millésime. À servir autour de 16°C, avec des saucisses grillées.

11676461 16,95$ ★★★ ② ♥

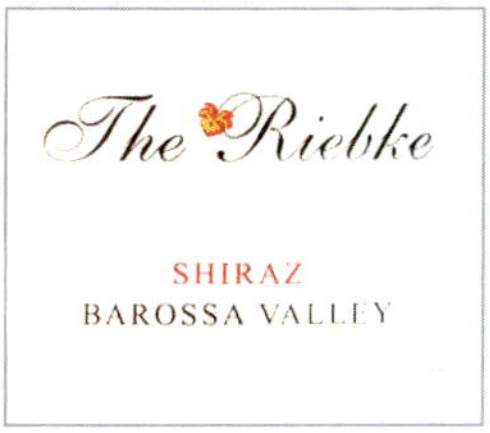

TEUSNER

The Riebke 2011, Barossa Valley

Ancien restaurateur, Kim Teusner se serait lancé dans la viticulture pour sauver de très vieilles vignes, qui étaient menacées d'arrachage. Avec l'aide de Phillip Lehmann, fils du regretté Peter Lehmann, il élabore, entre autres, ce très bon vin issu de syrah, copieusement nourrie par le soleil de la vallée de Barossa, mais sans le moindre excès. Finale chaleureuse et voluptueuse, gorgée de saveurs de fruits confits, de poivre et de kirsch. À servir frais autour de 16-17 °C.

11621081 26$ ★★★ ½ ② ♥

TWO HANDS

Shiraz 2011, Gnarly Dudes, Barossa Valley

Fidèle au style de ce domaine réputé, dont les vins connaissent beaucoup de succès auprès de la presse spécialisée américaine. C'est-à-dire particulièrement chaleureux, mûr et volumineux; sa richesse alcoolique à 14,8% ne passe pas inaperçue et lui confère un tempérament plutôt rassasiant. Encore jeune, puissant et large en bouche, il gagnera à mûrir quelques années en cave.

11457065 32,75$ ★★★ ②

YALUMBA

Grenache 2013, Barossa

Particulièrement juteux et friand dans sa version 2013, ce classique australien est un autre rendez-vous avec la suavité et la caractère délicieusement chaleureux du cépage grenache. Bouche veloutée, saveurs de cerises confites et bon équilibre d'ensemble. Cette année encore, on achète les yeux fermés.

902353 20$ ★★★ ½ ② ♥

YANGARRA

Shiraz 2012, McLaren Vale, Jackson Family Estate

La couleur violet intense et l'onctuosité annoncent un vin capiteux, mais sans lourdeur et, surtout, sans aucune trace de sucre résiduel. Issu de l'agriculture biologique; des tonnes de fruits très mûrs, confiturés, des notes de kirsch, de menthe et une pointe florale. Des tanins fermes lui donnent encore plus de droiture. Arrivée prévue en janvier 2015.

12125679 29,95 $ ★★★ ½ ②

D'ARENBERG

Roussanne 2012, The Money Spider, McLaren Vale

Au sud d'Adélaïde, Chester Osborn est surtout reconnu pour ses vins rouges musclés et chaleureux, mais il produit aussi des vins blancs originaux et très « digestes ». Cette dualité résume d'ailleurs assez bien la situation actuelle de l'Australie, qui connaît une importante revitalisation depuis une dizaine d'années. Le pays génère encore beaucoup de rouges corpulents, mais on voit aussi émerger des vins fins et empreints de nuances.

Les chardonnays fortement boisés sont en voie de disparition et sont heureusement remplacés par des vins blancs secs, épurés et distinctifs, comme celui-ci, composé à 100% de roussanne, un cépage de la vallée du Rhône. Au fil des ans, le Money Spider est d'ailleurs devenu l'une mes références en matière de vin blanc australien. Sec et doté à la fois d'une tenue appréciable et d'une texture vineuse, quasi onctueuse et on ne peut plus séduisante.

10748397 21,65$ ☆☆☆☆ ② ♥

V Crevettes sautées à la citronnelle et au gingembre; saumon grillé, salsa de mangue au cari.

D'autres vins blancs riches et vineux

COLDSTREAM HILLS

Chardonnay 2012, Yarra Valley

Fondée en 1985 par l'auteur et critique de vin australien James Halliday, cette *winery* fait partie du groupe Treasury Wine Estate. Le domaine niché dans les collines de Yarra Valley, au nord-est de Melbourne, continue de produire des vins de bonne facture. À la différence d'un chardonnay boisé et caricatural, ce vin blanc se distingue par sa vinosité et par son registre aromatique, mettant en relief des saveurs franches de poire et de fleurs blanches. À boire entre 2015 et 2017.

472605 29,20$ ☆☆☆ ②

D'ARENBERG

The Olive Grove 2012, Chardonnay, McLaren Vale

Rien d'innovateur dans ce chardonnay, cependant très sec et offrant une saine fraîcheur. Le bois de chêne joue bien son rôle, celui de mettre le fruit en valeur en lui ajoutant des notes fumées toastées, de la vinosité et une certaine tenue en bouche.

11950360 19,90$ ☆☆☆ ②

D'ARENBERG

The Stump Jump blanc 2013, McLaren Vale

Composé de riesling, de sauvignon blanc, de roussanne et de marsanne, ce vin blanc m'a paru nettement plus complet dans sa version 2013. Très sec, nerveux et juste assez gras, il porte la vivacité et l'empreinte aromatique du riesling, pour le plus grand bonheur des papilles. Le vin d'apéritif par excellence!

10748400 17,65$ ☆☆☆☆ ② ♥

KUMEU RIVER

Chardonnay 2009, Estate, Vin de Table, Nouvelle-Zélande

Les fidèles de la cuvée Estate y retrouveront les mêmes traits de finesse et d'élégance qui lui donnent tant de charme. Sec, vibrant et toujours racé, il pourrait servir d'exemple à tant de producteurs sur la planète Chardonnay. Une valeur sûre! On peut le boire en attendant que Hunting Hill et Mate's Vineyard n'atteignent leur zénith, mais il a aussi un bon potentiel de garde. Je me souviens d'ailleurs avec bonheur d'une verticale organisée l'année dernière.

10281184 37,75$ ☆☆☆☆ ②

KUMEU RIVER

Chardonnay 2009, Mate's Vineyard, Vin de Table, Nouvelle-Zélande

Cette année encore, Michael Brajkovich conjugue le chardonnay au plus-que-parfait. Encore plus mûr et consistant que le somptueux Hunting Hill commenté l'année dernière, ce vin fait sensation en bouche avec son onctuosité et ses saveurs intenses et persistantes. La barrique apporte des notes grillées et une étoffe supplémentaire. Aucun doute, il a tous les atouts pour se bonifier d'ici 2018.

11212631 57,75$ ☆☆☆☆ ③

TURKEY FLAT

Butchers Blanc 2013, Barossa Valley

Cette vieille propriété de Barossa élabore un très bon vin blanc issu d'un assemblage de marsanne, de viognier et de roussanne. Ample, du volume en bouche et une impression générale très rassasiante, grâce à ses saveurs de fruits jaunes, gorgés de soleil. Peu d'acidité, mais aucune lourdeur et une tenue de bouche digne de mention.

11155833 25,90$ ☆☆☆ ②

YALUMBA

Viognier 2013, The Y Series, South Australia

Chez Yalumba, on semble être devenu maître dans l'art de façonner de bons viogniers. Bon vin d'entrée de gamme qui met en valeur le caractère variétal du cépage. Très aromatique, sec et peu acide, ce qui laisse en bouche une impression pleine et chaleureuse, sans mollesse. Toutes origines confondues, il demeure l'un des meilleurs viogniers que l'on puisse trouver à moins de 20$.

11133811 16,95$ ☆☆☆ ② ♥

HÉMISPHÈRE SUD
NOUVELLE-ZÉLANDE

KUMEU

Dans le secteur de Kumeu, au nord de l'île du Nord, près d'Auckland, la famille Brajkovich produit des chardonnays de stature internationale. Somptueux et dotés d'un bon potentiel de garde.

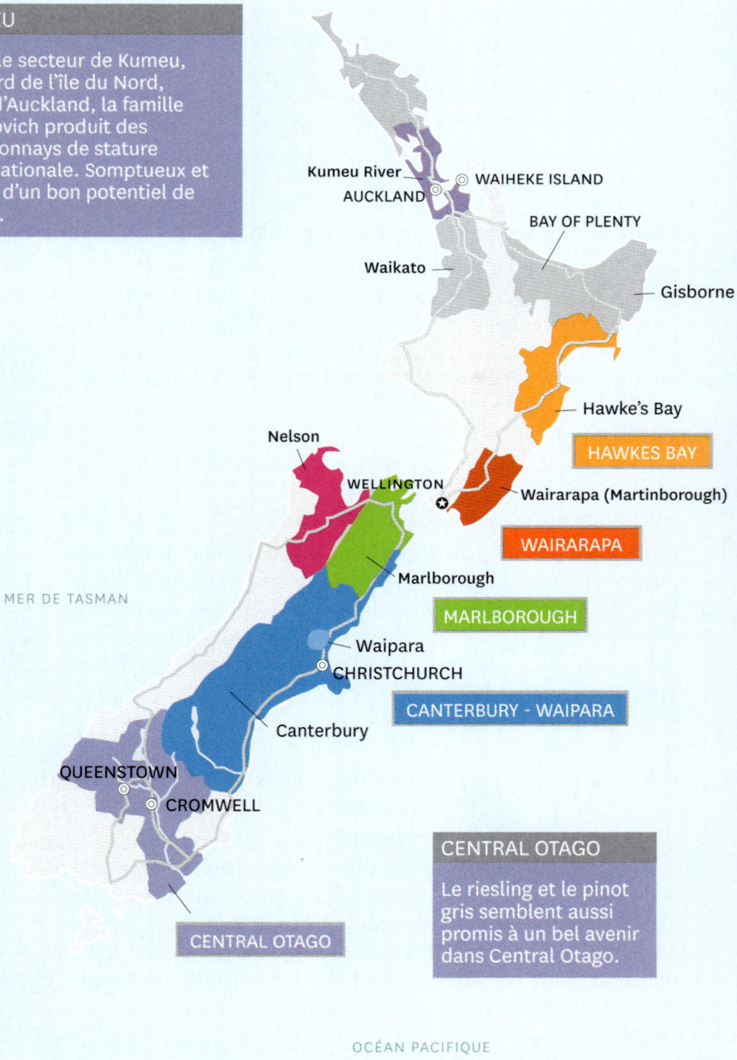

CENTRAL OTAGO

Le riesling et le pinot gris semblent aussi promis à un bel avenir dans Central Otago.

Essentiellement planté dans le secteur de Marlborough, le sauvignon blanc, cépage qui a fait connaître la vocation viticole du pays dès les années 1980, demeure le moteur économique du vignoble néo-zélandais. Le pays a toutefois beaucoup plus à offrir que des vins blancs nerveux, parfumés, parfois édulcorés et souvent issus du même moule.

Aujourd'hui, les premières vignes plantées ont atteint leur maturité et l'industrie s'est considérablement développée, mais tout n'est pas parfait. La complexité annoncée pour les pinots noirs de Central Otago tarde encore à venir, certains merlots de Hawkes Bay demeurent un peu verts et plusieurs chardonnays ne sont que des répliques de ceux produits partout ailleurs dans le monde. Malgré tout, la Nouvelle-Zélande pourrait servir de modèle de développement à plusieurs régions émergentes, tant par son dynamisme que pour la qualité générale de ses vins.

HAWKES BAY

La région d'Hawkes Bay est surtout plantée de cépages bordelais, mais la syrah y gagne de plus en plus de terrain et donne de fort beaux résultats.

WAIRARAPA

Martinborough, à l'extrémité sud de l'île du Nord, est la source de bons pinots noirs.

CANTERBURY - WAIPARA

Autour de Christchurch, la région de Canterbury – Waipara peut donner des pinots noirs riches et veloutés, des chardonnays tendus et racés, ainsi que de très bons rieslings.

LE SAVIEZ-VOUS?

Bien qu'il n'existe aucune législation pour définir les cépages appropriés à chaque région viticole, le vignoble néo-zélandais est assez bien segmenté, et *les wineries* d'un même secteur concentrent généralement leurs efforts sur les mêmes cépages.

SERESIN

Sauvignon blanc 2011, Marlborough

Le sauvignon blanc de Nouvelle-Zélande est l'un des succès les plus retentissants des dernières décennies pour les pays viticoles du Nouveau Monde. Parfois rudimentaires, ces vins blancs parfumés peuvent aussi faire preuve d'une élégance entre des mains talentueuses.

Ce vin confirme le don qu'a le cinéaste néo-zélandais Michael Seresin pour élaborer des vins blancs empreints de subtilité. Environ 15 % du sauvignon blanc et du sémillon (11 % de l'assemblage) ont fermenté en fûts de chêne français. Cela donne un vin ample et onctueux, au demeurant très sec. Beaucoup plus de caractère et de relief aromatique que la moyenne; une trame minérale et des notes salines, ponctuées d'une amertume fine. Retour en succursale prévu pour janvier 2015.

12055228 23,90$ ☆☆☆☆ ② ♥

V Filet de doré, jus de pamplemousse au basilic; pétoncle grillé, beurre blanc à la menthe.

Si vous avez aimé, vous aimerez peut-être...

ASTROLABE

Sauvignon blanc 2012, Marlborough

Sec, perlant et très parfumé, mais pas trop. Bon compromis entre l'exubérance aromatique et la vigueur. En finale, les saveurs de pamplemousse et de fines herbes sont rehaussées d'une agréable amertume qui lui donne un peu plus de mordant. À boire au cours des trois prochaines années.

12143535 22,95$ ☆☆☆ ②

CHURTON

Sauvignon blanc 2012, Marlborough

Dans le secteur de Marlborough, Sam Weaver peaufine son art tous les ans. En 2012, il a produit un sauvignon à nul autre comparable, parce qu'il offre bien plus qu'une interprétation conventionnelle du cépage. N'y cherchez pas les parfums évidents de pamplemousse des sauvignons modernes, vous serez déçus. Nullement racoleur ou édulcoré, ce vin est plutôt tranchant et fait preuve d'une intensité contenue; le tout couronné d'une amertume noble qui contribue à sa longueur en bouche. Beaucoup de caractère!

10750091 22,55$ ☆☆☆☆ ② ♥

CLOS HENRI

Sauvignon blanc 2013, Petit Clos, Marlborough

Le style des vins produits à Marlborough par le Français Jean-Marie Bourgeois et ses fils me semble plus précis depuis un an ou deux. Du moins si j'en juge par la qualité du Petit Clos. Le 2013 est vibrant et présente une pureté aromatique et une minéralité qui faisaient défaut aux millésimes précédents. L'ensemble repose sur une texture juste assez vineuse pour enrober l'acidité et laisser en bouche une sensation de plénitude. Vraiment, bravo! Allez, quatre étoiles pour souligner les progrès accomplis.

11459896 20,20$ ☆☆☆☆ ② ♥

DOG POINT

Sauvignon blanc 2013, Marlborough

Autrefois chez Cloudy Bay, Ivan Sutherland et James Healy produisent aujourd'hui des vins parmi les meilleurs de la région. Dans la continuité des derniers millésimes, leur 2013 est un peu l'archétype du sauvignon de Marlborough : parfums d'herbe fraîche et de groseille ; beaucoup de vitalité et cette acidité mordante qui donne soif.

11200681 22,95$ ☆☆☆ ½ ② ♥

MAHI

Sauvignon blanc 2013, Marlborough

Brian Bicknell, ancien *winemaker* chez Seresin, signe un très bon sauvignon blanc, particulièrement distingué. Charmant, agrémenté de goûts d'agrumes ; friand, guilleret et savoureux.

11307315 21,95$ ☆☆☆ ②

RIMAPERE – COMPAGNIE VINICOLE BARON EDMOND DE ROTHSCHILD

Sauvignon blanc 2012, Malborough

Un nouveau venu au répertoire de la SAQ, produit par les propriétaires du Château Clarke, dans le Médoc. Bon vin sec légèrement herbacé, vif, bien équilibré et pas du tout édulcoré. Simple et de bon aloi, agrémenté de goûts francs d'agrumes.

12213492 24,55$ ☆☆☆ ②

SAINT CLAIR

Sauvignon blanc 2013, Marlborough

Sec, vif comme un citron, aromatique et légèrement perlant. La formule ne révolutionne rien, mais répond à toutes les attentes en matière de sauvignon néo-zélandais.

10382639 22,20$ ☆☆☆ ②

Vous trouverez les somptueux chardonnays de Kumeu River à la page 327.

CHURTON

Pinot noir 2010, Marlborough

Introduit au courant des années 1990 dans la région montagneuse de Central Otago, le pinot noir a rapidement donné des résultats prometteurs. À Marlborough, il donne généralement des vins plus souples et ronds.

Un autre grand succès qui s'ajoute à la feuille de route quasi sans faute du talentueux Sam Weaver. Particulièrement solide et étoffé en 2010, son pinot noir gagne chaque année en nuances. Beaucoup de relief aromatique, avec des goûts de fruit noir, de fleurs, d'épices douces, de noyau de cerise. Un grain mûr et juste ce qu'il faut d'aspérités tanniques pour assurer sa tenue et laisser en bouche une sensation tonique et harmonieuse. À boire sans se presser d'ici 2018.

10383447 32,75$ ★★★★ ②

V Fricassée de poulet aux canneberges et purée de patate douce; confit de canard aux airelles

Si vous avez aimé, vous aimerez peut-être…

AKARUA

Pinot noir 2011, Central Otago

Un vin expressif, suave et juteux, auquel il ne manque que la profondeur et la nuance des meilleurs. Présence en bouche à la fois tonique et chaleureuse, bâtie sur des tanins mûrs et dodus. Fort rassasiant dans un style moderne.

10947960 33,25$ ★★★ ½ ②

AKARUA

Pinot noir 2012, Rua, Central Otago

Délicieusement fruité et plutôt nerveux, en raison d'un reste important de gaz, ce pinot noir courant répond aux attentes. Finale chaleureuse (14 %) et persistante aux goûts de framboise et de cerises confites.

12205100 25,95$ ★★★ ½ ②

ASTROLABE

Pinot noir 2011, Marlborough

Bon pinot de taille moyenne, vif et nerveux, dont le savoureux goût de framboise, sur un fond légèrement fumé, persiste en bouche. Pour en profiter pleinement, servez-le autour de 15°C après l'avoir aéré en carafe pendant une heure. À boire d'ici 2018.

12144132 29,80$ ★★★ ②

DOG POINT

Pinot noir 2011, Marlborough

Très bon vin nourri et animé d'un léger reste de gaz qui rehausse ses saveurs pures de cerises noires. Aucun excès de bois. Savoureux et étoffé, mais je doute que l'amateur de pinot noir y trouve la complexité et la profondeur espérées dans un vin de cette gamme de prix. Dégusté sur deux jours, le vin ne montrait aucun signe de fatigue le lendemain. Laissons donc la chance au coureur, il pourrait se bonifier d'ici 2018.

12093460 49$ ★★★→? ③

FELTON ROAD

Pinot noir 2013, Bannockburn, Central Otago

Domaine phare de Central Otago, Felton Road produit un pinot noir très concentré, à la façon des meilleurs vins de la Côte de Nuits. Le registre aromatique est assez vaste, entre le fruit rouge, le fruit noir et les notes de fleurs et d'épices douces; la texture est dense, formée de tanins polis et tissés serrés. Déjà savoureux, mais il n'atteindra certainement pas son apogée avant 2018. Arrivée prévue au printemps 2015.

11649438 60,50$ ★★★→★ ③

SAINT CLAIR

Pinot noir 2012, Marlborough

Assez représentatif de son cépage d'origine par sa souplesse, sa légèreté et sa profusion de saveurs fruitées. Recommandable, malgré une hausse de prix de 25% depuis trois ans.

10826543 25,60$ ★★★ ②

L'INTRUS

JOSEF CHROMY

Pinot noir 2011, Tasmanie, Australie

En plus d'un bon vin effervescent disponible à la SAQ, ce domaine appartenant à une famille d'origine tchèque est la source d'un très bon vin, assez typique des pinots noirs de Tasmanie (Australie) par sa souplesse, sa vitalité et ses accents fumés, sur un fond de fruit bien mûr, qui évoque les fraises compotées. Rien de complexe, mais assez franc de goût.

12172512 26,50$ ★★★ ②

HÉMISPHÈRE SUD AFRIQUE DU SUD

SWARTLAND

Dans la partie ouest du Cap, le secteur de Swartland dénombre encore plusieurs vieux ceps de cinsault, de syrah et de chenin blanc, qui donnent des vins complexes et substantiels.

CONSTANTIA

Le sauvignon blanc est un cépage en pleine croissance en Afrique du Sud. Dans le lot, peu de vins remarquables, sauf dans la région de Constantia, où il donne d'excellents résultats.

L'Afrique du Sud célèbre, en 2014, le 20e anniversaire de l'élection de Nelson Mandela et la fin définitive du régime de l'apartheid. Cette nouvelle page d'histoire a aussi engendré une augmentation spectaculaire de la demande mondiale pour les vins sud-africains. Avec raison, puisque ses deux siècles et demi d'histoire et son dynamisme presque juvénile confèrent au vignoble du Cap a un monde de saveurs à offrir !

Avec 100 000 hectares de vignes répartis de part et d'autre de la ville du Cap, à l'extrémité méridionale du continent africain, le vignoble d'Afrique du Sud peut compter sur une multitude de sols, de climats et de microclimats.

Développé dès 1660 avec l'arrivée des premiers colons hollandais, le vignoble sud-africain ne cesse de s'étendre et de progresser sur les marchés d'exportation. Depuis le milieu des années 1990, les ventes outre-mer sont passées d'un faible 22 millions à près de 360 millions de litres en 2011.

Longtemps méconnus chez nous en raison de l'étroitesse de la gamme offerte, ces vins occupent une place croissante dans le marché québécois. L'Afrique du Sud était d'ailleurs le pays à l'honneur à la Grande Dégustation de Montréal 2014, qui a eu lieu en novembre 2014, à la Place Bonaventure.

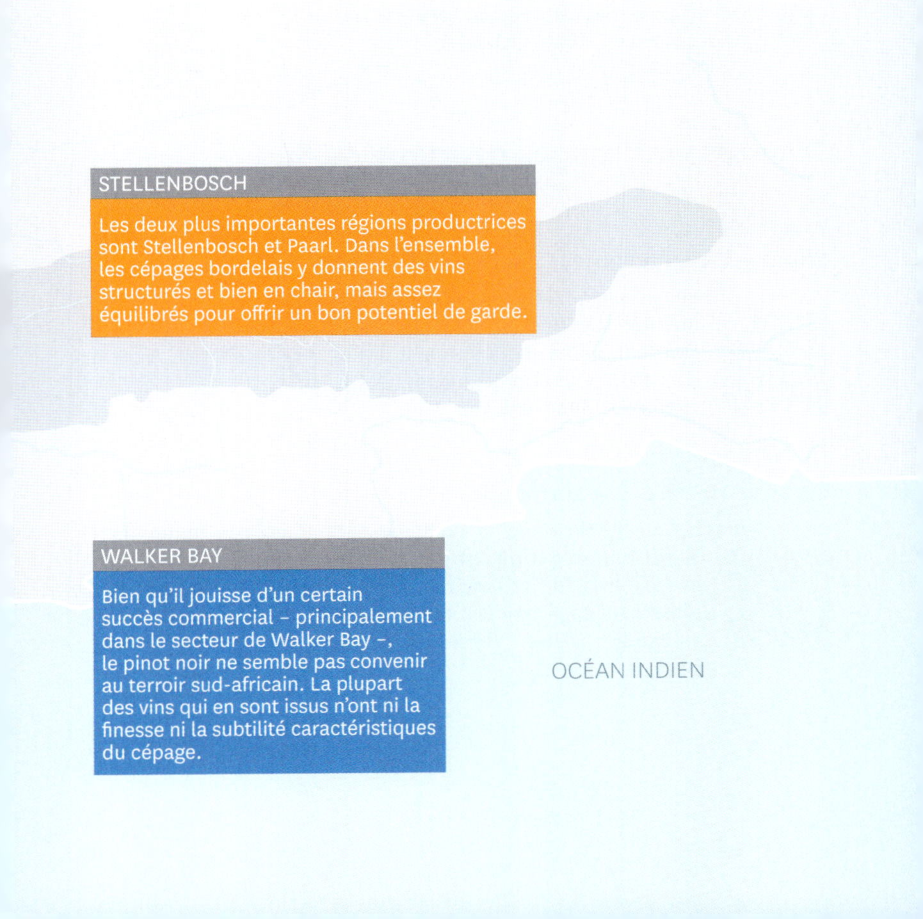

STELLENBOSCH

Les deux plus importantes régions productrices sont Stellenbosch et Paarl. Dans l'ensemble, les cépages bordelais y donnent des vins structurés et bien en chair, mais assez équilibrés pour offrir un bon potentiel de garde.

WALKER BAY

Bien qu'il jouisse d'un certain succès commercial – principalement dans le secteur de Walker Bay –, le pinot noir ne semble pas convenir au terroir sud-africain. La plupart des vins qui en sont issus n'ont ni la finesse ni la subtilité caractéristiques du cépage.

SIJNN

Swellendam 2009, Western Cape

L'idée derrière Sijnn est de cultiver des cépages sur des « terroirs limites ». Ainsi, plutôt que de planter une variété précoce comme le pinot noir dans ce secteur plutôt frais de la région de Swellendam – environ 250 km à l'est du Cap –, David Trafford et ses associés ont choisi de miser en grande partie sur des cépages méditerranéens et portugais.

Une année de repos a permis à ce vin d'acquérir une dimension aromatique supplémentaire et une forme encore plus harmonieuse. Intense, mais pas débridé ; une profusion de saveurs fruitées, épicées et florales persistent en bouche et sont portées par une trame tannique serrée et pourtant soyeuse. Élaboré avec soin, racé et on ne peut plus séduisant. À savourer jusqu'en 2017.

11447473 32,75$ ★★★★ ③

V **Gigue de chevreuil, sauce grand veneur ; gigot d'agneau en croûte de cèpes.**

D'autres vins rouges d'Afrique du Sud

BABYLONS PEAK

Shiraz – Carignan 2012, Coastal Region

En exclusivité dans les SAQ Dépôt, bon vin rouge d'inspiration méditerranéenne, par sa composition. Chaleureux, mais sans lourdeur, grâce entre autres à un léger reste de gaz. À boire d'ici 2016 pour apprécier son fruité juvénile.

11975022 18$ ★★★ ②

DE MORGENZON

Syrah 2011, DMZ, Western Cape

En plus de très bon chenin blanc, ce domaine de Stellenbosch commercialise une syrah d'entrée de gamme tout à fait charmante par ses saveurs franches de fruits et sa présence en bouche fraîche et digeste. Encore meilleur après une demi-heure en carafe.

11865886 17,80$ ★★★ ② ♥

BADENHORST, ADI

Red blend 2012, Secateurs, Coastal Region

Légèrement excentré et considéré trop aride et trop chaud pour planter les variétés bordelaises en vogue, Swartland a en quelque sorte échappé au vent de modernisme qui a gagné les principaux vignobles du Cap au cours des années 1990. À Malmesbury, les établissements de la famille Badenhorst font presque figure d'anachronismes si on les compare aux cuveries ultramodernes de Stellenbosch. Pas d'artifice ni de tape-à-l'œil dans le vin non plus. Fruit d'un assemblage pour le moins inusité de huit cépages, le vin courant est de nouveau fort réussi en 2012. Fruité et plein de vitalité, ce qui le rend particulièrement digeste et agréable à boire. Un bon achat à moins de 20$.

12132633 18,45$ ★★★ ½ ② ♥

BOEKENHOUTSKLOOF

Syrah 2012, Porcupine Ridge, Swartland

Bon vin rouge, très bien tourné et mettant en relief des saveurs de fruits noirs confits et d'épices. Riche et assez chaleureux, mais il n'accuse aucune lourdeur malgré ses 14,5% d'alcool. Servir autour de 16°C.

10678510 17,80$ ★★★ ② ♥

BOEKENHOUTSKLOOF

The Chocolate Block 2011, Western Cape

Cette *winery* de Franschhoek est tenue par l'œnologue Mark Kent, qui en assure le succès depuis une quinzaine d'années. Lauréat d'une Grappe d'or l'année dernière, ce 2011 n'avait rien perdu de sa forme lorsque goûté de nouveau en août dernier. Très bon vin de facture moderne, dont le pouvoir de séduction ne fait aucun doute. Le nez embaume des parfums floraux typiques de la syrah, la bouche est pulpeuse, ronde et caressante; savoureuse, sans excès. Finale intense, nuancée et assez persistante. À boire sans se presser jusqu'en 2020.

10703412 40$ ★★★★ ③

BOEKENHOUTSKLOOF

The Wolftrap 2013, Western Cape

Syrah, mourvèdre, viognier. Bon vin mûr, chaleureux et rassasiant, offrant un joli mélange de notes fruitées, florales et épicées. Généreux, mais sans lourdeur. À prix abordable, c'est une valeur sûre.

10678464 16,70$ ★★★ ② ♥

NEIL ELLIS

Sauvignon blanc 2012, Groenekloof

À seulement une heure de route de la ville du Cap, la vaste région de Darling fait de plus en plus parler d'elle, en raison notamment d'excellents vins de sauvignon blanc, produits à Groenekloof.

Ce n'est donc pas un hasard si ce sauvignon nouvellement inscrit au répertoire de la SAQ se distingue par sa vitalité et son profil aromatique plus nuancé que la moyenne. Parfaitement sec, racé, intense et contenu ; des goûts d'écorces d'agrumes persistent en bouche et sont ponctués de notes salines qui donnent soif. Tout ça à moins de 20 $. On s'incline ! Arrivée prévue au début de l'année 2015

12181072 18,55 $ ☆☆☆☆ ② ♥

V **Huîtres frites à la lime ; pétoncles poêlés, jus à l'orange et à l'estragon.**

D'autres vins blancs vifs et secs d'Afrique du Sud

BOUCHARD-FINLAYSON

Sauvignon blanc 2013, Walker Bay

Une meilleure note cette année pour ce vin blanc qui m'a parfois déçue dans les derniers millésimes. Rien de très profond, mais assez net, franc de goût et, surtout, pas édulcoré. L'amateur de sauvignon ne sera pas dépaysé.

11605849 **22,95 $** ☆☆☆ ②

HARTENBERG

Riesling 2010, Stellenbosch

Sauf erreur, c'est la première fois que je goûte un riesling sud-africain. Le constat : très original, à défaut de complexité. Les amateurs de chablis y retrouveront les notes minérales que l'on désigne parfois par l'expression « pierre à fusil ». Très sec, sans fioritures. Équilibre et fraîcheur ; sec, des accents fumés, perlant, vif et agréable à boire.

12131462 20,20 $ ☆☆☆ ½ ② ♥

HARTENBERG

Sauvignon blanc 2012, Stellenbosch

Moins original, mais bien tourné. Sec, nerveux et vif, ses saveurs épicées fouettent la langue et laissent en bouche une sensation rafraîchissante, même si la finale est un peu courte.

12258949 20,20$ ☆☆☆ ½ ②

KLEIN CONSTANTIA

Sauvignon blanc 2013, Constantia

En plus d'un succulent vin liquoreux, ce domaine élabore un sauvignon blanc sec, vif et croquant. À mille lieues des nombreux vins commerciaux blancs hyper parfumés, il se distingue par sa densité et sa vigueur. C'est avec ce genre de vin classique que l'Afrique du Sud devrait s'imposer sur la planète Sauvignon. J'ai particulièrement aimé sa finale aux accents de piments jalapeño, sur des notes salines.

504183 20,05$ ☆☆☆ ½ ♥

MULDERBOSCH

Sauvignon blanc, Stellenbosch

Depuis 1991, Mike Dobrovic gère ce domaine d'une trentaine d'hectares situé à Koelenhof dans le secteur de Stellenbosch et où il produit ce bon vin blanc vif et sec. Pas de bois, mais un heureux mélange de vinosité et de fraîcheur, des saveurs nettes d'agrumes, rehaussées d'une pointe saline. Bon rapport qualité-prix.

10678413 19,80$ ☆☆☆ ①

TWO OCEANS

Sauvignon blanc 2013, Western Cape

Amateur de sauvignon blanc et à l'affût d'aubaines? Les vins recommandables à moins de 12$ sont de plus en plus rares. Il faut donc souligner la qualité d'ensemble de ce vin blanc sec qui, bien que modeste, offre toute la vigueur et les qualités aromatiques souhaitées, mariant les agrumes et les accents fumés caractéristiques. Un bon achat!

10967303 11,95$ ☆☆ ½ ① ♥

BADENHORST, ADI

Chenin blanc 2013, Secateurs, Swartland

Implanté dès le XVIIe siècle par les huguenots qui trouvèrent refuge en Afrique du Sud, le chenin représentait 32 % de l'encépagement national en 1990. Peu à peu remplacé par des cépages rouges, il ne couvre aujourd'hui que 18 % du vignoble national.

Cependant, ceux qui, comme Adi Badenhorst, ont décidé de conserver ce précieux héritage en prennent un soin jaloux et en tirent des vins délicieux! Encore meilleur que l'année dernière, le chenin de la gamme Sécateur offre une profusion de saveurs de poires et d'ananas bien mûrs et juteux. Sec, vibrant, tonique et mis en valeur par une amertume noble qui donne encore plus d'éclat au fruit.

12135092 16,50$ ☆☆☆☆ ② ♥

V **Saumon grillé, salsa à l'ananas; poulet aux champignons à la crème.**

Si vous avez aimé, vous aimerez…

BELLINGHAM

Chenin blanc 2013, Vieilles vignes, Bernard Series, Coastal Region

Autrefois nommée Bellinchamp (jolis champs), cette *winery* a été fondée en 1693 par un couple franco-hollandais. Ce chenin original, présenté dans le *Cellier* du mois de septembre 2014, est soumis à un élevage en barrique, qui permet d'enrober l'acidité caractéristique du cépage. Le nez fleure bon les poires pochées à la vanille; en bouche, sec, désaltérant et juste assez vif.

11154911 24,95$ ☆☆☆ ½ ②

BELLINGHAM

Viognier 2013, The Bernard Series, Western Cape

Peu attrayant à l'ouverture, avec un nez mêlant les notions de soufre à celles de réduction. Heureusement, cela s'estompe après une aération d'une demi-heure en carafe. La bouche est nette, plutôt vive pour un viognier – reconnu pour son acidité modérée – et suffisamment vineuse. Moins parfumé que d'autres, mais agréable à boire. Pour en profiter pleinement, évitez de le servir trop froid.

10703308 24$ ☆☆☆ ② ♁

BOUCHARD FINLAYSON

Chardonnay 2013, Crocodile's Lair, Overberg

Chardonnay élevé sur lie en fûts de chêne français. Il en résulte un vin certes boisé, mais ayant aussi beaucoup de fruit et de matière. Droit, net et harmonieux, il pourrait profiter d'un an ou deux de mûrissement en cave.

11416108 25,55$ ☆☆☆ ②

BOUCHARD FINLAYSON

Chardonnay 2011, Sans Barrique, Overberg

Pas de bois dans ce chardonnay. En revanche, le temps semble avoir fait son œuvre et a permis au vin d'acquérir de jolies nuances aromatiques. Couleur paille, bouche assez vineuse et bon équilibre d'ensemble.

12171907 23$ ☆☆☆ ②

DE MORGENZON

Chardonnay 2013, DMZ, Stellenbosch

Habilement boisé et offrant une netteté de fruit appréciable. Pas original, mais bien tourné et abordable. À ce prix, il en vaut bien d'autres et des plus chers. Arrivée en décembre 2014.

11999745 17,25$ ☆☆☆ ② ♥

DE MORGENZON

Chenin blanc 2012, Réserve, Stellenbosch

Arrivée prévue en décembre 2014 pour ce vin issu de vignes de chenin blanc âgées d'une trentaine d'années et soumises à de faibles rendements. Le 2012 est une autre belle réussite sur le thème de la vinosité et de l'ampleur aromatique. L'élevage en fûts de chêne confère au vin une texture grasse et des parfums boisés qui se mêlent assez bien aux goûts de fruits blancs du chenin. On peut l'apprécier dès maintenant, mais il devrait se bonifier d'ici 2017.

11631895 28$ ☆☆☆→? ③

L'INTRUS

KLEIN CONSTANTIA

Vin de Constance 2008, Constantia

En reprenant ce domaine historique en 1980, la famille Jooste a fait revivre le légendaire vin de Constance, un vin affriolant issu de muscat à petits grains dont raffolaient les riches et les puissants d'Europe aux XVIIIe et XIXe siècles, jusqu'à ce que le phylloxéra mette fin à sa production. Un vin hors du commun, doté d'une richesse exceptionnelle. Couleur topaze, nez complexe mêlant des senteurs d'écorce d'orange et d'épices. Riche, doux et soyeux en bouche, aux goûts singuliers de pain d'épices, de marmelade et d'amandes au tamari et au fini long et parfumé. Un vin hors du commun à goûter au moins une fois dans une vie.

10999655 65,25$ ☆☆☆☆ ½ ③

CHAMPAGNE

Nadia Fournier rencontre Patrice Demers, de Patrice Pâtissier.

Qu'on le dise une fois pour toutes: le mot « Champagne » sur la bouteille ne garantit en rien la qualité. Cette dénomination protégée certifie l'origine et la méthode, mais elle n'atteste pas de la rigueur ni du talent du vinificateur. Le vignoble le plus septentrional de France est capable du meilleur et du pire.

Pourtant, la suprématie de ce grand vin mousseux, produit dans le nord-est de la France, n'a cessé de se confirmer. Bien sûr, il existe quelques cuvées exceptionnelles produites ailleurs sur la planète, mais même lorsqu'il est issu de raisins de qualité et élaboré dans les règles de l'art, aucun autre vin effervescent n'atteint le sommet d'excellence du champagne.

Un terroir crayeux unique, un climat propice régulé par la Marne, des cépages parfaitement adaptés et un savoir-faire séculaire font de cette région un haut lieu inimitable, incomparable et inexportable.

La lune de miel se poursuit entre les amateurs québécois et les vins effervescents.

Longtemps seules dans leur bulle, les grandes marques doivent désormais rivaliser avec les vignerons indépendants dont les vins connaissent une popularité croissante, tant dans la restauration haut de gamme qu'auprès d'une clientèle avisée, moins sensible aux arguments du marketing. Cette compétition relativement nouvelle sur les marchés d'exportation n'a pour le moment aucun impact sur les politiques de prix des grandes maisons, mais, qui sait, elle en incitera peut-être quelques-unes à redoubler d'efforts pour conserver leur clientèle.

En attendant, cette section regorge d'excellents vins, provenant de petits comme de grands producteurs. Une centaine de bonnes bouteilles qui sauront satisfaire la soif apparemment insatiable des consommateurs québécois pour l'effervescence.

VINS MOUSSEUX

Le mot « Champagne » sur une étiquette désigne exclusivement un vin produit dans la région du même nom, au nord-est de Paris. Ailleurs, on ne produit pas du champagne, mais du vin mousseux : « cava » en Espagne, « franciacorta » ou « spumante » en Italie, « sekt » en Allemagne, « crémant » en France, « sparkling wine » aux États-Unis, en Australie, en Nouvelle-Zélande et au Canada, etc. Des vins très souvent élaborés selon la méthode champenoise, appelée maintenant méthode traditionnelle.

La Loire est l'une des régions françaises les plus douées pour l'élaboration de mousseux. Là-bas, pas de chardonnay ni de pinot noir, mais du chenin blanc, un cépage unique en son genre, apportant nervosité et mâche.

La Loire n'est pas seule. On s'adonne à la production de vins mousseux dans presque toutes les régions viticoles françaises: Alsace, Bourgogne, Jura, etc. Même dans le Sud, où le chaud climat méditerranéen laisserait planer des doutes, on obtient maintenant des vins étonnamment rafraîchissants.

Voulant rivaliser avec les Français sur tous les fronts, les Italiens produisent depuis quelques années des spumante d'une finesse étonnante. Si les proseccos sont avant tout fruités et guillerets, les meilleurs franciacorta rivaliseraient avec d'authentiques champagnes.

En Espagne, au sud de Barcelone, des entreprises colossales se spécialisent dans la production de mousseux abordables dont la qualité est en nette progression. Certaines cuvées haut de gamme font même preuve de beaucoup de race et de profondeur.

Outre-Atlantique, la Californie s'impose par d'excellents vins mousseux très souvent mis au point par des grandes maisons de Champagne venues s'y installer. On trouve aussi sur le marché un certain nombre de très bons vins effervescents d'Océanie, d'Amérique du Sud et... du Québec ! Quelques belles trouvailles sont commentées dans cette section.

EGLY-OURIET

Tradition Grand cru, Brut

Les champagnes non millésimés représentent plus de 80 % des ventes annuelles de la Champagne. Créées à la demande des marchands britanniques qui souhaitaient réduire les variations d'une année à l'autre, ces cuvées sont issues d'un assemblage de vins de plusieurs millésimes, cépages et terroirs. On obtient ainsi, au fil des ans, un vin d'une grande constance.

Ce vin issu essentiellement de pinot noir est élaboré par Francis Egly, vigneron récoltant-manipulant. Le vin se distingue par l'élégance de sa texture et la délicatesse aérienne de ses bulles. Sec et d'un minéral très racé, sa fin de bouche est pénétrante et dotée de ces multiples couches de saveurs qui sont la marque des grands vins. Quelle exquise pureté !

11538025 84,75$ ☆☆☆☆ ½

V Gravlax de saumon ; tartare de thon.

D'autres bruts sans année…

BARNAUT

Grand cru, Blanc de noirs

L'amateur de champagne à l'affût d'aubaines sera immanquablement séduit par ce vin produit par Philippe Secondé sur le terroir de Bouzy, à une vingtaine de kilomètres au sud-est de Reims. 100 % pinot noir, il est doté d'une agréable vinosité teintée de fraîcheur, de caractère et d'une tenue en bouche digne de mention pour le prix. À moins de 50 $, il a peu d'égal.

11152958 48,25$ ☆☆☆☆

BOLLINGER

Spécial Cuvée, Brut

Marque-culte, célèbre pour ses vins riches et profonds, vinifiés en fût de chêne, Bollinger est aussi propriétaire du Domaine Langlois-Chateau, dans la Loire. Toujours impeccable, cette cuvée est un modèle en matière de brut non millésimé. Une saine acidité rehausse les arômes de noisette et les tonalités crayeuses de ce vin plus consistant et structuré que la moyenne. Persistant, très stylé et doté d'une belle tenue en bouche.

384529 76,75$ ☆☆☆☆

DRAPPIER

Brut nature, Pinot noir, Zéro dosage

Force majeure de l'Aube, la famille Drappier produit un très bon brut nature, issu exclusivement de pinot noir. Aucune liqueur d'expédition n'a été ajoutée à ce vin ; l'onctuosité est attribuable à la maturité des raisins seulement. Sec et bien marqué par le caractère du cépage, ce vin est peut-être moins accessible que d'autres avec ses notes oxydatives et son amertume en finale. Sa qualité et son rapport qualité-prix ne font cependant aucun doute. L'une des valeurs sûres de la catégorie.

11127234 46,25$ ☆☆☆☆

POL ROGER

Brut Réserve

Cette entreprise restée familiale a conquis une foule d'amateurs sur tous les continents. Parmi les plus célèbres, Sir Winston Churchill, à qui la maison a dédié sa cuvée haut de gamme. Le Brut Réserve compte pour 70% de la production de l'entreprise. Le pinot noir, le pinot meunier et le chardonnay qui le composent à parts égales proviennent de 55 parcelles. Le dosage est perceptible, mais les bulles sont fines et l'équilibre irréprochable. Quatre étoiles pour sa constance.

51953 60,25$ ☆☆☆☆

TAITTINGER

Brut Réserve

Depuis son rachat par Pierre-Emmanuel Taittinger, cette maison historique effectue un retour au sommet après quelques années de purgatoire. L'élégance classique de la marque transparaît dans ce très bon vin délicatement beurré, assez tonique et porté par des bulles fines.

10968752 65,25$ ☆☆☆ ½

VEUVE CLICQUOT

Carte Jaune

Le nom Ponsardin a été abandonné en 2011 ; la maison porte désormais le simple nom Veuve Clicquot. Le dosage apporte une certaine ampleur qui a vite fait de séduire. Pas étonnant que son succès ne se démente pas depuis sa création en 1957. Recommandable, bien que plusieurs cuvées offrent un rapport qualité-prix nettement plus avantageux que d'autres.

563338 67$ ☆☆☆

BILLECART-SALMON

Blanc de blancs

Les champagnes Blanc de blancs sont issus d'un cépage blanc unique : le chardonnay. De manière générale, ils se distinguent par leur finesse et par leur fraîcheur. La maison Billecart-Salmon appartient majoritairement à la Compagnie financière Frey, aussi propriétaire du Château La Lagune à Bordeaux et de Paul Jaboulet Aîné, dans le Rhône.

L'expression « crayeuse », parfois galvaudée en Champagne, prend tout son sens avec ce vin. Issu exclusivement de terroirs de grands crus dans cinq villages différents, ce vin est un modèle de finesse. La bulle est délicate et persistante et le chardonnay s'exprime sous son jour le plus élégant; éminemment salin, complexe, aérien et désaltérant. Superbe!

10653339 83$ ☆☆☆☆ ½ Ⓢ

V **Huîtres frites ; tartare de pétoncle.**

D'autres Blanc de blancs...

AGRAPART

Terroirs, Extra Brut, Blanc de blancs

Cette cave familiale soigne scrupuleusement ses 10 hectares de vignes. Le labour des sols est fait à l'ancienne, les fermentations sont conduites avec les levures indigènes et les vins profitent d'un élevage en fûts. La cuvée Terroir – assemblage à parts égales des récoltes de 2007 et de 2008 – est à retenir pour son attaque en bouche franche, ses bons goûts de pomme verte et de brioche et son caractère hautement désaltérant.

11552450 59,25$ ☆☆☆

DOQUET, PASCAL

Cuvée Horizon, Brut Blanc de blancs

Le vignoble de la famille Doquet est conduit en agriculture biologique. Très mûr, exhalant des goûts francs de pomme et de pain grillé et déployant en bouche une belle texture onctueuse, quasi crémeuse, animée d'une bulle fine. Passablement dosé, mais sans la moindre lourdeur ; juste assez pour enrober l'acidité.

11528046 48,25$ ☆☆☆☆

DELAMOTTE

Brut Blanc de blancs

Cette petite maison de Champagne située à Le Mesnil appartient à la firme Laurent-Perrier. Un vieillissement sur lattes prolongé (de 4 à 5 ans) n'est pas étranger au volume et à la prestance de ce vin de chardonnay. À l'ouverture, on est vite séduit par son nez de levures et de pain brioché; la bouche est ample, substantielle et assez fidèle à l'idée d'un bon blanc de blancs.

12034321 65,25$ ☆☆☆ ½

GIMONNET, PIERRE

Cuvée Cuis Premier cru Brut

Complexe et fin. La bouche est fraîche et élancée, puis une richesse sous-jacente se développe avec des notes d'amande et de pain grillé. Un champagne qui met en valeur les plus beaux atouts du chardonnay, et qu'il faut déguster lentement, pour le laisser s'exprimer pleinement.

11553209 60,75$ ☆☆☆☆

HENRIOT

Brut Blanc de blancs

Jadis nommé Pur Chardonnay, ce brut non millésimé provient essentiellement des terroirs de premier et grands crus de la Côte des Blancs et a profité d'un élevage de cinq années sur lies. Par sa profondeur et son style, il met en relief toute la finesse et la complexité du chardonnay.

10796946 76$ ☆☆☆☆

LARMANDIER-BERNIER

Terre de Vertus Premier cru 2009

Pierre Larmandier cultive son vignoble en biodynamie et il en tire des vins somptueux, qui déploient une expression à la fois mûre, minérale et épurée du cépage chardonnay sur le terroir de Vertus, dans la Marne. Le 2009, sans doute en raison de la nature généreuse du millésime, m'a paru plus gras et vineux que d'habitude. Non dosé, parfaitement sec, d'une race et élégance indéniables, mais hautement rassasiant par son ampleur en bouche. Impeccable!

11528011 73,50 $ ☆☆☆☆ ½ ②

LASSAIGNE, JACQUES

Les Vignes de Montgueux, Blanc de blancs

Le viticulteur Emmanuel Lassaigne a prouvé à tous que le département de l'Aube – souvent considéré comme le parent pauvre de la Champagne – pouvait donner des vins aussi inspirés que ceux de la Marne. Interprétation très fine du chardonnay. Délicat, tout en fraîcheur et finement iodé, il donne tout son sens au mot «aérien».

12061311 59$ ☆☆☆☆

DOQUET, PASCAL

Rosé Premier cru

En 2004, Pascal Doquet a racheté la totalité des parts de la maison familiale Doquet-Jeanmaire. Hormis quelques rares vins de saignée, les champagnes rosés sont généralement issus d'un assemblage de chardonnay, « coloré » par l'ajout de pinot noir et de pinot meunier. Toujours plus chers et rarement aussi complets que leurs équivalents blancs.

Raison de plus pour souligner la qualité de celui-ci. Manifestement issu de raisins mûrs et dosé à 6,3 g/l de sucre. Pureté et élégance; saveurs délicates, mariant des nuances minérales et fruitées au goût caractéristique de levure, le tout rehaussé d'une fine amertume en finale. Équilibre impeccable. Une aubaine!

12024296 55$ ★★★★

V **Crevettes en tempura; tartare de saumon.**

D'autres champagnes rosés...

BILLECART-SALMON

Brut rosé

Pas plus complet ni plus distinctif que le Brut, mais significativement plus cher. Le rosé de Billecart-Salmon compte néanmoins parmi les plus complets sur le marché. On y reconnaît l'esprit de raffinement de la maison à ses saveurs de fruits rouges aussi délicates que précises.

10812942 93,50$ ★★★ ½

HENRIOT

Brut rosé

Le rosé de cette maison fondée en 1808 compte toujours parmi mes favoris. Frais, vigoureux et délicatement aromatique; du fruit et de la tenue, dans des proportions harmonieuses. À apprécier à l'apéritif ou encore à table avec des cailles laquées.

10839635 74,50$ ★★★★

JOSEPH PERRIER

Cuvée Royale, Brut rosé

Excellent rosé d'une grande élégance! Les bulles sont fines et portées par une acidité franche qui rehausse les notes de fruits rouges et d'épices. Quatre étoiles pour une belle leçon de choses en matière de champagne rosé.

10653291 72,50$ ★★★★

PAILLARD, BRUNO

Brut rosé Première Cuvée

Agréable par son élégance, ce rosé se distingue par la précision de ses saveurs fruitées et florales. La maison Bruno Paillard a d'ailleurs été la première à inscrire systématiquement la date du dégorgement sur l'étiquette. Une mention utile, reprise par de plus en plus de producteurs.

638494 77,25$ ★★★ ½ Ⓢ

ROEDERER

Rosé 2008, Brut

Cette année encore, ce rosé se distingue du lot tant par son attaque en bouche franche que par son détail aromatique, mariant les saveurs de cerises, de pommes vertes et de roses sauvages. Les bulles sont fines et le vin a beaucoup de caractère.

368415 84,25$ ★★★ ½ ②

TAITTINGER

Cuvée Prestige rosé

Plus de définition aromatique et de tenue en bouche que la moyenne avec, en prime, une fine amertume qui ajoute à sa longueur en bouche et met en relief ses délicates saveurs de fruits rouges et d'épices.

372367 77,75$ ★★★

L'INTRUS

RAVENTÓS I BLANC

De Nit 2011, Rosé, Conca del Riu Anoia

En 1986, Josep Maria Raventós et son fils Manuel ont vendu leurs parts dans Codorniu et ont créé un domaine d'une centaine d'hectares, juste en face des installations ancestrales. Leurs vins sont désormais commercialisés sous la dénomination Conca del Riu Anoia. Bien que je sois rarement enthousiaste quant aux vins effervescents rosés, je dois avouer que celui-ci ne manque vraiment pas d'attraits. Sa couleur repose sur une petite proportion de monastrell (mourvèdre). Désaltérant, franc de goût et toujours ponctué d'une délicate amertume qui met en valeur ses saveurs fruitées. Un achat du tonnerre, surtout à ce prix…

12097954 26,50$ ★★★★ ♥

ROEDERER

Cristal Brut 2006

Soucieuse de maintenir un bon taux d'acidité naturelle dans les moûts, la maison Roederer a commencé à repenser le travail à la vigne dès 2000. L'entreprise s'est à nouveau imposée par sa gestion avant-gardiste, devenant propriétaire du plus important vignoble champenois cultivé en biodynamie.

Loin d'être le seul fruit d'une habile campagne de marketing. Le Cristal s'inscrit dans l'élite des champagnes hauts de gamme. Cette année encore, le vin est un peu plus volumineux en bouche et me semble néanmoins gagner en précision et en finesse. Un mariage exquis de saveurs de fruit blanc, de brioche et de délicates notes iodées. Déjà impeccable, il n'atteindra son apogée que vers 2020.

268755 285,25$ ☆☆☆☆ ½ ③

V **Pétoncles poêlés, jus aux agrumes; ravioli de homard, beurre blanc au Champagne.**

Si vous avez aimé, vous aimerez peut-être…

EGLY-OURIET

Blanc de noirs Grand cru, Vieilles vignes

Ce vin distille une race peu commune. Un monument en bouche: beaucoup de tenue, de sève et de détail; des bulles persistantes et une impression générale de plénitude. Même s'il n'est pas millésimé, ce grand vin a tous les atouts nécessaires pour vieillir en beauté.

11538050 160,50$ ☆☆☆☆ Ⓢ

GIMONNET, PIERRE

Spécial Club 2005, Premier cru Chardonnay, Brut

Complexe au nez et en bouche, avec des arômes de fruits à noyau, de noisette et de crème pâtissière. Un vin riche et vineux définitivement fait pour la table, qui a commencé à développer des notes grillées et qui a un bel avenir devant lui.

10230694 75$ ☆☆☆☆ ③

HENRIOT

Brut 2003

Cette maison est également propriétaire de Bouchard Père & Fils et de William-Fèvre en Bourgogne. La nature généreuse de 2003 a donné à ce vin une rondeur très séduisante sans pour autant compromettre sa fraîcheur. Fruit ample et texture grasse; une fine amertume rehausse les goûts de noix et de cire d'abeille. Somptueux et prêt à boire.

10839627 89$ ☆☆☆☆ ②

JOSEPH PERRIER

Cuvée Royale 2002, Brut

Issu de 15 crus et élevé en cave pendant un minimum de cinq ans. Il en résulte un vin élégant, dont les saveurs de fruits jaunes, de noisettes et de pâtisserie reposent sur une effervescence fine et aérienne. Finale crémeuse ponctuée d'une saine amertume.

10654796 72,50$ ☆☆☆☆ ②

KRUG

Grande Cuvée

Cette cave mythique s'applique avec beaucoup de rigueur à l'élaboration de sa Grande Cuvée. Fruit d'un assemblage de 12 millésimes et de raisins provenant de plus de 300 parcelles, le vin s'impose par sa vinosité, sa plénitude et son équilibre. Une vinification en fûts de chêne lui confère par ailleurs des notes oxydatives. Hors-norme et hors de prix, hélas!

727453 283,25$ ☆☆☆☆

L'INTRUS

ROEDERER ESTATE

Brut, Anderson Valley

À son arrivée en Californie au début des années 1980, Roederer a été parmi les premières maisons à s'établir dans Anderson Valley, jugeant que le climat frais de ce secteur situé à une centaine de kilomètres au nord-ouest de Napa, le long de la côte du Pacifique, serait davantage propice à la production de vin mousseux. Un pari fortement gagné puisque chaque année, lorsque dégustée à l'aveugle aux côtés de grandes cuvées de champagne, il n'est pas rare que cette cuvée se taille une place de choix parmi les favoris. Surpassant même parfois quelque cuvée monastique... Goûté de nouveau en août 2014, ce vin se distinguait par sa vinosité, son harmonie d'ensemble et son jeu de nuances aromatiques mêlant le fruit blanc aux accents de brioche et de levure. On peut acheter les yeux fermés.

294181 31$ ☆☆☆☆

BAILLY LAPIERRE

Vive la Joie 2008, Brut, Crémant de Bourgogne

Les meilleurs crémants de Bourgogne sont sans doute ceux qui se rapprochent le plus des vins de Champagne. Cela s'explique par l'emprunt des mêmes cépages, chardonnay et pinot noir, qui donnent au vin son caractère brioché.

Dans l'Auxerrois, tout au nord de la Bourgogne, cette cave coopérative affiliée à La Chablisienne regroupe une centaine de vignerons. Très bon vin effervescent issu de chardonnay et de pinot noir. Un vieillissement sur lattes de plus de trois ans explique sans doute sa vinosité et sa couleur dorée. Le vin arbore par ailleurs la nervosité et la vigueur du millésime. Une amertume de bon aloi rehausse ses saveurs fruitées.

11791688 26,85$ ☆☆☆☆ ② ♥

Accord mets-vin de Véro Accord mets-vin de Véro Accord mets-vin de Véro Accord mets-vin de Véro Accord mets-vin de Véro Accord m

D'autres crémants de qualité

BARMÈS BUECHER

Crémant d'Alsace 2011, Brut Zéro Dosage

Assemblage de pinot gris, d'auxerrois, de chardonnay, de pinot blanc et d'une pointe de pinot noir, élaboré sans ajout de liqueur d'expédition et dégorgé le 14 janvier 2014. Cet effervescent semble changer de personnalité chaque année. En 2011, on a produit un vin assez mûr, ample et marqué de légers accents rancio, qui se mêlent aux saveurs de pâte d'amande. À boire au cours de deux prochaines années.

10985851 23,10$ ☆☆☆ ½ ②

CARÊME, VINCENT

Vouvray Brut 2012

La pureté cristalline, signature de ce domaine, marque encore cette cuvée. Un chenin mousseux tout en fraîcheur, aux arômes francs de pomme jaune, de mirabelle avec une légère pointe de miel. Vif, savoureux et gourmand en bouche. Pas le plus complexe des vins, mais sa droiture, libre de tout artifice, est des plus louables.

11633591 25,05$ ☆☆☆☆ ♥

CHÂTEAU MONCONTOUR

Cuvée Prédilection 2010, Brut, Vouvray

Toujours franchement recommandable, la cuvée Prédilection de ce domaine appartenant à la famille Feray déploie au nez de jolies notes grillées et offre en bouche, toute la vitalité du cépage chenin. Savoureux, correctement dosé et rehaussé d'une saine acidité. Une valeur sûre.

430751 20,40$ ☆☆☆

CHEVALIER, CLAUDE

Crémant de Bourgogne

Depuis une quinzaine d'années, Claude Chevalier, vigneron à Ladoix et actuel président du BIVB (Bureau interprofessionnel des vins de Bourgogne), réserve une partie de sa récolte annuelle afin de produire un vin effervescent. Cette production, au départ destinée à une consommation personnelle, est devenue de plus en plus populaire, au point où elle est maintenant vendue outre-mer. Un bon crémant de Bourgogne passablement dosé, mais sans mollesse et agrémenté de saveurs fines de pomme, de menthe et d'agrumes.

11791696 28,55$ ☆☆☆ ½

LAURENS

Crémant de Limoux 2012, Clos des Demoiselles

Au sud de Carcassonne, le Champenois Michel Dervin produit un excellent Crémant conjuguant les vertus complémentaires du chardonnay, du chenin et du mauzac. Vineux, plein de vitalité et agrémenté de bons goûts de pommes et d'abricots. Toujours parmi les meilleurs vins mousseux sur le marché!

10498973 23,20$ ☆☆☆☆ ♥

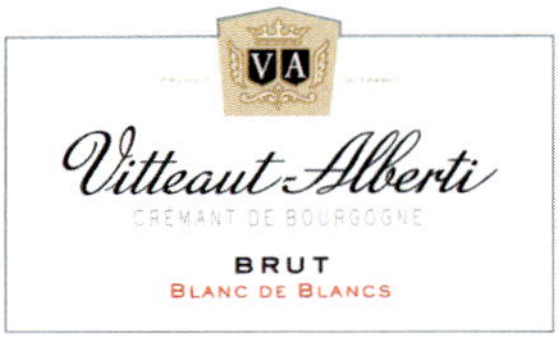

VITTEAUT ALBERTI

Crémant de Bourgogne, Brut Blanc de blancs

Cette maison fondée en 1951 à Rully se spécialise dans l'élaboration de crémant de Bourgogne. Ce vin de chardonnay a des bulles fines, un nez riche et attrayant de pomme et de brioche. À la fois léger, vineux et tendre, mais sans mollesse. L'amateur de crémant de facture classique y trouvera son compte, surtout à ce prix.

12100308 21,75$ ☆☆☆ ½ ♥

DOMAINE BERGEVILLE

Blanc 2012, Brut

Ève Rainville et Marc Théberge (Domaine Bergeville) croient farouchement au potentiel des vins issus de la méthode traditionnelle au Québec. Le couple a choisi de s'y consacrer dans son domaine de North Hatley. Élaborés dans les règles de l'art, les trois vins mousseux – un blanc, un rosé et un rouge – laissent entrevoir un avenir florissant pour leur vignoble, cultivé selon les principes de la biodynamie.

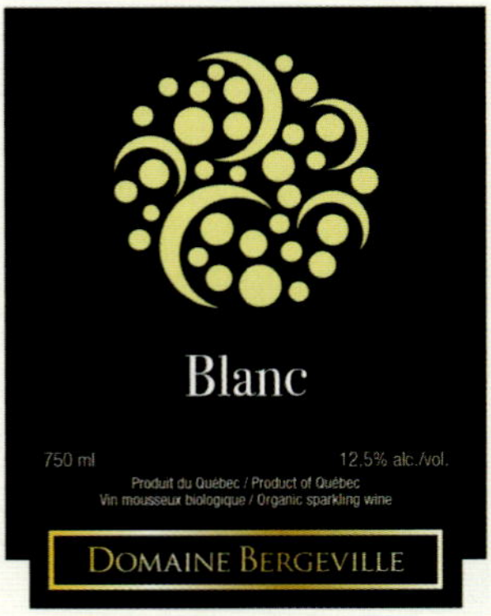

Issu de frontenacs blanc et gris de la vendange 2012, ce mousseux blanc est élevé sur lies pendant plusieurs mois et peu dosé (4 g/l de sucre), ce qui permet d'apprécier toute la pureté du fruit et la finesse de la bulle. Finale savoureuse aux goûts de fleurs, de poire, de lime et de pain grillé. Bravo!

(à la propriété) 30$ ☆☆☆☆ ②

V **Huîtres crues ; papillote de poisson blanc aux herbes et aux agrumes.**

D'autres effervescents québécois

CHÂTEAU DE CARTES

Rosé 2012

Élaboré par Stéphane Lamarre à Dunham, à partir du cépage sainte-croix, vinifié selon la méthode traditionnelle, le vin a une jolie couleur saumon, un bon équilibre et une tenue notable ; il est délicatement brioché, et surtout très sec (3 g/l de sucre). Le nez est relevé, singulier et attrayant ; on n'a pas essayé de gommer le caractère rustique du cépage hybride et c'est tant mieux. Très belle réussite dans la catégorie des effervescents rosés.

12357453 30$ ★★★ ½

COURVILLE

Brut

Produit au domaine Les Brome, le Courville séduit d'emblée par son nez aux accents de noix de grenoble qui annoncent un vin fort original. Issu exclusivement de seyval, vinifié selon la méthode traditionnelle, sans ajout d'une liqueur de dosage, le vin offre une attaque en bouche nourrie, vineuse et pourtant tonique et désaltérante. L'une des heureuses découvertes de l'année au rayon des vins québécois!

(à la propriété) 27$ ☆☆☆ ½

DOMAINE BERGEVILLE

Rouge 2012, Brut

En quête de dépaysement? Nul besoin de changer de pays. Une seule gorgée de ce vin rouge effervescent vous transportera dans un autre univers... gustatif! Lors de leur séjour en Australie, les propriétaires du Domaine Bergeville sont tombés sous le charme des quelques shiraz effervescents. Il n'en fallait pas plus pour que, de retour au Québec, ils se risquent eux-mêmes à ce périlleux exercice. Bien qu'un peu déconcertant au premier contact, leur mousseux rouge, je dois l'admettre, est fort bien tourné et surtout harmonieux. Par sa vigueur et ses goûts de fruits acidulés, il n'est d'ailleurs pas sans rappeler de bons vins rouges effervescents de Bairrada, au Portugal, que l'on sert traditionnellement avec le cochon de lait grillé. Un mariage tout naturel, à essayer à la maison. Dépaysement garanti! Les stocks du 2012 étant presque épuisés au moment d'écrire ces lignes, surveillez l'arrivée du 2013!

(à la propriété) 32$ ★★★ ½

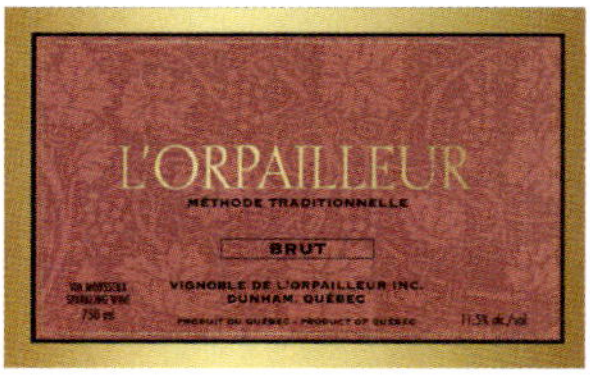

ORPAILLEUR

Brut

Premier domaine viticole d'importance au Québec, l'Orpailleur élabore une vaste gamme de vins secs et liquoreux, ainsi qu'un très bon vin effervescent issu de seyval et élaboré selon la méthode traditionnelle. Une belle occasion de constater le potentiel du terroir québécois pour l'élaboration de vins mousseux de qualité. Vif et vibrant, avec de fines saveurs de pommes vertes et de citron. Judicieusement dosé, juste assez pour tempérer la vigueur du seyval, sans sacrifier son caractère désaltérant.

(à la propriété) 25$ ☆☆☆ ½

VIGNOBLE DE LA RIVIÈRE DU CHÊNE

Monde Les Bulles

Un vin onctueux et gras, dont on appréciera l'originalité des parfums de miel et de pâte d'amandes ainsi que la fraîcheur aromatique. Délicatement parfumé, passablement dosé et bien équilibré. Jolie finale aux accents *toastés* qui lui confère un supplément de caractère.

12359871 32$ ☆☆☆

VIGNOBLE SAINTE-PÉTRONILLE

Brut nature

Le cépage vandal-cliche donne à ce vin effervescent des tonalités fort originales de melon et de fleurs blanches. Non dosé – c'est-à-dire qu'aucun sucre n'a été ajouté après le dégorgement –, le vin est ample et assez volumineux en bouche, tout en demeurant désaltérant. Finale aromatique aux accents de sucre d'orge et d'écorce de citron.

(à la propriété) 28$ ☆☆☆

QUARTZ REEF

Brut, Méthode Traditionnelle, Nouvelle-Zélande

En Nouvelle-Zélande, au sud de l'île du Sud, le secteur de Central Otago est la source d'excellents vins tranquilles de pinot noir. Il semblerait que le climat frais de la région soit tout aussi approprié à l'élaboration de vins mousseux complexes.

Composé de pinot noir et de chardonnay cultivé en biodynamie, cet effervescent a profité d'un élevage sur lies de 24 mois. Il en résulte un vin gras, racé et d'une tenue en bouche impressionnante ; L'acidité est enrobée par un dosage adéquat, sans la moindre lourdeur. Plutôt un vin onctueux, vineux, élégant, aux saveurs de pomme blette, et de noisette. Excellent à l'apéritif, mais assez substantiel pour accompagner un plat de viande. Bravo !

12235325 31,75 $ ★★★★ ② ♥

V Accord mets-vin de Véro Accord mets-vin de Véro Accord mets-vin de Véro Accord mets-vin de Véro Accord mets-vin de Véro Accord m

D'autres vins mousseux du monde

ARGYLE

Vintage 2010, Brut, États-Unis

Chardonnay 55 % et pinot noir, élaborés selon la méthode traditionnelle. Contrairement à bien des vins effervescents européens – les champagnes surtout –, celui-ci donne l'impression d'être issu de raisins à parfaite maturité. Un nez fruité exubérant qui rappelle le pinot noir californien, avec des parfums de cerise confite. Bouche vineuse, ample et savoureuse. Peut-être pas le plus subtil ni le plus raffiné des effervescents, mais très rassasiant, tant par sa matière fruitée que par sa vitalité.

11694301 29,35 $ ☆☆☆ ½ ②

BELLAVISTA

Cuvée Alma, Brut, Italie

Le chardonnay joue un rôle important (80 %) dans ce vin distingué empreint de délicatesse et de parfums fins. Si vous n'aimez pas les vins effervescents trop riches et nourris, alors vous serez séduit par sa légèreté et par la précision des saveurs fruitées du chardonnay, sur un fond de menthe qui apporte un supplément de fraîcheur en fin de bouche. Bravo !

340505 41,75 $ ☆☆☆ ½

CHROMY, JOSEF

Tasmania 2008, Australie

Très bon vin effervescent de pinot noir et de chardonnay issu de la méthode traditionnelle. Sec et animé d'une bonne dose d'acidité qui donne de l'éclat aux goûts de pomme verte et laisse en bouche une sensation fraîche.

11638448 28,85$ ☆☆☆ ②

GRAMONA

Cava Gran Reserva Brut 2009, Espagne

Créée en 1881, cette cave familiale de Catalogne jouit d'une excellente réputation parmi les producteurs de cava. Le terme Gran Reserva indique que le vin a vieilli en cave pendant au moins 30 mois. Le nez mûr au caractère *rancio* témoigne d'un vin vieilli. Belle mousse, bulles fines et persistantes; des notes d'amandes grillées; plein en bouche, saveurs relevées et effervescence persistante. Excellent cava de facture traditionnelle dont la qualité ne fait aucun doute.

En primeur

12450703 25,95$ ☆☆☆ ② ♥

NO.1 FAMILY ESTATE

Cuvée No 1, Méthode Traditionnelle, Marlborough, Nouvelle-Zélande

Le Champenois Daniel Le Brun s'est installé en Nouvelle-Zélande dès 1975. Dans le secteur de Marlborough, il commercialise depuis 1999 cette cuvée entièrement composée de chardonnay, dont elle révèle toute la vitalité et l'éclat aromatique. Nourri, exubérant et désaltérant.

11140658 43$ ☆☆☆ ½

PARÉS BALTÀ

Cava Brut, Espagne

Grâce aux efforts constants de la famille Cusiné, le domaine historique de Parés Baltà a énormément progressé au cours des 20 dernières années. Issu des cépages parellada, maccabeu et xarel-lo, cultivés de manière biologique. Friand et relevé de bons goûts de fruits mûrs, tout en conservant une fraîcheur rassasiante. Une personnalité affirmée et un rapport qualité-prix remarquable.

10896365 16,95$ ☆☆☆ ♥

RENARDAT-FÂCHE

Bugey Cerdon

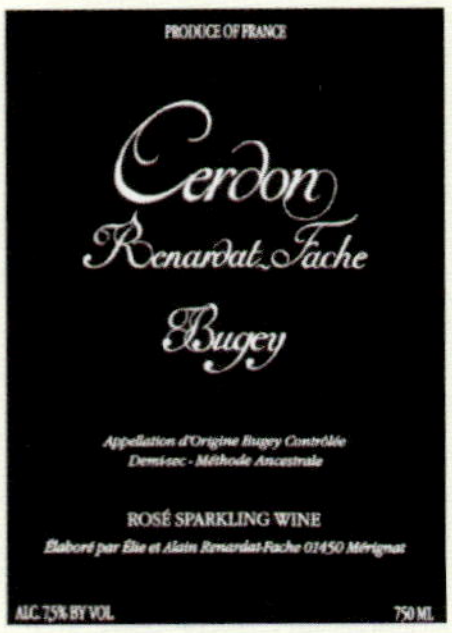

Voici une spécialité alpine, produite dans la commune de Bugey – aux limites de la Savoie et du Jura – qui se mariera à ravir à vos pâtisseries et autres friandises. Ce vin mousseux est vinifié selon la méthode ancestrale, c'est-à-dire qu'il est le fruit d'une fermentation unique, contrairement au champagne qui fermente deux fois.

Bon rosé effervescent issu de gamay et de poulsard. Passablement acidulé, léger en alcool (7,5%) et tout en finesse au nez. Le fruit explose davantage en bouche, mêlant la rhubarbe, les groseilles et autres petits fruits rouges; finale moelleuse et parfumée. Un très bon vin à apprécier à l'apéritif, en accompagnement de dessert ou comme un dessert en soi, pourquoi pas? Arrivée prévue en février 2015, juste à temps pour la Saint-Valentin!

En primeur

12477543 22,75$ ★★★★ ½ ♥

V **Terrine de canard ou gibier aux canneberges; pavlova; summer pudding.**

D'autres vins mousseux pour le dessert

BRUN, JEAN-PAUL

FRV100

Produit par Jean-Paul Brun, vigneron dans le Beaujolais, ce vin est issu de raisins de gamay et élaboré selon la méthode ancestrale, comme le Cerdon de Bugey. Très léger avec ses 9,8% d'alcool, même s'il est arrondi d'un léger reste de sucre (30 g). Plein de vitalité et gorgé de saveurs fruitées, il donne l'impression de mordre à pleines dents dans une grappe de gamay. Le goût des montagnes, adapté au Beaujolais.

12113993 22,15$ ★★★ ½ ① ♥

BENJAMIN BRIDGE

Nova 7 2012

Depuis 2008, le Québécois Jean-Benoît Deslauriers agit à titre d'œnologue pour ce domaine développé en 2001 sur les rives de la baie de Fundy. Premier vin offert à la SAQ, cet effervescent est issu d'acadie blanc, de muscat, d'ortega et de vidal et n'accuse aucune lourdeur malgré ses 62 g de sucre. Délicieux et léger comme une plume avec 6,5% d'alcool, il porte les tonalités florales du cépage muscat. Une boisson fort sympathique pour terminer le repas.

12133986 26,25$ ☆☆☆ ½ ①

CASTELLO DEL POGGIO

Brachetto, Casa Vinicola Zonin

Bon vin spumante sucré, simple et friand. L'accord idéal avec une tarte aux framboise, aux fraises ou tout autre dessert mettant en vedette les fruits rouges. Une bonne note pour son originalité.

10970318 20,40$ ★★ ½

CHIARLO, MICHELE

Moscato d'Asti 2012, Nivole

Bon vin doux, ne pesant guère plus de 5% d'alcool et aromatique comme seul un muscat peut l'être. Ajoutons à cela un reste de gaz pour rehausser et nous avons une boisson sympathique pour terminer le repas.

979062 11,70$ – 375 ml ☆☆ ½

PIO CESARE

Moscato d'Asti 2012

Quelle agréable friandise qu'un bon moscato vinifié dans les règles de l'art! Pas très perlant contrairement à d'autres cuvées offertes à la SAQ, ce qui n'enlève rien à sa fraîcheur. Les saveurs du raisin muscat sont expressives et très nettes, donnant l'impression de croquer dans la grappe fraîchement cueillie. 5% d'alcool, une dose de sucre, mais aucune lourdeur.

11544281 22,65$ ☆☆☆☆ ① ♥

UNION DES PRODUCTEURS DE DIE

Clairette de Die, Cuvée Titus

Pour faire changement, une clairette traditionnelle principalement issue de muscat et ne titrant que 7% d'alcool. Le vin est moelleux, léger, parfumé et savoureux, il rappelle l'asti spumante. À servir très frais, au dessert ou après le repas.

333575 18,70$ ☆☆☆

VIGNALTA

Fior d'Arancio 2012, Spumante, Colli Euganei

Élaboré par un producteur phare des Colli Euganei, au sud-ouest de Padoue, cette curiosité est issue de muscat fior d'arancio, une variété très peu connue, née d'un croisement entre le muscat à petits grains et le chasselas. Avec sa légèreté alcoolique à 5,5%, on peut difficilement imaginer un meilleur vin pour accompagner le brunch. Tout à fait délicieux, mêlant les goûts d'écorce d'orange et d'abricots, le vin est porté par une bulle délicate et enrobé d'un reste perceptible de sucre, en parfait équilibre avec l'acidité. Bravo!

726976 19,50$ ☆☆☆☆ ① ♥

VINS FORTIFIÉS

Les pages suivantes regroupent tous les vins auxquels de l'alcool a été ajouté à une étape de leur élaboration. En France, on utilise, selon le cas, les expressions «vin muté», «vin doux naturel», «vin de liqueur» ou encore «mistelle». Nous avons plutôt opté pour le terme vin fortifié (*fortified wine* en anglais), qui paraît ici plus approprié.

Capiteux et souvent doux, ces vins sont enrichis d'une certaine quantité d'alcool. Le principe consiste à ajouter de l'eau-de-vie avant, pendant ou après la fermentation. Avant et pendant, elle permet de préserver le sucre naturel du raisin; après, elle contribue à hausser le taux d'alcool final du produit.

Les vins moelleux n'ont pas vraiment leur place à l'apéritif – c'est un peu comme manger des gâteaux en guise de hors-d'œuvre. En revanche, ils couronnent le repas avec une note de chaleur et de réconfort. Peu de vin peuvent offrir une si belle répartie aux saveurs puissantes et à la texture grasse de fromages goûteux comme le bleu, par exemple.

Les ventes de porto au Québec ont sensiblement ralenti depuis dix ans. La qualité des vins n'a pas fléchi, et les meilleurs vintage figurent encore parmi les vins les plus racés du monde, mais les habitudes de consommation ont changé dans les marchés traditionnels et le porto n'a plus la cote d'autrefois. Devant ce constat, et alarmées par la hausse du prix des spiritueux qui servent à muter les vins, plusieurs maisons tentent de se réinventer et orientent plus que jamais leurs efforts vers la production de vins de table.

Après des décennies de déclin, la popularité des xérès connaît un regain auprès d'une jeune clientèle curieuse de saveurs nouvelles. Le succès touche surtout les vins secs (fino, manzanilla et oloroso), mais on observe aussi une croissance du côté des amontillados. Une excellente nouvelle puisque l'authentique xérès est sans aucun doute le plus mésestimé des grands vins du monde.

Et parce qu'un miracle n'arrive pas toujours seul, même le vin de Madère profite d'un second souffle. Jadis surtout fréquentée par des retraités, l'île de Madère – située à environ 600 km au large de l'Afrique, à la hauteur de Casablanca – est devenue le nouveau paradis des amateurs de sports extrêmes, qui s'adonnent notamment au *kitesurf*. Il semblerait que cette nouvelle clientèle se soit aussi prise d'affection pour ce vin unique, chauffé à 50 °C pendant trois mois avant d'être fortifié, ce qui lui confère un goût de caramel et de fruits séchés.

VINTAGE

Le Porto Vintage ne représente qu'une infime partie de la production et n'est élaboré, en moyenne, que trois fois par décennie, dans les grandes années, avec les raisins des crus les mieux cotés. La patience est de rigueur, puisqu'un vin aussi riche nécessite au minimum 12 ans, parfois même quelques décennies pour développer son potentiel. Une fois arrivé au sommet, il peut affronter les années avec un aplomb rare.

TAWNY

Au contact prolongé du bois, le vin prend une couleur fauve et tuilée, d'où le mot «*tawny*». Il devient en même temps plus léger et un peu moins doux que le Vintage. Dans la barrique, le vin acquiert aussi un goût de noix et un caractère boisé (épicé) plus ou moins prononcé. Les Tawny sont prêts à boire dès leur commercialisation.

MADÈRE

Le Madère provient de l'île du même nom, située à environ 600 km au large de l'Afrique, à la hauteur de Casablanca. Cas unique dans le monde vinicole, le vin y est obligatoirement chauffé à 50 °C pendant trois mois avant d'être fortifié, d'où ce goût caractéristique de caramel et de fruits séchés. Le Madère a une longévité remarquable. Une bouteille débouchée peut facilement être gardée réfrigérée pendant plus d'un an.

XÉRÈS

Le goût unique du xérès résulte d'une méthode qui défie tous les principes de l'œnologie. On conserve le vin dans des fûts remplis aux trois quarts. Tout autre vin s'oxyderait. Mais pas le xérès, car la région est peuplée de levures qui provoquent la formation de la *flor*. Ce voile qui se forme à la surface du vin le protège de l'oxydation et lui confère ce goût singulier de noisettes.

MUSCAT, BANYULS, MAURY, RIVESALTES

Le sud de la France est également la source de très bons vins doux naturels : Banyuls, Rivesaltes et Maury. Riches et généreux, pleins d'originalité et de tempérament. Et si le sucre ne vous fait pas peur, goûtez l'un des nombreux vins de muscat produits dans le Languedoc-Roussillon. Ces nectars parfumés donnent l'impression de mordre dans la grappe!

Porto Vintage

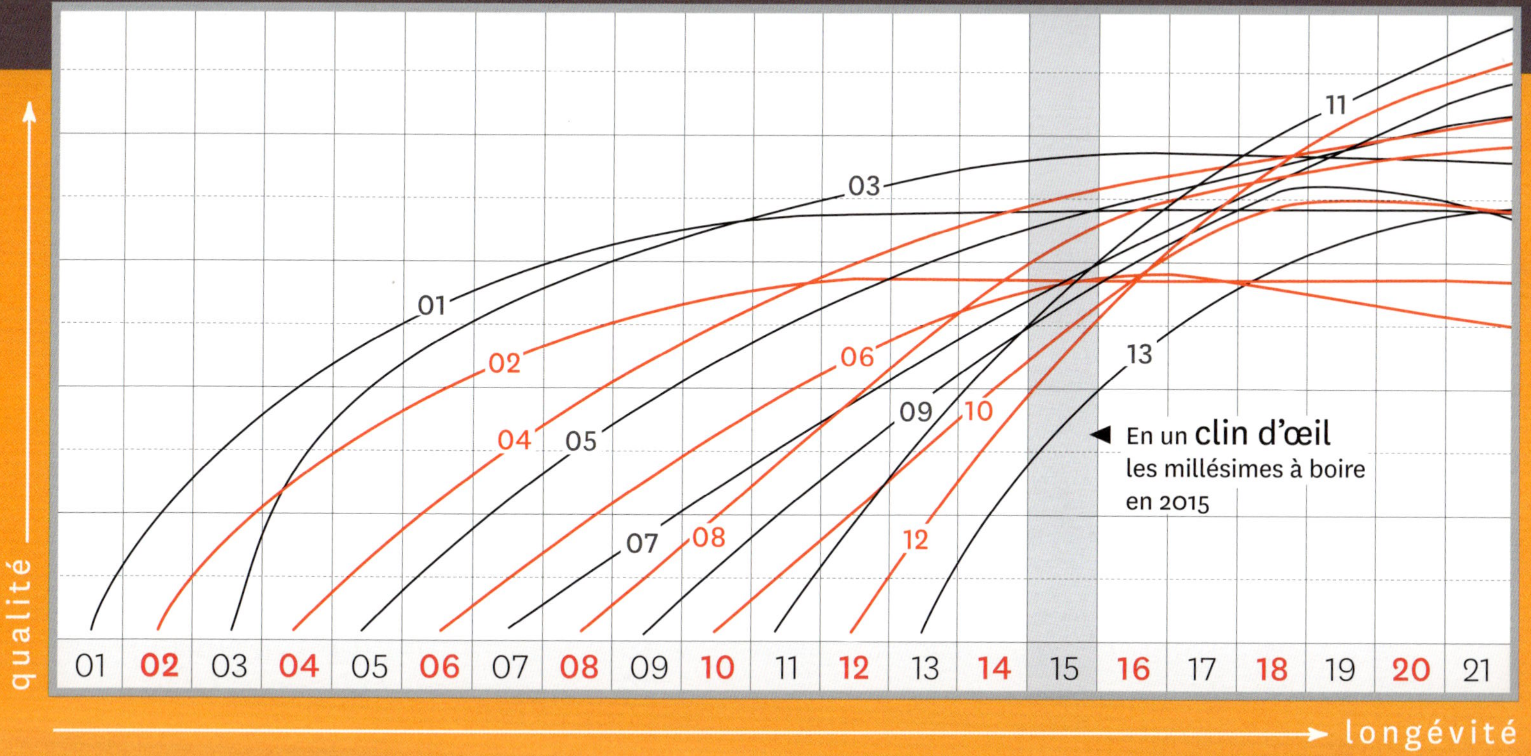

LES PLUS RÉCENTS MILLÉSIMES

2013
Année très ordinaire pour le porto. Peu ou pas de déclaration en vue.

2012
Plusieurs déclarations de ce que les Anglais appellent un *single quinta vintage*. C'est-à-dire un vin commercialisé sous le nom du cru, dans les millésimes non déclarés officiellement.

2011
Les températures élevées du mois de juin ont brûlé quelques grappes. Très bonne année pour le porto, avec de faibles rendements, des tanins fermes et une acidité notable. Plusieurs déclarations en perspective.

2010
Autre année de sécheresse dans le Douro. Qualité jugée satisfaisante, mais les déclarations semblent peu probables.

2009
Mois d'août cuisant et sec, et vendanges commencées 15 jours plus tôt qu'en 2008. Qualité variable. Les vignobles en altitude ont donné les meilleurs vins.

2008
Récolte déficitaire, jusqu'à 30 %. Qualité hétérogène, parfois très satisfaisante. Quelques déclarations de single quinta vintage.

2007
Récolte inférieure à la moyenne ; un été sec et des raisins de grande qualité. Plusieurs professionnels considèrent que 2007 est l'un des meilleurs millésimes des dernières décennies, à l'instar des 2000, 1994, 1977 et 1970. Déclarations généralisées.

2006
Des conditions difficiles aux vendanges et des vins de qualité moyenne, avec quelques bons succès. Très peu de déclarations.

2005
Troisième année de sécheresse, été torride. Des rendements de 10 à 40 % inférieurs à la moyenne et des vins colorés et charpentés. Peu de déclarations, mais plusieurs single quinta vintage.

2004
Après une saison végétative en montagnes russes, les vendanges ont eu lieu sous le très beau temps de la fin de septembre. Des raisins en parfait état ont donné des vins très bien structurés. Année favorable à la production de single quinta vintage.

FONSECA

Vintage 2000

Le porto vintage représente une infime partie de la production et n'est élaboré, en moyenne, que trois fois par décennie, avec les raisins des crus les mieux cotés. Un vin aussi riche nécessite parfois quelques décennies pour développer son potentiel. Bien qu'ils soient un peu moins puissants et intenses, les late bottled vintage et les vins de Banyuls et de Maury ont plusieurs traits caractéristiques des portos vintage.

Fonseca produit des portos vintage à faire rêver. À plus forte raison celui-ci, considéré comme l'un des triomphes du millésime. Multidimensionnel, profond et pénétrant, coloré, une trame tricotée serrée, une structure impressionnante et un large spectre aromatique. On peut très bien le goûter dès maintenant, mais il restera au sommet jusqu'en 2025, au moins.

708990 130,25$ ★★★★→★ ④

V **Fromage Stilton et pain aux noix.**

Si vous avez aimé, vous aimerez peut-être...

DOMAINE LA TOUR VIEILLE

Banyuls Rimage 2012

Issu d'un élevage à l'abri de l'oxygène (contrairement au reserva qui est en élevage oxydatif), le banyuls rimage est beaucoup plus riche en couleur et en tanins. Il révèle ainsi tout le fruit du grenache: une explosion de fruits rouges et noirs, de kirsch et de liqueur de mûre, avec des accents de réglisse et de cacao. La bouche est suave, avec des tanins mûrs et enrobés, et fait preuve d'une grande fraîcheur. Un vrai délice servi autour de 12, 13 °C, et idéal pour des desserts au chocolat noir.

884908 **22,10$ – 500 ml** ★★★★ ②

DOMAINE LA TOUR VIEILLE

Banyuls Rimage 2013

Le 2013 qui devrait arriver sur les tablettes à la fin de l'automne est tout aussi délicieux et arbore encore toute la fougue de la jeunesse. Couleur mauve électrique et arômes fruités (confiture de fruits rouges et noirs), rehaussés de notes florales et de garrigue. Très ample en bouche, mais toujours frais et d'un superbe équilibre. Ses tanins sont aussi plus jeunes, mûrs, mais encore fermes. Très long, et d'une excellente tenue sur plusieurs jours une fois ouvert.

884908 24,85$ – 500 ml ★★★★ ②

MAS AMIEL

Vintage 2011, Maury

Le magnat de l'industrie alimentaire, Olivier Decelle, a acheté cette belle propriété du Roussillon où il produit une gamme exemplaire de vins de Maury. Excellent vin charpenté et consistant, aux saveurs affriolantes de cerises confites et de cacao. Beaucoup de volume, certes, mais il a aussi toute l'étoffe tannique requise pour conserver un bon équilibre et procurer un plaisir certain à la fin du repas.

733808 19,70 – 375 ml ★★★★ ② ♥

OFFLEY

Late Bottled Vintage 2009

LBV de style traditionnel, c'est-à-dire sans filtration ni stabilisation par le froid, commercialisé dans le même type de bouteille qu'un vintage et coiffé d'un long bouchon permettant au vin de continuer à se développer en bouteille. La couleur d'encre, la charpente et les saveurs fruitées très compactes de ce LBV lui donnent presque des allures de porto vintage. Capiteux et très rassasiant. Avec un morceau de vieux cheddar, c'est un parfait plaisir automnal!

483024 19,95$ ★★★★ ③ ♥

QUINTA DO NOVAL

Late Bottled Vintage 2008, Unfiltered

Dans les collines de Pinhao, cette splendide *quinta* appartenant à AXA Millésimes produit quelques-uns des meilleurs vins du Douro. Le 2008 défend lui aussi avec brio la réputation de la maison. Charpenté et étonnamment solide pour un LBV, avec un riche goût de fruit mûr et de poivre. Prix tout à fait justifié pour un vin d'une telle qualité.

734657 26,55$ ★★★★ ③ ♥

SANDEMAN

Vintage 1999, Vau

Cette maison fondée en 1790 a subi une importante revitalisation depuis son rachat par le groupe Sogrape en 2002. Stylistiquement à mi-chemin entre un vintage et un LBV, le Vau Vintage est conçu pour être apprécié dès sa commercialisation. Le 1999 défend bien la réputation de la maison. Assez charpenté, passablement souple et déjà savoureux, avec un riche goût de fruit mûr. Ouvert, prêt à boire et très recommandable à ce prix.

11573162 25,60 $ ★★★★ ② ♥

MAS AMIEL

Maury 1969

Cette spécialité catalane puise sa sève dans un îlot rocheux composé de schiste, ceinturé de collines calcaires. Comme ceux de Banyuls, les vins de Maury sont composés principalement de grenache noir qui peut donner des vins pourpres et corsés en jeunesse, devenant plus souples et ambrés avec l'élevage.

Le Maury 1969, âgé de 45 ans, a été élevé pendant un an dans une bombonne de verre exposée au soleil et aux intempéries, puis pendant 28 années en foudre. Il en résulte un vin d'une infinie complexité, chaleureux, vaporeux et multidimensionnel, dont les strates de saveurs montent en bouche comme autant de feux d'artifice. Le tout repose sur une texture suave, qui envoûte les sens, au point d'en faire oublier son prix… Un vin hors norme à savourer à petites doses et en bonne compagnie. Arrivée prévue en janvier 2015.

12202435 140$ ★★★★★ ①

V Dessert au chocolat noir, au caramel et aux noix.

Si vous avez aimé, vous aimerez…

DOMAINE LA TOUR VIEILLE

Banyuls Reserva

Un excellent rapport qualité-prix pour ce banyuls aux arômes de fruits secs et de noix caramélisées. La bouche, à la texture onctueuse, égrène des saveurs riches et complexes, tout en faisant preuve d'une grande fraîcheur. Peu de tanins et presque sec en finale, un équilibre remarquable et tout indiqué pour la table, avec des fromages (particulièrement les bleus) ou des desserts sucrés-salés, aux fruits secs ou aux noix. Se garde très bien pendant plusieurs jours une fois ouvert.

884916 26,95$ ★★★★

FONSECA

Tawny 10 ans

Le 10 ans d'âge offre une texture suave et caressante, marquée d'un goût de fruits secs très relevé. Une belle finale sucrée et vaporeuse. Impeccable.

344101 35$ ★★★★

GRAHAM'S

Tawny 20 ans

Ce remarquable tawny illustre avec éclat que 20 ans est sans doute l'âge idéal pour ce type de vin. Plus complexe et plus raffiné que le 10 ans, plus doux et plus charnu, et surtout beaucoup moins cher que le 30 ans et le 40 ans. À la fois puissant et velouté, très onctueux, vaporeux, et offrant cette finale typique teintée de vanille et de crème brûlée. Sensationnel!

284216 60$ ★★★★★

MAS AMIEL

Maury, Prestige 15 ans d'Âge

La cuvée Prestige est un régal de douceur sur le thème des fruits confits. Ni puissant ni concentré, mais tellement bon.

884312 43,75$ ★★★★

OFFLEY

Baron de Forrester, Tawny 20 ans

Une texture veloutée irrésistible, une finale aux parfums subtils de champignons et de fumée. Qualité irréprochable.

284224 60,50$ ★★★★

RAMOS PINTO

Tawny 20 ans, Quinta do Bom Retiro

Surtout connue pour ses délicieux tawny des *quintas* Bom Retiro et Ervamoira, cette maison appartient au groupe champenois Roederer. Une référence dans sa catégorie. Couleur soutenue et ambrée, nez évolué et complexe, aux accents de fruits secs; un goût de *toffey* savoureux. Cher, mais au sommet de sa catégorie.

133769 82$ ★★★★★

TAYLOR FLADGATE

Tawny 20 ans

Taylor Fladgate n'excelle pas seulement dans les *full port*, elle commercialise aussi une gamme de brillants tawny. Splendide vin onctueux et subtilement parfumé de notes affriolantes de vanille et de cacao. La quintessence du tawny.

149047 70$ ★★★★★

WARRE'S

Otima Tawny 10 ans

Soyeux, velouté et d'une tendreté alléchante. La maison recommande de servir ce vin rafraîchi pour profiter, selon ses mots, de cette boisson idéale pour les journées plus chaudes. Entièrement d'accord!

565705 25,95$ – 500 ml ★★★★

LUSTAU

Fino del Puerto, Almacenista José Luis Gonzalez Obregon

Un *almacenista* est un petit producteur, qui élève des moûts ou des vins, propres ou achetés auprès d'autres vignerons. Lustau rend hommage à ces artisans et embouteille les meilleurs de ces vins sous leur nom, plutôt que de les assembler, comme le veut la tradition.

Ce Fino del Puerto, issu, comme le précise l'étiquette, d'une *Solera* de 143 barriques, est d'une complexité et d'une profondeur renversantes, offrant une explosion de saveurs, tout en étant d'une grande finesse. Aux arômes classiques de noix et d'amande s'ajoutent ceux de fruit très mûr, avec des notes de poire et d'orange. La bouche est suave, puis hyper saline, et d'une longueur impressionnante.

12340150 21,95$ ☆☆☆☆☆ ① ♥

V **Olives farcies aux amandes et aux anchois ; jambon serrano ; huîtres crues.**

Si vous avez aimé, vous aimerez peut-être…

ALVEAR

Amontillado Medium Dry

Les vins de Montilla Moriles proviennent d'une appellation située au nord-est de Jerez. Fruits des mêmes méthodes d'élaboration que le xérès, ils ont les mêmes dénominations (fino, oloroso et amontillado), mais sont issus du cépage pedro ximenez et ne sont pas nécessairement fortifiés. Les 34 g/l de sucre ne nuisent en rien à l'équilibre et au caractère digeste de ce très bon amontillado. La couleur topaze annonce un vin intense et complexe, dont les saveurs de fumée, d'épices, de fruits secs et de tabac sont portées par une texture vineuse.

11785616 14,70$ ☆☆☆☆ ①

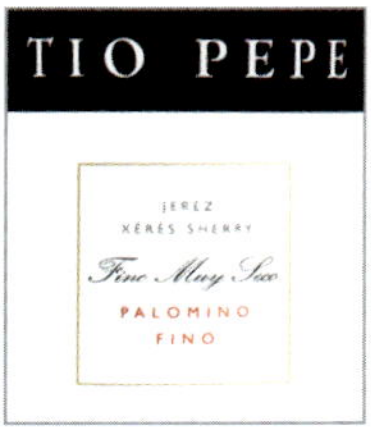

GONZALEZ BYASS

Tio Pepe

Entreprise familiale de première importance en Andalousie et connue mondialement pour son Tio Pepe, Gonzalez Byass commercialise une gamme complète de xérès. Le fino le plus connu au monde est toujours aussi bon. Un xérès jeune et frais en bouche, étonnamment facile à boire en dépit de son taux d'alcool de 14,5 %.

242669 19,20 $ ☆☆☆ ①

GONZALEZ BYASS

Apostoles, Palo Cortado Muy Viejo

Un classique du genre, et certainement l'un des meilleurs palo cortado. Superbe vin demi-sec à la couleur ambrée chatoyante; un nez affriolant qui mêle des notes de caramel, de mélasse, de fruits confits et d'épices. En bouche, un moelleux exquis s'appuie sur des saveurs riches et pénétrantes.

459529 53,25 $ ☆☆☆☆ ½ ② Ⓢ

LUSTAU

Manzanilla Papirusa

Plus délicat que le Fino del Puerto, mais aussi plus salin, et marqué par des notes iodées, typiques des xérès élevés à Sanlucar de Barrameda, en bordure de l'Atlantique. Fin et vif en bouche, complexe et très long.

11767565 12,70 $ – 375 ml ☆☆☆☆ ①

LUSTAU

Manzanilla Pasada Almacenista Manuel Cuevas Jurado

Plus en retenue, cette manzanilla qui a perdu sa *flor* et subi un plus long élevage a commencé à développer des arômes de fruits secs et de noix grillées. Plus puissante, aussi un peu moins complexe, mais toujours avec une longue finale qui va crescendo.

12340248 33,75 $ ☆☆☆ ½ ①

LUSTAU

Puerto Fino

L'archétype du fino, appétissant et digeste. Un vin vivifiant et tonique, à la texture ample et aux arômes caractéristiques d'amande, d'olive verte et de saumure. Apéritif par excellence, il sera à son meilleur avec des olives, des sardines frites, du *jamón* et toutes sortes d'antipasti.

11568347 18,80 $ ☆☆☆☆ ① ♥

DOMAINE DE MONTBOURGEAU

Macvin du Jura

En plus d'un excellent vin blanc sec de l'appellation L'étoile offert à la SAQ, Nicole Deriaux élabore cette curiosité jurassienne, dont les origines remontent au moins jusqu'au XIVe siècle. Elle est composée surtout de chardonnay – avec quelques grappes de poulsard çà et là – et fortifiée avant même le début des fermentations alcooliques, à la manière d'un pineau des Charentes ou d'un floc de Gascogne.

L'amateur de vin du Jura retrouvera dans ce macvin le même petit « goût de jaune » qui fait toute l'originalité du célèbre vin jaune, avec en prime une finale persistante aux accents d'aneth. Belle occasion de sortir des sentiers battus. Servir frais, et de grâce, sans glaçons !

11785624 40$ ☆☆☆☆ ②

V **Fromages à pâte persillée, pain aux noix ; canapé au fromage comté et aux poires.**

Tous azimuts, d'autres vins blancs fortifiés originaux, à apprécier au dessert ou à l'apéro

DOMAINE LA TOUR VIEILLE

Banyuls blanc doux 2013

Un nez plutôt délicat – c'est souvent le cas des vins composés de grenaches blancs et gris –, c'est surtout en bouche que ce banyuls dévoile ses charmes, avec une texture douce et moelleuse et des goûts fins d'eau-de-vie de poire. Pas le plus complexe, mais l'équilibre est irréprochable.

11544222 22,70$ ☆☆☆ ½

FERREIRA

Porto blanc

Propriété du groupe portugais Sogrape, Ferreira produit aussi un excellent Porto blanc. Doré et très doux, à la texture tendre et onctueuse. Ne pas confondre avec le type de porto extra dry. On peut le servir très frais, à l'apéritif ou à la fin du repas, en guise de vin de dessert.

571604 15,70$ ☆☆☆☆

JOSE MARIA DA FONSECA

Alambre 2008, Moscatel de Setúbal

Spécialité de la maison da Fonseca – aucun rapport avec les portos Fonseca –, cet excellent vin moelleux aromatique est une tradition de la péninsule de Setúbal, au sud de Lisbonne. Muscat, boal et malvoisie donnent un vin passablement parfumé, au bon goût de pêche mûre et de caramel. Fort plaisant et original.

357996 15,70$ ☆☆☆ ♥

MADEIRA WINE COMPANY

Leacock's Rainwater

Cette compagnie est née d'un regroupement de 26 marques qui ont assuré leur survie en partageant les coûts de production et de promotion. Elle appartient aujourd'hui à la famille Blandy, qui a multiplié les investissements pour rénover les installations. Délicieux vin léger, semi-doux et très frais en bouche. Son acidité naturelle met en relief son goût, si particulier, de noisettes et d'écorces d'orange. Très bon vin à servir frais à l'apéritif.

245530 19,25$ ☆☆☆☆

OFFLEY

Porto blanc Cachucha

Issu de vignes blanches portugaises (malvasia, codega, rabigato, etc.) plantées sur la *quinta* de Cachucha et mûri pendant six ans en fûts de chêne. Riche et onctueux, et pourtant frais en bouche et facile à boire, doté d'une dimension aromatique intense et persistante. Quatre étoiles bien méritées, car il domine dans la catégorie du porto blanc.

582064 19,20$ ☆☆☆☆ ♥

WARRE'S

Porto blanc

Une invitante couleur topaze annonce un vin très à point; un nez très fin, fruité et délicatement boisé, aux évocations de fruits tropicaux. Onctueux, mais sans aucune mollesse, avec de la tenue et de la profondeur. Un régal à prix économique.

925461 18,75$ ☆☆☆☆ ♥

YALUMBA

Muscat Museum, South Eastern Australia

Au nord d'Adélaïde, l'entreprise de l'Australien Robert Hill-Smith est depuis longtemps reconnue pour ses vins de qualité. Les amateurs se régaleront de ce muscat riche, doux et onctueux qui exhale de plantureux parfums de raisins confits. Caressant et savoureusement aromatique. Superbe exemple d'une grande tradition australienne.

10366495 24,60$ – 375 ml ☆☆☆☆

Autour du vin avec Véronique Rivest.

LES BONNES ADRESSES DE NADIA

MONTRÉAL ET LA RÉGION

AU PIED DE COCHON
536, rue Duluth Est, Montréal, 514-281-1114

Dans ce restaurant très médiatisé, le chef Martin Picard prépare une cuisine généreuse et goûteuse. Le porc est présent sous toutes ses formes et accompagné d'une excellente carte des vins incluant de nombreuses raretés.

BISTRO COCAGNE
3842, rue Saint-Denis, Montréal, 514-286-0700

Alexandre Loiseau est l'un des bons chefs montréalais. La qualité des plats est irréprochable. Bien que courte, la carte des vins recèle des noms triés sur le volet.

BOUILLON BILK
1595, boulevard Saint-Laurent, Montréal, 514-845-1595

Mélanie Blanchette et François Nadon, anciennement au Leméac, donnent un souffle nouveau à ce segment peu fréquenté du Quartier des spectacles. Dans un décor épuré, on sert une cuisine créative, qui témoigne d'un souci du détail. La carte des vins est meublée avec beaucoup de goût.

BRASSERIE T
1425, rue Jeanne-Mance, Montréal, 514-282-0808

Le célèbre restaurant de Normand Laprise a maintenant son antenne sur la place des Festivals. On y sert une cuisine de bistro sans prétention, qui mise néanmoins sur des produits de première qualité.

BUVETTE CHEZ SIMONE
4869, avenue du Parc, Montréal, 514-750-6577

La Buvette est un lieu chaleureux où il fait bon s'attabler entre amis. Simple et sans prétention, le menu propose quelques entrées et des plats copieux de poulet rôti. Belle sélection de vins au verre.

FERREIRA CAFÉ
1446, rue Peel, Montréal, 514-848-0988

Premier restaurant portugais moderne de Montréal, le restaurant de Carlos Ferreira compte parmi les très bonnes tables. Le grand choix de vins portugais met en valeur la cuisine de Marino Tavares et fait apprécier les progrès accomplis dans ce pays. Service professionnel.

GRAZIELLA
116, rue McGill, Vieux-Montréal, 514-876-0116

Grand restaurant dans tous les sens du terme : salle étendue et beauté des murs. La chef réputée Graziella Battista prépare une cuisine italienne précise et sans ostentation. Grand choix de vins, principalement d'Italie.

H4C

528 place Saint-Henri, Montréal, 514-316-7234

Dans le décor d'une ancienne banque, ce restaurant apporte un vent de fraîcheur dans ce quartier en pleine revitalisation. La cuisine du chef Dany Bolduc est goûteuse, témoigne d'un grand sens du détail et s'accompagne d'une carte des vins on ne peut plus digne. L'amateur curieux sera comblé!

HAMBAR

355, rue McGill, Montréal, 514-879-1234

Au rez-de-chaussée de l'hôtel Saint-Paul, le Hambar se spécialise dans les charcuteries et propose, entre autres, du jambon pata negra à prix fort. Carte des vins étoffée, avec quelques grandes bouteilles de Bourgogne et de Bordeaux.

HOTEL HERMANN

5171, boulevard Saint-Laurent, Montréal, 514-278-7000

Le vin est à l'honneur dans ce restaurant du Mile End, dont l'espace est en partie occupé par un vaste bar en forme de fer à cheval. L'ambiance est feutrée, la cuisine savoureuse et la carte des vins regorge de belles trouvailles, dont d'excellents crus allemands. Service professionnel et décontracté.

IL PAGLIACCIO

365, avenue Laurier Ouest, Montréal, 514-276-6999

Manuel Silva a officié pendant une vingtaine d'années au restaurant Le Latini avant d'ouvrir cet établissement à l'angle des avenues Parc et Laurier. Pas étonnant donc que l'on y retrouve la même cuisine italienne classique et sans chichi, mais élaborée avec des produits de première qualité. La carte des vins, quoique concise, propose quelques raretés en importation privée.

JOE BEEF/LIVERPOOL HOUSE

2491 et 2501, rue Notre-Dame Ouest, Montréal
514-935-6504 et 514-313-6049

Au cœur de la Petite-Bourgogne, ces deux établissements voisins admirablement tenus par les chefs David McMillan et Frédéric Morin ont valeur de référence tant par l'originalité des lieux que par la créativité dans la cuisine. L'une des meilleures adresses montréalaises où manger des huîtres. Les vins sont choisis avec soin et la carte est très diversifiée.

JUNI

156, avenue Laurier Ouest, Montréal, 514-276-5864

Dans un cadre simple et dépouillé, une cuisine asiatique aussi exquise que raffinée. Une belle carte des vins présentée soigneusement et riche de plusieurs vins et de saké d'importation privée.

LA CHRONIQUE

104, avenue Laurier Ouest, Montréal, 514-271-3095

L'une des tables les plus réputées de Montréal. Une cuisine moderne et une carte des vins élaborée, avec un très bon choix de vins au verre.

LALOUX/POP!

250, avenue des Pins Est, Montréal, 514-287-9127

Contre vents et marées, Laloux demeure l'une des institutions de la restauration montréalaise. Cuisine précise, bien présentée et service efficace, sans prétention. La carte des vins est un peu plus ténue que par le passé, mais tout aussi pointue.

LA SALLE À MANGER

1302, avenue du Mont-Royal Est, Montréal, 514-522-0777

Une partie de l'équipe du Réservoir officie à cette sympathique adresse que l'on visite et revisite avec plaisir. Dans une ambiance décontractée, on savoure une cuisine à la fois originale et réconfortante accompagnée d'une vaste sélection de vins d'horizons diversifiés.

LE CLUB CHASSE ET PÊCHE

423, rue Saint-Claude, Vieux-Montréal, 514-861-1112

Le restaurant du chef Claude Pelletier et de son associé Hubert Marsolais ne connaît aucun fléchissement et compte toujours parmi les meilleures table de la métropole. Cuisine inventive et exquise, aussi impeccable que la sélection des vins. L'une des bonnes adresses montréalaises pour savourer de grands crus de Bourgogne.

LE COMPTOIR

4807, boulevard Saint-Laurent, Montréal, 514-844-8467

Ce bar à vin déjà très fréquenté ne manque pas de vie ni d'ambiance. Segué Lepage se spécialise dans l'élaboration de charcuteries maison et propose aussi une belle sélection de plats. Plusieurs vins «nature» servis au verre et proposés à bons prix. Une très bonne adresse pour prolonger l'apéro entre amis. Également ouvert les midis du mardi au vendredi.

LE FILET

219, avenue du Mont-Royal Ouest, Montréal, 514-360-6060

Les propriétaires du Club Chasse et Pêche et le sommelier Patrick St-Vincent tiennent le fort à cette adresse très fréquentée, située en face du parc Jeanne-Mance. Le poisson et les crustacés sont à l'honneur, et assortis d'une carte des vins concise, très soignée et renouvelée fréquemment.

LEMÉAC

1045, avenue Laurier Ouest, Montréal, 514-270-0999

Le bistro outremontois à la mode, agrémenté d'une jolie terrasse à l'année. Décor clair et dépouillé, très bonne cuisine moderne, d'une constance exemplaire et service efficace. Très belle carte des vins, avec une sélection considérable de vins au verre.

LE SERPENT

257, rue Prince, Montréal, 514-316-4666

Nouveau-né des propriétaires du Club Chasse et Pêche. Cuisine italienne impeccable et service avenant; le lieu est chic, stylé et on peut y tenir une conversation sans y perdre la voix. La carte des vins, courte et minutieusement choisie, témoigne d'une politique de prix terrestre. On peut y voir une marque de respect pour le client.

LE ST-URBAIN

96, rue Fleury Ouest, Montréal, 514-504-7700

Un sympathique resto nouvelle vague, une grande salle claire et dépouillée. Très bonne cuisine présentée par le chef Marc-André Royal et une liste de vins bien constituée.

L'EXPRESS

3927, rue Saint-Denis, Montréal, 514-845-5333

Avec raison, L'Express demeure l'une des véritables institutions montréalaises. Depuis une trentaine d'années déjà, c'est une bonne adresse toujours animée, où l'on peut savourer de bons plats typiques de la cuisine de bistro française, avec un vaste choix de vins européens, dont quelques raretés vendues à prix tout à fait correct.

MAISON BOULUD

1228, rue Sherbrooke Ouest, Montréal, 514-842-4224

Tout nouvellement rénové, le restaurant du chic Ritz-Carlton porte l'enseigne prestigieuse du chef étoilé Daniel Boulud. Fine cuisine du marché et carte des vins tout à fait à la hauteur de l'établissement, ponctuée de quelques curiosités. Superbe terrasse en été et verrière pour les saisons fraîches.

MILOS

5357, avenue du Parc, Montréal, 514-272-3522

La célèbre table hellénique est réputée depuis longtemps pour ses spécialités de poissons. Excellente cuisine et service impeccable. Une carte des vins assez diversifiée et un vaste choix de crus grecs rappelant l'origine des propriétaires.

NORA GRAY

1391, rue Saint-Jacques, Montréal, 514-419-6672

Deux anciens de chez Joe Beef ont ouvert récemment cette excellente table dans un segment peu fréquenté de la rue Saint-Jacques. On y sert une cuisine italienne aussi savoureuse que réconfortante, assortie d'une sélection pointue de vins de tous horizons. Ambiance animée et service courtois.

PASTAGA

6389, boulevard Saint-Laurent, Montréal, 438-381-6389

Sur ce segment moins achalandé du boulevard Saint-Laurent, entre le Mile End et la Petite Italie, le chef Martin Juneau poursuit avec l'esprit de créativité qui a jadis fait le succès de la Montée de Lait. On y sert des plats de taille moyenne que l'on partage volontiers afin de pouvoir goûter à tout. Penchant affiché pour les vins « nature », sans ajout de soufre.

PATRICE PÂTISSIER

2360, rue Notre-Dame Ouest, Montréal, 514-439-5434

En plus de proposer les desserts succulents et hyper-créatifs du chef pâtissier Patrice Demers (autrefois aux 400 Coups), cette nouvelle adresse de la rue Notre-Dame Ouest se transforme en bar à vins quelques soirs par semaine. Belle sélection de la sommelière Marie-Josée Beaudoin, à des prix attrayants.

PETIT ALEP

199, rue Jean-Talon Est, Montréal, 514-270-9361

Voisin du restaurant Alep, cette petite table animée et fort sympathique, ouverte les midis et les soirs, propose dans un cadre décontracté une cuisine syrienne savoureuse, mise en valeur par une très vaste sélection de vins « nature ».

PORTUS CALLE

4281, boulevard Saint-Laurent, Montréal, 514-849-2070

La savoureuse cuisine portugaise d'Helena Loureiro est servie dans une grande salle très affairée. Une belle carte de vins portugais, un service courtois et efficace.

PULLMAN

3424, avenue du Parc, Montréal, 514-288-7779

Cet établissement moderne du centre-ville est un incontournable pour tout amateur de vin de Montréal. La carte propose de nombreuses petites bouchées inventives et savoureuses. Le service très courtois et professionnel fait honneur à un choix de vins de très grande qualité.

TOQUÉ!

900, place Jean-Paul-Riopelle, Montréal, 514-499-2084

Servie dans le cadre moderne du Quartier international de Montréal, la cuisine de Normand Laprise et de sa brigade mérite largement sa place au sein de l'élite gastronomique nord-américaine. Inspirée, savoureuse et mettant toujours en valeur les produits d'artisans locaux. Carte des vins aussi éclectique que recherchée, dont plusieurs raretés. En semaine, menu du midi à prix attrayant.

LE VIN PAPILLON

2519, rue Notre-Dame Ouest, Montréal.

Nouveau-né de la famille Joe Beef, un bar à vin lui aussi situé au cœur de la Petite-Bourgogne, juste à côté du célèbre établissement de David McMillan et Fred Morin. La sommelière Vanya Filipovic tient le fort et propose une sélection aussi inspirée qu'inspirante des meilleurs crus de la planète, le plus souvent « nature », sinon biologiques. Pour les accompagner, la cuisine savoureuse du chef Marc-André Frappier. Plaisir garanti ! Aucune réservation.

LAVAL ET LES LAURENTIDES

LE MITOYEN

652, rue de la Place-Publique, Laval, 450-689-2977

Dans sa belle maison ancestrale du quartier Sainte-Dorothée, Richard Bastien prépare une cuisine classique raffinée, mise en valeur par une carte des vins diversifiée dont plusieurs belles bouteilles. Bon choix de vins au verre.

LE SAINT-CHRISTOPHE

94, boulevard Sainte-Rose, Laval, 450-622-7963

Dans une ancienne demeure agrémentée d'une terrasse, une excellente cuisine inspirée des traditions du sud de la France. Carte de vins exclusivement français, présentée de façon professionnelle.

RIVE SUD DE MONTRÉAL, CANTONS-DE-L'EST ET MONTÉRÉGIE

AUGUSTE

82, rue Wellington Nord, Sherbrooke, 819-565-9559

Après avoir largement contribué au rayonnement du restaurant Derrière les Fagots, le chef Danny St Pierre a ouvert ce sympathique bistro au centre-ville de Sherbrooke, avec sa conjointe Anik Beaudoin. La cuisine est à la hauteur de la réputation du chef et s'accompagne d'une belle carte des vins, dont plusieurs options intéressantes au verre.

BISTRO BEAUX LIEUX

19, rue Principale Nord, Sutton, 450-538-1444

Depuis quelques années, le chef Christian Beaulieu apporte un vent de fraîcheur à ce joli village des Cantons-de-l'Est. Le menu évolue selon les saisons et s'accompagne d'une carte des vins courte, mais bien choisie.

CAFÉ MASSAWIPPI

3050, chemin Capelton, North Hatley, 819-842-4528

La cuisine de Dominic Tremblay est servie entre les murs d'une coquette maison de campagne. Service courtois et attentif; carte des vins bien garnie, mais classique.

MANOIR HOVEY

575, chemin Hovey, North Hatley, 819-842-2421

Au bord du lac Massawippi, cette belle demeure d'influence sudiste est un haut lieu de l'hôtellerie dans les Cantons-de-l'Est. Cuisine sophistiquée, concoctée par le chef Francis Wolf. Peu d'aubaines, mais des crus choisis avec soin.

QUÉBEC ET LA RÉGION

LE PIED BLEU

179, rue Saint-Vallier Ouest, Québec, 418-914-3554

Dans un décor tout droit sorti d'une autre époque, cet établissement de la vieille capitale se définit comme un «bouchon lyonnais». C'est-à-dire inspiré de la cuisine de la ville de Lyon, en France, célèbre pour ses charcuteries, ses plats copieux à base de viande de porc et d'abats. Service sympathique, professionnel et carte des vins axée sur les régions voisines de Lyon: Rhône, Beaujolais, Bourgogne et Jura.

LE MOINE ÉCHANSON

585, rue Saint-Jean, Québec, 418-524-7832

Le concept: restaurant et boîte à vin. Un lieu minuscule, mais chaleureux et convivial. Le menu, comme la carte des vins, évolue au rythme des saisons. Plus léger l'été, plus rassasiant l'hiver.

LE CLOCHER PENCHÉ

203, rue Saint-Joseph Est, Québec, 418-640-0597

Au menu, des classiques de la cuisine de bistro française: boudin, tartares, etc. Expérience tout aussi agréable en soirée que pour le brunch. Belle carte des vins, essentiellement européenne. Service sympathique, sans compromis sur le professionnalisme.

L'ÉCHAUDÉ

73, rue du Sault-au-Matelot, Vieux-Québec
418-692-1299

Restaurant niché au cœur de la vieille ville. Cuisine de bistro accompagnée d'un très bon choix de vins français à des prix raisonnables.

INITIALE

54, rue Saint-Pierre, Québec, 418-694-1818

Membre de la chaîne Relais & Châteaux, récemment décoré de la mention cinq diamants, ce restaurant gastronomique situé au cœur du Vieux-Québec est un incontournable de la vieille capitale. Une cuisine fine et sophistiquée, servie dans un cadre tout aussi distingué, accompagnée d'une belle sélection de vins, dont plusieurs Grands crus bordelais. Le menu du midi est une véritable aubaine.

CHEZ BOULAY - BISTRO BORÉAL

1110, rue Saint-Jean, Québec, 418-380-8166

Le chef-propriétaire du restaurant Le Saint-Amour a ouvert un nouveau restaurant voué à la mise en valeur des produits du terroir boréal, comme le désormais très médiatisé NOMA, de Copenhague. Omble de l'arctique et caribou parfumé au thé du Labrador sont assortis d'une carte de vins truffée d'importations privées.

PANACHE

10, rue Saint-Antoine, Vieux-Québec, 418-692-1022

Dans les murs de l'hôtel Saint-Antoine, ce restaurant séduit par la beauté historique des lieux, l'excellente cuisine sans confusion, le service pondéré et la belle carte des vins. Membre de la chaîne Relais & Châteaux.

LE SAINT-AMOUR

48, rue Sainte-Ursule, Vieux-Québec, 418-694-0667

Campé sur une rue en pente près de la porte Saint-Louis. La carte des vins a l'allure d'un annuaire téléphonique. Toutes les régions de France y sont, particulièrement les vins de Bourgogne et de Bordeaux. Une gamme impressionnante de vins liquoreux et un très bon choix de demi-bouteilles.

LAURIE RAPHAËL

117, rue Dalhousie, Vieux-Québec, 418-692-4555

Une table innovatrice et très réputée du Vieux-Québec. Daniel Vézina signe une cuisine inventive et savoureuse, mise en valeur par une carte des vins diversifiée.

BAS-SAINT-LAURENT

CHEZ SAINT-PIERRE

129, rue du Mont-Saint-Louis, Le Bic, 418-736-5051

Selon l'avis de plusieurs, la meilleure table du Bas-Saint-Laurent. Colombe Saint-Pierre s'applique avec beaucoup de rigueur à la mise en valeur des produits du terroir local et concocte des plats aussi fins que savoureux. Choix de vins tout à fait correct, avec quelques belles trouvailles. Un arrêt obligatoire dans la région.

AUBERGE DU MANGE GRENOUILLE

148, rue Sainte-Cécile, Le Bic, 418-736-5656

Une adresse réputée sur la route du Bas-du-Fleuve. Dans un décor chaleureux, cette auberge de qualité propose une cuisine soignée et une longue carte de vins diversifiée.

MAURICIE

LE CARLITO

361, rue des Forges, Trois-Rivières, 819-378-9111

On ne s'arrête pas dans ce restaurant trifluvien pour sa cuisine. En revanche, la carte des vin vaut vraiment le détour! Une foule de bonnes bouteilles de garde des régions de Bordeaux, de Bourgogne et du Rhône.

OUTAOUAIS ET ONTARIO

PLAY

1, York Street, Ottawa, 613-667-9207

Fort du succès de leur premier restaurant (Beckta, sur Nepean Street), le tandem formé de Stephen Beckta et du chef Michael Moffat a ouvert un second établissement, plus décontracté et aussi plus abordable. L'ambiance est animée, la formule est originale, le service est avenant et la carte compte quelques bons vins canadiens proposés au verre.

L'ORÉE DU BOIS

15, chemin Kingsmere, Chelsea, 819-827-0332

Dans le parc de la Gatineau en Outaouais, un sympathique relais de campagne où le chef-propriétaire, Guy Blain, prépare une généreuse cuisine classique. La carte des vins est très bien garnie et inclut une sélection de vins québécois et canadiens. Un bon choix de vins au verre.

SOIF, Bar à vin de Véronique Rivest

88 rue Montcalm, Gatineau, 819-600-7643

À l'automne 2014, Véronique Rivest a enfin pu concrétiser son projet d'ouvrir son bar à vin dans sa ville natale. Au cœur du Vieux-Hull, la vice-championne du monde en sommellerie a opté pour un décor chaleureux où le liège est à l'honneur sous toutes ses formes. La carte des vins est invitante, très éclectique, mais sans ostentation. Tout à l'image de sa créatrice.

APPORTEZ VOTRE VIN

Les restaurants où l'on peut apporter son vin sont nombreux dans la région de Montréal. Voici quelques bonnes adresses :

MONTRÉAL

BOMBAY MAHAL

1001, rue Jean-Talon Ouest, Montréal, 514-273-3331

Adresse très fréquentée de Parc-Extension, où s'entassent les amateurs de cuisine indienne dans une ambiance un peu bruyante et chaotique, mais néanmoins sympathique. Cuisine savoureuse, plus ou moins relevée, à la demande du client.

KHYBER PASS

506, avenue Duluth Est, Montréal, 514-844-7131

Envie d'exotisme? Davantage parfumée que piquante, la cuisine afghane se prête assez bien aux accords mets et vins. Dans un décor feutré, on savoure de bons plats d'agneau braisé, des grillades et autres spécialités. Par contre, ne cherchez pas les verres en cristal...

LA COLOMBE

554, avenue Duluth Est, Montréal, 514-849-8844.

Une adresse que l'on visite et revisite avec un plaisir toujours renouvelé. Vos meilleures bouteilles seront admirablement bien servies, tant par le personnel en salle, que par la cuisine aussi soignée que gourmande et réconfortante du chef-propriétaire Mostafa Rougaïbi. Un classique et un incontournable pour l'amateur de vin. Pas étonnant qu'on y croise tant de gens de la profession...

LE MARGAUX

5058, avenue du Parc, Montréal, 514-448-1598

Ce restaurant de l'avenue du Parc, à deux pas de l'avenue Laurier, s'est reconverti en « apportez votre vin » depuis le début de l'année 2013. La formule fonctionne assez bien si on en juge par l'achalandage. Cuisine sobre et raffinée.

QUARTIER GÉNÉRAL

1251, rue Gilford Est, Montréal, 514-658-1839

Parmi les bons « apportez votre vin » du Plateau Mont-Royal. On y propose une belle sélection d'entrées et de plats servis à la carte ou en menu composé. Le service est à la fois professionnel, avenant et sympathique. Le mieux est de réserver une semaine à l'avance.

QUÉBEC

LA GIROLLE

1384, chemin Sainte-Foy, 418-527-4141

C'est l'un des rares bistros de Québec où l'on peut apporter son vin. On y sert des plats français classiques à des prix très abordables. Les bonnes bouteilles sont de mise. Ouvert midi et soir.

CHEZ SOI LA CHINE

27, rue Sainte-Angèle, Québec, 418-523-8858

Au cœur du Vieux-Québec, à deux pas de la place d'Youville, ce restaurant situé dans les anciens locaux du Café d'Europe propose une cuisine chinoise authentique. Les dumplings vapeur et le canard laqué aux champignons feront certainement honneur à vos bonnes bouteilles. Chaleureux et abordable.

Les « apportez votre vin » suivants appartiennent tous aux mêmes propriétaires et sont autant de valeurs sûres si vous souhaitez que vos bonnes bouteilles soient mises en valeur par une cuisine et un service de qualité.

LES CANAILLES

3854, rue Ontario Est, Montréal, 514-526-8186

Dans le quartier Hochelaga-Maisonneuve, pas très loin de la place Valois. Bonne cuisine de bistro, servie dans une ambiance animée et un cadre décontracté.

LES HÉRITIERS

**1915, avenue du Mont-Royal Est, Montréal
514-528-4953**

La formule est sensiblement la même que dans tous les autres établissements du groupe. Cuisine française.

MONSIEUR B.

371, rue Villeneuve Est, Montréal, 514-845-6066

« B » pour bistro. Dans les locaux de ce qui fut jadis La Montée de Lait. On y sert la cuisine la plus achevée du groupe, selon mon expérience.

O'THYM

**1112, boulevard de Maisonneuve Ouest, Montréal
514-525-3443**

Dans le même style, ce bistro est très fréquenté. Le menu, inscrit à l'ardoise, varie au rythme des arrivages.

LE SMOKING VALLÉE

4370, rue Notre-Dame Ouest, Montréal, 514-932-0303

Le propriétaire de L'emporte-pièce (Gilford) s'est associé au chef du restaurant O'Thym pour ouvrir cet « apportez votre vin » dans Saint-Henri. Le décor moderne compte de nombreux clins d'œil au passé ouvrier de ce quartier en pleine effervescence. Les quelques plats goûtés étaient tout à fait satisfaisants et le service, fort sympathique.

WELLINGTON

3629, rue Wellington, Verdun, 514-419-1646

Dans Verdun, ce bistro de quartier est à la hauteur des attentes. Service plaisant et ambiance conviviale.

IP

L'IMPORTATION PRIVÉE

OÙ S'ADRESSER ?

Pour obtenir de plus amples informations quant aux coordonnées des différentes agences, vous pouvez aussi communiquer avec :

- le service à la clientèle de la SAQ (514-254-2020) ;
- la RASPIPAV (Regroupement des agences spécialisées dans la promotion de l'importation privée des alcools et des vins) à l'adresse info@raspipav.com ;
- l'AQAVBS (Association québécoise des agences de vins, bières et spiritueux) (514-722-4510).

DES ADRESSES OÙ S'APPROVISIONNER :

A.O.C. et Cie
Tél : 514-931-9645
www.vinsaoc.ca

ABVS
Tél : 514-680-1543
www.abvs.ca

Altovin International
Tél : 514-989-9657
www.altovin.ca

Anthocyane
Tél : 514-237-3902
www.anthocyane.ca

Authentic Vins et Spiritueux
Tél : 514-356-5222
www.awsm.ca

Avant Garde Vins et Spiritueux
Tél : 514-464-0054
www.agvs.ca

Balthazard
Tél : 514-288-9009
www.vinsbalthazard.com

Benedictus
Tél : 450-671-5572
benlecavalier@sympatico.ca

Cava Spiliadis Canada
Tél : 514-272-7459
www.cavaspiliadis.com

Charton-Hobbs
Tél : 514-355-8955
www.chartonhobbs.com

Connexion Œnophilia
Tél : 514-244-2248
http://www.oenophilia.ca

Enoteca di Moreno de Marchi
www.lenoteca.ca

Enotria Internationale
Tél : 514 955-8466
www.enotria.ca

Francs-Vins (La Société)
Tél : 514-270-6123
www.francs-vins.ca

GLOU
Tél : 514-973-7216
www.glou-mtl.com

Importation Épicurienne R.A. Fortin
Tél : 450-671-0631
www.importation-epicurienne.com

Importation Le Pot de Vin
Tél : 418-997-9264
www.importationlepotdevin.com

Importations Syl-Vins
Tél : 450-492-4474
www.importationssyl-vins.com

Insolite Importation
Tél. 514-808-2648
www.insoliteimport.com

Isravin
Tél : 514-991-9463
www.isravin.com

La Céleste Levure
Tél: 514-948-5050
www.lacelestelevure.ca

La QV
Tél: 514-504-5082
www.laqv.ca

LBV International
Tél: 514-907-9680
www.lbvinternational.com

LCC / Clos des Vignes
514-985-0647
www.lccvins.com

Le Maître de Chai
Tél: 514-849-7555
www.lemaitredechai.qc.ca

Les vins Alain Bélanger
Tél: 514-931-6220
www.lesvinsalainbelanger.com

Les Sélections Vin-Cœur
Tél: 450-754-3769
www.selectionsvincoeur.com

Les Vieux Garçons
Tél: 418-571-3396
www.lesvieuxgarcons.ca

Liquid Art
Tél: 514-312-5082
www.liquidart.ca

Mark Anthony Brands
Tél: 1 800 905-6660
www.markanthony.com

Mon Caviste
Tél: 514-867-5327
moncaviste@videotron.ca

Mondia Alliance
Tél: 450-645-9777
www.mondiaalliance.com

Œnopole
Tél: 514-276-1818
www.Oenopole.ca

Plan Vin
Tél: 514-678-8777
planvin@videotron.ca

Primavin
Tél: 514-868-2228
www.primavin.com

Raisonnance
Tél: 450-226-5064
www.raisonnance.net

RéZin
Tél: 514-937-5770
www.rezin.com

Sélection Caviste
Tél: 450-963-7401
www.selectioncaviste.com

Sélections UVAS
Tél: 514-809-2875
jackcoh@videotron.ca

Société Commerciale Clément
Tél: 450-641-6403
www.jlfreeman.ca

Société de Vins Fins
Tél: 450-432-2626
www.sdvf.ca

Société Roucet
Tél: 450-582-2882
www.roucet.com

Symbiose
Tél: 514-212-6336
www.symbiose-vins.com

Tandem Wine Selection
Tél: 514-313-9190
www.tandemwine.com

Univins
Tél: 514-522-9339
www.univins.ca

Vin Conseil
Tél: 450-628-5639
www.vinconseil.com

Vinealis
Tél: 514-895-8835
www.vinealis.com

Vini-Vins
Tél: 514-993-3727
www.vini-vins.com

Vins etcetera
Tél: 450-621-5836
robert@vinsetcetera.com

Vins John Lovett
Tél: 450-451-4334
www.lovettwines.com

Vinatolia
Tél: 819-609-3777
www.vinatolia.com

Vitis
Tél: 418-683-5618
www.vitiscanada.com

INDEX DES CODES

Numéro de code de chaque vin, suivi de la page où il apparaît dans le livre.

116

117

118

119

120

121

INDEX DES PRODUCTEURS

NOTES DE RÉFÉRENCES

Pour faciliter vos recherches, vous pouvez également télécharger l'index complet du *Guide du vin 2015* sur le site Internet des Éditions de l'Homme à l'adresse suivante :

edhomme.com/fichiers/Le-guide-du-vin-2015.pdf

A

B

C

TABLEAU DES MILLÉSIMES

	13	12	11	10	09	08	07	06	05	04	03	02	01	00	99	98	97	96	95	94	93	92	91	90	89	88	87	86	85	84	83	82
Médoc - Graves	4	6	7	10	10	8	6	7	9	8	8	7	9	9	7	8	7	9	9	7	6	4	5	10	10	8	5	9	8	5	8	10
Pomerol - Saint-Émilion	5	7	7	10	10	8	6	7	9	8	8	7	8	9	7	9	7	8	9	7	6	4	4	10	9	8	6	8	9	3	8	10
Sauternes	9	7	8	9	9	7	9	8	9	7	10	9	10	8	7	8	8	10	8	5	5	5	4	9	9	10	5	10	8	5	8	5
Côte d'Or rouge	7	9	8	10	9	7	7	8	9	7	9	9	8	7	9	8	7	8	8	6	8	6	7	9	8	8	7	5	9	5	7	6
Côte d'Or blanc	8	8	7	9	8	8	8	8	9	8	7	10	7	8	7	8	8	9	9	7	5	8	5	8	9	7	6	9	8	6	8	7
Chablis Premiers et Grands crus	7	8	8	9	8	9	8	8	9	8	6	10	7	10	8	8	8	9	8	6	7	8	7									
Alsace	9	9	7	9	8	8	8	7	8	7	7	8	9	9	7	8	9	8	8	9	8	6	6	9								
Loire blanc (Anjou, Vouvray)	7	7	7	7	8	8	8	7	9	8	8	10	8	7	6	6	9	10	9	6	6	6	5	9								
Loire rouge	6	6	6	8	9	8	6	8	9	8	7	8	8	8	7	7	9	9	8	7	7	5	7	9								
Rhône rouge (nord)	8	9	8	9	9	7	7	8	9	8	8	6	8	8	9	8	8	7	9	7	4	5	9	9	10	9	7	8	9	5	9	8
Rhône rouge (sud)	8	9	7	8	8	6	8	9	9	9	8	5	9	9	8	10	7	6	9	7	7	5	5	9	10	8	4	7	8	5	8	5
Piémont : Barolo, Barbaresco	7	8	7	7	8	8	9	9	8	9	8	6	10	9	9	9	10	9	9	6	7	5	5	10	9	8	8	6	10	5	7	10
Toscane : Chianti, Brunello	7	7	7	8	8	8	9	10	7	9	7	6	10	7	9	8	10	7	9	8	7	4	6	10	5	9	5	7	10	4	8	9
Allemagne (Rheingau et Moselle)	7	9	8	7	8	7	9	7	10	8	9	8	10	7	8	7	9	10														
Californie-Chardonnay	8	9	7	7	9	7	8	7	8	8	8	9	9	8	8	7	10	9	9	8	8	8	7	8								
Californie-Cabernet sauvignon	9	9	9	8	8	7	7	7	9	8	7	9	9	7	8	8	10	8	8	9	7	8	10	9	7	6	9	8	9	8	6	8
Porto Vintage	7	9	9	7	7	8	10	6	8	7	9	6	n/a	10	5	5	10	7	8	10	-	9	9	7	-	-	7	7	9	-	8	7

Les millésimes sont cotés de 0 (les moins bons) à 10 (les meilleurs). *Les notes attribuées au millésime 2013 ne sont qu'indicatives et provisoires.*

- À laisser vieillir.
- On peut commencer à les boire, mais les meilleurs continueront de s'améliorer.
- Prêts à boire.
- À boire sans attendre, il n'y a pas d'intérêt à les conserver plus longtemps.
- Peut-être trop vieux.

LES VINS À MOINS DE 15$

FRANCE

○ Perrin, Luberon 2013, La Vieille Ferme	298505	14,75$
● Domaine des Moulines, Merlot 2012, Vin de pays de l'Hérault	620617	12,50$
● Château La Lieue, Coteau Varois 2013	605287	14,50$
○ Domaine La Hitaire, Les Tours 2012, Côtes de Gascogne	567891	10,20$
● Bousquet, Jean-Noël, Corbières 2013, La Garnotte	11374411	11,50$
○ Pyrène, Cuvée Marine 2012, Côtes de Gascogne	11253564	12,20$
● Comte André de Monpezat, Cahors 2011, Maison Rigal	221218	13,10$

ITALIE

● Umani Ronchi, Medoro, Sangiovese 2013, Marche	565283	13,15$
● Illuminati, Riparosso 2013, Montepulciano d'Abruzzo	10669787	14,70$
● Cusumano, Syrah 2013, Terre Siciliane	10960777	14,45$
● Firriato, Nari 2012, Sicilia	11905809	14,20$

ESPAGNE

● Hoya de Cadenas, Tempranillo 2009, Reserva, Utiel-Requena	978387	12,95$
○ Borsao, Blanco Seleccion 2012, Macabeo, Campo de Borja	10856161	13,95$
● Borsao, Tocado 2013, Campo de Borja	10845701	9,90$
● Torres, Sangre de Toro 2012, Penedès	006585	13,40$

PORTUGAL

● Altano, Douro 2011	579862	13,25$
● Herdade das Albernoas, Vinho Regional Alentejano 2012, Encosta Guadiana	10803051	10,50$
○ Meia Encosta, Dão branco 2012	12332301	12,25$
● Quinta do Vale da Perdiz, Cistus 2012, Douro	10841161	12,70$
● Sogrape, Vila Regia 2013, Douro	464388	10,50$

AFRIQUE DU SUD

● Robertson Winery, Chenin blanc 2013, Robertson	10754228	10,25$

CHILI

● Concha y Toro, Cabernet sauvignon 2012, Casillero del Diablo, Valle Centrale	278416	13,95$
○ Carmen, Fumé Blanc 2013, Gran Reserva, Valle de Leyda	11767856	14,95$

ARGENTINE

○ Astica, Sauvignon Blanc 2013, Cuyo	10394533	9,70$
● Finca Flichman, Malbec 2013, Roble, Mendoza	10669832	9,95$

M

U

V

W

INDEX DES NOMS DE VINS

NOTES DE RÉFÉRENCES

Pour faciliter vos recherches, vous pouvez également télécharger l'index complet du *Guide du vin 2015* sur le site Internet des Éditions de l'Homme à l'adresse suivante :

edhomme.com/fichiers/Le-guide-du-vin-2015.pdf

A

B

G

H

M

N

R

S

T

V

W

Z

Les millésimes sont cotés de 0 (les moins bons) à 10 (les meilleurs).

- (rouge) À laisser vieillir.
- (orange) On peut commencer à les boire, mais les meilleurs continueront de s'améliorer.
- (vert) Prêts à boire.
- (bleu) À boire sans attendre, il n'y a pas d'intérêt à les conserver plus longtemps.
- (violet) Peut-être trop vieux.

Les notes attribuées au millésime 2013 ne sont qu'indicatives et provisoires.

TABLEAU DES MILLÉSIMES	13	12	11	10	09	08	07	06	05	04	03	02	01	00	99	98	97	96	95	94	93	92	91	90	89	88	87	86	85	84	83	82
Médoc - Graves	4	6	7	10	10	8	6	7	9	8	8	7	9	9	7	8	7	9	9	7	6	4	5	10	10	8	5	9	8	5	8	10
Pomerol - Saint-Émilion	5	7	7	10	10	8	6	7	9	8	8	7	8	9	7	9	7	8	9	7	6	4	4	10	9	8	6	8	9	3	8	10
Sauternes	9	7	8	9	9	7	9	8	9	7	10	9	10	8	7	8	8	10	8	5	5	5	4	9	9	10	5	10	8	5	8	5
Côte d'Or rouge	7	9	8	10	9	7	7	8	9	7	9	9	8	7	9	8	7	8	8	6	8	6	7	9	8	8	7	5	9	5	7	6
Côte d'Or blanc	8	8	7	9	8	8	8	8	9	8	7	10	7	8	7	8	8	9	9	7	5	8	5	8	9	7	6	9	8	6	8	7
Chablis Premiers et Grands crus	7	8	8	9	8	9	8	8	9	8	6	10	7	10	8	8	8	9	8	6	7	8	7									
Alsace	9	9	7	9	8	8	8	7	8	7	7	8	9	9	7	8	9	8	8	9	8	6	6	9								
Loire blanc (Anjou, Vouvray)	7	7	7	7	8	8	8	7	9	8	8	10	8	7	6	6	9	10	9	6	6	6	5	9								
Loire rouge	6	6	6	8	9	8	6	8	9	8	7	8	8	8	7	7	9	9	8	7	7	5	7	9								
Rhône rouge (nord)	8	9	8	9	9	7	7	8	9	8	8	6	8	8	9	8	8	7	9	7	4	5	9	9	10	9	7	8	9	5	9	8
Rhône rouge (sud)	8	9	7	8	8	6	8	9	9	9	8	5	9	9	8	10	7	6	9	7	7	5	5	9	10	8	4	7	8	5	8	5
Piémont : Barolo, Barbaresco	7	8	7	7	8	8	9	9	8	9	8	6	10	9	9	9	10	9	9	6	7	5	5	10	9	8	8	6	10	5	7	10
Toscane : Chianti, Brunello	7	7	7	8	8	8	9	10	7	9	7	6	10	7	9	8	10	7	9	8	7	4	6	10	5	9	5	7	10	4	8	9
Allemagne (Rheingau et Moselle)	7	9	8	7	8	7	9	7	10	8	9	8	10	7	8	7	9	10														
Californie-Chardonnay	8	9	7	7	9	7	8	7	8	8	8	9	9	8	8	7	10	9	9	8	8	8	7	8								
Californie-Cabernet sauvignon	9	9	9	8	8	7	7	7	9	8	7	9	9	7	8	8	10	8	8	9	7	8	10	9	7	6	9	8	9	8	6	8
Porto Vintage	7	9	9	7	7	8	10	6	8	7	9	6	n/a	10	5	5	10	7	8	10	-	9	9	7	-	-	7	7	9	-	8	7